本书受中国人民大学科学研究基金项目暨中央高校基本科研业务费专项资金支持
本书为中国人民大学—日内瓦大学种子基金项目的阶段性成果（项目批准号为：16XNQ021）

百家廊文丛
BAIJIALANG WENCONG

民法典与社会转型

石佳友◎著

中国人民大学出版社
·北京·

序　言

中国人民大学建校八十年，也是中国共产党创办新型高等教育的八十年。从1937到2017，从延安的陕北公学，到晋察冀边区的华北联合大学、正定的华北大学，再到北京的中国人民大学，八十年历史沧桑，斗转星移，中国人民大学始终与党和国家同呼吸、共命运。八十年来，几代学人进行了殚精竭虑的学术探索，在治学方面取得了令人瞩目的杰出成就。

改革开放以来，中国人民大学的学者在马克思主义指导下，努力继承中华传统文化精粹，发扬老一辈学者的笃实学风，同时借鉴了西方学术研究的新方法、新成果，解放思想，大胆创新，有力推动了我国人文社会科学的深入发展。经过数十年的建设与积淀，中国人民大学在人文社会科学各领域内学科门类建设齐全，研究领域日渐拓展，研究水准不断提升，呈现出人才辈出、欣欣向荣的学术繁荣景象。

2017年9月，经国务院批准，教育部等部门下发了《关于公布世界一流大学和一流学科建设高校及建设学科名单的通知》，中国人民大学入选A类一流大学建设名单，哲学、理论经济学、应用经济学、法学、政治学、社会学、马克思主义理论、新闻传播学、中国史、统计学、工商管理、农林经济管理、公共管理、图书情报与档案管理等14个一级学科入选一流学科建设名单。入选学科除统计学为理学学科外，其余全部为人文社会学科。

中国人民大学入选“双一流”建设高校和14个学科入选“双一流”建设学科，既体现了党和国家对人文社会科学的重视，同时也是对中国人民大学八十年发展成就的充分肯定，是鼓励和认可，更是鞭策和期许。我们感觉肩上的担子更重了。

习近平总书记指出："人类社会每一次重大跃进，人类文明每一次重大发展，都离不开哲学社会科学的知识变革和思想先导。"如果我们将"双一流"的入选视为中国高等教育在新的历史阶段开启新的征程的信号，那么当前，中国人民大学已经站在新的历史坐标点上。我们需要总结历史，更需要开拓未来。

2016年中，学校科研处的同志与我们谈起，他们准备在校庆年启动一项名为"百家廊文丛"的持续支持工程，希望通过多年连续性的资助，把学校各学科卓有成就的学者所撰写的代表性学术成果择优出版，系统性地展示中国人民大学近年来的整体学术水平。科研处作为管理和服务教师科学研究的机构，一直把提升科研品质、打造学术精品作为部门的责任。但是，客观讲，中国高校的文科科研经费投入还是有限的，怎样把有限的资源配置到最需要、最出成效的地方，是中国人民大学多年来认真思考的问题。为了把"好钢用在刀刃上"，科研处也做了许多有益的谋划，推动了学校科研事业的蓬勃发展。

在校庆年首度推出"百家廊文丛"，具有几层特殊的意义。首先，"百家廊文丛"反映了中国人民大学在人文社会科学方面的深厚学术实力。本年入选的多部著作各具特色，有的资料翔实，有的论述细密，有的条理畅达，有的富有文采，足以彰显中国人民大学近年来的学术实绩。其次，体现出中国人民大学学者群体持续关注和深入研究我国发展面临的重大理论和实践问题的深沉人文情怀。有的学者耐得住寂寞，苦坐书斋；有的学者读万卷书行万里路，遍寻一手数据。再次，丛书是一个对外交流的窗口，在人大学者与国内外的学者之间架起了一个交流的平台。"百家廊文丛"如能持续坚持下去，就是一项规模较大的学术文化工程，值得期待。

大学因学术而显厚重，因学者而富气象。"百家廊文丛"首批推出的著作，选题丰富多元，特别是对基础学科和学科基础中的一些重要问题进行了专题研讨。对于"基础学科和学科基础"的强调和看重，一直以来也是我校科研工作的指导方针。"百家廊文丛"如果能做到叫得响、传得开、留得住，就成功了。好的学术成果一定要能沉淀下来，而非过眼云烟。

习近平总书记《在哲学社会科学工作座谈会上的讲话》指出："这是一个需要理论而且一定能够产生理论的时代，这是一个需要思想而且一定能够产生思想的时代。我们不能辜负了这个时代。自古以来，我国知识分子就有'为天地立心，为生民立命，为往圣继绝学，为万世开太平'的志向和传统。一切有理想、有抱负的哲学社会科学工作者都应该立时代之潮头、通古今之变化、发思想之先声，积极为党和人民述学立论、建言献策，担负起历史赋予的光荣使命。"中国人民大学长期秉持立学为民、治学报国的优良传统，始终践行着实事求是的学术良知。不论是在抗战烽火中，还是在建国伊始；不论是遭受了"文革"的磨难，还是在改革开放中凤凰涅槃，中国人民大学的学者一方面坚守书斋、甘于清贫，另一方面又关心国家、民族的命运，关心社会的进步。中国人民大学的命运从来与党和国家的命运休戚相关，而人大学者从来志向远大，他们为构建具有中国特色、中国风格、中国气派的哲学社会科学做出了积极贡献。今天，我们推出这套文丛，正是传承中国人民大学八十年文脉，弘扬砥砺奋进、实事求是精神的有益之举。

"百家廊文丛"的名字，非常契合中国人民大学的实际。因为"百家廊"是中国人民大学校内的著名风景，在李东东同志创作的《人民大学赋》中有云："百家廊，檐飞七曜，柱立八荒，凝古今正气，汇中外学术。"我们认为，这几句话就是对即将面世的首批"百家廊文丛"的最好诠释。"百家廊中百家争鸣"，这套文丛是献给历经岁月沧桑、培育桃李芬芳的中国人民大学八十年校庆的一份心意，祝愿这所伟大的学校在新的历史征程中继往开来、再续辉煌。

是为序。

靳诺　刘伟

代序：民法典的“政治性使命”

一、留尼汪、民法典与奴隶制

2017年9月下旬，应法国留尼汪大学的邀请，我在时隔六年后得以再次造访印度洋西部有着“落入凡间的精灵”之称的美丽岛屿——留尼汪岛。某日，当地友人陪我和来访的两位音乐家一起，游览了被联合国教科文组织列为世界文化遗产的玛法特（Mafate）冰斗。在其2190米海拔的马伊多峰上，云开雾散之后，我们得以俯瞰极为壮观的自然奇观。令人惊讶的是，悬崖峭壁之下的山谷中零星分布着几个小村庄，可谓遗世独立的“世外桃源”。当地的友人介绍说，由于地形险峻，村庄至今也没有公路通往外界，其生活品的补给全赖直升机“快递”。正因为如此，这些小村庄在法文中称为“Îlet”，从“île”（岛屿）一词演变而来，形容其为孤岛。如此仙境般的“世外桃源”的历史，却并非田园牧歌式的浪漫，而是令人唏嘘的血腥：远离法国本土上万千米的留尼汪岛（又称波旁岛）自17世纪被法国殖民者占领后，咖啡和甘蔗相继得以引进和种植；殖民者还从西边的马达加斯加岛引入了黑奴。据历史记载，在1804年留尼汪岛上已有逾五万名黑奴。这些黑奴被残酷剥削和折磨，从事极为繁重的体力劳动。自18世纪中期部分奴隶开始了逃亡历程，他们逃至这些人迹罕至的冰斗隐居。这些逃亡奴隶中，最为著名的一位名叫玛法特，他甚至成了逃亡此地的黑奴族群的领袖。面对黑奴的逃亡，白人殖民者开始了疯狂的镇压，他们雇用了赏金猎人进行追杀。1751年，玛法特为赏金猎人所杀害，赏金猎人割下了他的头颅和右手带回，以恐吓其他的奴隶。1848 年法国爆发二月革命，推翻了奥尔良王朝，建立了第二共和国；当年年底，奴隶制在留尼汪岛才得以彻底废除。为了纪念这位黑奴英雄和一个多世纪的奴隶制历史，1853 年该冰斗被命名为玛法特冰斗。

然而，与留尼汪岛的历史形成深刻对照的是 1804 年法国民法典热情洋溢的、具有哲学命题式美感的大量条文规定。该法典第 8 条被誉为确认了大革命的平等原则："所有法国人均享有民事权利"；作为婚姻世俗化的结果，第 229 条确认了离婚自由；第 544 条被认为是所有权绝对原则；第 731 条赋予女性以继承权；第 1128 条禁止人体成为商业交易的标的；第 1134 条被认为是确认了契约自由原则："依法成立的契约在当事人之间具有相当于法律的效力"。所以，法国 20 世纪最伟大的民法学家和战后民法典修订主要的承担者让·卡尔波尼埃（Jean Carbonnier）教授指出："应该看到灵感来自何方，启发民法典精神的源泉，是大革命。民法典最重要的特征都源自大革命的意识形态……作为 1789 年人权宣言的民事表达，民法典表达了对自由、平等和人的意志的三重礼赞。"①

显然，这样的"学院派"经典论断不能完全反映民法典背后所掩盖的事实：至少，如同留尼汪的历史所告诉我们的，在民法典颁行的时候，法国的大片领地仍然保有奴隶制；在那里，奴隶根本不被视为法律的主体而是如同物一样被转让和支配。须知大革命期间，政府于 1793 年和 1795 年两次颁布法律废除了奴隶制。② 正因为如此，当代法国法律史学者格扎维埃·马丁（Xavier Martin）在其《拿破仑法典的神话学：现代法国的基石》著作中，以"民法典与法国社会的重构"（Le Code civil et la restructuration de la société française）为中心命题，对拿破仑法典进行了法律人类学意义上极富原创性的"祛魅"式解构。他所称的"神话"正是前述"学院派"的经典论断：法国民法典的哲学基础是启蒙运动所宣扬的理性主义、个人主义、自由主义、唯灵主义等思潮。而格扎维埃·马丁基于大

---

① Jean Carbonnier, *Droit civil*, *Tome I*, *Introduction*, 27e édition, Paris: PUF, collection Thémis, 2002, pp. 136 - 137.

② 1793 年大革命政府发布的《人权宣言》第 18 条规定："所有人……不得出售自我，亦不得被他人出售；其身体不得成为可以转让的财产。"

量的史料所得出的正好是相反的结论：历经了大革命的动荡和恐怖，民法典的起草者怀有深刻的人性悲观主义；在他们看来，人是“欲望机器”（mécanique d'appétits），是典型的物质主义者、感觉主义者，受欲望和冲动驱使而非受理性支配，怀有深刻的自利主义；而这种本能冲动的后果是危险的，因此法律有必要对此加以约束。① 在其另一本著作《人性与法国大革命：从启蒙时代到拿破仑法典》中，格扎维埃·马丁指出：“拿破仑法典的起草者们希冀散播一些有用的幻觉，他们不过是自身时代的产物，相信为了社会的福祉，应当对民众的内在世界进行操控”；在他们看来，“民法典的目标是，（在民众没有觉察的情况下）于不可辨识的细微之处施加影响，影响民众直至其思想最为隐秘的处所，触及其情感中最为敏感的心弦，以图改变其旧习，让他们接受新习惯；因为立法者最大的秘密在于使公民如同服从自己的意志一样臣服于法律”②。由此，民法典具有明显的威权主义色彩：对家庭制度的重建的核心在于强调丈夫的权威（《拿破仑法典》第 213 条规定：“丈夫保护妻子，妻子服从丈夫。”）；而对继承制度的重构则是对父权的恢复，其途径是赋予父亲以可遗嘱处分的“自留份”，对继承人构成压力手段。所有这一切都旨在恢复被大革命严重破坏的社会秩序。托克维尔在《论美国的民主》中对此有着精辟的阐释：“在贵族制社会，父亲是家庭的政治领袖、传统的继承人和传代人、习惯的解释者、民情的仲裁人。家庭的其他成员都要认真地听他的话，必须对他十分恭敬，并且完全服从他”③。另外，与 1789 年《人权宣言》第 1 条“人生来且始终是自由的，在权利方面一律平等”形成鲜明对照的，是民法典第 22 条及以下条文所规定的“民事死亡”制度。该制度可以直接剥夺一个生存的人一切的民事权利能力（譬如被判处终身监禁的罪犯），宣告其法律生命的终止，其婚姻关系终结，财产开始继承。恰如诗人所言：“有的人活着，但他已经死了。”

---

① Xavier Martin, *Mythologie du Code napoléon. Aux soubassements de la France moderne*, Bouère, Dominique Martin Morin, 2003, p. 453 et s.

② Xavier Martin, *Nature humaine et Révolution française : Du siècle des Lumières au Code Napoléon*, 3e édition, Dominique Martin Morin, 2015, pp. 270 - 271.

③ ［法］托克维尔：《论美国的民主》，陈天群、赵振一译，455 - 457 页，南昌，江西人民出版社，2013。

二、民法典：社会真正的“宪法”

显而易见，辨识民法典的哲学基础，不能仅依赖法典的条文；更为重要的是要回到民法典起草的社会历史背景中去，发现起草者们对法典化进程所寄寓的政治、社会和文化期许。民法典历来不是一个单纯的技术性法律文本，对于推进法典化议程的政治家而言，民法典是一个国家进行社会和政治重构的决定性文本。正因为如此，1889 年德国著名法学家、日耳曼法学派（与罗马法学派相对立）代表人物基尔克在《私法的社会任务》学术演讲中，针对 1888 年所公布的德国民法典第一草案提出了以下问题：它预示着一个源自德国历史精神的法吗？它对德国人民作了德意志式的表达吗？它表达出法与人民的协调统一了吗？① 它意识到私法法典化的道德与社会意义了吗？它勇敢地面对了当代生活中的问题了吗？从这些基本问题的思考出发，他强调：“如果我们在私法中不再将个体确认为目标本身，则我们就将其制度沦为社会目的的工具，那么，基督教信仰就徒劳地启发了无与伦比的、永恒的个人存在价值，且世界史就白白发展出了自由和正义的思想。”现代法践行契约自由原则，但是，此处的自由并非恣意妄为，而是理性的自由；“依据道德的目的标准，自由同时也是约束；无限制的自由即自我毁灭……今天私法的使命在于，在强者面前保护弱者，在个人的自私自利前保护机体的福祉”。他批评草案过分立足于个人主义，与德国的社会传统不符；他是私法社会化思想的重要推动者，提出应超越传统的公法与私法的划分，建立所谓社会法的概念。因为“私法和公法恰如一个母亲的孩子，它们虽然各自履行其使命，但并非如敌对的兄弟相互争斗，而是始终聚集在一起创造共同的事业”②。由于学者针对德国民法典第一草案的上述批评，立法机构重新组成了起草委员会并起草了新的草

① 1888 年德国民法典第一草案被指“过于抽象和学究气，类似于一本以立法面目出现的潘德克顿教科书，过于‘非日耳曼化’；它还被批评为过于脱离生活现实，缺乏哪怕一点点的社会主义的油”。Csaba Varga，*Codification as a social-historical phenomenon*，Budapest：Szent István Társulataz Apostoli Szentszék Könyvkiadója，2011，p. 419.

② ［德］奥托·基尔克：《私法的社会任务：基尔克法学文选》，刘志阳、张小丹译，30、43、56 页，北京，中国法制出版社，2017。

案，历经多次讨论和修改，民法典最终于 1896 年得以通过。① 历史学家曾经这样评价德国民法典的作用：“德国军队在法国战场上所获得的政治统一，现在在私法领域通过和平方式就轻易取得了：一个民族，一个帝国，一部法律。”②

而就中国当下所推进的民法法典化进程，值得注意的是，我国亦有学者开始关注其哲学基础问题。有学者指出，“民法典的立法哲学，是一个阶段时代精神的结晶，集中展示着一个民族的智慧和境界……中国民法典的立法哲学，可经由具体的法律条文，通过对人的定位和期许的表达，借助协调人与人的关系、人与社会关系、人与国家关系以及人与自然的关系的基本原则展现出来”③。无疑，中国民法典的条文与制度构建，必将折射出中国当下的时代精神和哲学智慧，凝聚着中国法学家群体和政治家群体对中国社会转型的期许。不难理解的是，按照中国当下关于社会转型的“顶层设计”，中国民法典的编纂是实现国家治理能力和治理体系现代化的重大举措，是全面推进依法治国的战略性步骤。作为公认的市民社会“宪章”，民法典对于社会转型具有不可忽视的关键性作用。一方面，民法典蕴含了现代社会赖以立足的最基本要素——所有权、家庭和契约被认为是民法典的三根支柱——正因为如此，卡尔波尼埃（Jean Carbonnier）教授指出：法国社会真正的宪法其实是民法典；自两个多世纪以来，民法典始终在发挥效用，而宪法和政体（共和国、帝国、王国等）更替则多达十余次。④ 雷米·卡布里亚克（Rémy Cabrillac）教授说：“民法典成为法国共同法律遗产的共识性象征”⑤。民法典通过确认新的法律规则，为新的社会秩序的形成奠定基础。譬如，2017 年《民法总则》中关于法人的分类特别是非营利法人的有关新规则，在总体上就深深植根于中国社会治理模

---

① Jürgen G. Backhaus, “The German Civil Code of 1896: An EconomicInterpretation”, in *European Journal of Law and Economics*, 1998, Vol. 7, pp. 5 - 9.

② Csaba Varga, *Codification as a social-historical phenomenon*, p. 419.

③ 王轶：《民法典的立法哲学》，载《光明日报》，2016 - 03 - 02（14）。

④ Jean Carbonnier, “*Le code civil*”, in Pierre Nora (dir.), *Les lieux de mémoires*, tome 2, *La Nation*, Paris : Gallimard, 1986, pp. 307 - 308.

⑤ Rémy Cabrillac, “*Les enjeux de la codification en France*”, in *Les Cahiers de Droit*, 2005, Vol. 46, n°1 - 2, p. 542.

式变革的进程；立法者希冀通过新规则促进社会治理模式的转型，既要保持社会的活力，转移国家的部分社会管理职能，又要保持社会的有序可控，维护国家安全与稳定。另一方面，民法典同样具有明显的价值形成和促进功能。在纪念法国民法典诞辰二百周年之际，希拉克总统曾这样说："民法典，它首先是一些价值：法国社会围绕这些价值而建立起来；在这些基本价值中，法国社会继续寻求其平衡及其凝聚力"①。2017 年《民法总则》中关于社会主义核心价值观的宣示、禁止权利滥用原则的确立、"好人条款"的设立、救助人免责等内容，对于新的价值观体系的形成，显然具有不可忽视的重要促进作用。当然，必须意识到：民法典对社会转型的促进功用也必然有其限度，在总体上，民法典必然与产生其的政治、经济和社会土壤相适应；民法典在发挥整合社会秩序的"准宪法功能"的同时，必然接受宪法原则的辖制和辐射。究其本质，一切法典化都只是对法律渊源混乱的一种技术性回应；法典化可以缓解法律渊源的混乱无序，却无法消除产生此种混乱的政治性根源。民法典对社会转型所产生的影响，也只能在所给定的政治性框架内发挥作用。波塔利斯（Jean-Etienne-Marie Portalis，1746—1807）早在 1801 年《关于民法典草案的说明》中就已经指出："民事法律必须与政治性法律相适应"。

由此可见，民法典的起草者对于法典化的"政治性使命"需要有精深的理解。从法律技术的角度看，法典化的本质在于实现法律渊源的理性化，消除法律主体"找法"的困难。在法律技术层面，法典起草者必须牢记的是："法律并非纯粹充斥着强制力的律令，它浸透着智慧、正义和理性……切不可忘记的是，法为人而立，而非人为法而生；法律必须适应它所针对的人民的特征、习惯和情况"②。法典化在法律技术层面的功用主要是实现法律的简化，使得公民可以有效地理解和运用法律，保障其权

① Discours de M. Jacques Chirac sur le code civil, la modernisation du droit civil, notamment le droit des obligations, l'effort de codification et de simplification des droits français et communautaires et le rayonnement du droit français *à* l'étranger, in *Les Annonces de la Seine*, le 11 mars 2004.

② Portalis, "*Discours préliminaire sur le projet de Code civil*", in Jean-Etienne-Marie Portalis, Discours et rapports sur le Code civil, Caen: Centre de Philosophie politique et juridique, 1989, p. 13.

利；由此，法典化可以确保法律的“可达性”，而这也是法律民主化进程的重要内容。① 而从法律政策角度来看，民法典的政治使命在于奠定新的社会秩序（所有权、契约、家庭、继承等）。托克维尔极富洞见地指出，民法典中家庭与继承制度的改革给社会带来巨大的变化，父子关系的改变尤为明显；因为民法典贯彻了民主的核心要求即平等，继承平等正是民主的必然后果，继承法正是“使得平等迈出了决定性的那一步”的制度。这样的结果是，“民主制度使得天然联系变得紧密，却使得社会联系变得松弛。也就是说，民主制度将家庭成员之间的联系拉近了，却让公民之间的关系变得疏远了”②。正是由于民法典在社会转型过程中所扮演的极其重要的角色，捷克自 20 世纪 90 年代开始，在原来的 1964 年民法典和 1991 年商法典基础上通过再法典化手段，起草了一部新的民法典（已于 2014 年生效）。德国著名学者莱因哈德·齐默曼（Reinhard Zimmermann）在 1995 年曾有以下论断：“（从原有体制）向以自由和法治为基础的新秩序的转型意味着社会伦理基础的重大转变；对于这一转变，法院和法学理论界都难以单独完成私法领域所必需的相应调整。必须进行新的立法，而且在性质上必须制定新的法典，不能只是零星的修补”③。

三、法典化的法律问题与政治问题

正由于负载这样的“政治性使命”，法典化的历史表明，民法的统一比刑法的统一更为艰难。④ 所以，波塔利斯感慨道：为了铸就一部民法典，法典的起草者需要“某些天赋甚至某种突如其来的灵感，以透彻领悟构建一个国家的全部进程”⑤。以波塔利斯为代表的法国法学家群体之所

---

① Sophie Lamouroux, “*La codification et la démocratisation du droit*”, in *Revue française de droit constitutionnel*, 2001, Vol. 48, pp. 819 - 820.

② ［法］托克维尔：《论美国的民主》，陈天群、赵振一译，455 - 457 页，南昌，江西人民出版社，2013。

③ Reinhard Zimmermann, “*Codification: history and present significance of an idea: A propos the recodification of private law in the Czech Republic*”, *in* European Review of Private Law, 1995, *Vol*. 3, *p*. 112.

④ Jean-Louis Halpérin, *Histoire du droit privé français depuis* 1804, Paris: PUF, collection “*Droit fondamental*”, 1996, p. 3.

⑤ Portalis, “*Discours préliminaire sur le projet de Code civil*”, p. 34.

以能够完成民法法典化的使命，按照托克维尔在《旧制度与大革命》结尾处对法兰西民族性的精彩描述，这可能是因为这个族群长于英雄行为而非德行；长于天才而非常识；他们适于设想庞大的规划①；以及他们对自由的崇尚。“法兰西民族从未自由到决不会被奴役，也从未奴化到再无力量砸碎桎梏”，他们时刻铭记：“谁在自由中寻求自由本身以外的其他东西，谁就只配受奴役。”② 从法律人类学的角度来看，法典往往会留下特定民族的民族性的烙印。

今天，我们对民法典寄寓这样一种“政治化”的解读，绝不是赋予法典以某种“不能承受之重”，而是要深刻理解民法典对社会转型所可能产生的深远影响。颇为吊诡的是，这种影响往往是在反对和批判法典化的大争论中由一些批评者所触及和揭示的。在 2006 年关于物权法（草案）违宪的那场著名论争中，有法理学者指责物权法（草案）“以保护个人物权为核心”，平等保护原则“就是将乞丐要饭讨食的棍子和碗与少数人的机器、汽车等都平等保护”；草案的起草是希望完成 2004 年宪法修正案所没有完全实现的任务。其实，这些批评并非全无道理。民法典对所有权的保护，一方面是现行所有制制度的要求和具体化；另一方面也必将促进所有制制度的发展演进。在这个意义上，我们确有必要重新检视和思考这些批评者的某些论断：“专家（法学家）与政治家要分清……（法学家）毕竟有专业的局限性；而政治家、领导者和权力机关不同，他们应该有政治即全局观点和整体观念”。

法律问题与政治问题的区分，据考证源自萨维尼，用以区别立法与法律科学不同的适用领域。③ 萨维尼提出这一区分的用意在于，反对立法者的随意和无所不能，为立法者的作为空间设置一定的边界。今天对这一问题的思考，要回到对法律与政治两大基本范畴相互关系的探究上：政治问题是属于立法政策层面的问题，涉及法律的价值取向；法律问题则是纯粹

---

① 参见［法］托克维尔：《旧制度与大革命》，冯棠译，246－247 页，北京，商务印书馆，2013。

② ［法］托克维尔：《旧制度与大革命》，冯棠译，247、208 页，北京，商务印书馆，2013。

③ Reinhard Zimmermann，“*Codification：History and Present Significance of an Idea*”，p. 113.

的立法技术层面的问题，其目的在于如何以最优的方式组织和编排法律规范。必须承认二者的区分有时候并不容易。譬如，以时效制度为例，与很多人的看法相反，它并非是一项立法技术层面的制度，而是有着重大政治意义的立法政策层面的基本安排。由于时效制度的本质是一定期间的经过导致权利的丧失，有学者将其称为征收制度的特殊类型。[①] 时效制度的价值目标有：防止债务人遭受不当追索、保护第三人免受各种权利负担、保护第三人合理信赖、督促权利人及时行使权利、促进社会秩序平和等。从这个意义上来说，根据《民法总则》第196条第2款的规定，未登记的动产物权的权利人返还财产请求权应该适用诉讼时效。这一规定凸显了对第三人合理信赖的保护和督促权利人行使权利等效率层面的价值，而忽视了实现社会正义、维护社会秩序平和等公平层面的价值。维护社会秩序的平和尤其需要尊重社会公众的法感情和法信仰，上述条文则明显是对民众法感情的颠覆，难言妥当。造成这种疏失的主要原因在于，法案起草者把本来具有政治性价值的制度简约为一个纯粹的立法技术问题，从而未能对该制度的合法性进行充分的辩论和深思熟虑之后的决断。

在这个意义上，我们不能不同意薛军教授的论断：“民法典编纂固然具有强烈的技术性特征，但不能认为民法典编纂可以脱离实质性的价值判断以及相应的立法政策选择问题。对于这方面的决策，法学家不能越俎代庖，一手包揽，而应该尊重政治伦理中的民主原则，也就是说，涉及实质性的价值判断问题的时候，应该保留代议制机构以制度性的审查和介入的权能”[②]。这就是说，政治问题的决断应交给政治家以具有民主合法性的方式去进行，法律问题的处理则应交由法学家共同体。正因为如此，一切成功的法典化都是政治家与法学家两个群体通力合作的结果。以法国2016年对债法的修订为例，此次修法采取的是法令（ordonnance）的形

① 参见［奥］海尔姆特·库齐奥：《侵权责任法的基本问题》，卷1·德语国家的视角，朱岩译，316页，北京，北京大学出版社，2017。

② 薛军：《中国民法典编纂的组织体制问题：结合意大利经验的讨论》，载《比较法研究》，2015（3），37页。

式，依据的是法国 1958 年《宪法》第 38 条。① 修法程序大致如下：2013 年 11 月，政府向议会提出以法令形式修法的授权法案（loi d'habilitation）的草案。② 国民议会通过了此草案，但参议院却反对。随后，根据宪法规定，两院组成了一个专门的人数均等的委员会。2015 年 2 月，议会通过了授权法案。其中，法案规定了政府修法的主要框架和任务：确认合同法的基本原则，简化合同成立与生效的要件，确认意思主义原则及其例外，厘清合同无效的规则，厘清合同解释特别是格式合同解释的有关规则，明确合同对第三人的效力，确立情势变更规则，重组违约救济和单方解约的有关制度，对无因管理和不当得利制度进行现代化改造，引入债法的一般制度并实现其规则的现代化等。③ 法案要求，政府在 2016 年 2 月 15 日之前必须通过修法的法令；在随后的 6 个月内，政府必须向议会提交批准法令（loi de ratification），供议会审议后批准。根据议会的授权法案所设定的政治性框架，政府（司法部）组织专家起草具体的草案；政府以部分杰出学者所起草的草案（Catala 草案和 Terré 草案及司法部自行组织专家起草的草案）为基础，起草出官方的草案，在公开征求意见后进行完善。最终，包含 280 多个新条文的债法改革法案由法国政府于 2016 年 2 月 11 日公布。④ 2016 年 7 月，政府向议会提交了批准法令的草案。⑤ 从这个过程中可以看出，由具有政治合法性的机构——议会设定修法的政治性框架和原则，在这个框架范围内，政府组织具有精深专业造诣的法学家群体来起草草案，草案最后仍然要由议会表决批准才生效；这个过程体现了政治家

---

① 法国 1958 年《宪法》第 38 条规定："政府为实施其政纲起见，得要求议会授权它在一定期限内以法令对于通常属于法律范围的事项采取措施。上述法令经征询行政法院意见后，由内阁会议予以制定。上述法令自公布之日起发生效力，但如批准该项法令的法律草案未能在授权法令所设定的届满日期之前在议会提出，则该项法令即行失效。在本条第 1 款所规定的期限届满后，上述法令中有关立法范围的事项仅能由法律加以改变。"

② Projet de loi relatif *à* la modernisation et *à* la simplification du droit et des procédures dans les domaines de la justice et des affaires intérieures, le 27 novembre 2013.

③ Loi n° 2015 – 177 du 16 février 2015 relative *à* la modernisation et *à* la simplification du droit et des procédures dans les domaines de la justice et des affaires intérieures.

④ Ordonnance n° 2016 – 131 du 10 février 2016 portant réforme du droit des contrats, du régime général et de la preuve des obligations.

⑤ Projet de loi ratifiant l'ordonnance n° 2016 – 131 du 10 février 2016 portant réforme du droit des contrats, du régime général et de la preuve des obligations.

群体和法学家群体的协作，同时兼顾了政治合法性和专业合法性的“双重合法性”需求。

而反观我国的法典化工程，由于不存在政治问题与法律问题的区分，所有这些问题都交由技术官僚机构去应对。然而，技术官僚阶层却并不拥有对政治性问题进行决断所需的全部民主合法性。由此导致了两个效应：其一，技术官僚机构出于对可能引发的政治责任的担忧与回避，天然地会倾向于采取保守的方案。这在很大程度上解释了他们主导起草的法案为什么“继承有余、创新不足”。其二，技术官僚机构所起草的法案由于包含大量的政治性问题，需要提交具有民主合法性的政治性机构进行讨论和审议，这是草案“合法性补足”的过程。在当代中国的政治性框架中，这种补足过程必然采取大民主的方式，由最高立法机构的近三千名成员来进行集体讨论和论辩。这充分解释了为何此前由法学家群体反复讨论并经全国人大常委会三次审议的《民法总则》草案，在大会期间三分之二以上内容却需要修改。恰如哈贝马斯所指出的：所谓私法自治的范围与限度，需要由公法以具有政治合法性的方式去决定。民法典必定诞生于特定的政治性框架，在内容上也必然纳入特定的政治性原则。这正是民法典政治合法性的表征。

四、让民法变得更“纯净”

一个萦绕在很多人脑海中的疑问是：对民法典寄寓这样的“政治性使命”，是不是会让民法典变得不再“纯洁”？我国台湾著名学者苏永钦教授在一篇文章的结尾处就有这样的担忧和感慨：“我们不要把民法典绿化或再社会化，恰恰相反，我们应该把它变得更纯净”①。不能不承认，他担忧民法典的“颜色迷恋”和“再社会化”，确实有一定道理。其实，这些问题的本质仍然是民法典如何面对社群主义思潮的兴起的问题：社群主义基于特定群体的特定身份而赋予其特定的法律地位和权利，所以当代民法出现了“从契约到身份”的反动，其最重要的后果是民法典作为基本法的一般性“射程”的减损；特定群体对民法典进行“点菜式”适用的结果，

---

① 苏永钦：《寻找新民法》，增订版，535页，北京，北京大学出版社，2012。

是出现了从一部统一的民法典到一部四分五裂的民法典的图景。①

然而，今天的民法典编纂一定程度上面对的是被工业废弃物严重污染的土壤、充满恶臭的河流、让人呼吸困难的雾霾，立法者如何能对这些视而不见、无动于衷？如何能不在总则中规定所谓绿色原则，在物权编、侵权编中就物的处分限制、环境损害责任等相应制度不作出回应？至于所谓的再社会化的问题，这已然是今天的现实，民法典对处于弱势地位的特定群体（消费者、劳工、承租人等）给予特殊的法律保护和地位，是当代民法在促进社会正义和寻求更大程度的合法性方面的重要表现。以德国为例，2002 年在转化欧盟消费品买卖指令的过程中，德国选择了以民法典来转化欧盟指令的模式（而非像法国那样以民法典之外的消费法典来转化）。而德国联邦宪法法院在一系列判例中已经确立了宪法基本权利的第三人效力制度。今天法学界所公认的是，私法第三人同样可能成为侵害基本权利的主体，合同完全可能异化为一方侵犯另一方基本权利的工具。所谓“纯净的民法”，在历史上也许可能就从来不曾真正地存在过；在今天，就尤其不合时宜。法典化编纂行动的最终合法性，必然是面对它在特定时期、特定地域的特定人群的需要；法学既是一种地方性知识，更是一种时间性知识。民法典被打上特定的时代烙印，正好说明法典化行动的合法性来源，说明编纂者致力于解决所处时代所面临的特定问题。“让民法变得更‘纯净’”的复古式主张，在今天听上去更像是某些仍然抱有浓厚古典主义心结的传统学者对于一个存在于想象中的古典“黄金时代”一去不复返的历史命运的某种一厢情愿的乡愁式眷念和感伤。②

然而，颇为有趣的是，苏永钦教授声称他致力于“寻找新民法”。而面对人格权可能独立成编的大陆“新民法”，他却在书中这样批评道：“人格权可能形成的规范主要大概都在权利的内涵和类型，除了类似物上请求

---

① 参见［法］让-保罗·让、让-皮埃尔·鲁瓦耶：《民法典：从政治意志到社会需要——两个世纪以来的评估》，石佳友译，载《法学家》，2004（2），10 页。

② 这种浓厚古典主义的情怀，在苏教授近期的一则访谈中袒露无疑。从这则访谈的标题《成熟民法典不在于太多烟火式亮点》就可以看出。或许他心目中理想的民法典还是以德国民法典为代表的“成熟的民法典”，而不是今天不断突破古典主义窠臼的“新生代”民法典。参见苏永钦：《成熟民法典不在于太多烟火式亮点》，见财新网，2017－11－09。

权的妨害排除请求权，不会有什么人格权特有的规则，其结果就是勉强把一堆为数可能不太多的、配合侵权行为责任的‘不完全法条’凑起来变成独立的一编。这样的体例不符合蜂窝原则，人格权编有点像没有消化的食物，称之为‘特色’固无不可，但显然无法制造实质的养分。”他坦言：“反对单独成编者考量的主要还是这种体系化方式的必要性。”①

显然，不能说这些批评意见完全没有道理。但是，从立法技术来看，此类观点的偏颇之处在于：人格权并非都是所谓的“不完全法条”；法典体例的编排标准既不是根据“完全法条”，更不是基于所谓的“蜂窝原则”；而所谓的体系性，从来也不是民法典编纂的最高标准；法典化在立法技术层面最重要的使命是法律渊源的理性化，方便主体查找和适用法律。从这个意义上看，很容易理解当代真正的“新民法”在体例结构上的许多创新：1991 年荷兰民法典设立第八编运输编；2006 年法国民法典增设第四编担保编；2011 年罗马尼亚民法典设立七编，即人法、家庭法、物法、继承法、债法、时效与期间计算、国际私法规范。再以深受德国影响的几部晚近民法典为例，2002 年巴西民法典的体例为总则和分则，总则包含人、财产和法律行为三编，分则各编分别为债法、企业法、物权法、家庭法、继承法。其中，企业法（营业财产、公司、合伙、商事登记等）的设置显然突破了传统的潘德克顿体系，以公司法的内容为主。而 2015 年生效的阿根廷新民商法典似乎更加离经叛道，该法典沿袭了德国式的五编体例（第一至五编分别为：总则、家庭、债法、物权、继承）；在此之外，还专门增加了一个第六编，题为“债权与物权的共同规定”，将消灭时效、取得时效、优先权、留置权、国际私法规则等内容整合到其中。这都几乎是一个财产法的总则编了。从传统的潘德克顿法学来看，这似乎是背离正统的误入歧途。但是，比较法学界对阿根廷新民商法典的评价却很高。② 这些都充分说明：民法典从来不存在一个唯一“科学”的法典体系，也不存在一个一成不变的体系。一个真正科学的体系恰恰是开放和与时俱进的。苏永钦教授在书中也不得不承认：经过一百年的试验，德

① 苏永钦：《寻找新民法》，增订版，85－86 页，北京，北京大学出版社，2012。

② R. Cabrillac, “*Le nouveau Code civil et commercial argentin*: *l'éclatante réussite d'un audacieux pari*”, in *Dalloz Recueil*, 2015, p. 2389 et s.

国民法典五编制的缺陷已暴露无遗；在当代，有必要“重构一部升级版、可以增加几倍产能的民法典”①。

从立法政策的角度来看，上述保守主义的观点就尤其令人失望。“成熟的民法典”从来不曾面临今天人格权保护的紧迫使命——19世纪初的法国民法典和19世纪末的德国民法典没有规定人格权也并无大碍。然而，在科学技术突飞猛进的今天，在生物医学、互联网、人工智能等领域的成就日新月异的当下，人类在不断提升对外在世界掌控力的时候，也将支配和利用的贪婪目光转向了人自身：器官买卖、代孕、克隆、个人信息贩卖、网络偷拍直播……作为法律关系的主体有沦为法律关系客体的巨大风险，人的主体性地位遭遇到前所未有的挑战，人格权被侵害的范围之广、程度之烈，都远非古典民法典时期的所能比拟。正因为如此，当代的“新民法”几乎无一例外地规定了人格权：1994年魁北克民法典第一编第二分编（第10～49条），2002年巴西民法典第一编第二章（第11～21条），2011年罗马尼亚民法典第一编第二分编第二章（第58～81条）等。毋庸置疑，国外的民法典中人格权独立成章已是普遍趋势。人格权独立成章与独立成编的差异，其实更多的是量上的而非质上的。

就中国民法典而言，人格权独立成编的争论尤其要置于中国当下的时代背景之下来看待。由于《民法总则》中已设有民事权利一章（第五章），总则以专章规定人格权已无现实性可言；在此情况下，由分则来规定人格权是唯一具有现实性和科学性的选择。而民法典设置独立的人格权编，将有效应对网络时代下人格权所面临的巨大挑战，为司法裁判提供充分和绵密的法律依据。尤为重要的是，民法典人格权编还将具有巨大的价值宣示意义和象征价值，有助于充分发挥民法典的“权利启蒙”功能。在权利意识淡薄的中国，这显得尤其必要和珍贵。这些使命正是民法典为中国的社会转型应当也能够制造的“实质的养分”。所以，纯粹以某一特定法系的立法技术的视角来反对当下中国民法典在立法政策层面具有深远意涵的“顶层设计”，是一叶障目式的简约主义；而用19世纪末德国民法典的话语体系来裁剪今天中国复杂的社会现实，在方法论上则可能是刻舟求剑式

① 苏永钦：《寻找新民法》，增订版，534页，北京，北京大学出版社，2012。

的时空混乱。我们不得不承认：为了实现民法典所承载的“政治性使命”，我们恰恰需要远离古典主义范式中的所谓“纯净”民法。

19世纪法国浪漫主义文学的代表人物之一的夏多布里昂在其名著《墓畔回忆录》的开始写道：“是该离开这个正在逐渐离我远去的世界的时候了，我对此却并不遗憾。”早晚历史会让古典主义者明白：对民法典的政治性使命的敏感性和充分的“文化自觉”，要求法典的编纂者具备更为长远的眼光和谋虑，以及必要的雄心与抱负。而对于古典时代的“纯净”民法，已然走进“新时代”的我们不得不说：是该离开这个逐渐离我们远去的世界的时候了；对此，我们真的没有任何遗憾！告别“旧世界”的古典范式，迎接民法典的“新时代”，在年终岁尾之际，好像还真没有什么其他的心得比这更为适切和应景的了！

本书的出版获得中国人民大学科学研究基金（中央高校基本科研业务费专项资金）资助；本书也是中国人民大学—日内瓦大学种子基金项目的阶段性成果（项目批准号为16XNQ021）。作者对学校科研管理部门所给予的宝贵支持表示诚挚感谢！

2017年12月27日

于中国人民大学苏州校区开太楼

目　录

第一章 社会转型进程中的法典化

引言：法典化与法社会学

当下，我国法学界就法学方法论出现了热烈的讨论，尤其表现在所谓“法教义学”和“社科法学”（其实主要是法社会学）的不同路径之争。① 其实，法社会学与法教义学不过是分别代表了法学的外在视角（external perspective）和内在视角（internal perspective），它们都同属于法学学科的不同研究方法。这就如同对其他很多对象的研究，都有内在与外在的方法一样。譬如，在微观经济学对企业的研究中，内在视角侧重于研究企业的内部决策过程、企业内部不同部门的职责、公司的组织模式等；而外在视角则侧重于研究企业的外部关系，包括与其他企业的关系、与其他社会行动者的关系、与政治组织和产业组织的关系等。再如，在政治学的研究中，内在视角注重对政党、议会等机构的研究；外在视角则从外部角度来看待政治制度，注重研究作为整体的政治制度在社会体制中的作用、政治体制与经济或社会制度的关系等。法教义学强调分析法律的产生过程、各行动者之间的相互关系、法律的实施等“纯粹性”问题，主要研究法律素材——尤其是立法与司法裁决——的体系化及其解释；法社会学则从外部

① 参见尤陈俊：《不在场的在场：社科法学和法教义学之争的背后》，载《光明日报》，2014-08-13；孙海波：《法教义学与社科法学之争的方法论反省——以法学与司法的互动关系为重点》，载《东方法学》，2015（4），72-89页。

去看待法律体制，强调研究政治、社会、文化等其他因素与法律之间的关系，侧重研究与法律有关的规范性和概念性的结构。二者被形象地称为“法律中的知识”（knowledge in law）和“有关法律的知识”（knowledge about law）①；它们可谓相得益彰，相互补充，彼此从对方那里汲取养分，但相互不能替代和否认。长期以来的实践证明，法教义学所容易犯的错误就在于其内向和封闭，忽视法律与社会环境之间的互动。“一旦法学者们将其视角向外转向，他们就能开辟出新的天地，因为只有步出法律的领域，他们才可能获得与他们的理解所不同的——很可能是全新的——看法。”②

作为一种社会与历史现象的法典化，就充分证明了跨学科分析方法的价值。从韦伯的法律社会学角度来看，法典化是典型的形式理性化的操作。一方面，现代经济的发展要求规则体系具有可计量性（calculability），避免执法者的任意性和特权制度的非理性。可计量性意味着规则可以普遍适用，不受具体情况的限制，对于可以预见的每一个问题都能给予一个确切的答案，因此，这种秩序是可以预见的。显而易见，市场和契约自由所推动的经济理性化的增加，是法律理性化的原因所在。另一方面，由笛卡儿、莱布尼茨等所开创的理性主义传统从数学的普适性中获得启示，鼓吹构建类似的“普遍性知识”（*mathesis universalis*）体系，建立起一种理性化的关系架构，以包含一切的形式可能性，形成一套公理性的概念体系。这正是现代思维的方法论模型。这样一种体系性的理性主义立足于如下的假设：体系的每一个特定方面的内容都可以从其基本的原则中推导出来，每一个问题都是确切地可预见和可计量的。这种可预见性和可计量性意味着法律的完备性和整全性，具有形式化的严格的法律架构就是其最好的手段。③

当代中国的民法法典化是中国立法领域的重大工程，是中国民事立法实现现代化的必由之路，是实现建立社会主义法治国家伟大目标的战略性

---

① Hakan Hyden, “Even a Stepchild Eventually Grows Up: on the Identity of Sociology of Law”, in *Retfærd* (*Nordic Journal of Law and Justice*), 1999, Vol. 2, pp. 75 - 77.

② Reza Banakar, “How Can Sociology and Jurisprudence Learn from Each Other? A Reply to Mauro Zamboni”, in *Retfærd* (*Nordic Journal of Law and Justice*), 2006, Vol. 2, p. 78.

③ Csaba Varga, *Codification as a Socio-Historical Phenomenon*, Budapest: Szent István Társulat, 2011, pp. 290 - 293.

举措，也是实现中国治理体系的现代化的重要步骤。① 正因为民法典编纂具有如此重大的意义，法教义学和法社会学等多种方法的应用、进行多学科的分析，就尤其显得重要。考虑到民法典对社会转型的深远影响，以及法社会学等跨学科分析在我国法学研究中的稀缺，本书愿意在这方面做一粗浅的尝试，以期抛砖引玉。

一、民法典的宪法性价值

早在 1801 年，波塔利斯对民法典就曾有如下精辟的论断："什么是民法典？它是指导和确定属于同一地域范围内的人们之间的社会交往、家庭和利益关系的法律的集合整体。"② 这是从实质的角度对民法典所做的经典定义：民法典所调整的是民众的家庭和财产等利益关系的法律整体，事关他们之间的社会交往和相互关系。而从形式上看，民法典具有两个重要特征：完备性（comprehensiveness）和内在一致性（coherence）。所谓完备性，是指作为逻辑抽象的结果，私法的所有事项都规定在民法典之中；完备性不是排他性，不是说私法的事项只由民法典加以规定。所谓内在一致性，是指法典内部的规则之间不存在冲突，每一项规则都有一个真实的含义，它仅为每一个法律问题提供一个正确的答案；法典消除了法律漏洞、模糊性和内在的矛盾。③ 这就是说，在某一法律关系领域具备了完备性和内在一致性的法律文本，才可以称得上是法典。

正是从上述内容和形式的双重意义上，1994 年生效的《魁北克民法典》在其"序言"第 1 款中即开宗明义地宣告："魁北克民法典与人权宪章和法律一般原则保持和谐一致，调整人、人与人之间的关系以及物。"《魁北克民法典》"序言"的第 2 款规定："民法典由调整相关事项的规则的整体所组成，这些条文的文字、精神或对象在其所调整事项的领域内，以明示或默示方式确立了其'共同法'（jus commune）。在这些领域中，

① 参见石佳友：《治理体系的完善与民法典的时代精神》，载《法学研究》，2016（1），3-21 页。

② Portalis, "*Discours de présentation du Code civil*", le 3 frimaire An X, in Portalis, *Discours et rapports sur le Code civil*, Centre de Philosophie politique et juridique, 1989, p. 92.

③ Martijn W. Hesselink, *The New European Legal Culture*, Kluwer, Deventer, 2001, p. 11.

法典是其他单行法的基础，尽管单行法可以补充法典或者作出例外规定。”

从效力等级上说，民法典位于宪法之下，与普通的法律相比似乎并无特别的优先性。① 但是，鉴于民法典的特殊地位，实际上其效力位居普通法律之上。这一格局的主要依据，显然在于民法典对于国家和社会的极端重要性。在象征意义上，立法者赋予了民法典相对于一般民事法律的某种优先性地位，因为民法典是私法领域的“共同法”（jus commune），构成其他法律的“基础”。《俄罗斯联邦民法典》第 3 条第 2 款规定：“其他法律中所包含的民法规范必须与本法典相符合。”

在我国，《立法法》第 7 条也明确区分了“基本法律”与“法律”，前者由全国人民代表大会制定，后者由其常委会制定。显而易见，民法典属于《立法法》所称的“基本法律”，其效力位阶高于普通法律。从象征主义的角度来说，民法典是整个私法部门的基本法，是公民社会的宪章，其巨大的象征意义不言而喻。当然，“就此而言，有必要提醒注意的是，法典——特别是民法典——的权威，既取决于其内容的质量，也取决于其在法律上的效力”②。因此，民法典质量的优劣，对于民法典未来的权威和生命力可谓至关重要。

民法典这种私法领域的“共同法”的“基本法律”地位当然具有重要意义。法国著名民法学家、战后民法典修订的主要承担者卡尔波尼埃教授在 20 世纪 80 年代曾提出一个广为引用的论断：民法典是法国真正的宪法；民法典与凡尔赛宫、马赛曲一样，成为法兰西民族集体的“记忆之所”③。

---

① René David et Camille Jauffret-Spinosi，*Les grands systèmes de droit contemporain*，Paris，Dalloz，2002，p. 84.

② Gazier Anne. “Le Code civil de la Fédération de Russie et la loi”，in *Revue internationale de droit comparé*，Vol. 61，N°3，2009. p. 536.

③ Jean Carbonnier，*Le code civil*，in Pierre Nora (dir.)，Les lieux de mémoires，tome 2，*La Nation*，Paris，Gallimard，1986，pp. 307－308. 他指出：“民法典不是动态的象征，而是某种固定性的标志；它使得时间凝固，形成一种神奇的停滞……作为凝固时代的象征，民法典由此赢得了所有人的内在共识、一个法国法律体系中其他法律无可比拟的地位。它具有一种永恒性的气息，相比之下，其他的一切——私法或者公法——都成为短暂即逝的象征。在不到两个世纪的时间里，法国至少面对了十多部政治性宪法的涌现。然而法国的真正宪法，却是民法典——借用公法学者们通常的区分标准，这里所谓的‘真正’，非指在形式上，而是在实质意义上。”

这一“民法霸权主义”式的论断不但没有受到宪法学者的质疑，反而得到时任宪法委员会主席巴丹戴尔（Badinter）的附议。他认为，民法典是法国的“民事宪法”（constitution civile）；而且“法国民间社会的稳定与政治社会的多变形成明显对比”，民法典如今已成为“国家的文化遗产”①。更令人瞩目的是，2004 年法国在纪念其民法典诞辰二百周年的时候，总统希拉克在致辞中也重申了这一观点：“两个世纪之后，拿破仑和波塔利斯的民法典仍然存在，它是我国法律体制的核心、我们国家真正的宪法和法国法出色的大使。”②

根据雷米·卡布里亚克（Rémy Cabrillac）的分析，民法典尽管从法律上说不是法国的宪法，然而它在社会学意义上却是法国真正的宪法。一个重要的原因在于，法典化通常与国家和民族的统一相伴随。根据韦伯的法律社会学理论，在转型时期，让不同族群的政治性组织之间实现平和的需求，使得国家必须尽快制定有效的法律。③ 民法典极大地凝聚了整个国家，将孤立的个人熔铸为一个完整的民族。按照波塔利斯的说法，“从此大家不再是普罗旺斯人、布列塔尼人或阿尔萨斯人，而都是法国人”④。基于同样的原因，拿破仑非常自豪地说：“我一部民法典凭借其简洁，就给法国带来了比此前所有法律的整体还要多的好处。”⑤ 在他看来：一部法典、一个民族、一个完整的领土，这是民法典十分明显的统一功能。因此，民法典进一步促成了国家的统一。

尤其应当看到，民法典确立了现代社会秩序所赖以立足的基石：所有权、家庭和契约等私法最为基础性的制度，这其中的许多内容具有宪法意义。在法国，民法典中的多项制度直接被宪法委员会宣告具有宪法价值。在 1982 年的一项裁决中，宪法委员会确认所有权具有宪法价值，公权力机构如果对私人所有权进行国有化征收，必须满足特定的条件。⑥ 在 20

① Robert Badinter, *Le plus grand bien...*, Paris: Fayard, 2004, pp. 13 - 14.

② Jacques Chirac, *Les Annonces de la Seine*, 11 mars 2004, p. 11.

③ Max Weber, *Sociologie du droit*, traduit par Jacques Grosclaude, Paris: PUF, 1986, p. 198.

④ Portalis, *Discours de présentation du Code civil*, p. 180.

⑤ André Palluel, *Dictionnaire de l'Empereur*, Paris, 1969, p. 244.

⑥ Conseil constitutionnel, Décision du 16 janvier 1982.

世纪 90 年代的另一项裁决中，宪法委员会基于《人权宣言》第 4 条“自由就是指有权从事一切无害于他人的行为”的条文，确认民法典第 1382 条的过错责任具有宪法价值。① 近年来，宪法委员会的多项判例指出，民法典中的私生活保护同样具有宪法价值。②

在俄罗斯，部分法学家将民法典称为该国的“经济宪法”，与 1993 年的俄罗斯联邦宪法相并列。③ 俄罗斯联邦民法典包括了从 1994 年至 2006 年期间所颁布的四编，其主要目的是促进从计划经济向市场经济的过渡以及自由民主制的建立。俄罗斯联邦民法典中所有权、债、公司等制度，成为市场经济的基础。民法典第 1 条第 2 款规定：自然人和法人可根据其意志和利益取得和行使民事权利；第 2 条第 2 款规定：公民的权利和自由以及其他非物质性利益受民法保护。该法典还规定了所有权不得侵犯、营业自由、合同自由、遗嘱自由、过错责任等基本制度。④ 而 2013 年匈牙利的新民法典对 1959 年社会主义时期的民法典进行了大幅修订，其主要目的也是促进该国经济与政治体制的全面转型。

还应当看到，民法典与宪法关系的复杂性在于：民法典是所谓民间社会的基本宪章，而宪法是政治国家的基本法。按照这样的理论，民法典的颁布也标志着政治国家与民间社会形成相对独立的二元分野格局。历史上，波塔利斯在起草法国民法典的时候就曾明确宣称：民事法律必须在政治性法律的监督之下，它必须要与后者相适应。因此，托克维尔曾经提出：民法典使得第一执政者也就是后来的皇帝承认了某种形式的民事自由，由此他却达到了剥夺政治自由的目的。他分析指出：民法典的继承法规允许某些民间规则可以调整财产和规范家庭，只要人们不会把它们引入国家生活中去即可。民事立法将安抚“政治法则要求其作出牺牲让步的每

---

① Conseil constitutionnel，Décision du 9 décembre 1999.

② Rémy Cabrillac et Marie-Anne Frison-Roche（ed.），*Libertés et droits fondamentaux*，11e éd.，Paris：Dalloz，2005，p. 177.

③ Anne Gazier，“Le Code civil de la Fédération de Russie et la loi”，in *Revue internationale de droit comparé*，2009，Vol. 3，pp. 525–526.

④ Alexandre L. Makovsky，“Histoire et esprit du Code civil russe”，in *Revue internationale de droit comparé*，2009，Vol. 3，pp. 494–500.

一个公民"①。格扎维埃·马丁的研究表明，拿破仑通过制定民法典所希望得到是：父亲的权威——如同民族的父亲形象一样，但是处于国家的监护之下；作为国家权威的延续的家庭框架；处于公权力监管之下的所有权和契约自由。② 当然，今天的许多研究已经表明，认为私法关系本身在政治上是中立、免受国家干预的观点是难以成立的；认为私法仅仅是实现"各得其所"（*Suum cuique tribuere*）式的职能而不承载分配性和保护性使命的观点，是典型的自由主义政治观。③

就我国而言，中共十八届四中全会《中共中央关于全面推进依法治国若干重大问题的决定》中指出："加强市场法律制度建设，编纂民法典。"该《决定》还提出了全面推进依法治国、建设社会主义法治国家、促进国家治理体系和治理能力现代化等目标。由此可见，民法典的编纂在我国具有多重意义：首先，它是市场经济法律制度的基本组成部分；其次，它是全面推进依法治国、建设社会主义法治国家的重要步骤，因为民法典是直接保护公民、法人等私法主体的人身和财产权益最为重要的法律；最后，它是实现国家治理体系和治理能力现代化的重要环节。这些显然使未来的中国民法典对于贯彻落实宪法的基本制度具有重要意义。

从这些视角出发，民法典对于宪法目标的实现，确实具有政治性效应。以《物权法》所有权制度中的"建筑物区分所有权"为例，该制度在中国法律上首次确认了业主的权利：对建筑物内的住宅、经营性用房等专有部分享有所有权，对专有部分以外的共有部分享有共有和共同管理的权利（第70条）。《物权法》的有关条文规定，首先是向广大业主普及了他们所享有的合法权利的有关知识。譬如，有实证研究表明，第73条关于建筑区划内的道路、建筑区划内的绿地、建筑区划内的其他公共场所、公

---

① ［法］让-路易·安贝翰：《民法典的制定历史：民法典，拿破仑的?》，石佳友译，载《法学家》，2004（2），4-5页。

② Xavier Martin, *Mythologie du Code napoléon. Aux soubassements de la France moderne*, Bouère, Dominique Martin Morin, Les droits de l'homme/2, 2003, pp. 137-156.

③ Martijn W. Hesselink, "The Structure of the New European Private Law", in *Electronic Journal of Comparative Law*, December 2002, Vol. 6, p. 9.

用设施和物业服务用房属于业主共有的条文，给了业主一个清晰的信号："作为房屋产权人，他们拥有排他性的物权，并且这不是虚无缥缈的权利，而是与自己的房产、小区的具体利益紧密相连的，而在法律颁布之前，业主对于自身权益的认知往往是模糊不清的，处于'无知'或'被无知'的状态"①。其次，《物权法》的条文促使业主们学法用法，依法维权，与开发商、物业公司和政府基层管理机构进行争取和斗争。② 再次，《物权法》的规定促使业主自行组织起来，成立业主大会，选举业主委员会，以集体行动来维护其利益。部分业主组织甚至实现了与其他业主组织的横向联合，通过"民间立法""公民联署"，召集"跨组织和阶层的座谈会"等形式，与政府主管部门进行对话、沟通和交涉。在实践中，政府官员常常以自己的身份结合"政策的话语"彰显其言行的权威性和正确性，质疑业主维权的合法性；而业主则以法律作为话语，以依法治国为口号，赋予其维权行动以合法性。③ 这不仅实现了《物权法》所期望的业主自我管理、自我组织和自我服务的自治理念，而且以城市中产阶层为主体的业主维权运动"已经开始将运动目标指向相关的法规制度，而利益受损群体的行动化也导致知识界和一般社会开始广泛质疑城市开发政策的合法性"④。这种以集体和有组织的形式参与公共协商的进程，本身，已经超越了个体的抗争行动，具有了参与制民主的宪法意义。

此外，当代民法与宪法关系的新图景，是所谓宪法基本权利的横向效力，即宪法基本权利规范如何在民事判决中适用的问题。强调基本权利具有客观法和主观权利的双重属性，就必然承认在其受到侵害时可以获得与主观权利相同的救济。然而，"在私人诉讼中引入基本权利，可谓颠覆了

---

① 刘子曦：《激励与扩展：B市业主维权运动中的法律与社会关系》，载《社会学研究》，2010（5），91页。

② 参见陈鹏：《当代中国城市业主的法权抗争——关于业主维权活动的一个分析框架》，载《社会学研究》，2010（1），42－46页。

③ 参见刘子曦：《激励与扩展：B市业主维权运动中的法律与社会关系》，载《社会学研究》，2010（5），95页。

④ 陈映芳：《行动力与制度限制：都市运动中的中产阶层》，载《社会学研究》，2006（4），9页。

私法的基础”①。此前学理上一直存在“直接适用”论和“间接适用”论的争议。就我国的情况而言，值得注意的是，2016 年 6 月，最高人民法院《关于印发〈人民法院民事裁判文书制作规范〉〈民事诉讼文书样式〉的通知》（法〔2016〕221 号）在“（七）裁判依据”部分强调：“裁判文书不得引用宪法和各级人民法院关于审判工作的指导性文件、会议纪要、各审判业务庭的答复意见以及人民法院与有关部门联合下发的文件作为裁判依据，但其体现的原则和精神可以在说理部分予以阐述。”这就是说，民事裁判文书中不得引用宪法，但是可以将宪法的原则与精神作为民事裁判说理的理由。从这样的理解来看，中国的最高司法机关似乎许可采用“合宪性解释”的方法。也就是说，民事判决中不得直接援引宪法条文，但是可以从宪法规范的原则和精神出发，来解释所具体适用的民事法律规范。这是否可以被认为是一种宪法规范的“间接适用”方式，在未来还有待进一步观察。

法律本身植根于社会体制特别是社会—经济网络之中。社会行动者影响着法律演进的方向和进度。与此同时，法律本身也可以通过多种方式导致社会规范的变化。这就是法律与社会之间的相互影响关系。按照奥地利著名法社会学家欧根·埃利希（Eugen Ehrlich）的理论，法律受制于社会力量，但是却又服务于社会力量的形成。法律既是法律行动者的工具，也是其原材料，是一种需要置于更广阔的社会关系——法律也仅仅是其一个部分——背景下去理解的资源。② 社会变迁通常是指人的行为模式和人与人之间的关系的变化。社会本身是一种“网络一关系”，社会变迁是社会关系系统中的变化，社会关系系统包括社会进程、社会互动和社会组织等。因此，社会变迁是指社会制度、社会进程和社会组织等环节所发生的变化，它包含社会结构和社会功能等环节的变化。法律是社会转型的手

---

① Michel Fromont, “Les droits fondamentaux dans l'ordre juridique de la République fédérale d'Allemagne”, in *Recueil d'études en l'honneur de Ch. Eisemann*, Paris: Cujas, 1975, p. 55.

② Susan S. Silbey, “A Sociological Interpretation of the Relationship between Law and Society”, in Richard John Neuhaus (ed.), *Law and the Ordering of Our Life Together*, Michigan: William B. Eermans Publishing Company Co., 1989, p. 25.

段。法律绝不是社会现实的机械反映，反过来，它可以成为塑造新的现实的强有力的工具。譬如，在西班牙，法律是实现农业劳动力人口和就业改革的手段。通过法律来尝试推动社会转型，这也是现代社会的重要特征，因为法律是所谓社会变迁（譬如教育、住房、性别与就业平等、运输、能源利用、环保、犯罪预防、族群关系等的变化）的诱导性手段，其明显优于其他的手段。①

二、家庭制度与社会价值

孟德斯鸠曾形象地说："一个美好的家庭是暴风雨中一只笃定的方舟，它由两个锚所固定：宗教与习俗。"波塔利斯认为家庭与所有权共同构成法国民法典的两大支柱，因为家庭法旨在指导和确立社会关系；"家庭由婚姻所组成，它是国家的苗圃"。无疑，良好的社会秩序取决于家庭的稳定，因为社会绝不是由孤立和分散的个人所组成的，而是所有家庭的集合；家庭同样是独特的小社会，这些小社会的集合就组成了国家，这一大家庭包容了所有这些小的家庭。"家庭是良好品性的圣殿：正是在其中，私德逐步培养为公德。"波塔利斯借用了卢梭在《爱弥儿》中的措辞：家庭是一个"小小的国家"；"仅有美好的私德才能保证美好的公德；正是通过家庭这个小小的国家，人们才爱上这个伟大的国家；正是家庭所培养的良家父、好丈夫和好儿子，我们才得以造就好公民"。

从比较法的角度来看，家庭法在当代发生了深刻的变革，一个重要的趋势就是所谓的契约化（contractualisation）进程②，法律允许当事人在更大的程度内进行自我选择和约定：关于家庭形式的选择，当事人可以选择家庭或者同居制度；关于婚姻伴侣性别的选择，当事人可以选择传统的异性婚姻，少数国家甚至可以选择同性婚姻；关于家庭财产制度，当事人可以进行约定；关于对子女的监护模式，当事人也可以约定；子女的姓氏问题同样可以通过约定解决；离婚及离婚后的财产分配、监护权行使等均

---

① Guy Bajoit，*Le changement social*，*Approche sociologique des sociétés occidentales contemporaines*，Paris：Armand Colin，2003，pp. 25 - 36.

② Cf. Pascal De Vareilles-Sommières & Dominique Fenouillet (dir.)，*La contractualisation de la famille*，Economica，2002.

可以通过约定予以解决。这是当代家庭法的自由主义（和个人主义）价值取向。当代家庭法的另一个重要价值取向是平等：强调夫妻地位平等，强调家庭成员地位的平等，强调对子女的保护和尊重，强调婚生子女与非婚生子女地位的平等。

从方法论的角度来看，这样的变革具有深刻的原因。民法典以自由主义为价值导向之一，必然承认个人主义同样是民法典所立足的基础之一，因为自由主义与个人主义之间存在着必然的内容关联。① 必须说明的是，这里的个人主义是一种方法论意义上的个人主义（Methodological individualism，或称“个体主义方法论”），它意味着分析的立场和视角是立足于组成社会整体的单个个体。② 自由主义认为，人通过自由来实现其命运，自由是进步的原则、动因和手段。自由意味着个人按照其意志来充分地发展。自由主义必然与个人主义相联系，因为自由归根结底是个人的自由。个人自由意味着自我意识、作为具备个别性的独特个体的自我实现，可以决定其独特的命运，这要求个人具备理解力、智慧和意志。自由主义者承认一切形式的和平交换的重要价值，包括思想的交流，以及关于生命概念的不可简约性和人类生活模式的多元性，因为这是个人所自由选择的结果。这就是说，自由主义必然意味着对主体的个别性的尊重，承认其作为独立的个体具有其特性，而不是将其淹没于集体之中或仅仅将其视为集体的一个组成单位。

个体自由必然与国家的公权力的边界相联系，因为后者的范围决定着前者的程度。从自由主义者的立场出发，国家的首要职责是在于保护个人自由，因此，国家权力如无必要不得增加（譬如，著名的“奥康姆剃刀”法则认为：“如无必要勿增实体。”）。由此，自由主义者先验地认为，有必要限制国家的权限，但是，这种限制不至于达到无政府主义者所主张的极端地步，因为国家保留适度的公权力，有利于对个人自由的保障。③ 从

---

① Alain Boyer, “Libéralisme et contractualisme”, in Philippe Raynaud & Stéphane Rials, *Dictionnaire de Philosophie politique*, PUF, 2005, p. 401.

② 参见段培君：《方法论个体主义的三种诠释及其合理性》，载《自然辩证法研究》，2002 (9)，52页。

③ Alain Boyer, “Libéralisme et contractualisme”, in Philippe Raynaud & Stéphane Rials, p. 400.

这个角度出发，以自由主义为基本价值之一的私法，必然采取一种个人主义的方法论，它在私法中处于“基础性地位”，个人主义的价值基础决定了私法的研究方法必然也是一种个人主义的方法。[①] 个人主义方法论必然将“自由”与“责任”相联系，因为个人就其本质而言是自由的，所以也是负责任的，自由必然意味着责任，自由意味着成为其命运的主人。人如果在缺乏独立状态，在外在力量而非个人理性的支配下做出决策，这不仅是荒谬的而且是一种暴政。正是因为这个原因，民法在侵权责任法的范围内，确立了“个人责任”原则，强调个人在具有意志自由的前提下，对自己的行为承担责任。个人主义正是过错责任的主要哲学基础[②]，它强调责任的承担主体是行为主体个人，而非团体、组织，因为个人在民法上已经具有了独立的人格，具备了意思的自由和行动的自由。

从这个角度来看，我国民法典中的家庭法也应该引入更大的自由主义和个人主义要素。譬如，民法典的家庭编应承认个人有权选择组织家庭的不同形式，特别是同居制度，允许形成稳定的生活伴侣关系的同居者之间，通过协议来稳定其人身和财产关系，为同居者规定特定的财产法效果（譬如就同居期间的债务双方对外承担连带责任，一方亡故后另一方在协议约定期限内可主张享受其住房租赁权等社会法上的利益）。考虑到现阶段我国立法承认同性恋婚姻存在很大的困难，承认异性和同性同居者群体的地位，不失为一种较好的折中。说到底，婚姻并不能垄断家庭的合法性，它仅仅是家庭的一种形式而已。

家庭财产制度是婚姻法需要修订的另一重大内容。2011 年的最高人民法院《关于适用〈中华人民共和国婚姻法〉若干问题的解释（三）》（以下简称《婚姻法司法解释（三）》）所引起的巨大争议，就表明家庭财产制度对家庭和社会的巨大影响。显然，该司法解释的起草者没有这样的政治敏锐性，而是以一种纯粹的技术理性去碰触家庭财产制度这一具有高度政治敏锐性的基础性制度，结果是将财产法的逻辑硬性地强加于非财产的家庭关系。司法解释施行后，在实践中引发了大量的“房产加名”纠

---

① 参见易军：《个人主义方法论与私法》，载《法学研究》，2006（1），93 页。

② Genevïevé Viney，*Traité de droit civil-Introduction à la responsabilité civile*，3ᵉ éd.，LGDJ，2008，p. 22.

纷，导致许多家庭或者恋人关系的瓦解，损害了家庭团结。另外，随着房产价格的飞涨，“房产加名”现象确实在相当程度上强化了夫妻或者恋人之间有产者一方的社会优势地位，扩大了由于双方之间地位不平等所造成的裂痕，有损家庭法的平等价值。从这个意义上来说，民法典的家庭编必须要强调自由、平等和家庭团结价值。

家庭制度还包括与家庭法密切相关的继承法。从自然法的角度来看，继承制度立足于维护社会的连续、实现世代延续的必要性。[①] 显然，继承法与一个国家的文化和传统密切相关。继承法被视为“民族文化的法律生命线的范畴”[②]。继承法与家庭法密切相关，是家庭法和财产法的逻辑延伸。但是，继承法“并非意思自治或者所有权绝对的产物，它更多的是立足于保护家庭和家庭财产的必要性”[③]。如果说家庭法的功能之一在于将财产用于维持家庭的日常运转，那么继承法的功能之一则在于将财产用于家庭的维系。继承法在很大程度上维护了家庭的团结和统一。正是基于这样的考虑，继承法对遗嘱人的遗赠行为作出了一些限制。

与在家庭法中的地位一样，平等原则也是当代继承法的一项重要原则，其适用在相当程度上取决于对家庭制度的理解：如何理解家庭成员之间的关系？在法定继承的情况下，谁具有继承资格？配偶的继承地位如何认定？最后一个问题是一个极其复杂的问题。以法国继承法为例，其所体现的是一种“算术式平等”，配偶的法定继承地位因被继承人有子女或其他卑亲属、仅有父母、无子女和父母等不同情形而不同——用益权或 1/4 份额、1/2 份额、全部份额；其背后的逻辑是亚里士多德的交互正义和矫正正义的思想。与此种模式相对，所谓的“几何式平等”观强调遗产的分

---

① Domat，*Traité des Loix*，Chapitre Ⅶ，I. Adde：Pape Leon ⅩⅢ，*Encyclique Rerum Novarum*。多马（1625—1696 年）在 17 世纪写道：“自然不仅为家父施加了养育子女的神圣义务，并且走得更远：由于子女反映出其父亲的特征，是其人身的某种延续，因此自然要求家父负责子女的前途，并为子女创设可以通过遗产方式转移给子女的财产。”

② Reinhard Zimmermann，“The Present State of European Private Law”，in *American Journal of Comparative Law*，2009，Vol. 2，p. 501.

③ H. Mazeaud et Jean Mazeaud，*Leçons de droit civil*，Tome 4，Vol. 2，2e éd.，Paris：Montchrestien，1961，p. 1.

配与继承人此前所履行的社会或道德义务、所负担的财产义务等相关联。[①] 我国的部分专家、学者已在着手研究《继承法》的编订，部分学者提出要修改配偶的法定继承份额。这样的主张确实具有价值，因为我国《继承法》在法定继承部分直接沿袭了婚姻法的逻辑，给予了配偶十分有利的继承地位：配偶在继承法上位列第一顺序继承人之首，与其他第一顺序继承人平等分配遗产；另外，根据《婚姻法》，配偶原则上自动享有夫妻共同财产的一半份额。从比较法的角度来看，这样的规定几乎绝无仅有。但是，立法的时候需要考虑到的问题是，继承法与一国的国情和文化具有极为密切的关系。自《继承法》实施三十多年以来，民众已经接受了上述的规定，现行法中配偶的继承地位符合民众的公平观。如立法贸然做大幅变更，可能会产生类似于《婚姻法司法解释（三）》的负面效果。这是立法者需要特别谨慎的。

继承法的一个基本问题是如何看待遗嘱自由。在 2001 年轰动一时的所谓“二奶继承”案件中，二审法院认为，遗赠人黄某的遗赠行为虽系黄某的真实意思表示，但其内容和目的违反了法律规定和公序良俗，损害了社会公德，破坏了公共秩序，应属无效民事行为。[②] 显然，法院认为遗赠人黄某以遗嘱形式将其财产遗赠给与其“长期非法同居”的张某，违反了公序良俗的一般原则，因此遗嘱应属无效。很明显的是，法院在裁判时不仅要考虑原告和被告之间的财产纠纷以及遗赠人的遗嘱处分自由，更重要的是要考虑判决对婚姻家庭秩序的影响——法院力求以判决来强调夫妻忠诚义务，从而达到“捍卫家庭”的目的：当然，从比较法的角度来看，这个判决无疑有可商榷的余地；当事人“行为”的违法与其处分财产的“法律行为”的效力是不同的问题。[③]

而在 2014 年的所谓“胚胎继承”案中，二审法院认为：应综合考虑伦理、情感等因素，对胚胎的“特殊利益”给予保护，因为“胚胎是介于

---

① J. Patarin，“L'impossible perfection ou les vicissitudes de l'égalité dans le partage”，in *Mélanges offerts à André Colomer*，Paris：Litec，1993，p. 335.

② 参见四川省泸州市中级人民法院（2001）泸民一终字第 621 号民事判决书。

③ 参见李永军、李伟平：《论不法原因给付的制度构造》，载《政治与法律》，2016（10），115 页。

人与物之间的过渡存在，具有孕育成生命的潜质，比非生命体具有更高的道德地位，应受到特殊尊重与保护”。二审法院认为，在作为胚胎来源的夫妻两人意外死亡后，双方父母“不但是世界上唯一关心胚胎命运的主体，而且亦应当是胚胎之最近、最大和最密切倾向性利益的享有者”，因此，他们应共同享有涉案胚胎的监管权和处置权，另外，他们应当遵守法律且不得违背公序良俗和损害他人之利益。① 尽管这个案件严格说来并非财产继承问题，不属于继承法的范围，但是，该案中法官通过比附继承法的法理，对属于生命伦理法的问题做出了裁决，承认了胚胎的特殊地位——不同于一般的物，这应该说是值得肯定的。判决所提出的胚胎不是普通的物、享有特殊的法律地位和利益的观点，对于民众对胚胎的看法，无疑具有重要影响。

三、合同制度与社会变迁

如前所述，合同制度是市场经济最基本的支撑性制度之一。诺贝尔经济学奖获得者、“制度变迁理论”的创立者诺斯指出，未能发展出一套有效率、低成本的合同执行制度是第三世界的经济在历史上和现时出现停滞的最主要原因。② 在民法的诸部门法之中，合同法无疑是国际化程度最高的部门法，因为合同被普遍认为是交易的法律规则，因此不同国家的合同法之间具有很大的共通性。以美国合同法为例，通过法律史的考察会发现法律的演进与市场需求之间存在极为密切的关系：“法律制度的构建是为了满足市场的需要。”鉴于合同自由经常被大企业用来限制竞争，合同立法逐渐限制合同自由的滥用。③ 由此可见，合同秩序同样具有公共的属性。以消费者权益保护问题为例：1942 年意大利民法典著名的第 1341 条开启了民法典调整格式条款的先河，该条规定，一方事先拟就的标准合同条款，必须经另一方“特别地通过书面的方式表示同意”。这就是说，这

---

① 参见江苏省无锡市中级人民法院（2014）锡民终字第 01235 号民事判决书。

② Douglass C. North，*Institutions*，*Institutional Change and Economic Performance*，UK Cambridge：Cambridge University Press，1990，p. 54.

③ Lawrence M. Friedman，*Contract Law in America*，Madison：the University of Wisconsin Press，1965，pp. 186 - 190.

些格式条款必须经过双方当事人的特别签名。显然这是强调起草者的告知和提示义务。“不得不承认，在这一规范中开始了一种保障与现代社会的需要相适应的契约正义的立法政策。”① 半个多世纪以后，意大利民法典第 1469 条等条款进一步规定，如果有关的条款导致消费者承担显然不对等的权利和义务，那么该条款无效；至于格式条款是否不公平，必须由法官根据诚信的规则来进行衡量。

就契约自由而言，法国民法典著名的第 1134 条以哲学般的措辞宣告：“依法成立的契约在当事人之间具有相当于法律的效力。”但是，受孟德斯鸠和卢梭等的启蒙思想的启示，他也认为，私人契约不能具有超越于公共秩序之上的效力，社会全体成员的“公意”高于私人意志，因为个人并非生活在自然状态之中。就此而言，波塔利斯与同时代的许多法学家的思想明显不同。而作为契约自由的例外，法国民法典第 1118 条规定的显失公平（lésion）制度就尤其值得注意。根据该条，在不动产买卖中，如果出卖人所遭受的损失超过不动产价值的 7/12（也就是说，交易价格低于价值的 5/12），则出卖人可认为构成显失公平，在两年内可要求撤销合同(récession)。这一制度实际上是废除了大革命时期的立法，恢复了旧制度下的做法。法国民法典第 1134 条常常被解释为意在保护不动产的出卖人(贵族和资产阶级)，其适用于不动产交易是因为不动产价值大，价格容易波动。然而，法律史研究表明，法国民法典第 1118 条恢复旧制度下的显失公平，并非基于不动产本身的价值，而是因为其对社会的重要性，特别是农业地产，其对所有人口的生存，对国计民生，有着不可忽视的重大影响。1804 年法国民法典之所以恢复了旧制度下的显失公平，是为了打击地产交易特别是农业地产交易中的投机行为，以稳定经济秩序，进而稳定社会秩序，保证社会秩序的平稳：此前大量发生的不动产投机行为严重损害了土地的利用，导致了土地的大量抛荒，加剧了 1802—1803 年大饥荒的严重程度，并导致了大批农民的失业；而谷物价格的飞涨导致抢粮等暴力事件层出不穷，给社会秩序带来了严重的威胁。无疑，第 1118 条最后被纳入法国民法典，并非基于对出卖人的个别利益的保护，其所折射的是

① ［意］布斯奈里：《意大利私法体系之概观》，薛军译，载《中外法学》，2004（6），653 页。

法典起草人对公共利益的考量，是理性原则的具体体现。①

法律社会学的分析表明：一方面，合同本身是一个极为复杂的制度，并非所有的合同都是财产交易关系，当代的很多合同其实是以实现合作和特定的政策性目标为缔约目的的。例如，政府与私法主体所签订的、委托后者行使部分公共服务职能的协议，显然就不是以财产交易为目的的。此外，合同制度对社会关系的深远影响，历来也是政治学、经济学、社会学等其他学科的分析对象。英国法律史学家梅因在19世纪后期所提出的“从身份到契约”的著名论断，就深刻地揭示出契约对于社会组织的重要意义。正是基于这样的视角，合同主义理论认为，合同联系是社会连接最完备的形式，它会逐渐替代法律的强制性规则。所谓的“合同化趋势”，本质上是以个人的同意作为构建社会连接的出发点，合同秩序的扩展归根结底反映的是私法的自由主义和个人主义秩序的扩展。从法律人类学的角度来看，合同制度是助推人类“解放进程”（processus d'émancipation）的重要手段，它因此与所有权一样，也具有“文明使命”②（mission civilisatrice）。20世纪70年代由美国学者麦克尼尔所提出的“关系契约”理论，有助于我们进一步理解合同制度的社会学效果。这一理论的核心在于强调合同应被视为某种社会关系，而不能简单地被视为“非连续性”（discrete）的交易。即使是一项简单的交易也应当被置于更为宽广的经济与社会背景下去理解。譬如，消费者去便利店购买一包香烟的简单行为，反映的是消费者对特定品牌的偏好、对此产品的质量和体验的某种期待等。这些没有被明示出来的社会经济关系网络是缔约的“语境”，它们是合同得以成立的默示性基础。对这些经济社会语境的完整理解，对于合同的正确履行与解释，具有重要意义。③

---

① Philippe Jouary, “La lésion dans le Code civil de 1804. Étude sur l'influence du libéralisme économique sur le Code civil”, in *Droits*, N° 41, 2005, p. 137.

② Alain Supiot, *Homo juridicus*, *Essai sur la fonction anthropologique du droit*, Paris: Edition du Seuil, 2005, pp. 137 - 139.

③ Cf. Ian Roderick Macneil, “Whither Contracts?” (1969) 21 Journal of Legal Education 403; I. R. Macneil, “The Many Futures of Contract”, (1974) 47 Southern California Law Review 691; I. R. Macneil, “Contracting Worlds and Essential Contract Theory”, (2000) Social & Legal Studies 9, 431.

另一方面，还需要注意的是，合同法固然国际化程度很高，但是一国的合同法必然蕴含了一些特定的价值目标，反映了特定时期的立法者特定的立法政策；此外，法官在司法实践中基于所要应对的特定社会的经济情势，也会发展出特定的司法政策。这就是说，合同法必然兼具国际性和本土性，是"普遍法"和"固有法"的结合。以我国《合同法》为例：在大量借鉴国外立法和国际法渊源的同时，起草者也对中国改革开放后近二十年间的有关立法和司法实践进行了总结，并且特别考虑了中国的实际国情。因此，在最后的立法中，不少的条文和司法解释极其富有"中国特色"。譬如，1999年《合同法》第52条规定了合同无效的诸种情形，其中第5款规定，"违反法律、行政法规的强制性规定"。该条通常被称为民法中的所谓"引致规范"，通过该条公法得以进入私法关系之中，对私法行为的适法性做出评价。因此，此种规范被誉为沟通私法与公法两个法域的"桥梁"，意义重大。在我国，一个特殊的"国情"是，长期以来现行的法律和行政法规中强制性规定、禁止性规定的数量众多，如不加区分地统统宣告违反它们的后果都是合同无效，会导致大量的合同被法院宣告无效，交易被宣告消灭。有鉴于此，最高人民法院在2009年发布的《关于适用〈中华人民共和国合同法〉若干问题的解释（二）》第14条规定："合同法第五十二条第（五）项规定的'强制性规定'，是指效力性强制性规定。"由此可见，司法机关采纳了由学界所提出的"效力性强制性规定"与"管理性强制性规定"的区分。这一做法也部分地为2017年《民法总则》第153条所借鉴，该条规定："违反法律、行政法规的强制性规定的民事法律行为无效，但是该强制性规定不导致该民事法律行为无效的除外。"这种"效力性强制性规定"与"管理性强制性规定"的区分，其核心还是以所违反的规定是否涉及公共利益为最终依据。由于在很长时期内我国比较强调政府对经济生活的调控、管理，因而法律与行政法规中的禁止性规定过于泛滥。这一区分显然是希望对这些禁止性规定进行某种"过滤"，从而尽可能维持大部分不必要宣告无效的合同的效力，以促进交易。尽管这种"过滤"机制的判断标准仍然存在一些不够周延的地方（譬如，缺乏一般性的准入资质、违反相应的强制性规定签订的合同，一般不被宣告无效，因为此类规定一般被视为管理性强制性规定；但是，欠缺必要的建筑施工资质、勘察设计资质而签订的合同则可被宣告无效，因为建筑工程质量管理的相关规定被视为效力性强制性规定），学界和司法机构的此种区分努力是值得称道的，因为这一区分显然有利于维持交易的效力，充分发挥合同的效用。但是，不容忽视的是，由法院对相关民事领域中的法律与行政法规所包含的大量强制性禁止规定进行审查和定性，根据所确定的不同性质，赋予不同的法律后果——违反禁止性规定的合同由此被宣告无效，在事实上等同于赋予了法院对法律和行政法规的某些规范的“司法审查权”。这样自我赋予的司法审查权，是欠缺宪法性依据的。但是，在现阶段的中国，它确实有其合理的存在性。它充分反映了司法权对于公法规范进入和影响私法秩序的某种制约、过滤，其目的在于建立起一个有利于交易的合同法秩序。

仍然以建筑工程承包合同为例：2002 年最高人民法院《关于建设工程价款优先受偿权问题的批复》（法释〔2002〕16 号）第 2 条规定：“消费者交付购买商品房的全部或者大部分款项后，承包人就该商品所享有的工程价款优先受偿权不得对抗买受人。”显然，这项司法解释允许购房者就其支付的购房款享有优先于承包人的工程价款的权利，而问题是后者是《合同法》第 286 条所明文规定的法定优先权，优先于房屋上所设定的抵押权。由此可见，司法解释在没有任何法律依据的前提下，创设了一项优先于工程价款优先受偿权和房屋抵押权的权利。这样没有法律依据的“违法解释”（至少与《物权法》第 5 条规定的物权法定原则不合）的动机，其实也不难理解：购房人（未来的业主）往往人数众多，而且房产价值高，购房款金额大，是购房人的主要财富。一旦开发商陷入破产而广大购房人不能索回所交付的房款或取得所购买的房屋，势必引发群体性事件，危害社会稳定。当然，这种追求所谓的“社会效果”的思维并非全无合理性，在占据社会优势地位的开发商及其债权人（银行）与广大的个体业主之间，“追求社会效果”的“维稳”思维也包含了对公众社会正义的呼声的某种回应和安抚。只是，赋予广大购房者此种优先权缺乏法律依据和登记公示，由此付出的代价是法律的可预期性等安定性价值。卢曼的法社会学理论可以对此提供完美的解释：在他看来，法律的决策过程就是在对其外界环境的正义需求做出敏感的回应，与坚持法治原则所要求的高度的内在一致性的要求之间，持续地寻求平衡。① 这实际上是在实质的合法性（legitimacy）与形式的合法性（legality）之间不断地寻求平衡。

另一个有趣的司法解释，是最高人民法院在2004年发布的《关于审理建设工程施工合同纠纷案件适用法律问题的解释》（法释〔2004〕14号）第26条中规定，“实际施工人以转包人、违法分包人为被告起诉的，人民法院应当依法受理。实际施工人以发包人为被告主张权利的，人民法院可以追加转包人或者违法分包人为本案当事人”。由此可见，该司法解释赋予实际施工人对转包人、分包人甚至发包人的“直接诉权”。根据国务院2000年《建设工程质量管理条例》（2017年修订）第78条第2款和第3款的规定，所谓“违法分包”是指下列行为：(1) 总承包单位将建设工程分包给不具备相应资质条件的单位的；(2) 建设工程总承包合同中未有约定，又未经建设单位认可，承包单位将其承包的部分建设工程交由其他单位完成的；(3) 施工总承包单位将建设工程主体结构的施工分包给其他单位的；(4) 分包单位将其承包的建设工程再分包的。而所谓“转包”是指承包单位承包建设工程后，不履行合同约定的责任和义务，将其承包的全部建设工程转给他人，或者将其承包的全部建设工程肢解以后以分包的名义分别转给其他单位承包的行为。显然，在转包的情况下，原转包人已经退出合同关系，不再是建设工程合同的当事方；在违法分包的情况下，发包人与实际施工人之间也没有合同关系。上述司法解释显然突破了合同相对性原则，允许实际施工人对与之没有合同关系的第三方提起诉讼。该司法解释明显是考虑到实际施工人需要支付所雇佣的大量农民工的工资薪酬，尽量避免群体性的农民工讨薪事件的发生。

再如，《合同法》第289条规定了公共承运人的强制缔约义务，根据该条，“从事公共运输的承运人不得拒绝旅客、托运人通常、合理的运输要求”。但是，近年来，一些航空公司自行设立了针对极少数旅客的所谓“黑名单”，针对这些“不受欢迎”的人士（通常有过与航空公司发生冲突的历史），航空公司一般拒绝其购票或乘机的请求。问题在于，企业通过

---

① Gunther Teubner，“Law and Social Theory：Three Problems”，SSRN papers，2014，p. 10.

设立所谓的“黑名单”，赋予自身拒绝与这些旅客缔约的权利，事实上剥夺了这些人享有部分公共服务的权利，对其构成了某种社会歧视和社会排斥。然而，这个剥夺他人交易权的过程中，并无第三方的监管和审查程序，完全由企业自身判断，显然容易导致其任意做出决定。而且乘客在被拒绝之后，也没有申请复议等程序予以救济。对于这种社会排斥现象，在未来修订《合同法》的过程中，应通过强化强制缔约义务来进行遏制，以实现社会的平等和正义。

另外，为了编纂民法典的合同编，有必要对现行的1999年《合同法》进行修订。在这个修订过程中，电子商务中的合同法问题，如何在合同编中体现，就是一个十分值得研究的问题。例如，在合同法的一般规定部分，如何对电子合同的成立、签名和证据效力等问题做出特别规定？在运输合同章中，是否应规定“网约车”问题？这些都直接决定着民法典如何调整和影响目前有着巨大影响力的电子商务产业。

四、民法典、公共政策与法律传统

民法典能以显著的方式形塑公共政策，传承或开启法律文化和法律传统。就对公共政策的影响而言，民法典中尤其以侵权法为典型。例如，关于侵权责任构成要件，德国法上有著名的违法性要求，而其他法中就没有这样的要求，而是采取了一种更为宽泛的构成要件模式，显然后者更为有利于保护受害人。我国2009年《侵权责任法》就是基于这样的考虑，排除了违法性要件，因为在大量的情况下，侵权行为发生的时候，相关的立法往往并不存在，特别是在一些新型的侵权领域（如食品安全、环境污染、医疗损害等）。借此，也保持了与1986年《民法通则》的一致性。

此外，关于过错的判断标准，同样具有很强的公共政策属性。以俄罗斯联邦民法典为例：与此前的1922年苏俄民法典、1964年苏联民法典等不同，俄罗斯联邦民法典第一次规定了过错的定义，于第401条第1款规定了过失：如考虑到某人根据债务的特点或谈判的条件所应负担的注意和谨慎义务的程度，他已采取了履行债务的所有适当措施，则可认定为没有过失。显然，这里采取的是客观标准，强调基于诚实信用原则所负担的义务，并且由债务人就不存在过失承担举证责任（类似于过错推定）。这样的结果是明显扩大了责任的范围，强化了对债权人的保护。①

类似的问题还有侵权法中直接涉及人权保护的人身损害赔偿制度。欧洲人权法院在最近的一个判例中，针对人身损害赔偿的时效制度做出了判决。针对瑞士法律上为人身损害赔偿所设定的10年诉讼时效，欧洲人权法院认为：时效制度确实具有合理性，保证了法律的确定性。但是，对于罹患的疾病需要在多年之后方可被确诊的受害人，时效制度就剥夺了他们向法院寻求救济的权利。欧洲人权法院认为，在科学上确实存在这样的情形：某人在当时无法知晓其病情，需要等到多年之后病情发作之时才能意识到，故法院必须考虑到这些情况。据此，欧洲人权法院认为，瑞士的做法违反了欧洲人权公约（第6条第1款）。②

来源于普通法系的惩罚性赔偿是另一个具有明显公共政策色彩的制度。在我国最初由《消费者权益保护法》引入了这一制度，随后《食品安全法》《侵权责任法》等法律均对此做出了规定。许多学者在近年来建议进一步扩大惩罚性赔偿的适用范围，全面提高违法者的违法成本，以遏制违法现象的发生。这是民法典起草时需要特别谨慎的问题：惩罚性赔偿本身是一种制裁性质的公法逻辑，被形象地称为“私法上的刑罚”（peine privée）；以全面保护受害人为由，惩罚性赔偿的滥用会导致私法出现所谓的“受害化”（victimisation）倾向③，这将在根本上改变民法的私法属性。而且，惩罚性赔偿对受害人其实构成一种不当得利；惩罚性赔偿的大

---

① Alexandre L. Makovsky，“Histoire et esprit du Code civil russe”，in *Revue internationale de droit comparé*，2009，Vol. 3，p. 502.

② ECHR，*Howald Moor and Others v. Switzerland*（application nos. 52067/10 and 41072/11），11. 03. 2014. 该案中，瑞士的受害人在20世纪六七十年代因为工作原因接触了石棉。1980年代瑞士全面禁止使用石棉。2004年，受害人被确诊由于长期接触石棉罹患恶性肿瘤，属于瑞士法律所规定的职业病。据此，瑞士的社会保险机构应为其支付补偿金，直至其去世。2005年10月，受害人向瑞士法院提起诉讼，要求社会保险机构赔偿其物质与精神损失。一个月后受害人去世。2005年12月，受害人的遗孀针对社会保险机构提起诉讼。2010年，瑞士联邦法院做出判决，认定诉讼超过了法律所允许的10年诉讼时效。根据瑞士法律，时效自损害发生之日起算，而不论受害人何时知情。瑞士联邦法院强调，侵权时效制度对于确保法律的确定性和“法律上的平和”至关重要。随后，受害人遗孀将瑞士告至欧洲人权法院。

③ ［法］让-保罗·让、让-皮埃尔·鲁瓦耶：《民法典：从政治意志到社会需要——两个世纪以来的评估》，石佳友译，载《法学家》，2004（2），13页。

量适用，会导致受害人基于得利目的主动发起甚至诱发相关的诉讼（类似于消费者维护领域的王海现象），而这与民法（尤其是侵权法）所追求的安定与和平的价值目标，显然不相符。

此外，法典化对于法律文化和法律传统也具有不可忽视的影响、作用。按照劳伦斯·弗里德曼（Lawrence M. Friedman）的论断，“活的法律不是学理、规则、术语和段落的汇总。它不是一部字典，而是一种文化，而且只能被当作文化来理解”①。传统的观点认为，法律是国家公权力的工具、政治和法律斗争的结果，或者是其复合体，是历史长期演进形成的规则体系。这种视野反映了法律的一个侧面，是不全面的。这种视野使法律变得贫瘠，法律的传统实践和很多构成要素被忽视了。为了描绘出一幅更丰富和更为复杂的图景，一些学者开始将法律视为一系列文化和象征性的符号语言：“作为一种文化体系，法律提供了一套象征和含义、叙事、礼仪和人们所使用的世界观”②。从社会学的角度来看，法律提供了一套习俗、技能和战略的工具箱，借此人们建构他们的行动战略和信仰。③

从语义学角度来说，“传统”（Tradition）一词指学说、实践、信仰或其整体，基于其对过去的现实上或者其所声称的传承，具备某种实际上的权威及合法性。从语源学角度来看，Tradition 一词来源于 traditio，而后者具有传递、交付的意义。所谓“法律传统”，在最狭义上，是指使某一特定法律体系区别于其他法律体系的内在要素；在一般意义上，是指某一法律体系的本质特征，经由数代人的传承后，赋予这一法律体系以特定的导向、色彩，并使其区别于其他法律体系；在广义上，则是指法律传统对于理解法律的性质和行为至关重要……法律体系就其本质而言具有深刻

---

① Lawrence M. Friedman，“Some Thoughts on Comparative Legal Culture”，in David S. Clark (ed.,)，*Comparative and Private International Law*: *Essays in Honor of John Henry Merryman on His Seventieth Birthday*，Berlin：Duncker & Humblot，1990，p. 50.

② Ann Swilder，“Culture in Action：Symbols and Strategies”，in *American Sociological Review*，1986，Vol. 51，p. 73.

③ Susan S. Silbey，“A Sociological Interpretation of the Relationship between Law and Society”，in Richard John Neuhaus (ed.)，*Law and the Ordering of our Life Together*，Michigan：William B. Eermans Publishing Company Co.，1989，p. 26.

的传统性。在每一法律体系之中，在现时都刻意保留了某一具有权威的过去，这被认为只有制度性宗教才可以与之相比拟。① 我们可以认为，法律传统是思考、适用、教授法律的方式的整体，历史性地受制于并深刻植根于法律的思维模式。法律传统是深刻地植根于历史并由历史所决定的行为的整体，譬如法律的性质、法律在以政治方式所组织的社会中所应有的角色、组织法律体系的方式或者法律制定、适用、学习、完善、思考的方式。法律传统将法律体系与其所表达的文化相关联，它将法律体系置于一个文化的视角。法律传统包含立法的整体、话语和神话，当其陈述主导规范性现象产生的韦伯意义上的"理想类型"时，它借助于"话语"②。

至于法律文化，从内在角度看，它指法学家们的思维和实践；从外在角度看，它可以指非法学家们关于法律的观念。③ 对某一特定共同体之中的法学家来说，法律文化被置于某种文化之中，它涉及与法律有关的价值、表征、话语、技术、制度的整体，应从法律的性质、渊源、功能及实施等多个角度去理解。法律文化可以是法律的特殊运作群体的意识，在更大范围内还可以是民众的法律意识。这些法律意识决定了法律、法律体系在特定社会中的地位，它是为一个社会所独有的，关于法律的信仰、态度和观念的复杂体系。④

民法典必然是特定法律传统的产物，因为一部民法典绝不能是革命性的产物，与传统截然决裂。从法典化的历史来看，"社会一经济的推动力

---

① André-Jean Arnaud，*Entre modernité et mondialisation-Leçons d'histoire de la philosophie du droit et de l'Etat*，Paris：LGDJ，1998，pp. 27－29.

② Antonio Gambaro，Rodolfo Sacco，Louis Vogel，*Traité de droit comparé*，*Le droit de l'Occident et d'ailleurs*，Paris：LGDJ，2011，pp. 23－24.

③ Lawrence M. Friedman，*Law and Society*，New Jersey，Prentice Hall，1977，p. 76. Lawrence M. Friedman 将法律职业人士所持有的法律文化观称为内在的法律文化观，而将社会大众的法律观称为外在的法律文化观。由于法律作为行为规范，目的在于让社会大众遵从法律所设定的行为模式，因而是由公众来决定如何利用法律来维护自己的利益，如何在不同的行为模式之间做出选择。因此，相比较而言，法学专业人士的内部法律文化观处于相对边缘化的地位。

④ Frédéric Audren，Jean-Louis Halpérin，*La culture juridique française-Entre mythes et réalités*（*XIXe-XXe siècles*），CNRS Editions，2013，p. 273.

和智识传统（笛卡儿主义、自然法的公理性概念、普遍性知识的方法论观念以及在法律的理想建构和理论安排方面创造体系的抱负）为对法律的整体进行质的方面的提升所进行的法典化，铺就了道路”①。而民法典在颁行以后，必然成为该国法律文化的内容，逐渐成为民族的文化身份，形成新的法律传统。在法国民法典诞辰百年的时候，面对德国民法典的影响力逐渐扩张，有法国学者声称，法国民法典“是植入法兰西大树上的、富有乡土气息的事物，它从法兰西的土地中汲取营养，并且在此结出累累硕果”②。如今，民法典在法国被视为民族集体记忆的对象和文化身份的重要象征之一，这是民法典在社会学上的另一重要功能。③

然而，尊重和发扬传统的原则在立法中并不容易被真正地贯彻。以典权为例：它被公认为中国传统民法“土生土长”的一项他物权制度，是传统中国为数不多的极具代表性的不动产物权之一。典权构造精妙，曾被国外学者类比为不动产质权或附买回权之买卖，或者被形容为“向作为一种担保制度的近代质权发展中的一种过渡形态”④。但是，典权的内涵比这些西方制度更为丰富和精巧：出典人以出典不动产的租金来充抵典权人借款的利息的安排及回赎、绝卖、找贴等制度的设计，充分体现出务实、公平与智慧，并具有济弱等促进社会正义的功能；民间还发展出“值十当五”等规则⑤；典权在精神上被认为更接近传统中国的“圣王之道”而非“霸王之道”，有利于实现社会正义。⑥ 总之，从各个方面来看，它完全符

---

① Csaba Varga, *Codification as a Socio-Historical Phenomenon*, Budapest: Szent István Társulat, 2011, p. 349.

② Albert Sorel, “Introduction au livre du centenaire”, in *Livre du centenaire*, tome 1, Paris, A. Rousseau, 1904, p. 15.

③ Rémy Cabrillac, “Le Code civil est-il la véritable constitution de la France?”, in *Revue juridique Thémis*, 2005, Vol. 39, p. 251.

④ 根据“临时台湾旧惯调查会”于20世纪初在我国台湾地区所做的调查，典权是五种不动产物权之一。参见［日］岸本美绪：《明清契约文书》，载王亚新、梁治平编：《明清时期的民事审判与民间契约》，294－295页，北京，法律出版社，1998。

⑤ 参见［日］滋贺秀三：《清代诉讼制度之民事法源的考察——作为法源的习惯》，载王亚新、梁治平编：《明清时期的民事审判与民间契约》，56页，北京，法律出版社，1998。

⑥ 参见［美］黄宗智：《清代以来民事法律的表达与实践：历史、理论与现实》，卷3，北京，法律出版社，2014；［美］黄宗智：《过去和现在：中国民事法律实践的探索》，217页，北京，法律出版社，2014。

合上述关于法律传统的定义和特征。正因为如此，1919 年《大清民律草案》中没有规定典权，被后来的学者批评为“不明我国习惯，贸然起草，自难免闭户造车之讥也”。这一疏漏后来在 1929—1930 年《中华民国民法》（第 911～927 条）中得到了弥补。这说明立法者“在参酌外国法律、趋附民法潮流的同时，并没有忽略中国的民法传统”①。

然而，这一在中国具有悠久历史的传统物权制度，在 2007 年《物权法》的文本中最终竟然没有出现。究其原因，主要是一些学者从我国台湾地区的经验出发，认为典权在现代社会中没有实际效用，沦为具文。这一看法的错误在于，我国台湾地区的经济社会发展阶段与大陆差异巨大，因此我们不可盲目照搬台湾地区的经验。典权无效用这一论断如果有些道理，也只能针对大陆的某些城市：由于近年来房价的高涨，不动产的租金远高于同等金额的借款利息，以房屋出典来借款的情形在城市中自然很少出现。况且，城市私有房屋有抵押等融资渠道，自无出典之必要。而反观农村，农民很难以其宅基地上所建房屋向银行抵押融资，并且农村的房租低廉，因此，以房屋出典来借款融资，自然有存在的合理性。尤其需要看到的是，随着农地流转制度的发展，典权未来所适用的对象将从房屋重新回归为土地，典权制度在未来必有用武之地。《物权法》最终将典权排斥在外，“并不代表典制从此将在我国的社会经济的舞台中销声匿迹”②。成文法对脱胎于长期习惯法中的制度的排斥，也折射出中国立法者对于传统和历史的分量欠缺必要的敏感性。

结语：法典化的抱负与谦卑

法典化不是简单的纯粹形式层面的立法操作。根据法国社会学家布迪厄的理论，法典化所要求的形式化（formalisation）是一种质的变化、一种本体论意义上的改变；法典化赋予形式以特殊的效力（*vis formae*）。③

---

① 李秀清：《20 世纪前期民法新潮流与中华民国民法》，载《政法论坛》，2002（1），136 页。

② 张翔：《论典制习惯及其在成文民法上的重构》，载《法律科学》，2008（1），101 页。

③ Pierre Bourdieu，“Habitus，code et codification”，in *Actes de la recherche en sciences sociales*，1986，Vol. 64，Numéro 1，pp. 42 - 44.

而民法典作为所谓的“法典之王”“市民社会的宪章”，对于社会生活尤其具有不可忽视的重要影响。无论立法者是否承认，民法典都对社会的组织发挥着基础性的作用，民法典规定了现代社会赖以立足的最为基本的制度。毋庸置疑，民法典对社会转型的意义是重大的。法典的编纂者出于降低法典化为工程的政治敏感性的考虑，往往强调法典内容更多的是技术性规范。这作为一种立法战略是可以理解的。但是，立法者必须意识到：民法典绝不可能是一项纯粹的技术性立法，必然蕴含了特定的价值和公共政策目标；民法典的施行，在未来一定会有起草者最初所意想不到的“外溢效应”。这就是说，法典的起草者在编纂民法典的时候，对于民法典未来的社会影响力，需要有足够的远见和敏感性，尤其需要为法官与学者在未来的演进性解释预留足够的空间——实践证明，演进性解释是保障民法典生命力最为重要的手段。唯其如此，我们才能制定一部具有长远生命力的伟大法典。

另外，根据法社会学的理论，法律与社会之间相互作用、相互影响，不过在二者之间仍然是所谓的“社会力量”（social forces）在起决定作用。作为法律行动者（法律主体）的个人在道德和良心、法律责任、习俗或者惯性等因素的影响下，对其行为模式做出相应的选择；其理念和价值观也会起作用，但是追根溯源它们仍然受到社会力量影响。按照弗里德曼的形象说法，法律规则和制度所扮演的是拔河比赛中绳索的角色，而非起拖拉器的作用。① 社会—经济史的研究已经表明，“是社会—经济的发展最终产生了法典化，而法典化并非任何层次的社会—经济发展的直接功能”②。

我们需要全面和客观地理解萨维尼对法典化的批判：他所反对的是立法者无所不能、随心所欲地修改和制定法律；反对的是秉持政治意志的立法者对传统的随意篡改。深深影响法国大革命进程的是卢梭所鼓吹的“人

---

① Lawrence M. Friedman，*The Legal System：A Social Science Perspective*，New York：Russell Sage Foundation，1975，pp. 205 - 211.

② Csaba Varga，*Codification as a Socio-Historical Phenomenon*，Budapest：Szent István Társulat，2011，p. 351.

民主权论”，他于1762年在《社会契约论》中这样声称：“一个民族总是可以决定如何修改其法律——哪怕是最好的法律，因为，如果它喜欢让自己不舒服，谁又能有权阻止它呢?”这种观点在19世纪受到了很多自由主义者（贡斯当、孔德、圣西门等）的批判，按照历史学家基佐的说法，“权力并没有创造社会，而只是发现了它”①。

在这个意义上，法典的编纂者有必要重温孟德斯鸠的箴言。在《论法的精神》中他以引人注目的方式写道：“我这么认为——而且在我看来，我写这本书的目的就是为了证明：节制精神应当是立法者的精神……道德上的善和政治上的善一样，始终处于两极之间。”② 波塔利斯显然对此深为认同，他在关于民法典草案的演讲中直接引用了这一论断。在他看来，立法者的理性应该是避免过度行为；法典不能是抽象的理性建构，而是要适用于所有人的具体的规则；法典起草者应该是相对主义者和务实主义者。③ 在这个意义上说，法典的起草者如果意识到其所制定的法律的作为空间和限制，必然会采取某种节制精神；法典化的智慧，表现为对于过度的避免和立法者的谦卑与节制。④ 归根结底，“法典化，就其真实性而言，只是一个纯粹的形式：一种对特定的内容进行组织和客观化的手段。因此，其外观在很大程度上是所期望满足的社会需求的某种功能。法典化的历史类型、工具性成分以及未来的命运取决于它所能满足的特定功能，以及最终决定它的社会的整体运动”⑤。在这个意义上，我们需要感谢“瑞士民法典之父”、伯尔尼大学教授 Eugen Huber 在1920年所留下的格言：

---

① Jacques le Rider，“La codification，objet de la controverse Thibaut-Savigny”，in Gernot Kamecke & Jacques Le Rider (ed.)，*La codification*，*Perspectives transdisciplinaires*，EPHE/TU Dresden，2007，p. 165.

② [法] 孟德斯鸠：《论法的精神》，许明龙译，上卷，682页，北京，商务印书馆，2014。

③ Pierre Serrand，“La loi dans la pensée des rédacteurs du Code civil”，in *Droits*，2005，Vol. 42，p. 39.

④ 参见石佳友：《法典化的智慧——波塔利斯、法哲学与中国民法法典化》，载《中国人民大学学报》，2015 (6)，98页。

⑤ Csaba Varga，*Codification as a Socio-Historical Phenomenon*，Budapest：Szent István Társulat，2011，p. 352.

“法律并非由立法所创造，而仅由成文法所反映；法律的创造实则交由那些立法所无权支配的力量去完成。”① 这，正是立法者们必要和有益的谦卑！

① Pascal Pichonnaz，“The Civil Codes in Historical and Comparative Perspective：Reflexions on the Swiss Experience”，*Conference The Making of the Civil Codes*，15－16 February 2016，University of Turin，conference paper，p. 15.

第二章　社会转型与法典化的智慧

毋庸置疑，为实现编纂一部高质量的中国民法典的重大目标，我们有必要参考域外的有益经验。尽管我国立法和法学研究历来注重对比较法的借鉴，然而，这些借鉴主要是教义学意义上的，侧重于对域外具体制度的比较；而从法哲学层面在整体上对域外法典化思想的参考，是比较稀少的。随着我国法典化进程的逐步深入，这一领域对比较法的参考就显得尤其富有价值。就此而言，法国民法典的核心起草人波塔利斯关于民法典的法哲学思想，就是我们当下推进法典化事业十分宝贵的思想参考。波塔利斯关于民法法典化的法哲学思想，集中体现于其在法国民法典草案审议过程中的数篇演讲，尤其是其于 1801 年所发表的《关于民法典草案的说明》。① 在立法史上，“这一声誉卓著的文本无论是在风格还是在内容上，都可以作为法典起草者对法典的主要原则导向、对其启示源泉的选择以及对民法在社会中的角色的概念等在理论上的正当性依据”②。

在中国民法法典化事业进入一个关键的历史时期的今天，尤其是 2017 年 3 月《民法总则》顺利出台、两步走战略已经完成了第一步的时候，重温波塔利斯两个世纪前的法典化思想的意义在于：其一，法国民法

---

① Portalis，“Discours préliminaire sur le projet de Code civil”，in *Jean-Etienne-Marie Portalis*，*Discours et rapports sur le Code civil*，Caen：Centre de Philosophie politique et juridique，1989.

② Jean-Louis Halpérin，“Jean-Etienne-Marie Portalis”，in *Olivier Cayla* & *Jean-Louis Halpérin* (*dir.*)，*Dictionnaire des Grandes Oeuvres juridiques*，Paris：Dalloz，2010，p. 455.

典被公认为世界上第一部现代意义上的民法典，波塔利斯的演说则集中宣告和阐述了现代民法最为基础的一般性原则。其二，尽管民法史上曾出现多部伟大的民法典（如德国民法典）可以与法国民法典媲美，但是《关于民法典草案的说明》在法律史上的地位可谓空前绝后和独一无二，因为在法律史上不曾再有另一部对民法典精神进行系统的法哲学阐释的类似文献。其三，波塔利斯关于民法典的许多思想，是对孟德斯鸠等思想家的学说的总结和提炼，具有超越时间与空间的意义，在今天看来，其中的相当内容仍然具有浓郁的现代气息，因为它“包含了民事立法的一般性公理……在立法大量膨胀的今天，其中的许多思想仍然值得我们深思，许多建议值得认真去倾听和采纳”①。

尤其应当看到，“提高立法质量”是推进立法工作的关键环节，也是决定法典化工程能否成功的核心要素。2014 年中共十八届四中全会《中共中央关于全面推进依法治国若干重大问题的决定》指出，“建设中国特色社会主义法治体系，必须坚持立法先行，发挥立法的引领和推动作用，抓住提高立法质量这个关键。”而从“提高立法质量”的角度来看，必须承认，我国现有的民事立法仍然存在许多有待改进的地方。正是在这个意义上，可以说波塔利斯关于法典化的法哲学思想中相当多的论述，对于我国当下的民法典制定尤其具有相关性和现实意义。

一、法律传统与法典的民族性：“法为人而立，而非人为法而生”

立法必须顺应社会的演进，也要预测其需求，并适度超前于社会的发展。立法既不是革命性的颠覆，也不是一成不变，但立法必须尊重传统。孟德斯鸠曾生动地这样形容：“有些时候我们确有必要修改某些法律，但这种情形很少。当出现这种情况时，我们只能以颤抖的手去触碰它。”②这就是说，法律可以修改，但其修改应当经过深思熟虑，绝不可轻率地修

---

① Gérard Cornu, *Droit civil*, *Introduction*, *Les personnes*, *Les biens*, Paris: Montchrestien, 2003, p. 106.

② Charles-Louis Montesquieu, *Lettres persanes*, Paris: Le Livre de Poche, 2006, p. 129.

正或者废除已有的法律。在《论法的精神》中，孟德斯鸠的著名论断是：人受气候、宗教、法律、施政的准则、先例、习俗、风尚等多种因素的支配，其结果是由此而形成了普遍精神。只要民族精神与整体原则不相违背，立法者就应该尊重这种民族精神。民族的习俗和风尚与他们的法律关系密切。所以，法律应当量身定做，适合于它所要适用的民族。只有在极其偶然的情况下，一个民族的法律才可能适合于另一个民族。只要民族精神与政体原则不相违背，立法者就应当尊重这种民族精神，因为“只有当我们自由自在地依照天赋秉性行事时，才能做得最好”①。这就是说，不可将人置于某种抽象的环境之中，不要去追求法律形而上学的完美，要从整体角度看待人性，尤其要注意到每个民族的独特性，注意气候、地理环境和种族等的影响。法律的精神是某种“特殊主义”，是尊重本民族的特性所在。这与今天所说的法的“地方性”特征是一致的。孟德斯鸠的研究也被视为政治人类学和法律人类学的肇端，具有浓厚的启蒙思想的特质。从这样的视角出发，立法者必须了解民法典所要服务的“民族的风俗、特征、政治与宗教形势”，立法者应当“评估在每一种情形下，在每一个地区中，决定公理应当多元地适用于每一个民族、由此应制定不同法律的特殊的物质上和道德上的原因”。由此可见，好的法典起草者“不是一个意识形态主义者，而是一个民族学家或者人类学家”②。

受这样的思想影响，波塔利斯富有哲理地告诫说：“切不可忘记的是，法为人而立，而非人为法而生；法律必须适应它所针对的人民的特征、习惯和情况……对于一个民族而言，最好的法律是最适合于该民族的法律。由此，不可能为不同的民族制定同一部法律，也不可能将所有的人民改造为同一个民族。”③ 可见，法典化必须基于“民族的风俗、人情和条件”而进行，以使法典在未来成为“理性的典章”④。显然，我们从波塔利斯身上可看见孟德斯鸠主张的历史相对主义的痕迹，所以，他认为，“有必

---

① ［法］孟德斯鸠：《论法的精神》，许明龙译，上卷，367页，北京，商务印书馆，2014。

② François Ewald，“Rapport philosophique：une politique du droit”，in *Livre du Bicentenaire*，Paris：Dalloz，2004，p. 87.

③ Portalis，“Discours préliminaire sur le projet de Code civil”，p. 23.

④ Bruno Oppetit，*Essai sur la codification*，Paris：PUF，1998，pp. 23，62.

要保留一切没有必要废除的东西，法律应当珍惜习俗，如果这些习俗不是陋习的话……只有在最糟糕的革新是没有革新的时候，才必须要变革”①。此点与历史法学派有共通之处，二者均强调法律形成的历史维度。但是，与萨维尼所不同的是，波塔利斯强调立法者的介入，在有必要改革的时候，他仍然认为立法必须进行必要的变革。这种意志主义哲学显然比历史法学派更为积极。正是由于对传统的尊重和对立法连续性的考虑，法国民法典的起草人在民法典中广泛保留了以前的习惯法的内容。

作为对传统的尊重的表现，法国民法典“实现了成文法与习惯法的折中（transaction），在所有可能的场合去协调它们的规则”②。这种折中和协调具体表现为：法国民法典中的合同制度、债法制度、所有权与物权制度几乎都是源于罗马法；而家庭法、继承法主要沿袭了原来的本土习惯法。做出此种选择的原因在于，起草人认为本土的习惯法与外来的罗马法之间更多的是补充关系而非竞争关系，前者适用于那些与各民族独特的风俗和习惯有密切关联的领域，而后者则适用于应由普适性原则和永恒的理性来调整的领域。正因为如此，有法律史学者形象地指出，“尽管按照起草者关于民法典结构的思路，民法典被分为三编；实际上，民法典只应该被分为两编，反映出自然法和实定法的并立”③，以分别对应于成文法和习惯法两个部分。

对自身传统的尊重及强调立法的民族性，对于我国当前的民法典制定工作，同样具有很强的启示意义。我国的立法者和学者一致认为，我们应起草一部具有中国特色，可以与法国民法典、德国民法典等伟大法典相媲美的中国民法典。“民法典必须体现民族精神和民族文化……因为只有最民族化的民法典才是最有生命力的民法典。”④ 由此，中国的民法典必然反映出中华民族的民族性，继承优良的中国法律传统，而决不能是外国民法典的简单翻版，中国民法典的制定过程中必然要求对中国民法传统进行

---

①② Portalis，“Discours préliminaire sur le projet de Code civil”，pp. 17，20，42.

③ Antonio Gambaro，Rodolfo Sacco & Louis Vogel，*Le droit de l'Occident et d'ailleurs*，Paris：LGD，2011，p. 18.

④ ［美］黄宗智：《清代以来民事法律的表达与实践：历史、理论与现实》，卷3，45页，北京，法律出版社，2014。

总结、提炼和传承。

遗憾的是，我国很多民法学者存在这样一种误解甚至偏见：中国不存在自身的民法传统①；对于今天的民法典编纂来说，在传统中国的法律文化中没有可资借鉴的资源。理由在于：根据韦伯的理性理论，礼法合一的传统中国法律显然不是形式理性的法律；然而，作为法典化工程最终目标的民法典，无疑是形式理性的最高成就，法典法体系具有高度的恒常性和可预见性。因此，民法法典化的使命与性质，决定了其不可能取法于中国法律传统。这些误解和偏见的错误之处在于：一方面，传统中国法律文化中存在大量的民法资源，如物权制度、契约制度、家庭和继承法等，其中的部分制度甚至具有很强的现代性气息；另一方面，传统中国法律其实超越了形式理性、实质理性的区分，法律史的研究揭示出传统中国法律同样具有很明显的形式主义理性，是恒常和可以预期的。②

正是由于上述误解和偏见的存在，尊重和发扬传统的原则在我国立法中并不容易得到真正贯彻，典权制度作为中国传统民法“土生土长”的一项他物权制度——典权，体现了传统中国法律文化的优秀价值观。一方面，它符合中国人不变卖祖产的传统孝道观念，在保留不动产所有权的前提下去获得融资；另一方面，回赎和绝卖制度赋予债务人以选择权，而找贴则为债权人设定了返还差价的义务。这些都是传统中国文化中济贫扶弱等社会正义观的体现。因此，典权制度是中国传统法律文化的珍贵遗产，应该加以继承和发扬。2017 年党的十九大报告指出：“深入挖掘中华优秀传统文化蕴含的思想观念、人文精神、道德规范，结合时代要求继承创新，让中华文化展现出永久魅力和时代风采。”为此，“要推动中华优秀传统文化创造性转化、创新性发展”。民法典编纂过程中应该贯彻这些要求。而尤为重要的是，典权在今天的中国具有实际效用：一方面，考虑到广大农村地区农民融资手段极其有限，典权制度可以让农民以其所有的农村房

---

① 参见［美］黄宗智：《清代以来民事法律的表达与实践：历史、理论与现实》，卷 3，45 页，北京，法律出版社，2014；［美］黄宗智：《过去和现在：中国民事法律实践的探索》，1138 页，北京，法律出版社，2014。

② 参见李秀清、何勤华：《外国法与中国法——20 世纪中国移植外国法反思》，181－185 页，北京，中国政法大学出版社，2003。

屋来获得融资；而在强调农地流转的当下，典权完全可以成为农地流转的一种新形式，实现“旧瓶装新酒”。另一方面，《物权法》和《民法总则》都采取了几乎最为严苛的物权法定原则，只承认法律可以创设新的物权（从法律解释的角度来说，这排除了行政法规、司法解释以及判例、习惯法等其他法源创设新的物权种类的可能性）；在这样的背景下，法律就应该提供尽可能多的制度供给，供当事人选择。因此，典权无疑应当成为法律所规定的物权制度之一。

此外，我国民法历史上还有许多其他有价值的制度，值得我们今天研究和借鉴。例如，农村土地经营权流转是当下深化农村改革的一项重要内容，党中央近年来提出所有权、承包权、经营权三权分置的思路。其实，就这一问题对中国历史上的土地租佃关系进行研究，是十分必要和有益的。中国历史上的“田面权（田皮权）”与“田底权（田骨权）”分离所形成的双层所有权结构、“赔田”契约等，是我们今天研究农地流转问题很好的历史素材。根据法律史研究，田面权人对土地拥有占有、使用、收益的权利，这些权利是支配性和排他性的，甚至他还享有部分处分权，可以转让、出租或抵押其田面权；而且田面权人对土地的权利是牢固的和独立的，在其欠缴租金时田底权人只能催租而无权要求撤田，同时田底权人催租不得妨害田面权人对农田的利用。① 这种双重所有权的构造允许一田两主，每个人的权利都可以使用、处分、收益和继承。这与西方语境中的用益权（永佃权）其实并不完全相同。这些我国所独有的传统民法制度，理应成为今天我们编纂民法典的宝贵历史资源。

二、家庭的极端重要性："国家的苗圃"及"良好品性的圣殿"

在波塔利斯心目中，家庭在民法典中占有极其重要的地位。他说：“什么是民法典？它是指导和确定属于同一地域范围内的人们之间的社会交往、家庭和利益关系的法律的集合。”② 尽管从形式上看，法国民法典中并未为家庭法设定单独一编，但是这丝毫不影响波塔利斯对家庭法的高

---

① 参见田韶华：《婚姻住宅上非产权方配偶利益的法律保护——兼评〈婚姻法司法解释（三）〉中的涉房条款》，载《法学》，2011（12），166页。

② Portalis，“Discours préliminaire sur le projet de Code civil”，p. 92.

度重视。他认为家庭与所有权共同构成民法典的两大支柱，因为家庭法旨在指导和确立社会关系："家庭由婚姻所组成，它是国家的苗圃……家庭存在于基督教创立之前，早于一切实定法。它既非一项民事行为，亦非一项宗教行为，而是一项自然的行为，立法者为之倾注了其注意力，宗教将其奉为圣洁。"① 因为社会绝不是由孤立和分散的个人所组成的，而是所有家庭的集合；家庭同样是独特的小社会，这些小社会的集合就组成了国家，这一大家庭包容了所有这些小的家庭。尽管囿于时代的局限，波塔利斯在家庭上持一种威权主义、机械主义和悲观主义的保守看法，主张家庭以夫权和父权为中心，但他对家庭制度的政治意义有着充分的认识。他说："我们的目标在于将品性与法律相关联，传播家庭的精神——无论人们怎么说，它是如此有利于国家的精神……社会的持久和良好秩序极大地取决于家庭的稳定，它是一切社会的肇端、国家的胚胎和基础。"② 这就是说，家庭的精神在于培养美好的私德，而家庭立足的基石在于家庭团结，这是社会团结和国家稳定的前提。

在我国传统文化中，家庭历来被赋予特殊的重要性。例如，儒家文化特别强调"修身、齐家、治国、平天下"，其意义就是：把自身修炼好，就可以把家管理好；把家管理好了，就可以出来治国乃至平天下。显然，在儒家看来，家庭是国家的基础，二者之间存在着密切的联系。在我国现行《宪法》中，对婚姻和家庭制度也有相应的规定：《宪法》第49条规定，"婚姻、家庭、母亲和儿童受国家的保护"。由此，宪法为国家设定了保护婚姻、家庭、母亲和儿童的义务；如果立法未尽到这些保护性义务，则构成国家对保护义务的违反。

从这些角度来反观我国有关婚姻的立法和司法解释，令人忧虑的是，起草者们有时候欠缺对于家庭制度重要性的必要敏感性。以引起广泛社会争议、带来巨大观念冲击的2011年最高人民法院《婚姻法司法解释（三）》为例：这一司法解释所触及的是婚姻财产制度这一具有极其重要意义的基本民事制度。首先，婚姻财产制度这一基本制度其实只应由法律

---

① Portalis, "Discours préliminaire sur le projet de Code civil", p. 18.

② Portalis, "Discours préliminaire sur le projet de Code civil", pp. 25, 28.

来加以调整，不应由司法解释去规定，因为基于立法权与司法权的分工，司法解释只能针对“审判工作中具体应用法律的问题”（最高人民法院《关于司法解释工作的规定》第2条）。其次，该司法解释为了与物权法不动产登记制度之间实现“体系协调”，硬在婚姻法领域适用物权法的规定。这一做法的问题在于，家庭法与作为财产法的物权法同样是民法典的支柱，地位相同，并不存在谁贯彻谁的问题，作为非财产法的婚姻法本来就没有必要与作为财产法的物权法保持“体系协调”或者“接轨”①。最后，《物权法》第8条规定：“其他相关法律对物权另有特别规定的，依照其规定。”因此，就婚姻财产制度而言，该司法解释作为物权法的特别法，完全可以做出例外性规定。相应地，物权法“在家庭财产关系面前应当保持一定的谦抑和理性，对婚姻家庭法在调整家庭财产关系过程中应有的地位和作用给予尊重和谦让”②。

由此，不难理解的是，2011年《婚姻法司法解释（三）》必然为许多人所诟病。根据其第10条的规定，如夫妻一方婚前以个人财产支付首付后贷款购房，房屋仅登记该方为产权人，房屋贷款在婚后由双方共同偿还的，如离婚时协商不成，“人民法院可以判决该不动产归产权登记一方”。这一规定的问题在于：在城市甚至许多农村地区，如恋爱双方在婚前购买婚房，实践中的习惯做法多是这样：在双方家长的支持下，男方出首付购房，女方负责装修和买家具作为嫁妆，婚后双方共同还房贷。然而，婚后房屋在不断升值，而装修和家具由于使用而不断贬值。按照《婚姻法司法解释（三）》的规定，如离婚则房屋只能判归男方所有，而女方的贡献被无视了。这一做法确实对女方有失公平，因为，不容否认的是，非登记一方参与房屋价金的支付、参与共同还贷、为婚姻住宅的保值增值做出实质性贡献等，都是对房屋的重要贡献。然而，《婚姻法司法解释（三）》却“把非产权方配偶的参与共同还贷以及共同出资仅仅界定为一种‘借贷’行为，这种理解不仅没有尊重既成的婚姻生活规律，有违当事

---

① 杨大文：《略论婚姻财产关系法律调整的价值取向——由婚姻法司法解释（三）引起的社会反响谈起》，载《中华女子学院学报》，2011（6），6页。

② 赵敏：《谦抑语境下家庭财产关系的物权法适用——以〈物权法〉与〈婚姻法〉的对接为切入点》，载《西北大学学报》（哲学社会科学版），2011（4），87页。

人真实的意思表示，而且抹杀了婚姻作为伦理共同体的特性，否定了夫妻通力合作的价值，使得美好的婚姻沦落为冷冰冰的契约关系”①。这样的后果是，对夫妻信任关系的削弱，由此必然带来夫妻对婚姻安全感的忧虑。其逻辑结果是，恋人们如在婚前购房，必然要进行精心的衡量与算计。而如果婚前所购房屋仅登记了一方名字，另一方必然会要求或者希望在产权证上加上自己的名字。这就是《婚姻法司法解释（三）》出台后立即引起房产证“加名潮”的缘由所在。而随之而来的，则是大量由于“加名”争议而导致夫妻反目的实例。婚姻从一开始就不得不充满利益的衡量和算计，这样的结果必然是对婚姻赖以立足的基石——信任关系——的摧毁，从而最终损害家庭团结这一极其重要的基本原则。司法解释出现上述偏差，是由于作为司法解释起草者的法官们对婚姻财产制度的极端重要性缺乏必要的认识，以一种纯粹的“技术理性”去处理这一具有基础性意义的民事基本制度。

三、法典的开放性：“要特别警惕规定一切和预见一切的危险企图”

法典的开放性，主要表现在对法典之外的其他法律渊源的开放性。这些法律渊源主要有：判例、习惯、学理、道德和宗教等。由此，强调法典的开放性，必须反对成文法（法典）中心主义，即成文法并非法律的唯一表现形式。波塔利斯深知法典本身的局限性，他说，“许多的事项必然交由习俗来调整、交由有知识的专家来讨论、交由法官来裁断”。在波塔利斯看来，成文法在双重意义上存在不足：一方面，成文法必然是不完备的，因为立法者无法预见一切。他指出：“社会的需要是如此的多变，人们之间的联系是如此的积极，他们的利益是如此的多样，他们的关系是如此的宽广，以至于立法者不可能预见一切……如何能控制时间的流逝？如何能阻止事件的发展或习俗的悄然演变？如何能事先知晓和计算唯有靠经验才能告诉我们的那些东西？预见力的范围能够扩展至那些思想所无法企

① 田韶华：《婚姻住宅上非产权方配偶利益的法律保护——兼评〈婚姻法司法解释（三）〉中的涉房条款》，载《法学》，2011（12），130页。

及的事物么”[①]？由此，与康巴塞雷斯一样，波塔利斯也认为，任何立法者都不可能对于未来的一切以详细的规范提前做好应对，所以，民法典必然是“成文法与习惯法的折中”。波塔利斯认为，只有很少的事情可以由一部有确定内容的法律来决定；大部分争端都是基于一般原则、学理和法律科学而得到解决的；民法典不能离开这些知识，相反，民法典需要它们来作为补充。由此，一部法典不能被视为“以先知的方式”为其民族预告了全部永恒的真理，法典体现的仅是最高的社会权威。法典必须规定一个社会在漫长演变过程中所形成的习俗和惯例。法律应与时俱进，随着社会习俗的演进而不断动态发展。另一方面，成文法在颁行以后也必然面临迅速过时的局面。波塔利斯认为，无论一部法典看上去有多么完备，自其颁布伊始，就会有数以千计未曾预料到的新问题摆在法官面前。法律一旦制定，就一直保持其最初的形式；而与之相反，人的活动却一刻也不会停止，这些变动不居的行动不断地产生出新的问题和新的结果。动态的社会演进必然超越静态的法律条文，使之变得相对过时。由此，在波塔利斯看来，民法典的生命力在很大程度上并不取决于立法者本身的预见能力，而是取决于作为司法者的法官，因为“在有法律之前就已经有法官，法律无法预见法官日后可能碰到的所有情形”。故此，“要特别警惕规定一切和预见一切的危险企图”[②]，民法典必须引入判例作为补充，为法官留下弥补法典漏洞的可能性。必须明白的是，“民法典的精神也是对法官的信任和对判例有朝一日会成为几乎与法律同等地位的法律渊源的某种直觉”[③]。波塔利斯还认为，法律、道德和宗教之间应该结成“必要的联盟”，以相互补充、相得益彰。正是在这个意义上，波塔利斯说出为后人所经常引用的著名论断：“我们所留下的空白由经验去相继填补，人民的法典随着时代的发展而逐渐成形。其实，严格说来它们并不是被制定出来的！”[④]

---

① Portalis，“Discours préliminaire sur le projet de Code civil”，p. 6.

② Portalis，“Discours préliminaire sur le projet de Code civil”，p. 108.

③ Pierre-Yves Gautier，“Pour le rétablissement du Livre préliminaire du Code civil”，in *Droits*，PUF，2005，Vol. 41，p. 46.

④ Portalis，“Discours préliminaire sur le projet de Code civil”，p. 6.

司法判例同样是一种受到立法者排斥的重要法律渊源。必须看到的是，随着我国司法职业化进程的发展，中国的法官在弥补民事立法的漏洞、以指导性案例和司法解释来发展民法方面，做出了重要的贡献，摸索出许多具有创造性的解决办法。恰如波塔利斯所指出的，立法和司法是不同性质的科学："立法科学旨在为每一领域寻求最有利于公益的原则，而司法的科学则是在诉讼中实施这些原则，通过明智和理性的适用将它们发展和扩张至具体的情形。如果法律缺乏具体规定，法官应当探究法律的精神"[①]。由此可见，法官对法典的解释，不但不会损害法典的权威性和统一性，反而对于法典生命力的延续是有益甚至必要的。毋庸置疑，法律作为社会科学的最大特点就在于其实践性，就整个法律科学来说，"以法律适用为中心的法律实践活动才是值得我们关注的重点……法律首先应当是法官的，是一种裁判规范"。由此，我国上述民事立法中严苛的法定主义、对习惯的轻视、对将判例发展为法律的排斥，是十分值得我们反思的，因为这些做法有损于民法典的开放性，会限制法律的发展，而对法典开放性的损害，将会严重抑制法官创造法律的想象力，从而损害民法典的生命力。就此而言，值得注意的是，2014 年《中共中央关于全面推进依法治国若干重大问题的决定》指出，"推进多层次多领域依法治理……发挥市民公约、乡规民约、行业规章、团体章程等社会规范在社会治理中的积极作用"。这对民法典的开放性，无疑提供了一个新的重要启示：在当代社会的治理体系中，大量的自律性公约、行规、章程等"软法"体系是应对现代社会"网状结构"的复杂性的最有效手段，它们与成文法等"硬法"一样，是法律渊源体系的重要组成部分。

就此而言，2017 年《民法总则》第 10 条的规定显然有重要意义，该条规定："处理民事纠纷，应当依照法律；法律没有规定的，可以适用习惯，但是不得违背公序良俗。"该条将习惯上升为一般性的正式渊源，是民法典开放性的重要表现。

---

① Portalis, "Discours préliminaire sur le projet de Code civil", p. 14.

四、法典的行文风格与实用性:“区分法学和立法是明智的”

法典化的主要目标之一应该是法律的简化。法典应在一个内在一致的整体中规定简单的规范,而不是树立起一个理论建构。法国民法典的四名起草人均为法律实务家(律师),他们对于法典的学理化倾向保持了警惕。波塔利斯在1800年所起草的民法典草案“序编”曾规定,“法律做出命令、许可或禁止”,以区别于法学理论。波塔利斯对此解释说,“我们认为,区分法学和立法是明智的……一切定义、教育、学说等,都属于法律科学的范畴;一切严格意义上的命令,都属于法律的范畴”①。正是基于对立法和学理的区分,1800年法国民法典草案“序编”曾规定:“立法的第一效果是终结一切理论推演,就其所规定的事项提供确定性。”

强调法典的实用性的原因在于,法典的立法风格必须适应它所服务的人民,因为法典的宗旨是保障法律安全。因此,法典结构和法典措辞的清晰性是法学家和普通人共同的信念,法典不可仅能为法学家所理解。民法典的用语应当简单和通俗易懂,具有确定性、简洁性和清晰性。就此而言,我们仍然有必要回到孟德斯鸠在《论法的精神》中对立法者的谆谆教导:“法律的文风应该简约……法律的文风应该朴实,平铺直叙永远比拐弯抹角好……法律的用词要做到让所有的人都理解为相同的概念……法律不能让人难以捉摸,而应该能为普通人所理解。法律不是高深的逻辑艺术,而是一位良家父的简单道理。”② 这就是说,法典中必须区分“那些有可能和必要向一切人解释清楚的东西和那些必须使用严谨用语的东西”。法律措辞“是某种特殊语言的独特应用”,它要使“公民和法学家喜欢最为平实和最为丰富的法律思想”③。这无疑是受笛卡儿理性主义哲学的影响。

正是基于这样的考虑,法国民法典在用语上具有哲学般的简洁、精

---

① Portalis,“Discours préliminaire sur le projet de Code civil”, p. 100.

② [法]孟德斯鸠:《论法的精神》,许明龙译,下卷,693－695页,北京,商务印书馆,2014。

③ Stéphane Guy,“La codification: une utopie?”, in *Revue française de droit constitutionnel*, Paris: PUF, 1996 (26), p. 308.

炼、平实易懂的特点。惹尼认为，这是 1804 年法国民法典在立法技术上最富有成就的特点，是法典的人文主义的最典型特征。著名作家司汤达就高度赞扬法国民法典是“艺术、辞辩和法律之母”①。茨威格特和科茨在进行了细致的比较分析后指出：“从文风和措辞来看，法国民法典是一部杰作。民法典由于其清晰和易于铭记的规定、没有交叉引用和俚语，常常被人所称颂，这些都极大地促成了民法典在法国深受民众欢迎。据说司汤达每天阅读民法典，以锤炼其文风；保罗·瓦莱里称民法典是法国文学中最伟大的作品。而相比之下，德国民法典晦涩枯燥和充满教义色彩的用语风格，就要逊色得多了。”他们并列举了数例，譬如“契约应当信守”（*pacta sunt servanda*）这一普遍性原则，在法国民法典中是著名的第 1134 条（“依法成立的契约，在当事人之间具有相当于法律的效力”），而在德国民法典中则是第 241 条（“由于债权人—债务人关系的存在……债权人有权要求债务人履行”），这里，“债权人—债务人关系”和“履行”显然是典型的教科书式表述。②

此外，法典及其措辞的科学精神，与其对真理和数学般的精确性的追求相适应。但是，这一命题的背后，其实是对法官自由裁量权的限制，这显然不利于法典生命力的延续。因此，对于关注点不是“真理”而是“正义”的法典解释者来说，法律的科学精神应逐渐消退和让位于法典的实用性。正因为如此，为保持法律的实用性，在普通法系中，“法律作为一个学科，从来没有取得科学的地位，它始终操之于法官和实务家之手”，因为具有高度科学精神的法典会导致“教义学式简约主义”（réductionnisme dogmatique），损及法律的复杂性。③

波塔利斯关于法典风格的思想，具有很强的现代性气息，在今天仍然值得我们思考和借鉴，因为法典用语的风格，直接关乎法律安全。如今，所谓法律安全，通常认为包含三个要素：（1）可达性，指各类法律渊源易

---

① Frédéric Audren & Jean-Louis Halpérin, *La culture juridique française, entre mythes et réa lités, XIXe-XXe siècle*, Paris: CNRS Editions, 2013, p. 290.

② K. Zweigert & H. Kötz, *An Introduction to Comparative Law*, translated by Tony Weir, Oxford, 1998, pp. 91 - 92.

③ Geoffrey Samuel, “L'esprit de non-codification: le Common Law face au Code Napoléon”, in *Droits*, Paris: PUF, 2005 (41), p. 137.

于为法律主体所获得；（2）易懂性，指法律条文清晰和逻辑一致，不存在矛盾、抵触或者过分复杂的情况；（3）稳定性，指法律本身必须是可预期的，法律不得发生过分频繁的变动，保护法律主体对法律条文的合法信赖。其中，法律规范的清晰易懂，是极为重要的要素，是确保法律主体理解法律和适用法律的前提。

在我国，立法起草的格局从过去的“行政主导、部门立法”发展为今天的“立法主导、学者参与”，无疑是一个很大的进步。因为学者本身没有任何部门或者行业利益，立场超然和独立，所以学者们所起草的规则也更为公正和客观，没有利益上的倾向性。但是，必须看到，“学者立法”也有其局限：受制于其所长期从事的教学和研究职业，学者在立法时往往具有过分的理论偏好和教义学色彩，容易将法学理论与立法相混淆。我国许多立法的起草，都十分强调科学性和体系性，而这常常导致立法措辞对普通民众来说晦涩难懂。例如，《物权法》中同时存在“不发生效力”（第9条）、“不发生物权效力”（第20条、第31条）、“不影响合同效力”（第15条）等不同的表述，这些表述相互的差别，对于一般公众显然难于理解。再如，许多民事立法中大量使用“法律另有规定的”这一提法，而对此的处理立法不尽相同。以《物权法》为例，有14个条文中存在“法律另有规定的”的提法，但是，《物权法》有时候规定“法律另有规定的，依照其规定”（《物权法》中有4处，《侵权责任法》第5条和第29条也是采用这一措辞），有时候却又规定“法律另有规定的除外”（《物权法》中有10处），这两种表述究竟有何区别？从效果来看，它们都是说明如特别法有例外规定的，应优先于作为普通法的《物权法》而适用。立法有意采取不同的措辞，是否意味着前者中特别法已经存在，而后者中的特别法尚未出现？这样的差别化表述意义何在，令人费解。

而同样令人费解的是《侵权责任法》第11条和第12条的表述，因为它们的前半段的措辞完全相同——均针对“二人以上分别实施侵权行为造成同一损害”的情形。法学学者自然清楚立法者的本意：两个条文都针对所谓的“无意思联络的数人侵权”，第11条针对的是“分别实施，单独造成”全部损害的情形（累积因果关系），法律后果是承担连带责任；而第12条则针对“分别实施，结合造成”全部损害的情形（共同因果关系），后果是承担按份责任。但是，立法条文在表述上给普通人造成困惑。针对两条所共同规范的“二人以上分别实施侵权行为造成同一损害”这一情形，第12条进一步区分为两种情况：“能够确定责任大小的”和“难以确定责任大小的”。对于没有法学背景的普通人来说，从形式逻辑的角度看，这已经涵盖了所有的情况：因为某一具体案件，要么属于能够确定行为人责任大小的，要么属于不能确定行为人责任大小的。然而，第11条却列出了“第三种情形”，这就是“每个人的侵权行为都足以造成全部损害的”。立法如此行文，至少在形式上与逻辑不合，对于普通人来说十分费解。

这样的例子还有《合同法》第53条的规定，“合同中的下列免责条款无效：（一）造成对方人身伤害的；（二）因故意或者重大过失造成对方财产损失的”。这就是说，在这两种情形下，免责条款无效。而其第40条又规定：“格式条款具有本法第五十二条和第五十三条规定情形的，或者提供格式条款一方免除其责任、加重对方责任、排除对方主要权利的，该条款无效。”此条中“或者”的措辞表明，除第52、53条之外，“免除一方……责任、加重对方责任、排除对方主要权利的”格式条款，同属无效。然而，起草方所提供的“免除其责任”的格式条款，正是免责条款。上述第40条后半句的表述所传递出的意思显然让人生疑：该条字面的意思，似乎是免除“提供格式条款一方……责任”的免责条款一概无效。但是，经由双方事先同意的免责条款，如不属于第52、53条的情形，原则上应认定为有效。免责条款在原则上应当有效，充分体现出合同法可以预先分配风险的特殊功能，也正是合同法与侵权法的最为根本的区别。显然，立法所要禁止的，只是那些不公平和不合理的免责条款。因此笼统地宣告免责条款无效，既违反了合同自由原则，也与第53条的本意不符。可见，第40条后半句的表述显然不妥。就此而言，2013年修订后的《消费者权益保护法》显然就更为严谨和周延。该法第26条第2款规定，经营者不得以格式条款“做出排除或者限制消费者权利、减轻或者免除经营者责任、加重消费者责任等对消费者不公平、不合理的规定”。这里明确将无效的免责条款限定为“不合理、不公平”的免责条款。

立法措辞的模糊让人困惑，还有其他的实例。譬如，《物权法》第

107条规定："所有权人或者其他权利人有权追回遗失物。该遗失物通过转让被他人占有的，权利人有权向无处分权人请求损害赔偿，**或者**自知道或者应当知道受让人之日起二年内向受让人请求返还原物"。此条中，第一个"或者"（以黑体标明）这一选择关系连词的使用令人困惑：在向无权处分人请求损害赔偿与要求受让人返还原物之间，并非选择关系、权利人只能择一行使，而应为并列关系，允许权利人同时主张，因为处分人明知遗失物为他人所有仍然转让，其主观上显然为恶意，应承担赔偿责任。[①] 也就是说，所有人在要求无权处分人赔偿损害的同时可以要求受让人返还原物。

可见，诚如波塔利斯在两个多世纪以前所考虑到的，对法典"科学性"的过分追求，往往以损及法典本身的实用性为代价，阻碍法律主体对法典的理解和适用，从而最终损害法典的生命力。今天，我们从波塔利斯的思想中需要特别汲取的是，比起法典的科学性来说，法典的实用性是更为重要的价值，实用性的强弱对于民法典在未来的生命力有重要影响。为此，在我国制定民法典的过程中，我们特别需要在更大的程度上考虑普通民众对法律行文表述的理解和接受程度。就此而言，值得注意的是，2014年《中共中央关于全面推进依法治国若干重大问题的决定》指出，"健全立法机关主导、社会各方有序参与立法的途径和方式……拓宽公民有序参与立法途径"。根据这一要求，未来在立法起草者的组成中，建议吸收更多的法官和律师等法律实务人员，以保证法典在未来的实用性、易懂性和可操作性。

五、法典化的节制精神："不可制定无用的法律，它们会损害那些必要的法律"

波塔利斯说："法律并不是纯粹充斥着强制力的律令，它浸透着智慧、正义和理性"[②]。其实这同样是源于孟德斯鸠，后者在《论法的精神》中写道：法律并非纯粹只充斥着公权力的律令。[③] 其中，"智慧"是指对经

---

① 参见鲁叔媛：《我国遗失物拾得制度之完善》，载《政治与法律》，2009（9），85页。

② Portalis, "Discours préliminaire sur le projet de Code civil", p. 4.

③ 参见［法］孟德斯鸠：《论法的精神》，许明龙译，上卷，363页，北京，商务印书馆，2014。

验的尊重，表现为一种务实主义的态度，不盲目革新，反对教条主义。民法典不可能是与旧的法律传统完全决裂的革命性作品，所以波塔利斯说，民法典是成文法与习惯法两种法律传统相互折中和妥协的产物。另外，立法者的智慧也表现于对简约与复杂辩证性关系的精妙掌握，法律应该尽可能地简单、清晰和精练，对简单与复杂辩证关系的处理本身也体现出立法者的务实主义精神。

法典的“正义”则表现于对源自自然法的正义、公平等基本价值的永恒追求。孟德斯鸠曾精辟地指出，“法律并不必然是正义的，但正义者必成为法律”。受此启发，波塔利斯提醒说：“立法者的条文应当服从于自然法，如同法官的判决应当符合立法的要求一样”。切不可忘记的是，立法“并非人手之作品，在一切的成文法之外还存在自然法，它源自永恒的正义，人们不得违背之；它支配着一切的个人和民族、一切的民众和君主，后者的立法者不过是也只能是它的忠诚的代言者。没有了自然正义，法律就会变动无常、难以确定和主观臆断，也就没有了一般性的共同规则，这也就没有了良心和严格意义上的义务”。

而法典化的“理性”则表现为对于过度（excès）的避免和立法的谦卑（modération）与节制（mesure）。孟德斯鸠在《论法的精神》中写下了广为引用的著名论断：“我这么认为——而且在我看来，我写这本书的目的就是为了证明：节制精神应当是立法者的精神……道德上的善和政治上的善一样，始终处于两极之间。”① 波塔利斯显然对此深为认同，他在演讲中直接引用了这一论断。在他看来，立法者的理性应该是避免过度行为。法典不能是抽象的理性建构，而是要适用于所有人的具体的规则。如果说法国大革命时期的意识形态主义是理想主义和教条主义，那么法国民法典的起草人显然与这样的思潮保持了距离，是相对主义者和务实主义者。② 从这个意义上说，法典的起草者如果意识到立法的作为空间和限制，必然会采取某种节制精神。这种立法的节制与谦卑精神，体现在

① ［法］孟德斯鸠：《论法的精神》，许明龙译，下卷，682 页，北京，商务印书馆，2014。

② Pierre Serrand，“La loi dans la pensée des rédacteurs du Code civil”，in *Droits*，Paris：PUF，2005 (42)，p. 39.

1804 年法国民法典的多个方面。例如，虽然法国民法典的起草人受到了18 世纪诸多哲学、文学和艺术思潮的影响，但是，1804 年法国民法典的起草人与当时所盛行的浪漫主义保持了距离。浪漫主义发端于英国和德国，18 世纪中期传入法国，以反理性、反启蒙、强调本能与情感为特点，以夏多布里昂、雨果和巴尔扎克等为代表。尽管人文主义思潮使法国的法律与文学之间一直存在着密切的相互影响，法国民法典并没有染上浪漫主义的色彩，法国民法典所体现出来的精神是节制、分寸和自谦，这与浪漫主义的精神正好相对立。①

民法典所要求的这种智慧、正义和理性精神，是我们当前十分值得借鉴的。我国现行的一些民事立法，对于有关各方利益的保护并不均衡，欠缺足够的正义精神。例如，《物权法》第 74 条第 2 款关于车位的规定（“建筑区划内，规划用于停放汽车的车位、车库的归属，由当事人通过出售、附赠或者出租等方式约定”），将车位的归属问题完全交由开发商和购房者以契约形式去解决（出售、附赠或者出租），实际上等于默许了车位归开发商所有和支配，因为无论是出售、附赠还是出租车位，其主体只能是开发商，虽有“首先满足业主的需要”的原则约束，但其缺乏确定性和实际效果。在这种语境下，购房者对车位显然不可能享有话语权，只能听任开发商的处置。而小区车位的配建比例并未出台全国统一标准，在许多城市的小区中，车位都处于供不应求的稀缺状态。考虑到车位本身在地理位置上的不可替代性，无论是出租还是出售，其价格都基本上由开发商单独决定，购房人无法与其协商，从而造成了一些开发商以极高的价格将小区车位拿出单独处分（出售或出租）。显然，这损害了业主的利益，有违正义精神。恰如有学者所指出的：“对于小区车库权属问题的解决不能完全奉行绝对的市场自由原则，为了平衡购房者与开发商之间的利益，需要加强立法干预。”② 再如，《侵权责任法》第 2 条第 1 款规定：“侵害民事权益，应当依照本法承担侵权责任。”然而，其第 5 条又规定：“其他法律对侵权责任另有特别规定的，依照其规定。”从立法精神上看，第 5 条

① Philippe Malaurie，“Le Code Napoléon et le romantisme”，in *Droits*，Paris：PUF，2005 (41)，p. 16.

② 张忠野：《车位、车库权属制度比较研究》，载《政治与法律》，2013 (12)，78 页。

显然与第 2 条之间是矛盾的：第 2 条要求对于侵权事故应尽可能适用《侵权责任法》，而第 5 条承认某些特别法应优先适用。正因为如此，侵权责任法规定的“完全赔偿”原则，对于许多损害事故无法适用，转而“限制赔偿”原则。例如，2010 年最高人民法院颁布了《关于审理铁路运输人身损害赔偿纠纷案件适用法律若干问题的解释》，其中规定，对于铁路交通事故，应适用《铁路法》《民事诉讼法》等法律的规定，而不应适用《侵权责任法》。同理，对于航空损害，也无法适用《侵权责任法》，而应适用《民用航空法》和有关的行政法规或规章。恰如有学者所指出的，“《侵权责任法》既不能代替原有的零散立法，也不能将它们有效地整合起来……法院等司法机关基本上还是应用那些独立的单行立法”①。这显然缩小了法律本身的适用范围，削弱了法律本身的价值，大大减损了法典化的意义。因为单行法外在于民法典大量衍生，是典型的“去法典化”（de-codification）②。

立法节制和谦卑精神的欠缺，在我国同样不能忽视。波塔利斯指出，法律的使命是“高瞻远瞩地确定法律的一般公理，确定由此导出的、具有丰富内涵的原则，而不能降格为去规定每一事项所可能产生的问题的细节”③。法典化很大程度上取决于起草者的“综合”能力和判断力所能达到的高度，换言之，“构想的艺术、摄取本质的能力、涵盖其他的冲动，恰如立法的天赋会产生法律的特殊语体，法律的高度使其能以很少的语词表达许多的内容。由此，立法如同格言，简约原则既是智慧的产物，也是书写的规则”④。从这个角度来说，要特别警惕由于过分立法所导致的立法膨胀，它将损害法典化的效果。孟德斯鸠说，“如同无用的法律削弱了必要的法律的效果一样，那些应该避免的法律也损害了立法的效果”⑤。

---

① 孙宪忠：《防止立法碎片化、尽快出台民法典》，载《中国政法大学学报》，2013（1），80 页。

② 谢鸿飞：《民法典与特别民法关系的建构》，载《中国社会科学》，2013（2），99 页。

③ Portalis，“Discours préliminaire sur le projet de Code civil”，p. 8.

④ Gérard Cornu，*Droit civil*，*Introduction*，*Les personnes*，*Les biens*，Paris：Montchrestien，2003，p. 7.

⑤ ［法］孟德斯鸠：《论法的精神》，许明龙译，下卷，697 页，北京，商务印书馆，2014。

受此启发，波塔利斯说，“不可制定无用的法律，它们会损害那些必要的法律”；不可忘记的是，“管得太多就会管得太糟”。

就此而言，《合同法》第 67 条可以是一个反例。该法第 66 条已经规定了“同时履行抗辩权”：在双方没有先后履行顺序的情况下，应当同时履行，因此一方未履行的，对方可拒绝其履行要求。而随后的第 67 条规定的所谓“后履行抗辩权”，其实是多余和无用的，因为，根据“举重以明轻”的法律解释规则，既然在没有先后履行顺序的情况下，一方未履行，对方可拒绝其履行要求，那么，在存在先后履行顺序的情况下，如先履行一方未履行的，后履行一方当然更有权拒绝其履行要求。因此，即使声称“后履行抗辩权系我国合同法首创”的学者，也不得不承认它“是从同时履行抗辩权中派生出来的一项制度”①。“后履行抗辩权”这种本来完全可以通过法律解释手段推导出来的规则，没有必要以单独的条文在立法中另行规定。它的出现只能说明我国法律解释理论和技术领域的不成熟。

另一个例子是《合同法》同时规定了来自大陆法系的不安抗辩（第 68、69 条）与源于英美法系的预期违约制度（第 108 条）。这样的做法恐怕是世所罕见，因为二者来源于不同的法律体系，且本身所解决的其实是同一类问题，没有必要在同一部立法中同时加以规定。同时加以规定的后果就是，人为地造成法条的冲突和竞合，因为某些情形既符合不安抗辩的适用条件（丧失履行能力），也符合预期违约的要件（履行期到来前以行为表明不履行主要债务）。这种情况下究竟应该适用何者，不无争议。立法者之所以如此规定，大抵是希望把外国法上所有先进的制度都加以引进，但是，立法者忽视了这些相互异质的制度之间逻辑关系的协调，尤其忽视了来源于不同法系的制度之间可能存在着相互重复、交叉的情形的事实。这种借鉴比较法的“形式主义”，忽视法律制度本身的“体质”，必然会引发文化适应性方面的问题。

---

① 李虎、张新：《主从给付义务关系可以产生后履行抗辩权》，载《法学》，2007（8），129-130 页。

结语："好的民法是人类所可能给予和接收的最伟大财富"

毋庸置疑，波塔利斯所处的社会与当今的"后现代社会"已不可同日而语。法典化工程在今天所面临的是19世纪所不曾遇到的障碍。究其原因，古典法典化运动所赖以立足的四个基本的"范式"——法律单一主义、政治单一主义、演绎和线性理性以及漫长的时间性，如今都已发生了深刻的变革①：(1) 在传统的"硬法"之外出现了大量的"软法"，社会调整方式从"统治"已逐渐发展为"治理"，法律体系的架构已从凯尔逊的"金字塔"结构转变为所谓的"网状"结构。(2) 利益分化导致了大量的利益集团的产生，政治表征由此呈现出复杂的图景。(3) 线性思维已远不能解释法律的复杂性和模糊性。(4)"普罗米修斯式"的漫长时间维度如今已为日益加速的时间性所替代。② 在这样的背景下，重读波塔利斯的法典化思想，我们仍然能从中获得许多的十分富有教益的启示，因为其思想远比人们所想象的更为复杂，其中的很多方面在今天看来仍然具有现实意义，尤其是他关于民法典的许多精辟分析，"为民法典的荣耀树立起一座伟大的丰碑"③。

只有在这个意义上，我们才能更好地理解2014年《中共中央关于全面推进依法治国若干重大问题的决定》的重要论述："法律是治国之重器，良法是善治之前提"。一部好的民法典，无疑是"良法"不可或缺的组成部分；民法之于善治和法治，意义攸关。早在两个多世纪之前，孟德斯鸠就如此精辟地指出了民法的价值：当公共机构需要某个个人的财产时，不应根据政治性法律来采取行动，这正是民法应该发挥作用的领域；"在慈母般的眼里，民法视每一个个人如同整个国家"④。作为民法典的起草者，波塔利斯以其一贯的哲学风格，对其凝聚着传统与时代智慧的杰作，进行了充满激情的礼赞："好的民法是人类所可能给予和接收的最伟大财富"，

---

① Yves Cartuyvels & François Ost, *Crise du lien social et crise du temps juridique*, Bruxelles: Fondation Roi Baudouin, 1998, p. 304.

② Rémy Cabrillac, *Les codifications*, Paris: PUF, 2002, p. 72.

③ Jean-Louis Halpérin, "Jean-Etienne-Marie Portalis", p. 459.

④ [法] 孟德斯鸠：《论法的精神》，许明龙译，下卷，880页，北京，商务印书馆，2014。

因为民法“是善良风俗的来源、繁荣的守护神、公共秩序和个人秩序平和的保障……它是民族道德的来源，属于公民自由的组成部分”①。我们有理由相信：在充分立足于中国实际并借鉴国外有益经验的前提下，未来的民法典将可能是法治中国所能“给予和接收的最伟大财富”！

① Portalis，“Discours préliminaire sur le projet de Code civil”，p. 4.

第三章　治理体系的现代化与民法典的时代精神

治理，本义是指导、引领或管理某一组织事务的行动。这一组织可以是某个国家、地区、地方机构、公立或私人企业等。据考证，“治理”一词源于希腊文*kubernáo*，意思是“引领”，最初由柏拉图所使用。后来拉丁文继受了这一语词，写为*gubernare*。这一词由此传入其他语言。作为一种进程，治理关注于参与解决某一集体性问题的各行动者之间的互动关系和对决策过程的影响①；治理进程致力于对集体性问题的解决，其结果将导致社会性的规范或者机构的产生、强化或复制。②

从“统治”（government）转向“治理”（governance），这是当代社会组织模式的一个重大革新。“治理”与“统治”的区别在于，前者是一个进程，而后者是一种制度。“统治”是主导与国家主权有关的事项，是通过居于中心地位的公权力机构来施加某些行动的原则；而“治理”是协调不同行动者、社会集团的进程——这些行动者和社会集团并不都是国家机构或者公权力机构，以便达到在某些分散化和不确定环境下集体讨论、确定的目标。“统治”的特点在于公权力的集中和等级化，表现为单向度的“命令”（command）和“控制”（control），而“治理”则表现为交互

① Mark Bevir，*Governance：A Very Short Introduction*，Oxford University Press，2012，p. 5.

② G. H. Addink，“Governance and Norms：An Interdisciplinary Approach of Good Governance”，in A. L. B. Colombi Ciacchi，M. A. Heldeweg，B. M. J. van der Meulen & A. R. Neerhof，*Law & Governance，beyond the Public-Private Law Divide?*，Eleven International Publishing，2013，p. 248.

性、网状和无等级性，规则经由谈判和协商模式所共同确立。① 因此，“治理”的出现是对于韦伯所提出的基于权威、等级和强大的官僚主义的统治理论范式的质疑和否认。在治理体系中，社会和政治秩序的建构并非立足于“自我中心和等级式”的体系，而是立足于一个多中心和协商式、存在多种微调的机制，以寻求协调各项原则的关系网络。治理模式往往是多层次的，表现为国家、地方机构、企业和非政府组织之间的合作关系，以求实现效率和民主的结合。②

由此可见，“治理”的显著特点就在于决策者间的非等级关系，社会行动者之间采取协调而非命令或控制的方式；治理的重要目标在于使所有的社会行动者的利益包括国家、社会和个人的利益，都尽可能得到代表和实现。正是在这个意义上，2013 年中共十八届三中全会所通过的《中共中央关于全面深化改革若干重大问题的决定》提出了“实现国家治理体系和治理能力现代化”的目标；2014 年中共十八届四中全会所通过的《中共中央关于全面推进依法治国若干重大问题的决定》重申这一目标，并进一步指出：“依法治国……是实现国家治理体系和治理能力现代化的必然要求……全面推进依法治国是一个系统工程，是国家治理领域一场广泛而深刻的革命，需要付出长期艰苦努力”。

这场国家治理领域“广泛而深刻的革命”，对整个法律体系都产生了深远的影响，无论是公法还是私法，无论是国内法还是国际法。在治理模式下，公法与私法的界限变得模糊，公法与私法出现了前所未有的交融：契约模式的主导、从集权走向分权、从再分配型国家转向规范型国家、从对公共服务的管理转为根据市场原则的管理、从公共部门的引导转向公私合作。在国际法层面，“治理”成 20 世纪 90 年代以来在国际关系特别是在国际发展合作中使用最为频繁的语词之一，以国际组织、非政府组织、国家、跨国企业以及个人等所构成的复杂体系，致力于应对全球的共同挑

---

① 参见［法］让-皮埃尔·戈丹：《何谓治理》，28 页，北京，社会科学文献出版社，2010。

② François Ost & Michel van de Kerchove, *De la pyramide au Réseau: Pour une théorie dialectique du droit*, Bruxelles, Publications des Facultés universitaires Saint-Louis, 2002, p. 29.

战，形成“全球治理”的新格局。①

作为全面推进依法治国进程的一个重要内容，2014 年《中共中央关于全面推进依法治国若干重大问题的决定》提出了“编纂民法典”的目标，为我国的民事立法工作指明了方向。该决定同时还指出：“建设中国特色社会主义法治体系，必须坚持立法先行，发挥立法的引领和推动作用，抓住提高立法质量这个关键”；为提高立法质量，务必“实现科学立法”。为此，“要把公正、公平、公开原则贯穿立法全过程”，立法必须“维护社会公平正义”。

民法典作为调整社会生活最为基础的法律之一，是实现“善治”不可或缺的重要组成部分。为了实现立法先行，发挥立法的引领和推动作用，以实现国家治理体系和治理能力现代化为目标，结合“科学立法”和“维护社会公平正义”等立法的基本要求，在 21 世纪中国实现中华民族伟大复兴的今天，民法典的编纂必须反映出治理领域的广泛和深刻变革，反映出当今中国的时代特征。恰如王利明教授所指出的：“我国的民法典还必须反映 21 世纪的时代特征，彰显 21 世纪的时代精神，适应 21 世纪政治、经济、社会、文化、环境等各方面发展的需要。”②

一、治理模式与公法/私法划分的局限性

“治理”的特点在于决策者间的非等级关系，社会行动者之间采取协调而非命令或控制的方式；治理的重要目标在于使所有的社会行动者的利益包括国家、社会和个人的利益，都尽可能得到代表和实现。在这样的格局下，治理所强调的是决策过程中的协调、对话、参与、透明；治理尊重社会分化和利益多元的格局，因此鼓励不同的利益相关方形成合作关系，形成利益共存。治理体系的现代化，对传统的法律体制产生了多方面的挑战，表现在：

——国家失去对法律制定的垄断地位。按照传统的理论，国家是全体

① Hervé Magro & Séverine Bellina (dir.), *La gouvernance démocratique-Un nouveau paradigme pour le développement?*, Karthala, 2008, p. 1.

② 王利明：《民法典的时代特征和编纂步骤》，载《清华法学》，2014 (6)，7 页。

人民的“公意”和公权强制力的唯一代表，但是，在治理体系中，规范体系从凯尔森的金字塔式的等级结构，过渡为网状的平行和交叉结构；大量的治理规范来自非国家主体，包括私人性的主体。除了传统的“硬法”之外，出现了大量的“软法”，以示范法、指南、行业公约等形式存在。

——成文法作为规范中心的地位消解。一些规范由于没有进行法典化，不具有成文法的刚性，因而更为灵活，能更充分地考虑到每一个个案的特殊性，法律主体对其采认方式是自愿，此类规范能更好地发挥导向作用。以“公司治理”为例，它是指公司的治理机关[股东（大）会、董事会、监事会等]指挥公司运作的法律、惯例、规则、政策、制度等所组成的整体①；在公司治理领域，大量的规范是以最佳实践等形式出现的行业性惯例。

——治理作为过程具有的动态性及治理体系的多层次性，与传统的法律范式的稳定性和等级化模式之间显然存在张力。作为过程的治理，是指各行动者以正式或非正式形式所采取的各种行动与进程。这种动态性和开放式的特点，使治理这一范畴具有极大的包容性，治理主体由此具有广泛的包容性：它可以是国家、政府，也可以是企业、非营利机构、非政府组织或者参与具有特定目的的行动的个人。而治理的多层次性具有纵向和横向两个维度：就其纵向维度而言，它表明在不同权力层级中的各级政府具有越来越强的相互依存性；在横向维度上，它表明在不同层次上，政府和非政府机构之间的相互依存性也在不断增强。②

从法律体系的角度来看，治理对传统法律范式带来的最大冲击，莫过于公法与私法划分的淡化。传统的法学理论认为，公法与私法的区分立足于公共空间和私人空间的区分，前者以维护公共利益为宗旨，而后者强调私人自治。公法与私法的区分使得私人空间免于被政治化，个人在其日常生活中不必被强制要求参与对公共议题的辩论，因为其不必以追求公共利

① Asie Dwise, “Corporate Governance: An Informative Glimpse”, in *International Journal of Governance*, 2011, Vol. 2, p. 207.

② Marks, Gary, “Structural Policy and Multilevel Governance in the EC”, in Alan Cafruny & Glenda Rosenthal (ed.), *The State of the European Community: The Maastricht Debates and Beyond*, Longman, 1993, p. 392.

益为出发点。私法主体不必负担与公法主体相同的义务，这就有效地保护了个人自由。① 譬如，各国宪法都规定，禁止基于性别、种族等的歧视，但是，个人在举行家庭聚会时，可以根据个人的好恶来决定邀请谁参加，此时他可以拒绝其来自其他种族的邻居参加。

然而，现代治理模式却打破了这一古典主义的图景。在当代，对公法主体适用私法的情形大量出现。例如，在荷兰，对于政府的侵权行为所引发的赔偿责任，如公法规范没有特别规定，则应适用民法典第六节第 162 条的规定；对于所谓行政合同，同样适用民法典第六节第 123 条及以下条文。这种情形使得一些学者声称，在某种意义上私法构成公法的“普通法”，而公法是“特别法”；在没有特别的公法规范存在的时候，对公法主体可以适用私法规范。②

在我国，其实也存在类似的情况。就普通的民事侵权责任与国家机关侵权行为的赔偿责任而言，二者经历了“由合到分”的历程：国家机关及其工作人员的侵权责任，最初是同一适用民法上的侵权责任制度；后来，由于特别法的出现，改而适用特别法。具体说来，1986 年《民法通则》第 121 条曾规定国家机关或其工作人员在执行职务过程侵权的民事责任。1994 年《国家赔偿法》出台，其中规定了行政侵权责任，自此行政侵权行为的赔偿责任适用《国家赔偿法》。此后，2009 年《侵权责任法》对于行政侵权责任未再做出规定。由于《国家赔偿法》中的赔偿制度与民法上的人身损害赔偿制度之间存在着差异，2012 年立法机关对《国家赔偿法》进行了修订，修订后的《国家赔偿法》与《侵权责任法》及有关司法解释的相关规定已经明显接近。例如，就构成要件而言，修订后的《国家赔偿

① Jan M. Smits，“Private Law and Fundamental Rights：A Sceptical View”，in T. Barkhuysen & S. Lindenbergh（eds.），*Constitutionalisation of Private Law*，Martinus Nijhoff，2006，p. 6.

② 也有学者认为，在公法中宪法与行政法等其他部门法存在明显的差别，因为宪法与国家和社会的组织方式有着比后者更为紧密的关系。除了宪法之外的其他公法部门，与私法之间不应有实质性的区分。Frank J. van Ommeren，“Governance and the Public-Private Law Divide in the Netherlands”，in A. L. B. Colombi Ciacchi，M. A. Heldeweg，B. M. J. van der Meulen & A. R. Neerhof，*Law & Governance，beyond the Public-Private Law Divide?*，pp. 3 - 4.

法》第2条取消了旧法中行使职权的“违法性”要求，与《侵权责任法》第34条关于雇主责任的规定相一致；在赔偿范围上，参照《侵权责任法》第22条，修订后的《国家赔偿法》第35条同样承认了精神损害赔偿；在赔偿标准上，关于残疾赔偿金和死亡赔偿金，修订后的《国家赔偿法》第34条与《侵权责任法》第16条、2003年最高人民法院《关于审理人身损害赔偿案件适用法律若干问题的解释》第25、29条规定的赔偿范围已经比较接近了。①

从立法技术的角度来看，公法与私法越来越多地相互借鉴对方的原则和法律技术。例如，公法的比例性原则在民事权利与基本权利发生冲突的私法案件中，同样会被民事法官所采用，包括四个基本步骤：首先，考虑对基本权利进行限制的目的合法性；其次，考虑所选择手段的合适性；再次，考虑所选择的手段的必要性；最后，考虑对基本权利进行限制的合理性。与此同时，私法的一些原则被赋予宪法价值。例如，过错原则和契约自由被法国宪法委员会承认为具有宪法价值的原则。而民法的一些制度诸如过错推定、因果关系推定、时效、惩罚性赔偿等，也为行政法所吸收。民法中的诚实信用、禁止不当得利、信赖保护等原则，也为公法所采纳，由此成为整个法律体系的一般性原则。②

尤其应当看到的是，治理在当代呈现一些新的发展趋势：公私合作模式得到广泛的应用，政府与社会机构开展越来越多地合作；通过竞争原则，市场机制在公共资源配置中发挥越来越大的作用；社会机构越来越多地受国家机关的委托而行使一部分公法职能。如今，大量公共服务被外包

---

① 不过，修订后的《国家赔偿法》中残疾赔偿金与死亡赔偿金的计算基数均为“国家上年度职工年平均工资”；而最高人民法院《关于审理人身损害赔偿案件适用法律若干问题的解释》中计算基数则是城镇居民人均可支配收入（或农村居民人均纯收入）；2011年《工伤保险条例》第39条采纳的计算基数也是上一年度“全国城镇居民人均可支配收入”。“国家上年度职工年平均工资”与“城镇居民人均可支配收入”之间到底有多大的差距？我们以青岛市为例来说明：2013年度该市在岗职工平均工资为42 688元（月均3 557元），而2013年度全国城镇居民人均可支配收入则为26 955元。显而易见，二者之间还存在一定的差距（前者比后者高出58%），国家赔偿比民事赔偿更为有利。

② J. Van Ommeren, “Governance and the Public-Private Law Divide in the Netherlands”, pp. 11-12.

(contracting-out)给私人部门来承担，这也被称为“公权力的私有化”①(privatisation of public power)。以PPP模式为例，这一模式起源于英国，后迅速为其他许多国家所接受。其最大的特点在于：其一，其“旨在实现风险的最优共担。它将有关的责任分配给能够最有效承担的当事方”；其二，它使地方政府不必再以其财政收入来负担巨额的出资责任，而是通过“特许经营权”方式将该责任转移给市场主体。② 就我国而言，2013年《中共中央关于全面深化改革若干重大问题的决定》指出：要让“市场在资源配置中起决定性作用”。同时，我国也提出要建立健全“政府和社会资本合作”机制。2014年11月，国务院印发了《关于创新重点领域投融资机制鼓励社会投资的指导意见》。该意见提出，要进一步打破行业垄断和市场壁垒，切实降低准入门槛，建立公平开放透明的市场规则，营造权利平等、机会平等、规则平等的投资环境。该意见针对生态环保、农业水利、市政设施、交通、能源设施、信息和民用空间设施、社会事业等7个重点领域，提出了吸引社会投资的政策措施。与之相配套，2014年12月，国家发改委和财政部分别发布了有关政府和社会资本合作的指导意见、通知及相关指南。③ 从这些文件可以看出，PPP模式的基本原则包括政企合作、风险共担、公平竞争和契约精神，同时涉及公法和私法等领域，事关国家治理现代化、市场发挥决定性作用和转变政府职能。可见，在如今的治理模式下，私法主体越来越多地承担了公法的部分职能；在其履行这些职能的过程中，私法主体享有了与公法主体相同的事实上或法律上的权力，因而，私法主体同样存在着滥用其公共职能的可能性。

显而易见，治理模式无疑对传统法律范式带来了“一场广泛而深刻的革命”，这场革命必然对私法在当代的发展产生影响。就我国正在加紧编纂的民法典而言，作为治理体系现代化的一个重要环节，必须要反映出治

---

① Timothy Endicott, *Administrative Law*, 2nd edition, Oxford University Press, 2011, p. 580.

② Frédéric Marty, Sylvie Trosa & Arnaud Voisin, *Les Partenariats Public-Privé*, La Découverte, 2006, p. 3.

③ 国家发展改革委《关于开展政府和社会资本合作的指导意见》及其附件《政府和社会资本合作项目通用合同指南》(发改投资〔2014〕2724)，2014-12-02；财政部《关于政府和社会资本合作示范项目实施有关问题的通知》(财金〔2014〕112号)，2014-11-30。

理模式的这些新特点和新趋势。

二、治理模式与民法典的自由主义

如前所述，当代的社会组织模式从“统治”过渡为“治理”，意味着需要协调不同行动者、社会集团的进程，以便达到在某些分散化和不确定的环境下经由集体讨论所确定的行动目标。由于这些行动者和社会集团并不都是国家机构或者公权力机构，因而这种协商进程往往具有无等级的平等性，往往意味着合同逻辑在更大范围内的适用。而合同是市场自我调节的核心机制，市场机制的核心是合同逻辑的适用，由此，出现了“合同式治理”①（governance of contract）的新话语体系。

“合同式治理”这一新话语体系意味着个人意志在更大程度上得到尊重，意思自治和自由主义的扩展也意味着治理的民主化参与；“法无禁止即可为”是私法的“新常态”。正是在这个意义上，合同范式的扩展适用，被视为民主发展进程的内在组成部分。按照诺贝尔经济学奖获得者阿马蒂亚·森的论断，发展是一个人们所享有的自由不断扩展的进程。从这个角度来看，自由的扩展同时是发展的首要目的和主要手段。② 显而易见，合同与自由主义有着天然的内在联系：合同理论包含了自然状态的表征，而合同正是摆脱自然状态的手段。

意思自治和承诺的相互性是一切契约关系的关键要素。根据意思自治理论，社会仅由个人所组成，个人之间的关系的组织以自愿为基础，也就是说通过合同手段。工商业的发展、社会分工和专业化，都刺激了交换的增加，而交换的增加是经济增长的必要前提。为了促进社会交换，法律必须消灭交易的一切障碍。因此，合同制度显然具有特定的价值：立足于人的自由，合同制度使人可以按照其所愿意的方式自由组织其社会关系，以促进经济发展，保持社会稳定，并赋予秩序调控者以合法性。意思自治理论同样具有伦理价值。因为处于自由和平等状态的个人之间自由谈判所缔结的合同必然是公正的，立法者对此所设置的任何不合理阻碍都会损害这

---

① Peter Zumbansen，“The Law of Society：Governance through Contract”，in *Indiana Journal of Global Legal Studies*，2007，Vol. 14，Issue 2，p. 208.

② Amartya Sen，*Development as Freedom*，New York：Anchor，2000，p. 147.

一平衡，造成不正义的状态。由此，19世纪后期，法国哲学家弗耶（Alfred Fouillée）曾有名言说“合同即正义”（*Qui dit contractuel*, *dit juste*）：合同当事人被视为自己利益的最佳代表，合同是他们实现自己利益的最好手段；平等的当事人通过自由地谈判协商所达成的合同必然是公正的。由此，一旦合同达成，根据诺言应当信守的原则，不允许单方面变更合同，法官的职责仅仅是确保合同的强制履行。意思自治原则的经济价值在于，人只有在可以自由缔约、按照其意愿去实施其行为的时候，才会表现出创新性，即自由是创新的前提。

由此可以看出，合同制度最为典型地表明了立法者所愿意给予的私人处分其财产的自由度。在平等的私人之间，立法者通过合同制度力图实现某种合同正义，当事人的合同自由必须遵守一定的限制条件：勿害他人；不得以非法方式取得他人财产；不得损害公共秩序；不得违反善良风俗；等等。波塔利斯曾在其于1801年所发表的《关于民法典草案的说明》中精辟地指出：“总体而言，人应当能够自由地处理与其有关系的所有事务。他们的需求让他们相互接近：他们的合同与他们的需求一样日益增多……缔约自由只能受到正义、善良风俗和公共利益的约束。”① 故民法典的起草人必须对契约与自由的内在关联有着深刻的认识。

必须指出的是，“自由”这一基本价值在我国新时期的一些纲领性文件中都得到了承认和强调。2012年，中共十八大报告提出要倡导“富强、民主、文明、和谐、自由、平等、公正、法治、爱国、敬业、诚信、友善”的“社会主义核心价值观”，其中即有“自由”这一基本价值。2013年《中共中央关于全面深化改革若干重大问题的决定》则指出：“市场在资源配置中起决定性作用”。这就是说，要遵循合同逻辑，由市场主体自由决定交易对象，由立足于合同自由（尤其是缔约自由）的竞争机制来配置资源。2014年《中共中央关于全面推进依法治国若干重大问题的决定》进一步指出：“使市场在资源配置中起决定性作用和更好发挥政府作用，必须以保护产权、维护契约、统一市场、平等交换、公平竞争、有效监管

---

① Portalis, *Discours préliminaire au premier projet de code civil*, Centre de Philosophie politique et juridique, 1989, p. 51.

为基本导向，完善社会主义市场经济法律制度。”这其中，“市场”“契约”“竞争”等关键词再次得到强调，其中所蕴含的自由主义逻辑不言而喻。2014年《中共中央关于全面推进依法治国若干重大问题的决定》还强调：应“强化规则意识，倡导契约精神”。而契约精神的核心是重诺守信，其目的在于维持意思自治，从而维护私法主体的行动自由。

另外，自由主义逻辑还意味着，在私法范围内“法无禁止即可为”；而在公法范围内，“法无授权不可为”。“法不禁止皆自由”被一些学者认为是“私法区分于公法的标杆，反映私法特质”①。在法律史上，“法无禁止即可为”进入立法范畴，最早可追溯至1789年法国《人权宣言》第5条：“法律仅有权禁止那些有害于社会的行为，一切未被法律禁止的事项均不得受到妨害，任何人不得被强迫从事法律所未要求之事项。”受其启发，1800年8月法国民法典草案的“序编”第三节第8条曾有如下规定：“法律调整行为，而不探究思想；法无禁止即视为合法。但是，不违反法律的并不见得必然是诚实的行为。”其中“法无禁止即视为合法”的规定，显然是一种自由主义的放任逻辑，鼓励民事主体自由从事一切法律所不禁止的行为。正是在这个意义上，2014年《中共中央关于全面推进依法治国若干重大问题的决定》特别强调指出：“行政机关要坚持法定职责必须为、法无授权不可为……行政机关不得法外设定权力，没有法律法规依据不得做出减损公民、法人和其他组织合法权益或者增加其义务的决定。推行政府权力清单制度，坚决消除权力设租寻租空间。”这些内容强调在公法领域“法无授权不可为”，公权力行使应设定“负面清单”。这从另一个角度肯定了私法领域的自由主义原则，因为它禁止公权力对市场主体的行为设定不必要的禁止或者妨碍。在私法领域，社会自身几乎可以行使政府为私人所承担的所有义务，除了维持法律秩序和保护公民权利之外，政府基本上不再是必需。所以，自由主义的代表人物之一托克维尔曾有名言：“一个好的政府所要考虑的最重要问题是，要逐渐习惯人民不再需要它。”②

---

① 易军：《“法不禁止皆自由”的私法精义》，载《中国社会科学》，2014（4），122页。

② Léon DION，“Le libéralisme du statu quo：l'idéologie protectrice”，in *Recherches Sociographiques*，1960，Vol. 1，n°4，pp. 435－437.

自由主义哲学认为，个体具有意识和行动能力，面对其他人的意识和行动，可以自主地做出增进其福祉的选择。归根结底，自由主义认为人是有思维能力的、独立自主的、自由的和对其行为负责任的存在。自由主义意味着对个人自由和个人独立自决的“信任证书”（acte de foi）。当然，个人行为是某种有组织的社会性的“文化习得”的结果，这种文化习得的过程往往受到政治操纵的影响，因此，个人实际上会受制于某些更为重要的阶级、集团或者占支配地位的群体的利益。① 尽管如此，自由主义仍然是一种将个人置于至上地位的道德观。

与自由主义相对的，则是威权主义、保护主义、家长主义（paternalism，或译为父爱主义）。这种哲学观主张，基于保护法律主体的目的，立法者应尽可能地干预和介入个人所参与的法律关系，以避免个人的权益受到损害。如果说在公法领域，由于双方关系的不对等，这种保护主义和家长主义是必要的，那么在双方主体处于平等地位的民事领域，这种威权主义和父爱主义情结显然与民事关系的平等性和自治性不相符合。

民事自由主义的典型体现是合同自由，体现为在是否缔约、与谁缔约、缔结什么内容的合同、采取何种形式缔约等方面，当事人都享有充分的自由。意思自治理论认为，人享有合同权利和受到合同义务的约束的唯一原因，都在于其意志；主观权利的核心要素是所谓意志力。正是在这个意义上，1804 年《法国民法典》设立了著名的第 1134 条，规定：“当事人之间依法所成立的合同，具有相当于法律的效力。”由此可见，法国民法典赋予合同以与法律相同的强制力，当事人对合同负有与对法律相同的遵守义务。也即与法律一样，合同也成了当事人主观权利的渊源。意思自治理论由此成了民法典债法制度的基石。② 而有趣的是，其他的一些法律制度也都参照合同理论来进行比附性诠释，例如，夫妻之间未约定财产制度的被解释为夫妻之间存在着默示合同，法定继承制度被解释为继承人是被继承人默示选定的财产受让人，合同撤销的诉讼时效制度被解释为当事

① Pierre-François Moreau，*Les racines du libéralisme*：*une anthologie*，Paris：Editions du seuil，collection Points，1978，p. 79.

② Christian Kohler，*L'autonomie de la volonté en droit international privé*：*un principe universel entre libéralisme et étatisme*，Brill/Nijhoff，2013，p. 13.

人之间就合同关系的持续时间存在着默示的合同。显然，合同逻辑在很早就出现了自民法向其他法律部门“外溢”的这种效应。

基于以契约自由为代表的民事自由观，只要是不违反公共利益的行为，私法就没有必要予以禁止，应被视为合法和可为。对于物权法领域的“流质”“流抵”约定，应从尊重当事人双方意思自治的角度去看，只要不存在意思表示的瑕疵（欺诈、胁迫、显失公平等），应尽量承认其效力。这也是国外担保法改革的最新趋势之一。① 在合同法领域，应给予当事人意思自治以更大的空间，对当事人自行约定的纠纷解决途径，如违约金或免责条款，应尽量尊重和维持其效力，法律不应过多地介入。

自由主义与家长主义的差异，就其根本而言是方法论和哲学思想方面的差异。自由主义合同观认为，合同是当事人实现自己利益的手段，而每个人最了解自身的诉求和境遇，是自己利益最好的法官，因此，他所做出的选择对他而言必然是最优的选择。而家长主义合同观则认为：当事人囿于信息和自身能力的欠缺，有时候未必清楚地了解自身的利益，因此，其所做出的选择未必是最符合其利益的选择。在此情况下，应由具有精深法律造诣和地位中立的法官来判断和代替他做出最优的选择。显然，从法律人类学角度来看，第二种选择并不是中性的，因为它意味着作为第三方的法官在智力和做出合理选择上具有更大的优势；而从法律政策学的角度来看，第二种选择同样不是中性的，因为它表明了立法者对于当事人自身判断能力的不信任，由此滋生出一种家长主义的保护性心态。这样的负面效果，无疑是对民法的自由主义精神的损害。

必须看到，这种家长主义思潮在我国的民事立法中一直有很大的影响。例如，《物权法》第 186 条规定：“抵押权人在债务履行期届满前，不得与抵押人约定债务人不履行到期债务时抵押财产归债权人所有。”这是禁止“流抵”的典型规定。我国《合同法》第 52 条第 1 款将受欺诈、胁迫而订立且损害“国家利益”的合同宣告为无效。也就是说，当被欺诈、胁迫方为国有企业时，合同应被确认为无效；而当受害方为非国有企业

---

① 例如，法国 2006 年 3 月 23 日第 2006—346 号法令就废除了此前禁止“流质”契约的做法，法国民法典新增的第 2348 条承认流质契约的效力；而且，流质契约的适用对象既包括动产也包括不动产。

时，其结果则是合同可撤销。“这种主体立法思想，使不同主体受到不同的法律对待，不符合平等的价值原则”①，违背了民法的自由主义。另外，《合同法》第52条第2款规定，恶意串通，“损害第三人利益的”，合同无效。这里，法律直接代替作为受害方的第三人做出了判断，其只能选择合同无效。这违背了意思自治的原则，因为“每个人是自己利益的最好法官”，他人不能代替本人做出选择。

关于违约金的水准，《合同法》第114条第2款规定：“约定的违约金低于造成的损失的，当事人可以请求人民法院或者仲裁机构予以增加；约定的违约金过分高于造成的损失的，当事人可以请求人民法院或者仲裁机构予以适当减少。”这就是说，当事人如果认为约定的违约金水准过低或过高，可请求法院或仲裁机构调整。当然，在违约金约定水准过低的情况下，是否有必要要求法院调整，似乎值得商榷。违约金作为当事人自行约定的纠纷解决方式，其优点在于直接适用方面的简洁性，是意思自治原则的体现，也充分体现了合同可以预先分配责任和风险的独特功能。从意思自治原则出发，应当尽可能尊重当事人的约定，约定应尽可能得到法院的承认和适用，只要其不违背公共秩序。如果约定水准过低，表明当事人自愿放弃了部分赔偿责任，不应允许当事人主张调高违约金水准；如果其违约金水平严重低于实际损害，受害人完全可以通过主张损害赔偿来弥补损害，放弃适用违约金条款。

这种家长主义的立法思潮还广泛地表现于其他的法律渊源之中。例如，2012年最高人民法院《关于审理买卖合同纠纷案件适用法律问题的解释》第18条第2款规定：“约定的检验期间或者质量保证期间短于法律、行政法规规定的检验期间或者质量保证期间的，人民法院应当以法律、行政法规规定的检验期间或者质量保证期间为准。”这里，在约定的检验期间或质保期间短于法定期间的时候，该司法解释直接要求法院排除适用约定期间，转而适用法定期间。这里的问题在于：该司法解释并未考虑法定期间是强行性规范还是任意性规范的情况。在法定期间为任意性规范的情况下，当事人之间的约定期限显然应该优先适用，因为这是意思自

① 易军：《私人自治与私法品性》，载《法学研究》，2012（3），80页。

治原则的必然要求。

该司法解释第27条规定："买卖合同当事人一方以对方违约为由主张支付违约金，对方以合同不成立、合同未生效、合同无效或者不构成违约等为由进行免责抗辩而未主张调整过高的违约金的，人民法院应当就法院若不支持免责抗辩，当事人是否需要主张调整违约金进行释明。一审法院认为免责抗辩成立且未予释明，二审法院认为应当判决支付违约金的，可以直接释明并改判。"这里的问题在于：当事人未主张违约金过高并要求调整，而仅是认为合同效力有瑕疵，或者认为自己并没有违约而无须承担责任的，法院何须主动对违约金的水平进行释明？根据该条第2款，违约方当事人抗辩不成立的，应当支付违约金，"释明和改判"的对象似乎仍然是违约金水准，就是说法官主动调低违约金的数额。这里的问题与上面所论述的相同：在约定违约金的水准过低的情况下，法官排除约定而进行调高，违背了契约自由和意思自治原则，构成了对自由主义的侵犯。

这种父爱主义逻辑还表现于其他的司法解释中。例如，2014年最高人民法院《关于审理利用信息网络侵害人身权益民事纠纷案件适用法律若干问题的规定》第14条规定："被侵权人与构成侵权的网络用户或者网络服务提供者达成一方支付报酬，另一方提供删除、屏蔽、断开链接等服务的协议，人民法院应认定为无效。"这里，受害人与侵权人和网络服务提供者之间就付费删帖达成一致的，属于私权的处分，无涉公共利益，似不应宣告合同无效。

三、治理模式与民法典的个人主义

民法典以自由主义为价值导向之一，必然承认个人主义同样是民法典所立足的基础之一，因为自由主义与个人主义之间存在着必然的内容关联。[①] 自由主义认为：人通过自由来实现其命运，自由是进步的原则、动因和手段。自由意味着个人按照其意志来充分地发展。自由主义必然与个人主义相联系，因为自由归根结底是个人的自由。个人自由意味着自我意

---

① Alain Boyer, "Libéralisme et contractualisme", in Philippe Raynaud & Stéphane Rials, *Dictionnaire de Philosophie politique*, PUF, 2005, p. 401.

识、作为具备个别性的独特个体的自我实现，个人可以决定其独特的命运，这要求个人具备理解力、智慧和意志。自由主义者承认一切形式的和平交换的重要价值，包括思想的交流，以及关于生命概念的不可简约性和人类生活模式的多元性，因为这是个人所自由选择的结果。这就是说，自由主义必然意味着对主体的个别性的尊重，承认其作为独立的个体具有独特性，而不是将其淹没于集体之中或仅仅将其视为集体的一个组成单位。

个体自由必然与国家的公权力边界相联系，因为后者的范围决定着前者的程度。从自由主义的立场出发，国家的首要职责在于保护个人自由，因此，国家权力如无必要不得增加（譬如，著名的“奥康姆剃刀”法则认为，“如无必要勿增实体”）。由此，自由主义者先验地认为，有必要限制国家的权限，但是，这种限制不至于到无政府主义者所主张的极端地步，因为国家保留适度的公权力，有利于对个人自由的保障。① 显然，作为其逻辑结果，自由主义在方法论上必然采纳个人主义的立场，即方法论上的个人主义。从这个角度出发，以自由主义为基本价值之一的私法，必然采取一种个人主义的方法论。个人主义的价值基础决定了私法的研究方法必然也是一种个人主义的方法。②

从近代来看，个人主义具有两大重要特征：以平等来对抗等级；以自由来对抗传统。具体说来，其一，个人主义是个人以平等名义反对社会等级，就此而言，它与争取平等化的进程相互交织，1789 年法国《人权宣言》是其集中反映。法国《人权宣言》第 1 条庄严宣告：“在权利方面，人人与生俱来而且始终自由与平等，非基于公共福祉不得建立社会差异。”可见，个人的自由与平等被置于同等重要的地位。其二，个人主义以自由为出发点，谴责以他律为特点的传统，强调自治和自律的重要性。③ 法国《人权宣言》第 6 条宣称：“法律是公意的表达。每一公民皆有权亲自或由其代表来参与其形成。”显而易见，立足于个人主义的自由主义者以个人

① Alain Boyer，“Libéralisme et contractualisme”，in Philippe Raynaud & Stéphane Rials，*Dictionnaire de Philosophie politique*，PVF，2005，p. 400.

② 参见易军：《个人主义方法论与私法》，载《法学研究》，2006（1），93 页。

③ Alain Renaut，“Individu et individualisme”，in Philippe Raynaud & Stéphane Rials，*Dictionnaire de Philosophie politique*，PVF，2005，p. 344.

的同意作为一切政治秩序的合法性的条件，并以个人选择来衡量生命的意义；认为自由不仅意味着人在形式上是自由的，个人只受到他所自由承诺过的义务的拘束，而且意味着这些义务在实质上不能对自由原则构成损害。①

个人主义方法论必然将“自由”与“责任”相联系，因为个人就其本质而言是自由的，自由必然意味着责任，自由意味着个人成为其命运的主人。人缺乏独立状态，在外在力量而非个人理性的支配下做出决策，不仅荒谬，而且是一种暴政。正是基于这个原因，民法在侵权法的范围内，确立了“个人责任”原则，强调个人在具有意志自由的前提下，对自己的行为承担责任。个人主义正是过错责任的主要哲学基础②，它强调责任的承担主体是行为主体个人，而非团体、组织，因为个人在民法上已经具有了独立的人格，具备了意思的自由和行动的自由。也正是基于同样的理由，我国2009年《侵权责任法》第6条第1款采纳了个人过错责任的一般条款模式：“行为人因过错侵害他人民事权益，应当承担侵权责任。”这无疑是现代法律体系的一般性原则，也是一种对保护个人权利十分有利的立法模式。③

个人利益可以扩展至其家庭、朋友甚至其所属的民族，这个利益圈可以随其个人情感而任意扩展。个人主义与利他主义不同，前者是根据其个人的良心、喜好、情感来决定其利益范围，根据其交往圈子决定其利益的等级；而后者则无限扩展其利益范围，其受益范围可以覆盖所有人。个人主义立足于个人利益，但个人主义（individualism）与自我主义（egoism）并不相同，它使每个个体可以与其家庭及朋友构成一个微型的社会。④ 个

① Mikhaïl Xifaras, *La propriété*, *Etude de philosophie du droit*, PUF, Fondements de la politique, 2004, p. 35.

② Genevïèvé Viney, *Traité de droit civil-Introduction à la responsabilité civile*, 3e éd., LGDJ, 2008, p. 22.

③ 参见石佳友：《法国民法典过错责任一般条款的历史演变》，载《比较法研究》，2014(6)，29页。

④ F. Guénard, “Bien-être et sociabilité: l'individualisme chez Tocqueville”, in B. Bachofen (dir.), *Le Libéralisme au miroir du droit. L'État, la personne, la propriété*, Éditions ENS Lyon, 2012, p. 103.

人主义并不会导致自我主义，因为个人主义不仅强调个人享有自由，而且强调其他人也享有自由，所以强调尊重他人的自由。个人主义的第一个信条就是：任何人都不得强迫他人，不得侵害他人的自由。可见，个人主义是对所有人自由的尊重。一个自由的社会是一个永远存在妥协的社会，每个人都必须考虑到他人的自由。这样的结果是构建一个符合所有人利益的社会，每一个个体都做出努力去尊重他人的自由。由此，以个人主义作为方法论的自由主义，必然尊重社会的公共利益，因为集体利益被认为是所有人的个体利益的集合和折中。但是，以集体利益为由来否定个人主义的存在合理性是不能成立的。

由此，合理协调集体利益与个人利益的关系，必然是民法典所要处理的重大问题：方法论意义上的个人主义要求民法典对个人权利给予最大限度的合理保护。毫无疑问，这一问题，对于最为典型的民事权利——所有权——尤其具有意义，对所有权的承认是个人主义方法论的逻辑必然。对于民法典而言，所有权是其“支柱、原则和灵魂”①。所有权法律制度的三项原则是：个人主义的权利基础；排他性；自由处分。它们构成了所有权制度的三根支柱，是现代所有权制度区别于历史上其他所有权制度的本质特征。例如，在封建所有权制度中，所有权无法自由转让，因为财产的可让与性与主体的特定身份和地位相联系，财产让与制度被嵌入建立在复杂的等级关系基础上的社会框架之中。

四、治理模式与民法典的人文主义

人文主义在当代是一个被大量使用的语词，究其原因在于，人文主义是一个包罗万象的语词，它囊括了诸多的思想流派。当然，这些不同的流派都有一些共同的“内核”：促进人的全面发展，保护人的尊严；社会生活的基本目的在于满足人类的各种需求，包括智识的、情感的和精神的需求。人文主义与启蒙（Aufklärung）运动密切相关。启蒙运动立足于这样的思想：将个人作为一种超越了社会、民族和历史的一般性范畴。由此，

---

① Mikaïl Xifaras，“Le code hors du code，le cas de la ‘transposition’ de la propriété au droit administratif”，in *Droits*，2005，Vol. 42，p. 49.

启蒙运动的信仰是：个人只有通过充分和自由地行使其理性，才能获得更为美好的发展。① 如布洛克所说，文艺复兴时期的人文主义按其性质来说是属于个人主义的，它既不是一种信条，也不是一种哲学体系；它不代表任何一个利益集团，也不想把自己组织成一种运动。人文主义的中心主题是人的潜在能力和创造能力。②

在法律领域中，对人文主义的参考和援引，也是法理学者经常性的论证方法。法律人文主义要求法律成为保障人类发展的基本框架，要求立法和法律制度积极地回应人类发展的整体需要，认为作为社会安排和组织的动态性工具，立法必须结合本民族的特性，针对其在某一特定历史时期的主要问题，确认法律制度的任务和使命，诸如，保障自由、促进社会安全、促进社会正义、与贫困做斗争、打击官僚主义、治理效率低下和腐败等。③ 就民法而言，强调人文主义，按照有些学者的观点就是突出所谓的人文关怀：对人的自由和尊严予以充分保障以及对社会弱势群体给予特殊关爱。因为民法的终极价值是对人的关怀，民法的最高目标就是服务于人的尊严和人格的发展。将个人的福祉和尊严作为国家和社会的终极目标，而非作为实现其他目的的手段④，显然具有明显的康德主义道德哲学观色彩。

从人文主义的基本命题出发，民法典的人文主义突出表现于其对个人权利的重要保障方面。必须强调的是，这种对个人权利的保障，过去往往被狭隘地限定为对个人民事私权的保障，即对个人所享有的各类民事权利（物权、债权、人身权、知识产权、继承权等）的保障。这一观点的局限在于：忽视和排除了民法对于个人所享有的宪法性基本权利的保护。根据当代的学说和司法实践，宪法和国际人权公约所规定的个人基本权利，在私法关系中同样具有所谓的横向效力。由此，民法对于基本权利的实现，

---

① Jacky Hummel, “L'introuvable vérité du droit public ou l'éclipse du politique dans le discours juridique”, in *Droits*, Vol. 42, PUF, 2006, p. 186.

② 参见［英］阿伦·布洛克：《西方人文主义传统》，董乐山译，67页，北京，三联书店，1997。

③ David Goicoechea, Preface in David Goicoechea, et al. (eds.), *The Question of Humanism: Challenges and Possibilities*, New York: Prometheus Books, 1991, p. 8.

④ 参见王利明：《民法的人文关怀》，载《中国社会科学》，2011 (4)，149-153页。

同样具有不可低估的重要作用，因为在民事关系中，通过合同等私法手段对其他个人所享有的基本权利予以侵害，在当代越来越成为基本权利所面临的主要威胁之一。

在私法关系中承认宪法基本权利的效力，并对其进行保护，是当代治理模式的必然逻辑后果。在治理模式下，公法与私法的界限变得模糊，二者之间出现交错。大量的私法主体行使公法主体的部分职能，因此，它们应当负担与公法主体相同的义务，对公法上的基本权利予以尊重和保护。正是在这个意义上，美国著名法社会学家、伯克利学者菲利普·塞尔兹尼克曾提出所谓“私人政府”（private government）的理论。他认为，在此情况下，私法主体就不能仅限于遵守一般性的管理标准，而应与公法主体一样，受到治理规范的约束：“无论在何处，统治的社会性职能一旦被履行，治理规则就应当得到适用。”① 从这一理论出发，一旦有行使公共权力的情形，无论主体为何，都应适用权力限制的规范。正是在这个意义上，一些法社会学者将塞氏的学说称为“社会学意义上的法治”理论。② 这一理论与如今基本权利在私法关系中的横向效力制度，无疑具有相通之处。

由此，宪法所保护的基本权利，不仅在公法领域具有纵向性对抗效力，而且在私法领域具有横向性对抗效力，司法机关在对民事案件的裁判中，负有以符合宪法基本权利精神的方式解释民事法律的义务。以加拿大魁北克地区为例：在合同法领域，如果作为多方合同的小区业主管理规约中的禁止装修房屋外立面的条款，妨害了某一业主搭建具有宗教意义的临时性设施，则构成对 1975 年《魁北克人权宪章》所保护的宗教信仰自由的侵犯，此条款应当被法院宣告为无效。③ 如果在劳动合同中，雇主要求雇员在合同生效期间必须定居于某一行政区域内，以便于雇员履行其职责，则侵犯了由《魁北克人权宪章》所保护的私生活不受侵犯的基本权

① Philip Selznick, *Society and Industrial Justice*, New York: Russell Sage Foundation, 1969, p. 259.

② Caroline Raat, “Selznick on Governance Revisited, What can We Learn from Early Legal Sociology?”, in A. L. B. Colombi Ciacchi, M. A. Heldeweg, B. M. J. van der Meulen & A. R. Neerhof, *Law & Governance*, *Beyond the Public-Private Law Divide?*, p. 63.

③ Syndical Northcrest c. Anselem, [2004] 2 R. C. S. 570, 595.

利。[1] 由此可见，公法与私法之间泾渭分明、井水不犯河水的格局，已经一去不复返了，公法与私法发生越来越多的交错适用。私法领域中的立法和司法活动，同样应尊重和保护宪法所规定的基本权利。

正因为如此，我国《宪法》在2004年引入了"国家尊重和保障人权"的重要条款。这是我国宪法在人权保护问题上取得的重大进步。"国家尊重和保障人权"的庄严承诺意味着国家既负有"尊重"人权、不干预个人行使基本权利的消极义务（防御功能），也负有以立法等手段来"保障"人权、促进其实现的积极义务（保护功能）。[2] 我国宪法并没有针对基本权利的侵害来源，区分国家侵犯和私人侵犯，因此，保护功能和防御功能应当处于同等重要的地位。这也正是宪法修正案将"尊重"与"保障"人权并重的原因所在。[3]

尤其应当看到，继"人权入宪"之后，2013年《中共中央关于全面深化改革若干重大问题的决定》提出要"完善人权司法保障制度"，以此作为"推进法治中国建设"的重要内容。而2014年《中共中央关于全面推进依法治国若干重大问题的决定》除重申"加强人权司法保障"之外，还进一步指出："依法保障公民权利……保障公民人身权、财产权、基本政治权利等各项权利不受侵犯，保障公民经济、文化、社会等各方面权利得到落实，实现公民权利保障法治化。增强全社会尊重和保障人权意识，健全公民权利救济渠道和方式。"显然，这里所保障的权利，既包括了人身权、财产权等民事权利，也包括了经济、文化、社会领域的基本人权。所以，"健全公民权利救济渠道和方式"要求在私法中同样对宪法基本权利进行保护。

（一）民法典应在开篇援引宪法人权条款作为立法理由之一

如果民法典在其条文中直接规定对宪法基本权利的尊重和保护，则对于在民事司法中有效保护基本权利，十分有益。就此而言，《魁北克民法

---

① Godbout c. Ville de Montréal，[1997] 3 R. C. S. 844.

② 有学者认为，《宪法》第33条的人权入宪条款赋予国家以尊重和保障人权的义务，因此，明确了我国宪法基本权利的约束对象是国家公权力。参见张翔：《基本权利的体系思维》，载《清华法学》，2012（6），31页

③ 参见陈征：《基本权利的国家保护义务功能》，载《法学研究》，2008（1），52页。

典》的模式值得关注。1994 年生效的《魁北克民法典》在其序言第 1 款中即开宗明义地宣告："魁北克民法典与人权宪章和法律一般原则保持和谐一致（in harmony），调整人、人与人之间的关系以及物。"此条有重大意义，它揭示出魁北克民法典与魁北克人权宪章之间"和谐一致"的互动关系。① 其一，该条款宣示了民法与宪法基本权利的统一性。如同有学者所指出的，"首先有必要强调的是，'和谐'一词源自音乐学，针对乐声的整体，或者更具体地说，针对声音、音符、节奏等的结合；它们是指某一'曲调'——一种具体化的音乐——让听众感到舒服悦耳。我们在这里使用这样的类比，使得我们可以坚持以下的事实：民法与人权之间的和谐一致表现为，从宏观角度看二者在目标上存在着一致；从微观角度看，在两者的领域中法律主体践行其'法律'的实践也存在着一致性……就民法规范与人权的要求之间的关系而言，等级性、金字塔式或简单的凯尔森式的逻辑由此被淡化，取而代之的是在私人资质和规范等级化要求之间的新的折中"②。其二，民法典应遵循合宪性解释方法，即对魁北克民法典条款的解释必须与魁北克人权宪章的规定相一致。从这一条款出发，加拿大最高法院承认民事侵权责任的判定必须从基本权利制度所保护的价值中寻求启示，只是在具体适用法律时仍然遵守民法的方法和原则。③ 尤为重要的是需要结合《魁北克民法典》"序言"第 2 款的规定［"民法典由调整相

---

① Mélanie Samson，*Les interactions de la Charte des droits et libertés de la personne avec le Code civil du Québec：une harmonie à concrétiser*，Collection Minerve，Éditions Yvon Blais，2013，p. 7. 令人困惑的是，《魁北克民法典》中译本不知何故竟没有将"序言"的两个条款译出，这无疑是一个重大的失误，也反映出译者在当时未能理解"序言"在沟通宪法基本权利与民事权利方面的重大意义。参见孙建江等译：《魁北克民法典》，1 页，北京，中国人民大学出版社，2005。

② Bjarne Melkevik，"Le nouveau Code civil du Québec et les droits de l'homme：le paradigme d'un nouveau 'droit commun' "，in Jean-Luc chabot，Philippe Didier & Jérôme Ferrand（dir.），*Le Code civil et les droits de l'homme*，L'Harmattant，2005，p. 409.

③ L'honorable Louis Lebel，"La protection des droits fondamentaux et la responsabilité civile"，in *McGill Law Journal*，2004，Vol. 49，p. 246. 例如，在魁北克上诉法院 2001 年所审理的一起案件中，路易丝·奥梯（Louise Otis）法官指出："魁北克民法典作为一个结构化和等级化的立法整体，为了与人权宪章保持一致，将人的身体完整确立为民事权利享有与行使的基本原则之一……民法典的序言、第 3 条、第 10 条和魁北克人权宪章第 1 条都反复地强调了这一点。"Cour d'appel du Québec，l'affaire：Montréal（Ville de）c. Tarquini，［2001］R. J. Q，1405（C. A.）paragraphe 174（L. Otis）.

关事项的规则的整体所组成，这些条文的文字、精神或对象在其所调整事项的领域内，以明示或默示方式确立了其‘共同法’（*jus commune*）。在这些领域中，法典是其他单行法的基础，尽管单行法可以补充法典或者做出例外规定。”］来看，在整个私法领域而不仅仅是民法领域内，都需要遵循这种合宪性解释方法。① 其三，侵犯基本权利将引发与侵害主观权利类似的侵权责任。《魁北克人权宪章》第49条规定，“如本宪章所承认的某项权利或自由受到侵害，受害人有权要求停止侵害，并赔偿由此所造成的精神或者物质损害。在故意侵害基本权利的情况下，法院还可以另外判处侵权人承担惩罚性赔偿责任”。受《魁北克人权宪章》这一条文的启发，《魁北克民法典》第1457条规定：“任何人均负有义务以不损害他人的方式，遵守依据情势、习惯或法律为其施加的义务。在其具有理智且未履行其义务之时，应对因过错致他人之损害负赔偿之责，无论此为身体、精神或物质上之损害。”②

借鉴魁北克民法典的这一模式，未来的中国民法典在其“序言”或者第1条中，可以明示的方式直接援引“国家尊重和保障人权”这一宪法条款。其意义在于：其一，民法典援引宪法人权条款，可以作为其立法的理由与根据之一；其二，民法典援引宪法人权条款，也要求法官在民事司法中必须尊重和保护宪法所规定的基本权利，必要时采取合宪性解释的方法来解释有关的民法规范或者合同，或者从宪法基本权利保护之必要性中获取解释民法规范或合同的启示或思想来源；其三，民法典援引宪法人权条款，也充分昭示了我国民法典作为21世纪的新型民法典具有明显不同于古典民法典的鲜明时代特征：维护社会公平正义，注重对人的全面保护。

（二）应将人的尊严确定为民法典的基本原则

人的尊严是宪法和国际人权公约所普遍承认的一项基本人权。为了对这一宪法基本权利进行有效保护，民法中也将人的尊严作为一项基本的民

---

① Ministère de la Justice du Québec, *Commentaires du ministre de la Justice*, *Le code civil du Québec*, Tome 1, Québec, Les Publications du Québec, 1993, p. 1.

② Mariève Lacroix, “La relativité aquilienne en droit de la responsabilité civile-Analyse comparée des systèmes germanique, canadien et québécois”, in *McGill Law Journal*, 2013, Vol. 59, p. 462.

事权利。就我国而言，《宪法》第38条规定，“中华人民共和国公民的人格尊严不受侵犯”。《民法通则》《消费者权益保护法》等民事法律相应规定了人格尊严原则，有关司法解释甚至直接使用了“人格尊严权”这一富有争议的提法。① 人格尊严在民法上作为一项主观权利的属性由此得到承认和确立。

问题在于，我国现行的民事立法中的人格尊严原则并未能充分体现宪法上人格尊严原则的内涵，现行的民事立法未能明确规定其为整个民事法律体系的基本原则，如《民法通则》仅仅将人格尊严作为一项人格权予以对待。在今天，人格尊严的保护范围已经超越了人格权法，例如《消费者权益保护法》对消费者的人格尊严予以保护；在合同法领域，债权人应对债务人的人格尊严予以尊重。

从国家保护义务出发，为有效保护人的尊严这一宪法基本权利，我国民事立法中应进一步明确以下内容。

首先，人相对于物的优先性。在现代民法秩序中，“人”和“物”这一对基本范畴的对立以及其法律后果的区分，就是直接立足于人格尊严原则，其宗旨在于禁止将人贬低到与物或者动物相同。② 人的优先性原则要求禁止人的物化和工具化，因此，宪法尊严原则在民法中的适用必然意味着对人体给予保护，并由此派生出两项基本规则：人体的不可侵犯性（未取得知情权人同意不得对他的身体采取治疗措施）和人体的不可处置性（人体及其组成部分不得成为民事交易的标的）。古典时期的民法典或者忽视“人体”而将其排除于法典的调整对象之外（如《拿破仑法典》），或者仅将其视为一项法律上可补偿的侵权法客体（如《德国民法典》）。在当代多部新型的民法典已将人体的不得处分原则（如《意大利民法典》第5条、《魁北克民法典》第19—25条、《法国民法典》第16—1条、《巴西民法典》第13—14条）及国际人权公约（如《欧盟基本权利宪章》第3

① 参见2001年最高人民法院《关于确定民事侵权精神损害赔偿责任若干问题的解释》第1条第1款第3项。“人格尊严权”的提法有可能会将作为法律基本原则和当代法律秩序基础的人格尊严，贬低为一项普通的人格权。

② Jean-Christophe Saint-Pau（dir.），*Droits de la personnalité*，Paris：LexisNexis，2013，p. 139.

条明确规定，“禁止将人体及其组成部分作为经济收入的来源”。）予以规定。这被认为是民法典从古典时期的“（脱离躯体的）空洞的人”向现代“具体的人”的转变，“人体”由此成为人格权的一个不容忽视的要素。①基于人体的不可处分性，民事立法应禁止人体器官与组织的有偿转让，禁止“出租子宫”式的有偿代孕。另外，基于生命尊严，立法对作为人类生命开端的胚胎及胎儿应给予特殊保护。

有鉴于此，我国民法中的人格尊严原则应理解为自我决定与禁止人的物化、人的工具化及人体的商业化。人格尊严原则尤其应适用于医疗卫生法、生物伦理法等直接涉及人体的领域，确立人体的不得处分原则，禁止人体组织和器官的商业化转让，禁止有偿代孕。② 就此而言，我国 2007 年《人体器官移植条例》第 20 条规定了人格尊严原则。这无疑是对宪法上的人格尊严原则本意的正确回归。

其次，尊严原则的不可克减性。③ 尊严原则享有高于其他权利和自由的地位。这意味着，当其他权利或自由与尊严这一基本原则发生冲突的时候，不能牺牲尊严原则，或者将尊严原则与之进行折中或妥协，而只能让后者服从于尊严原则。例如，尊严原则就高于科学研究自由，欧洲理事会 1997 年《奥维多公约》（《关于人权与生物医学的公约》）第 1 条即开宗明义地宣称：基于尊严原则，“个人的利益和福祉高于单纯的科学利益或社会利益”；联合国教科文组织 2005 年《世界生物伦理与人权宣言》第 3 条也规定了同样的内容。尊严原则的不可克减性还意味着其适用的绝对性：绝对禁止奴役、酷刑、刑讯逼供及其他不人道待遇、人口交易等，而不论所处的环境或受害人的行为为何，即使受害人同意亦不能构成免责的

---

① Giorgio Resta，“The New Frontiers of Personality Rights and the Problem of Commodification：European and Comparative Perspectives ”，*Tulane European & Civil Law Forum*，2011，Vol. 26，p. 41.

② 目前我国法院对于有偿代孕合同都是援引民法的“公序良俗”原则来裁决，并未能从人格尊严的高度认识其对基本权利的侵害。参见吴亚东、杨长平：《“代孕合同”有违公序良俗被判无效》，载《法制日报》，2012－11－01（8）。

③ Décision 2001－446 DC，*Dalloz*，2001，p. 2533，note Bertrand Mathieu.

事由。① 譬如，未经病人许可，医护人员在手术室内擅自与尚在手术台上的病人合拍照片并将合照流出，就是对病人的人格尊严的严重侵害，即使病人在事后同意也不能完全免除医护人员的责任。

最后，尊严原则构成一些以请求给付为内容的新型权利（受益权）的基石。基于尊严原则，人有权拥有体面的生活条件，由此，人最基本的生存和发展需求必须得到尊重和满足，这正是社会法赖以立足的基础。这些最为基本的需求包括住宅、收入、社会保障、教育等，它们构成了最为基本的生活条件。如果这些需求无法得到满足，就会导致社会排斥现象，损害社会正义。正是在这个意义上，德国联邦宪法法院在一项判决中指出，最低收入保障权确保个人生存所必需的最起码的物质条件以及其对社会、文化和政治生活的最低程度的参与，这符合人的尊严原则。② 由此，在我国的民事立法中应明确尊严原则所要求的、对人最基本的生存和发展需求予以尊重和满足的原则。③

（三）以“加强人权司法保障”为切入点，采纳对基本权利保护最为有利的功能主义新模式

宪法基本权利要在私法关系中产生横向效力，目前在比较法上最为流行的就是直接适用模式和间接适用模式。其实，二者都主要立足于基本权利对抗国家侵害的防御功能。然而，基本权利除了具有防御功能外还具有保护功能，即要求国家采取有效措施对基本权利予以保护的功能。二者的差别在于，防御功能要求国家承担消极不侵害基本权利的义务，而保护功能则要求国家承担积极的保护义务；防御功能属于消极性功能，而保护功能属于积极性功能。④ 防御功能立足于传统的自由权理论，仅意识到国家

---

① Anne Laude，Bertrand Mathieu & Didier Tabuteau，*Droit de la santé*，2e édition，Paris：PUF，2009，pp. 580 - 581.

② BVerfGE，175（FRG），Feb. 9，2010（Hartz IV）.

③ 2004年最高人民法院《关于人民法院民事执行中查封、扣押、冻结财产的规定》第6条规定，“对被执行人及其所扶养家属生活所必需的居住房屋，人民法院可以查封，但不得拍卖、变卖或者抵债”。据此，法院在民事执行过程中都会考虑被执行人及其所抚养家属的居住问题；对于未设定抵押的居住房屋，如为被执行人生活所必需，法院一般不得执行拍卖、变卖或者抵债。显然，这是为了保障被执行人及其所抚养家属享有最起码的物质生活条件，是对人格尊严原则的正确适用。

④ 参见陈征：《基本权利的国家保护义务功能》，载《法学研究》，2008（1），53页。

是侵害基本权利的风险源；而现代社会中大量的同样风险来自私法第三人，由此基本权利的防御功能并不足以有效地保护基本权利。① 在当事人的基本权利受到私法上第三人的侵害而国家未采取有效的立法或司法措施应对时，仅仅强调基本权利的防御功能并不足以解决问题，因为此时国家并未违反消极的不侵害义务。

我国宪法已经确立了“尊重和保障人权”的重要原则，据此，国家对基本人权不仅负有消极不侵害的尊重义务，还负有积极保护的义务。尤其应当看到，2013年《中共中央关于全面深化改革若干重大问题的决定》在“推进法治中国建设”部分，开宗明义地强调了“维护宪法法律权威”的重要意义；而2014年《中央关于全面推进依法治国若干重大问题的决定》更是进一步提出了“加强宪法实施”“健全宪法实施和监督制度”的战略部署，提出“坚持依法治国首先要坚持依宪治国，坚持依法执政首先要坚持依宪执政。全国各族人民、一切国家机关和武装力量、各政党和各社会团体、各企业事业组织，都必须以宪法为根本的活动准则，并且负有维护宪法尊严、保证宪法实施的职责”。这就是说，强调依法治国、依法执政，首要的任务就是确保宪法的实施。如果宪法不能得到有效实施，依法治国、依法执政等都将沦为空谈。

显而易见，宪法只有得到真正的实施，才具有生命力和权威。而宪法的实施必然内在地包含和体现于司法中。尤其是宪法所规定的诸多基本权利，只有通过法院的司法活动，才能让权利主体无障碍地真正享有和实现。这也正是提出“完善人权司法保障制度”宪法目标的意义之所在。如果宪法条文在司法中完全不能被援引，显然无法彰显宪法的权威，也使宪法沦为“无牙的老虎”而徒具其表。由此，从“加强宪法实施”“维护宪法法律权威”的要求出发，我们应当接受宪法在司法上具有一定限度的可援引性。为此，我们有必要区分宪法的“适用”和“解释”，避免将二者混为一谈。法官援引宪法只是“适用”宪法而并非“解释”宪法。法律解释是确定某一法律规范的含义，其功能在于厘清和界定某一法律规范的意义；而法律适用是将某一规范应用于某一事实的法律结果。当法律条文的

---

① 参见谢立斌：《自由权的保护义务》，载《比较法研究》，2011（1），37页。

含义清晰明确的时候，法官只是在“适用”法律；只有在法律条文含义不明或存在歧义的情况下，才有必要“解释”法律。因而法律适用是第一位的，法律解释是第二位的。① 如果法官在民事判决中对宪法规范进行简单援引，以其作为民事判决的一项补充性依据，而并不涉及对宪法条文的含义、性质、适用范围等做解释，则仅仅是一项宪法适用的活动，不存在侵犯立法机构的宪法解释权的问题。②

从功能主义的新模式出发，宪法权利在合同法领域发生效力更多的是通过民法一般条款来间接实现的，包括：以公序良俗条款来审查涉嫌侵害基本权利的合同的效力；以诚实信用条款来构建合同的平衡性；禁止当事人为追求自己的利益而损害对方的基本权利；强调对合同义务的解释应遵循诚信原则以及采取符合宪法基本权利规范的方式；对合同解除进行限制。而在侵权法领域，应根据所欲保护的权利类型，给予法官直接适用宪法基本权利规范的权限。另外，法官可适用宪法原则对侵权责任制度进行发展和完善，例如，以正当程序、平等权、法治等宪法基本原则，对侵权损害赔偿制度进行完善；还可以以宪法人格权为参照，为民法人格权注入新的内容与要求，在二者之间形成某种对话性互动。

从治理模式来看，借助于基本权利的横向效力，法官使宪法基本权利理论进入民法领域，由此能以更为宽广的视角来处理私法关系中的利益冲突，也使私法当事人的根本性利益能得到更多的考虑。借此，司法在司法活动中也可以对其利益和话语未能充分地在立法中得到反映的弱势群体给予保护，促使其能够实现真正的自我决定。③ 在这个意义上，经由民事判例所确立的基本权利横向效力制度可以被视为构建新的“司法治理”(judicial governance) 秩序。包含司法治理在内的治理体系是现代法治国家的重要特征——与单向度、强制和刚性的“管理”不同，“治理”是复

---

① Anastasios Gourgourinis, “The Distinction between Interpretation and Application of Norms in International Adjudication”, in Oxford *Journal of International Dispute Settlement*, 2011, Vol. 2, pp. 43-44.

② 我国有学者提出了类似主张，将对宪法的引用区分为形式援引（宪法条文）和实质援引（宪法内容）。参见张红：《基本权利与私法》，254、266页，北京，法律出版社，2010。

③ O. Gerstenberg, “Private Law and the New European Constitutional Settlement”, *European Law Journal*, 2004, Vol. 10, p. 766.

合的、多层次的、合作的和包容的①——建立基本权利的横向保护制度显然与我国“推进国家治理体系和治理能力现代化”的目标相契合，符合“维护社会公平正义”的价值。

就此而言，2017 年《民法总则》第 1 条仍然显得过于传统和保守，当然，该条在未来仍然有解释余地。该条规定：“为了保护民事主体的合法权益，调整民事关系，维护社会和经济秩序，适应中国特色社会主义发展要求，弘扬社会主义核心价值观，根据宪法，制定本法。”一方面，社会主义核心价值观中包含了“法治”价值，而人权保障是法治最为核心的内容之一，因此，可以通过对核心价值观条款的解释，来赋予民法典在私法关系中保障人权的职责；另一方面，“根据宪法”的措辞，也隐含了宪法基本权利必须在民法典中得到尊重和维护的意思，因此，民事法官在审理民事案件时应该尽量采取合宪性解释的方式，维护所涉及的宪法基本权利及其价值。

五、治理模式与民法典的开放性

法典化是一个庞大的工程，需要围绕基本的方法而展开：构造一个具有统一性和完备性的体系；发现（最为重要的、本质性的、真实和恒定的）法律原则，组织好这些原则之间的关系，确定原则实施的法律后果。② 从立法技术的层面看，民法典的两个传统特征是：完备性（comprehensiveness）和内在一致性（coherence）。所谓完备性，是指作为逻辑抽象的结果，私法的所有事项都规定在民法典之中。完备性不是排他性（exclusivity），不是说私法的事项只由民法典加以规定。所谓内在一致性，是指法典内部的规则之间不存在冲突，每一项规则有一个真实的含义，它仅为每一个法律问题提供一个正确的答案。③ 1994 年生效的《魁北

① 参见江必新：《推进国家治理体系和治理能力现代化》，载《光明日报》，2013－11－15。

② Valérie Lasserre-Kiesow，“L'esprit scientifique du Code civil”，in *Droits*，Vol. 41，2005，PUF，p. 56.

③ Martijn W. Hesselink，*The New European Legal Culture*，Kluwer，Deventer，2001，p. 11.

克民法典》在其“序言”中明确宣告：“民法典是包含一整套规范的体系；这些规范在其行文、精神和对象所涉及的事项范围内，以明示或默示的方式确定了一套‘共同法’（*jus commune*）。就这些事项而言，民法典是其他一切法律的基石，尽管后者可以补充法典或者构成对法典的例外。”① 这就是说，在某一法律关系领域具备了完备性和内在一致性的法律文本，才可以称得上是法典。但是，具有这种完备性，并不意味着民法典是一个完全自足的封闭逻辑体系，相反，由于民法典所规范的人类社会关系本身的演进性，民法典在规范和精神上必然保持开放性。

法典的开放性，主要表现在对法典之外的其他法律渊源的开放性，这些法律渊源主要有：判例、习惯、学理、道德和宗教等。由此，强调法典的开放性，必须反对成文法（法典）中心主义；成文法并非法律的唯一表现形式。法国民法典的主要起草人波塔利斯认为，民法典的生命力在很大程度上并不取决于立法者本身的预见能力，而是取决于作为司法者的法官，因为“在有法律之前就已经有法官，法律无法预见法官日后可能碰到的所有情形”。故此，“要特别警惕规定一切和预见一切的危险企图”②，民法典必须引入判例作为补充，为法官留下弥补法典漏洞的可能性。必须明白的是，“民法典的精神也是对法官的信任，和对判例有朝一日会成为几乎与法律同等地位的法律渊源的某种直觉”③。他还认为，法律、道德和宗教之间应该结成“必要的联盟”，以相互补充、相得益彰。正是在这个意义上，波塔利斯说出为后人所经常引用的著名论断：“我们所留下的空白由经验去相继填补，人民的法典随着时代的发展而逐渐成形：其实，严格说来它们并不是被制定出来的！”④

在这样的思想指导下，1800年法国民法典序编草案第五节第11条曾有如下规定：“在民事领域，当法律没有明确规定时，法官即为衡平官；在法无规定时，衡平是对自然法或被普遍接受的习惯的回归。”这里，草

---

① Baudouin & Renaud, *Code Civil du Québec* 2008/2009, Wilson & Lafleur, 2008, p. 2.

② Portalis, *Discours préliminaire*, p. 108.

③ Pierre-Yves Gautier, “Pour le rétablissement du Livre préliminaire du Code civil”, in *Droits*, n°41, 2005, p. 46.

④ Portalis, *Discours préliminaire*, p. 108.

案直接允许法官自由裁量权的存在。显然，民法典的起草人对于法律渊源保持了一种十分开放的态度，自一开始就为法官发展法律预留了充足的余地。而随后的第12条进一步规定："法官不得以法无明文规定而拒绝司法。"（此条为后来的法国民法典所保留，成为其第4条）此条要求法官在民法典存在缺漏的时候，依其自由裁量权予以应对。这是民法典对于法官自由裁量权的公开确认。在比较法学家梅里曼看来，波塔利斯表现出一种"非常专业的现实主义"，其贯穿始终的现实考虑在于避免极端的理性主义思潮（即预见一切和规定一切的企图心）；民法典的许多规定其实是"原则和公理"，内涵十分丰富，在未来留待法官和法学家们去做出与时俱进的发展。①

民法典对于其他法律渊源的重视和吸收，这一论断在当代尤其具有重要的意义。因为当代社会生活日趋复杂，社会关系的变动更为频繁，以判例、学说等来克服成文法的刚性所带来的诸多不便，就显得尤为必要。正是在这个意义上，当代比较法学家勒内·达维在其名著《当代世界主要法系》中，在论述法典化之后法律实证主义和法律民族主义的衰落时指出："我们越来越公开地承认学理和判例在法律的形成和发展中的重要作用；再也没有任何法学家会认为，对了解法律来说，只有成文法的文本才是真正重要的。"② 这对于当下中国的民事立法，是十分需要进行反思的问题，因为我国的民事立法在开放性方面表现得十分不足。

这种开放性的不足，首先表现为对其他法律渊源的严重压制甚至排斥。以《物权法》为例，前引第5条规定了极为严苛的物权法定原则，物权的种类和内容仅得由法律规定。此处的"法律"是否包含行政法规，尚且不无疑问；而从允许创设物权的法律渊源中明确加以排除的，显然包含判例、习惯、法律一般原则、学说和当事人契约等。然而，他物权特别是担保物权领域存在着大量的所谓非典型担保形式，并不会由于《物权法》没有予以规定而在实践中消亡；反之，由于融资的需要，这些非典型的担

---

① John Henry Merryman & Rigelio Pérez-Perdomo, *The Civil Law Tradition*, 3rd Edition, Stanford University Press, 2007, p. 31.

② René David & Camille Jauffret-Spinosi, *Les grands systèmes de droit contemporains*, 11e édition, Dalloz, 2002, p. 51.

保形式会在体制外不断地发展和演化。将它们长期排除在《物权法》的调整和适用范围之外，其实并不利于法律安全。①

以习惯为例：习惯之于民法典的重要性，法国民法典和德国民法典的编纂历史就是极好的例证。波塔利斯承认法国民法典是“成文法和习惯法的折中”，习惯法几乎占据民法典的半壁江山。而在德国民法典起草的过程中，习惯同样深受起草者的重视。例如，温德莎德认为，成文法是最具深远意义的法源，但是习惯法也是重要的法源；习惯法具有约束力的原因并非如从前的学说所说在于立法者的默许，而在于习惯的实践者相信：习惯是什么样，法就是什么样。显然，温德莎德认为习惯涉及民众的“法信念”问题。不仅如此，在对德国民法典草案的讨论过程中，习惯是否作为民法典的渊源之一也是起草者们十分关注和热烈争论的问题之一。②

反观我国的民事立法，对习惯普遍表现出一种十分轻视的立场。以《物权法》为例：由于涉及物的占有、使用、收益、处分等事项，习惯无疑是重要的法律渊源。然而，我国《物权法》表现出对习惯的排斥。《物权法》通篇仅有两个条文（第 85 条相邻关系、第 116 条法定孳息的收取）提及习惯，这无疑是让人十分费解的：很难想象在以不动产为调整对象的用益物权（如地役权）体系中，我们会不需要求助于习惯这一重要的法律渊源。至少对于物权法而言，根据一些学者的研究，成文法尽管是主要的法源，“但无法独立完成全方位的调整任务，在不同层面或程度上离不开非出自立法者的其他规范的协力”，这些补充性的法源包括：有关政府机

---

① 就此而言，值得关注的是，2009 年法国《物权法改革草案》第四章创设了“特殊物权”（droit réel de jouissance spécial，建议编为法国民法典第 608～611 条）。根据这一制度，所有权人可在其一项或数项财产上根据需要而设立特殊物权；特殊物权的产生、权利与义务关系可比照适用用益权的有关规定。不过，与用益权设立于财产的整体之上有所不同，特殊物权可以根据权利人的需要，仅设定于财产的部分权能之上；另外，特殊物权是有期限的，而非终身性的物权，最长不得超过 30 年。这一制度是创新性的规定，其特征在于其开放性。根据起草人的说明，这一开放性的制度，旨在克服物权法定的弊端，为当事人自行创设新型物权（譬如，渔业权、使用某些体育设施的权利）提供制度性框架。Hugues Périnet-Marquet (dir.), *Propositions de l'Association Henri Capitant pour une réforme du droit des biens*, LexisNexis, 2009, p. 85.

② 参见［德］霍尔斯特·海因里希·雅科布斯：《十九世纪德国民法科学和立法》，王娜译，70－71、129－131 页，北京，法律出版社，2004。

构的规定、民间习惯以及政策。[①] 故此，“基于中国民族结构的多元性、社会发展水平的多层次性、城乡的差异性和成文法固有的局限性，最合适的做法应当是确立民间习惯的补充渊源地位”[②]。

习惯在民法典中具有重要地位的原因在于，在历史长期发展中所逐渐形成和稳定下来的民事习惯，成了民众生活习惯和内心信仰的内容。法律人类学的研究表明，在治理体系中纳入部分习惯，承认其对于所设事项的约束力，可以在民众和“治理者”之间创造法律上的联系，这种联系会加强治理规范体系本身在民众眼中的合法性。[③] 孟德斯鸠早在两个多世纪之前就睿智地指出：“暴政有两种：一种是名副其实的暴政，它以暴力治国；另一种是观念上的暴政，当执政者所确立的一些东西与民众的想法相悖时，民众就会觉得生活在暴政之下。”[④] 在这个意义上说，我国未来的民法典有选择地纳入部分民事习惯，无疑会加强民法典被人民拥护和信仰的程度，因为，如党的十八届四中全会《决定》所指出的，“法律的权威源自人民的内心拥护和真诚信仰”。

我国现行的民事立法在开放性方面不足，还表现为立法者的决疑论（casuistic）的倾向。尽管我国立法也普遍采取了一般条款的模式，允许法官根据社会情势的演进，对一般条款做出与时俱进式的解释与适用，但是，立法者往往在一般条款之后，以不必要和过分详尽的条文列举来限制法官的自由裁量权。显然，这种决疑论做法的根源在于立法者对法官的深刻不信任，防止法官“同案不同判”。以《侵权责任法》为例，该法第 2 条第 2 款竟然一口气列举了 18 种具体的民事权利。如此规模壮观的列举，在外国民法典中似无先例，未免有损立法的美感与均衡；而且这些列举标准不一（对人身权逐项列举了其“种概念”，对于他物权却只保留用益物权、担保物权这样的“属概念”）、有些提法不无争议（如婚姻自主权实

---

① 参见常鹏翱：《多元的物权法源及其适用规律》，载《法学研究》，2014（4），135 页。

② 尹凤桐：《论民事习惯法与民法典的关系》，载《山东社会科学》，2009（9），111 页。

③ 参见 Louis Assiser-Andrieu，“Coutume et usage”，in Denis Alland et Stéphane Rials（dir.），*Dictionnaire de La Culture Juridique*，PUF，2004，p. 320.

④ ［法］孟德斯鸠：《论法的精神》，许明龙译，上卷，355 页，北京，商务印书馆，2014。

为婚姻自由)。此外,在第十章“饲养动物损害责任”中,立法又将“动物”区分为“禁止饲养的烈性犬等危险动物”(第80条)、“动物园的动物”(第81条)、“遗弃、逃逸的动物”(第82条)。这些列举,难免显得有些多余和过分,因为这些冗余的条文完全可以通过法律解释推导出来。这种决疑论模式显然大大限缩和折中了一般条款的价值与意义。

出于对所谓“同案不同判”的担忧,我国的立法者和民法学者对法官的自由裁量权表现出了一种偏执式的敌视和担忧态度。以《物权法》为例,这本来是“权利滥用”制度的“发源地”和“天然选地”(如所有权制度),而权利滥用最终在全文中未见一处(《物权法》第7条规定的合法和合乎公德原则甚至诚实信用原则,都不能完全替代禁止权利滥用制度的功能)。权利滥用的核心特征在于损人而不利己,欠缺合法利益,尤其反映出行为者主观上的恶意。而探究当事人的主观要素,必然赋予法官相当的自由裁量余地。这大约是《物权法》没有采纳具有法哲学色彩的权利滥用制度的原因之一。①

然而,法律作为社会科学的最大特点就在于其实践性。从这个意义上说,“就整个法律科学来说,以法律适用为中心的法律实践活动才是值得我们关注的重点……法律首先应当是法官的,是一种裁判规范”②。以1992年荷兰民法典为例:荷兰新民法典的起草者承认了判例为法律的重要渊源;新法典的重要目标之一就是将联邦最高院的判例法典化。“从法学方法论角度看,新民法典将判例法典化的途径是运用法律一般条款的规定,以实现法典本身的开放性与现代性”③。由此,我国上述民事立法中严苛的法定主义、对习惯的轻视、对将判例发展为法律的排斥,是十分值得我们反思的,因为这有损于民法典的开放性,会限制法律的发展。而对法典开放性的损害,将会严重抑制法官创造法律的想象力,从而损害民法典的生命力。

民法典的开放性,在治理模式中显得尤为必要。在当代治理体系中,

---

① 参见石佳友:《民法典与法官裁量权》,载《法学家》,2007(6),65页。

② 姚辉:《民法典的实质理性》,载《中国政法大学学报》,2013(1),66页。

③ 焦富民、盛敏:《论荷兰民法典的开放性、融和性与现代性——兼及对中国制定民法典的启示》,载《法学家》,2005(5),145页。

社会和政治秩序的建构并非立足于“自我中心和等级式”的体系，而是立足于一个多中心和协商式的体系；存在多种微调的机制，寻求协调原则的关系网络。治理模式往往是多层次的，表现为国家、地方机构、企业和非政府组织之间的合作关系，以求实现效率和民主的结合。① 在治理模式下，法律从传统的金字塔发展为网状结构，超越了法律/非法律、硬法/软法、公法/私法、国际法/国内法、有效/无效等线性逻辑。治理的多层次、多中心、灵活性等特点，尤其要求规范渊源的开放性和多元性。在治理体系中，软法占有特别重要的地位。首先，软法以自律为特点，其制定以当事方的同意和参与为前提，因而实施起来更为容易，遭遇的阻力更小。其次，软法在形式上的非正规性，使其制定、实施和修正的成本，比传统的硬法要低得多。从法社会学的角度看，软法也更富有实效。最后，软法日后可以过渡为硬法，因而软法常常作为硬法出台前的过渡性和中间性规范，具有很强的实验性和针对性。正是在这个意义上，2014 年《中共中央关于全面推进依法治国若干重大问题的决定》指出，“推进多层次多领域依法治理……发挥市民公约、乡规民约、行业规章、团体章程等社会规范在社会治理中的积极作用……支持行业协会商会类社会组织发挥行业自律和专业服务功能。发挥社会组织对其成员的行为导引、规则约束、权益维护作用”。这为民法典的开放性，无疑提供了一个新的重要启示：在当代社会的治理体系中，大量的自律性公约、行规、章程等“软法”是对于现代社会复杂的“网状结构”的最有效调整手段，它们与成文法等“硬法”一样，是法律渊源体系的重要组成部分。

显而易见，2017 年《民法总则》第 10 条是在法律渊源开放性方面的重大进步。该条规定，“处理民事纠纷，应当依照法律；法律没有规定的，可以适用习惯，但是不得违背公序良俗”。据此，习惯成为与法律地位相同的正式渊源——虽然是补充性渊源。而且，在民法典的总则部分规定习惯的一般性法律渊源地位，比过去仅在合同法、物权法中零星地和高度选择性地承认、规定部分习惯（譬如，交易习惯）的法律渊源地位，显然是

---

① François Ost & Michel van de Kerchove, *De la pyramide au Réseau*: *Pour une théorie dialectique du droit*, Bruxelles, Publications des Facultés universitaires Saint-Louis, 2002, p. 29.

朝着开放性方面迈进了一大步。

六、环境治理与民法典的环保主义

毋庸置疑，环境保护是中国在 21 世纪所面临的最主要挑战之一。当前，我国的环境问题日益突出，已经严重影响到人民群众的健康和社会的可持续发展。这些日渐严重的环境问题表现在许多方面：大气污染严重、雾霾大面积多发、土地退化、生物多样性减少、水资源严重短缺、森林质量下降等。这些严重的环境问题不仅危害了人民群众的身体健康，危及其基本的生存环境，而且导致地区生存与发展的自然条件退化，出现大范围的生态失衡，加剧了贫穷、灾害风险和生态危机，使经济难以持续增长甚至引发社会不稳定。

2014 年《中共中央关于全面推进依法治国若干重大问题的决定》指出，必须确保“生态良好”，以“实现我国和平发展的战略目标”，为此，必须“用严格的法律制度保护生态环境，加快建立有效约束开发行为和促进绿色发展、循环发展、低碳发展的生态文明法律制度，强化生产者环境保护的法律责任，大幅度提高违法成本”。

要构建“生态文明法律制度”，就必须要建立有效的环境治理体系。“环境治理”（environmental governance）是指与对环境和自然资源的控制与管理有关的决策过程。世界自然保护联盟（IUCN）认为，环境治理是包括但不限于三类以正式或非正式方式相互影响的主要行动者之间的多层次（地方/国家/国际/全球）互动过程：国家、市场以及公民社会。这些行动者以环境的可持续发展为宗旨，以实现环境领域的善治为目标，参与环境政策的制定和执行，并受到有关规则、程序、进程和公认的行为模式的约束。环境政策的成败，取决于环境治理体系中的参与方——公立部门、私立部门和民间社会之间能否形成互动与有效协调体系。① 显然，与“统治”不同，“治理”强调多方的参与和协调，淡化政府与社会的界限，社会更多地参与公共性议题的应对；在社会行动者中，最为重要的是

---

① Magali A. Delmas & Oran R. Young (eds.), *Governance for the Environment: New Perspectives*, Cambridge University Press, 2009, p. 6.

非政府组织。

正是基于鼓励社会组织参与环境治理的目的，2014年修订后的《环境保护法》确立了公众参与的原则。该法第58条规定，符合一定条件的社会组织，可以向人民法院提起环境公益诉讼。根据这一条文，最高人民法院于2015年年初发布了《关于审理环境民事公益诉讼案件适用法律若干问题的解释》，该解释第4条规定，“社会组织章程确定的宗旨和主要业务范围是维护社会公共利益，且从事环境保护公益活动的”，可以认定为符合环境保护法的规定。这是对环境保护法的细化与具体落实，大大便利了社会组织提起环境公益诉讼。值得注意的是，目前在民政部门登记的非营利性社会组织只有社会团体、民办非企业单位以及基金会三种类型，但上述解释并没有将社会组织限定在上述三种类型之内，而是保持了一定的开放性，有利于在未来吸引更多的社会组织参与环境治理。上述解释另一个重大的革新在于，准许环境公益诉讼的原告主张损害赔偿。该解释第18条规定，原告可以请求被告承担停止侵害、排除妨碍、消除危险、恢复原状、赔偿损失、赔礼道歉等民事责任。过去，囿于传统的法学理论，原告必须证明自己个别地受有实际损害，才可以主张赔偿。这显然对公益诉讼十分不利，因为原告是基于公共利益并非基于个人利益受到损害而提起诉讼。上述解释突破了这一传统理论的限制，许可公益诉讼的原告以公共利益的名义，主张追究被告的赔偿责任。这无疑是环境治理领域的一个重大的进步。

环境治理还要求对传统的许多法律概念进行重塑，这为当代民法典的编纂提出了新的任务和视角。必须承认的是，传统民法对于环境保护并没有给予足够的重视。民法对环境保护的忽视，大约有两个方面的原因：一方面，传统的观念认为，环境保护主要是环境法和行政法的任务，环境保护义务主要采取公法的调整手段和责任形式来加以落实。另一方面，传统的民法范式仍然是“人类中心主义”① (anthropocentrism)，认为人类是自然的主人和主宰者；在民法的财产关系中，人是主体，自然是客体，主

① Mark Wilde，Civil Liability for Environmental Damage：A Comparative Analysis of Law and Policy in Europe and the United States，Comparative Environmental Law and Policy Series，Vol. 4，*Kluwer Law International*，2002，p. 5.

体对于客体享有绝对的支配、处分权力，主体与客体之间是所有和利用关系，作为客体的自然的存在目的是满足作为主体的人类的需要。这种“人类中心主义”的立法观显然也影响了2007年我国《物权法》的起草，该法通篇没有提到“环境”而只提到“资源”。因为立法的着眼点显然在于利用资源，强调物尽其用，所以只字不提资源利用的节制和保护。这是一种典型的“古典主义”立法观，如今显然已不合时宜。①

环境保护同样对侵权法提出了新的挑战。相对于传统侵权法上的“损害”概念来说，环境污染损害呈现出诸多的新特点，难以为其所包容：其一，前者可为集体损害，而后者通常表现为个别性损害，传统的侵权法仅对后者进行赔偿；其二，前者可为未来发生的损害，而后者所要求的是现时既存的损害；其三，前者可为纯粹的生态损害，例如对生物多样性的损害，而并不具体涉及对任何人的现实实际利益的损害。② 就环境侵权的责任承担形式而言，考虑到环境侵权后果的特殊性（除损害了个别利益之外，还损害了公共利益），法院应首先要求侵权人承担非货币形式的实物赔偿责任（行为责任），譬如恢复原状；仅在承担实物赔偿责任不可行或者成本过高的时候，方考虑货币赔偿责任。

侵权法在当代的另一个重要变化是从“防止”（prevention）原则转向“预防”（precaution）原则。③“防止原则”要求通过使用合理的经济成本和可接受的最优技术，来采取预防性行动和纠正措施，防止已经科学证实的环境损害的发生。而“预防原则”主要是指在缺乏非常确定的证据的情况下，采取一切预防性措施来防止损害的发生。④“防止”与“预防”二者之间显然十分相近，其区别仅在于程度：防止原则往往针对的是即将到来的、已经科学证实的危险，产生类似于物权法上的“消除危险”责任；

---

① 参见石佳友：《物权法中环境保护之考量》，载《法学》，2008（3），89-90页。

② Yves Jégouzo，“Pour la réparation du préjudice écologique”，*Rapport présenté à Madame Christiane Taubira*，*Garde des Sceaux et Ministre de la Justice*，pp. 6-8，le 27 novembre 2013.

③ 参见石佳友：《论侵权责任法的预防职能》，载《中州学刊》，2009（4），100页。

④ Manuel Gros，“L'appréciation par le juge du principe de précaution et du principe de prévention”，in *Revue Droit de l'environnement*，décembre 2006，n°144，p. 367.

而预防原则是指在欠缺确凿的科学证据的情况下，事先采取风险预防措施。[①] 从“防止”到“预防”的这一转变主要是针对一些新型的环境损害，这些损害的特点是其性质、范围甚至危害都具有科学上的不确定性，现有的科学水平难以精确确定其损害的必然性和损害的范围。但是，这些都不应成为不采取措施的理由。例如，针对转基因食品，尽管目前欠缺非常确凿的证据证实其对人体的健康有害，但公权力机构仍然负有义务采取警示等一切必要措施，预防其可能带来的损害。从防止原则转向预防原则意味着注意的重心不再是去竭力避免已知的某一风险的发生，而是采取措施防范某一不确定风险的发生。行为人如果未能尽到谨慎和勤勉等注意义务来全力预防损害的发生，则应承担责任。我国2014年修订后的《环境保护法》第5条也强调：环境保护坚持“保护优先、预防为主”。

我国于2009年制定的《侵权责任法》以专章（第八章）规定了“环境污染责任”，体现出立法者对环境保护问题的重视。但是该章仅有4个条文，仅仅规定了归责原则、举证负担、责任主体等问题。对于实践中大量发生的环境侵权行为来说，这简单和粗疏的立法显然难以应对。《侵权责任法》尤其没有对环境侵权责任中不同于普通侵权责任的内容，做出特别规定，例如损害的特殊性、责任形式的特殊性等。值得注意的是，这些缺点和遗漏，部分地为《关于审理环境民事公益诉讼案件适用法律若干问题的解释》所补救。该解释第18～20条规定了法院可责令环境侵权人承担停止侵害、排除妨碍、消除危险、恢复原状、赔偿损失、赔礼道歉等民事责任。其中消除危险责任是针对未来所可能发生的危险，体现了“预防原则”。为了防止生态环境损害的发生和扩大，基于预防原则，原告还可以主张停止侵害、排除妨碍等其他责任。而尤其值得注意的是恢复原状责任，如被告不履行修复义务，则法官可直接判决被告承担“生态环境修复费用”，它包括制订、实施修复方案的费用和监测、监管等费用。这显然受到2014年9月江苏省泰州市中级人民法院所做出的“天价赔偿判决”

① Chantal Cans，“La Charte constitutionnelle de l’environnement：évolution ou révolution du droit français de l’environnement”，in *Revue Droit de l’environnement*，septembre 2005，n° 131，p. 195.

的启发。该案中，针对泰州市环保联合会所提起的环境公益诉讼，法院判令 6 家污染企业支付 1.6 亿余元的环境修复费用。这一“天价”费用的得出，就是法官创造性地引入“污染修复虚拟成本”这一概念的结果：法官根据受污染河流地表水分类，在环保部（2018 年改为生态环境部）环境污染损害数额计算推荐方法规定的 4.5 至 6 倍范围内，确定赔偿费用为废料正常处理成本的 4.5 倍。① 司法实践所发展出的这些富有价值的经验，值得我们未来在编纂民法典的过程中予以认真总结和提炼，必要时应被纳入民法典之中。

今天，毫无疑问的是，民法在资源配置、物权保护、制裁环境侵权方面，显然可以发挥出不可替代的重大作用。正因为如此，吉尔吉斯斯坦 1997 年民法典第 1 条第 1 款第 2 项规定：“民事立法适用于家庭和劳动关系，以及自然资源利用和环境保护的关系。”第 2 条第 3 款规定：“货物、服务和资金可在共和国领土内自由交易。对于货物与服务交易的限制必须符合立法的规定，且对于保障安全、人民的生命和健康、保护环境和文化价值等确有必要。”第 232 条规定：“公民可自由使用国家或市镇所有的森林、水库、道路及其他根据惯例和习俗可广泛获取的物品。对上述物品的使用可由立法基于公共秩序、安全、人民健康和环境保护等理由设定限制。”而匈牙利 2013 年新民法典也以多个条款对环境保护做出了规定，确保拥有健康环境的权利得以实现。这些当代的最新民法典，都是中国在编纂民法典时十分有益的参考和借鉴。

综上，从建立有效的环境治理体系和“生态文明法律制度”的要求出发，中国的民法典需要增加许多富有时代气息、反映时代特征的以下三类规定。

首先，在总则部分，必须将环境保护和可持续发展作为民法的基本原则之一。作为民法基本原则之一，它将对民事立法、民事法律的解释以及民事司法，都发挥指导和约束作用。这就能使环境保护的要求，有效地贯彻到民事立法和司法活动中去。

---

① 参见泰州市中级人民法院（2014）泰中环公民初字第 00001 号民事判决书。

其次，在物权编，在总则中规定可以环境保护为由，对个人的物权尤其是不动产物权设定限制；强调在征收拆迁的过程中，应考虑环境保护的要求；规定动物的特殊地位，强调动物不同于一般的物；在野生动植物资源的国家所有权条文中，强调对生物多样性的保护；在相邻关系和用益物权部分，规定环境保护的义务；在准物权部分，规定碳排放权①、水权等新型物权。

最后，在侵权责任编，进一步充实和完善环境污染责任的有关内容。确立预防原则，纳入环境和生态损害的概念，在责任形式上优先要求侵权人承担停止损害、恢复原状、排除妨害、消除危险等行为责任；侵权人如不能承担上述行为责任，则应承担损害赔偿责任，赔偿范围中包含生态环境修复费用。此外，为贯彻 2014 年《中共中央关于全面推进依法治国若干重大问题的决定》所提出的“大幅度提高违法成本”，在侵权人具有显而易见的重大过错的情况下，施加惩罚性赔偿责任。

就此而言，2017 年《民法总则》第 9 条显然具有重大意义。该条规定：“民事主体从事民事活动，应当有利于节约资源、保护生态环境。”此前，这样的原则是居于公序良俗的原则之下。依公序良俗原则确实能在部分程度上解决问题，但是显然具有局限性，适用范围过窄。此次《民法总则》明确提出独立的绿色原则，独立于公序良俗原则，除了价值宣示方面的重大意义之外，未来显然还可能在司法实践中产生效果，它尤其可以作为法官判定一方当事人是否违反义务、法律行为是否具有效力的参考依据之一。

结语：以“良典”促进“善治”

2014 年《中共中央关于全面推进依法治国若干重大问题的决定》十分精辟地指出：“法律是治国之重器，良法是善治之前提。”民法典作为调整社会最为基础的人身关系和财产关系的基本法律，无疑是“治国之重器”。法国民法典的主要起草者波塔利斯认为，“好的民法是人类所可能给

---

①　国务院 2014 年在印发的《关于创新重点领域投融资机制鼓励社会投资的指导意见》中指出，“积极开展排污权、碳排放权交易试点”。

予和接收的最伟大财富”，因为民法“是善良风俗的来源、繁荣的守护神、公共秩序和个人秩序平和的保障……它是民族道德的来源，属于公民自由的组成部分”①。民法典对整个私法科学有着举足轻重的影响，因为“民法典是概念范畴的集大成者；一切私法的基本概念都出自其中，一切学科的方法在尽在其中；民法典包含了一个法律范畴的网络，这些范畴奠定了民法学者和私法学者思想的基本架构”②。显而易见的是，一部充分反映当代中国时代特色的优秀民法典，必定是实现“善治”所不可或缺的前提。

根据联合国亚太经济与社会委员会（ESCAP）的标准，“善治”有以下基本特征：参与性（多方和多元参与）、共识导向（多方利益的兼顾与协调）、问责制（公立与私立机构都应对利益攸关方负责）、透明度（决定的做出和执行符合法规的要求并保障公众的知情权）、回应性（所有的行动者在合理的时间内对利益攸关方的诉求做出回应）、富有实效（治理过程产生出符合社会需要的结果）、效率（可持续发展）、公平（所有的利益攸关方的利益得到合理的考虑）、包容（确保利益攸关方特别是弱势方的参与，反对排斥）及法治（好的法律得到公正的执行，人权得到保障）。③

对照这些标准来看，我们有理由认为，未来中国民法典所应具备的前述精神对于“善治”的有效实现，十分富有意义。民法典的自由主义和个人主义强调个人的同意与意思自治，强调个人利益同样应受到尊重和保护，这有助于保障治理进程中的多方参与和共识导向的形成；民法典的人文主义和人权保护精神将有助于促进公立与私立机构问责制的落实，确保法治的基本价值得到遵守；民法典的开放性将使法典在法律渊源上向由行业公约、自律性规范、示范法等所形成的软法体系开放，在很多情况下这将是成本更低、速度更快、效率更佳的治理手段，它有助于塞尔兹尼克所

---

① Portalis, *Discours préliminaire*, in Jean-Etienne-Marie Portalis, *Discours et rapports sur le Code civil*, Centre de Philosophie politique et juridique, 1989, p. 4.

② Gérard Cornu, “L'unité du Code civil”, in *Droits*, 2005, Vol. 42, p. 39.

③ United Nations Economic and Social Commission for Asia and the Pacific (ESCAP), “What is Good Governance?”, Friday, July 10, 2009.

谓的“回应型法治”的建构和富有实效目标的落实①；而民法典的环保主义将提升可持续发展的效率。

归根结底，超越公法与私法划分的治理体系，究其本质而言是一种网络体系下的公共行动，其非等级化、非集权化的特征要求采取谈判、协调、对话和互动式的行动逻辑。② 而始终践行平等精神的民法典，其本身对于治理所要求的协商和互动的对话性秩序的形成，无疑大有裨益。从这个意义上说，治理体系的现代化，为民法典注入了新的时代精神；而富有时代气息的民法典，又将反过来极大地促进善治的最终实现。

---

① Gregory C. Shaffer and Mark A. Pollack, “Hard vs. Soft Law: Alternatives, Complements, and Antagonists in International Governance”, in *Minnesota Law Review*, 2010, Vol. 94, p. 722.

② Jean-Pierre Gaudin, *Pourquoi la gouvernance?*, Presse de Sciences Po, 2002, p. 37.

第四章　民法典与价值转型

从物质层面来说，民法典无疑是现代社会在创造和保障财富方面最为重要的法律之一：其所有权制度确立了最为基本的财产权保障规则，促进社会成员创造和积累财富，形成“有恒产者有恒心”的局面；而合同制度则为经济交易奠定了基本的法律框架，确保合法的财富流转得以实现；侵权责任制度则确保“毋害他人”这一社会交往基本原则的落实；家庭制度构建了作为社会最基本组成单位的家庭，这是实现社会稳定的重要前提；而继承制度则确保财富在不同的世代之间顺利移转，防止财富的流失、浪费，也维系和延续了家庭成员之间的亲情与联系。所谓民法典的精神，是指民法典的价值导向、法典起草者通过法典条文所传递出的价值观；法典精神关注的是法典本身所传导出来的哲学精神、伦理价值观；法典精神通常通过立法目的和原则、起草人意图、起草的时代背景等因素来判断，其关注点主要不是法典的文本和立法技术。

我国立法机关已正式确立 2020 年完成民法典编纂的重大立法任务。民法典的颁行将是我国全面推进依法治国、实现治理能力和治理体系现代化的标志性事件。民法典将有力地促进社会的转型，在更大程度上促进社会正义。民法典也将促进价值转型，自由、平等、法治、正义、公平、诚信等价值将被注入民法典的规范体系之中，成为指引民众组织其生活世界的基本价值准则。以这些价值为主体内容的社会主义核心价值观，将成为中国民法典的哲学基础、时代特色和思想源泉。就此而言，2017 年《民法总则》在其第 1 条立法目的中即开宗明义地写入了社会主义核心价值观，这对民法典分则的立法、民法典的司法适用和法学研究等活动，均有重要的指导作用。

国内学者对民法典与价值转型的关注和探讨，相对于就民法典内容设计的大量成果而言，较为鲜见。谢鸿飞指出：我国民法典要回应民众生活的需要，重点是体察并护持民众的人文世界与价值观念。民法典应以自由为核心，并尽可能兼顾正德、维和、厚生和利用四大传统价值。[①] 王文胜认为：学者围绕着民法典的宏观体系架构和编章节的安排等立法体例问题做了大量的讨论，对这些问题的讨论仍然会回到价值判断的基本问题上来。[②] 茅少伟认为：在民法典模式下，民法典的意义在于通过有逻辑、合目的的体系安排，建构起一个稳定而开放的结构，成为自治规则的母体和实现自治价值的依归。[③] 王利明强调：弘扬人的全面发展价值应当处理好保障行为自由与对自由的必要限制，实现实质平等与形式平等的统一，充分保障人格权与对人格权合理限制等各种关系。[④] 赵万一则强调：中国未来的民法典必须同时兼顾其先进性和民族性，应当在扬弃和继承的基础上构建出一套既适应现代市场经济体制的要求又可得到社会广泛接受的新型民法典体系。[⑤] 我国也有部分学者谈到了民法典某些部门法的价值取向问题。如李洪祥指出：亲属法体系构建应当采取个体主义的价值取向，在此前提下注重保护婚姻家庭。将个体真正地从整体中解放出来，成为权利的享有者与义务的承担者。[⑥] 丁慧强调：作为分支体系的亲属法在价值取向上与民法典具有一致性，但只是其中的一面，亲

---

① 参见谢鸿飞：《中国民法典的生活世界、价值体系与立法表达》，载《清华法学》，2014（6）。

② 参见王文胜：《民法典的立法讨论应以价值判断问题为先》，载《北京航空航天大学学报（社会科学版）》，2017（1）。

③ 参见茅少伟：《寻找新民法典："三思"而后行——民法典的价值、格局与体系再思考》，载《中外法学》，2013（6）。

④ 参见王利明：《我国民法典应当弘扬人的全面发展价值》，载《宁波大学学报》，2009（2）。

⑤ 参见赵万一：《论民法的伦理性价值》，载《法商研究》，2003（6）。

⑥ 参见李洪祥：《论我国民法典立法之亲属法体系构建的价值取向》，载《社会科学战线》，2012（12）。

属法兼具社会法的属性，对家庭和意义的强调应超出对个人主义的主张。①

而国外学者对这一领域的研究，更多的是法律史、法社会学、法律人类学领域。法国法律人类学学者格扎维埃·马丁在其法文名著《拿破仑法典的神话学：现代法国的基石》中，做了一个典型的解构式分析，深刻揭示了拿破仑法典的哲学基础（人性悲观主义、唯名主义、感觉主义等）。② Jean-paul Jean 和 Jean-pierre Royer 在《民法：从政治意愿到社会需要：两个世纪的分析》③ 一文中，揭示了政治意愿对民法典的影响和局限、解释者对民法典生命的重要性，以及民法典从统一适用到社群主义影响所导致的"四分五裂"和"点菜式适用"的过程。德国学者 Peter R. Senn 在《为何德国民法典如此持久？》④ 一文中通过法律史的分析指出，德国民法典术语措辞保持精确和一致性，同时设置了具有开放性的一般条款，借助于发达的法律解释学，民法典能适应百年来德国社会和道德观的巨大变迁。菲律宾学者 Pacifico A. Agabin 在《民法典的哲学》⑤ 一文中论述了菲律宾民法典综合罗马法、西班牙判例、基督教教义、本地习俗等不同法律渊源的过程。就民法典与价值观重构这一主题，还有许多外文文献值得

---

① 参见丁慧：《再论中国亲属法的立法价值选择——在民法典起草和制定的语境下》，载《西南政法大学学报》，2016 (1)。

② Xavier Martin，*Mythologie du Code Napoléon：Aux soubassements de la France modern*，Dominique Martin.

③ Jean-paul Jean &Jean-pierre Royer，"Le droit civil，de la volonté politique à la demande sociale：essai d'évaluation sur deux siècles"，in *Revue Pouvoirs*，2003.

④ Peter Senn，"Why Has the German Civil Code Proven So Durable?"

⑤ Pacifico A. Agabin，"The Philosophy of the Civil Code"，*Philippine Law Journal*，1991，Vol. 66.

阅读和参考，在此就不再作一一引用和评论。①

一、法国民法典与德国民法典的价值取向

民法典对于价值转型具有重要的影响，这以法国民法典和德国民法典为典型。两部近代以来最为优秀的民法典，都曾对两国在特定时期的社会转型产生极为重要的影响。

就法国民法典而言，“民法典诞生于……一个充满尴尬的政治—立法进程，这一进程打上了历史悠久的怀疑主义的烙印。自其诞生伊始，在起草者的意识里，民法典就远不是一个自足性的规范大全”②。研究表明，

---

① 譬如，英文文献有：George Mousourakis，*Roman Law and the Origins of the Civil Law Tradition*，Springer，2015；Julio César Rivera，*The Scope and Structure of Civil Codes*，Springer；2013；J. M. Milo，J. H. A. Lokin & J. M. Smits（Editor），Tradition，Codification and Unification：Comparative-Historical Essays on Developments in Civil Law，*Intersentia*，2014；James Devenney & Mel Kenny，*The Transformation of European Private Law：Harmonisation，Consolidation，Codification or Chaos?* Cambridge University Press，2013；Leone Niglia，*The Struggle for European Private Law：A Critique of Codification*（*Modern Studies in European Law*），Hart Publishing，2015。关于这一主题的法文文献有：Xavier Martin，*Nature humaine et Révolution française：Du Siècle des Lumières au Code Napoléon*，Martin Morin，2015；Régine Beauthier，*Le Code Napoléon，un ancêtre vénéré ? Mélanges offerts à Jacques Vanderlinden*，Emile Bruylant，2005；Jean-Louis Halpérin，L'impossible Code civil，PUF，1992；Rémy Cabrillac，*Les Codifications*，Presses Universitaires de France，2002；Ernest Desire Glasson，*La Codification En Europe*，Book on Demand Ltd.，2013；Claude Ophèle & Philippe Rémy，*Traditions savantes et codifications*，LGDJ，2007；Jean-Luc A. Chartier，*Portalis：père du Code Civil*，Fayard，2004；Anne Teissier-Ensminger，La fortune esthétique du Code civil des français，*La Mémoire du Droit*，2004；Le Code civil：1804—1904，Livre du Centenaire，*Dalloz*，2004；Le Code civil：1804—2004，Livre du Bicentenaire，*Dalloz*，2004；Jean Guillaume Locré，*Esprit Du Code Napoléon：Tire de La Discussion，Ou Conférence Historique，Analytique Et Raisonnée Du Projet de Code Civil，Des Observations Des Tribunaux*，Nabu Press，2012；Philippe Jestaz et Christophe Jamin，L'interprétation du Code civil en France depuis 1804，*Éditions La Mémoire du Droit*，2002；Jean-François Niort，*Homo Civilis. Tome* Ⅰ *et* Ⅱ：*Contribution à l'histoire du Code civil français*（1804—1965），Presses universitaires d'Aix-Marseille，2015；Antoine Leca，Le Code était presque parfait：Introduction historique au droit，*LexisNexis*，2013；Marta Peguera Poch，*Aux origines de la réserve héréditaire du Code civil：la légitime en pays de coutumes*（16*e*-19*e siècles*），Presses universitaires d'Aix-Marseille，2015。

② Xavier Martin，*Mythologie du Code napoléon. Aux soubassements de la France moderne*，Bouère，Dominique Martin Morin，Les droits de l'homme/2，2003，p. 214.

法国民法典的起草者们受到了多种哲学流派的影响：感觉主义（sensualisme）、唯灵主义（spiritualisme）、唯名论、自由主义和人性悲观主义等。

法国民法典在相当程度上继承了1789年法国大革命的政治遗产：关于民族国家的观念，废除社会等级，确立民事平等原则，婚姻的世俗化，等等。这些使它与旧制度实现了决裂。根据法律史学者 Xavier Martin 的研究，法国大革命的领导者们（尤其是热月党人及雾月政变后的当权者们）深受牛顿、霍布斯、洛克以及启蒙时期的机械论者和唯物论者——包括爱尔维修（Helvétius）和孔狄亚克（Condillac）等人——的思想影响。①

从法律人类学的角度来看，法国民法典的起草人受到了霍布斯的人性悲观主义理论的直接影响。② 霍布斯对人的本性持一种相当悲观的看法。他认为，人在本质上是一种自私和冷酷的生物，互相竞争和猜忌，永无止境地追逐权力、财富与荣誉。在没有一个共同的权威使大家都慑服的时候，社会便处在所谓的战争状态之下。他在《利维坦》中的名言是，“这不是一般的战争状态，而是每一个人反对其他一切人的战争”。在这种丛林状态中，产业是无法生存下去的，因为其成果不稳定；而人们处于暴力死亡所带来的恐惧和危险中，人的生活孤独、贫困、卑污、残忍而短命。而要摆脱这种战争状态，获得安全和稳定的正常生活，就需要有一个使大家慑服的共同权力，这就是“国家”即所谓的“利维坦”。由此可见，人性悲观主义与威权主义之间有很自然的逻辑联系。

孔狄亚克继承了洛克的经验论，认为一切知识来源于感觉。爱尔维修主张用约束个人利益的方式来追求个人利益，以使个人利益与公共利益相结合，而个人在增进其自身利益的同时也促进了公共利益的增加。这种方法为边沁的功利主义奠定了方法论基础。功利主义也被称为效益主义，是伦理学中的一个著名理论，以追求“最大幸福”（Maximum Happiness）作为其原则。在其名著《道德与立法原则导论》中，边沁主张从人的感性经验出发，将作为道德标准的体验归结为快乐和痛苦。基于人趋乐避苦的

---

① Christian Atias，“Mythologie du Code napoléon”，in *RIDC*，2001，Vol. 1，p. 242.

② Xavier Martin，Mythologie du Code napoléon. Aux soubassements de la France moderne，Bouère，Dominique Martin Morin，Les droits de l'homme/2，2003，pp. 75 - 79.

本性，边沁以“苦乐原理”作为功利主义的根据。从这一根据出发，他认为，个人利益是唯一现实的利益，社会利益则是虚构的和难以把握的利益。这与同样影响法国民法典起草者们的唯名论有相通之处。唯名论否认一般的客观实在性，否认一般性概念的客观内容，认为仅有个别事物（特殊、殊相）才是真实存在的，而一般性事物（概念、共相）不过是人们用来表示个别的东西的名称。社会唯名论者认为，社会只是单纯的名称，只有个人才是真实的存在。与唯名论相反，早期唯实论依据柏拉图的理念论，主张一般脱离个别、先于个别而存在。

法国 1800 年 3 月 25 日的法律迅速地恢复了大革命时期所废除的遗嘱自由；而 1802 年 5 月 2 日的法律则恢复了奴隶制，使人可以成为所有权的客体（而 1811 年奥地利民法典明确禁止奴隶制）。1804 年法国民法典中所确立的“民事死亡”（mort civile）制度，以及没收逃亡国外的外侨的财产的权利（droit d'aubaine)，都反映出法典在政治上对人权的漠视。

拿破仑法典在内容上反映出起草者对人性阴暗面的认识。波塔利斯说，“一个社会绝非由孤立和分散的个人所组织，而是由无数家庭组装而成”。有学者尖锐地指出，民法典起草者“在本质上对人性的否认，对妇女的蔑视，对家庭的功利性的理解，这些都证实了立法者所受到的企图影响民众思想状况的诱惑”①。在法国民法典的起草者看来，由于世风日下，有必要确立父亲的权威，强调妻子和子女的服从，限制离婚，保护合法婚姻所生子女。由此，就家庭法而言，“户主”显然是已婚的成年男性（丈夫、父亲），因为波塔利斯认为，“家庭治理牢牢奠定社会治理的基石”，“每个家庭都应当有其治理结构，丈夫和父亲总是被认为是户主；丈夫和父亲的权威是共和国的基本制度”，父亲们被“重新武装”，在家庭中承担管制和政治职能；妻子由于“存在着精神上的脆弱性”，与未成年子女一样被视为没有行为能力的人。由于法国民法典对妇女的歧视，在 1904 年民法典百年纪念时，有女权主义者在巴黎的旺多姆广场（法国司法部所在地）公开焚烧民法典以示抗议。

---

① Atias Christian: “avier Martin. Mythologie du Code Napoléon. Aux soubassements de la France moderne”, in *Revuenternationale de droit comparé*. Vol. 56, n°1, 2004, p. 243.

至于所有权的绝对性、排他性和永久性，旨在保护此前购买了国有资产的新贵们的财产安全。实际上，从道德和意识形态角度去研究拿破仑法典的精神所得出的结论，与采经济社会分析方法、政治历史方法所得出的结论很相近：拿破仑法典是一场资产阶级革命的胜利加冕，它按照胜利阶级的意志来重新组织社会。①

就德国民法典而言，按照德国民法典的英译者西蒙·格伦（Simon Goren）的说法，德国民法典并无意以自然法为基础来建构一个理想的法律体系，其目标在于保持过去和现在的联系（只要这与统一的必要性相符），但是也没有忽视由于现代社会和经济发展所带来的生活条件的变化。② 德国民法典所反映出来的经济和社会愿景经常被描述为"一个拥有私人财产的开明的家长式"的观点。③

德国民法典的行文风格简洁、抽象，与起草者所希望的精确目标完全一致。④ 在日耳曼法著名学者基尔克看来，德国民法典是"以日耳曼精神来浸染新的法典，以历史为基础来发展出法典的日耳曼内容，促进日耳曼主义在未来的发展"⑤。与许多人所通常假定的相反，德国的工业化是强化而不是削弱了传统的日耳曼价值观以及德国政治中的威权主义。⑥ 在这样的经济和社会条件下，德国民法典是一部保守的，甚至守旧的法典。K. 茨威格特和 H. 克茨在其名著《比较法导论》中称德国民法典是"保守而又有特点的法典之一"。他们引用了拉德布鲁赫的话："与其说（德国民法典）是 20 世纪的序曲，不如说是 19 世纪的尾声。"日本法学家穗积

---

① Jean Bart, "Mythologie du Code napoléon", *Annales historiques de la Révolution française*, 2004, octobre-décembre, Numéro 338, p. 176.

② Simon L. Goren, *The German Civil Code* (*As Amended to January* 1, 1992: *and the Introductory Act to the Civil Code of August* 15, 1896), Fred B Rothman & Co, Revised edition, 1995, p. 8.

③ Simon L. Goren, Preface, p. 16.

④ Peter Senn, "Why has the German Civil Code Proven So Durable?", in *European Journal of Law and Economics*, 1999, Vol. 7, Issue 1, p. 73.

⑤ Otto Gierke, *Natural Law and the Theory of Society*, 1500 *to* 1800, translated with an introduction by Ernest Barker, The Lawbook Exchange, Ltd., 2010, Translator's Introduction, p. 18.

⑥ Peter Senn, "Why Has the German Civil Code Proven So Durable?", in *European Journal of Law and Economics*, 1999, Vol. 7, Issue 1, p. 78.

陈重认为，各国编纂法典（特别是民法典）有不同的目的，例如法国民法典兼有守成、统一和更新三重目的，而德国民法典的主要目的是统一。

德国民法典保持了其对其他渊源的开放性，这种开放性同样是通过一般条款来实现的。耶禾泽克·德罗尔（Yehezkel Dror）指出，德国民法典生命力长久的一个原因，是法典的“法律概念（如‘所有权’）的含义和内容发生变化，而这些概念本身却保持不变”①。这就是说，面对激烈的社会变迁，法典所使用的概念本身能够被赋予与时俱进的新含义和新内容。

在德国民法典制定的时期，存在着多项社会共识，包括法典的日耳曼民族性、新法所承载的历史与文化价值正义的含义、尊重传统的价值（例如城市、家庭的重要性），以及协调德国社会（特别是与宗教和社会有关的）不同组成部分的合理性。②

二、2017 年《民法总则》的立法价值与取向

民法典除了在物质层面为社会的组织与运行提供基础性保障之外，在精神层面同样能产生重要的影响。这表现在，民法典通过确立新的价值规范和原则，促进社会实现价值的转型。以 2017 年 3 月立法机关所通过的《民法总则》为例，其中有不少规范具有强烈的价值倡导和宣示色彩，这些规范对未来社会的价值转型将产生重要的影响。考虑到《民法总则》作为民法典的开篇与总纲，彰显了未来中国民法典的价值原则与导向，有必要对《民法总则》的价值取向进行深入的研究。

（一）弘扬社会主义核心价值观

《民法总则》第 1 条即开宗明义地宣告了其立法目的：“为了保护民事主体的合法权益，调整民事关系，维护社会和经济秩序，适应中国特色社会主义发展要求，弘扬社会主义核心价值观，根据宪法，制定本法。”其中，“弘扬社会主义核心价值观”的条款，无疑是十分引人注目的内容。

---

① Yehezkel Dror, “Law and Social Change”, in Rita James Simon, *The Sociology of Law: Interdisciplinary Readings*, Chandler Pub. Co., San Francisco, 1968, p. 670.

② Peter Senn, “Why Has the German Civil Code Proven So Durable?”, p. 81.

按照官方的权威表述，社会主义核心价值观中，富强、民主、文明、和谐是国家层面的价值目标，自由、平等、公正、法治是社会层面的价值取向，爱国、敬业、诚信、友善是公民个人层面的价值准则。那么，如何理解核心价值观在民法中发挥作用？

现代民法典立足于平等精神，以私法自治的自由主义和方法论个人主义为基石，调整平等的私法主体之间的人身关系和财产关系。中国的民法典应植根于中国的文化传统和社会现实，针对当代中国转型所面临的实际问题，从传统的中国法律文化资源中寻求启示，致力于解决中国当下的问题。这既是中国民法典的合法性来源，也是其中国特色的源泉所在。就此而言，社会主义核心价值观将在相当程度上向民法典赋予中国元素和社会主义特色。其中的和谐、敬业、诚信、友善等价值，源自中国传统法律文化，具有丰富的内涵和中国特色。这些将是中国民法典的宝贵思想资源。这表现在以下几个方面。

——核心价值观既能约束国家，也能约束公民个人。因此，核心价值观不仅在公法领域具有约束效果，而且在私法领域能产生价值“辐射”效应。

——私法并非价值中立，私法同样是立法者实现其公共政策的重要手段。因此，与公法一样，私法具有其价值取向。民法典应当在促进社会正义、保护弱势群体、建设一个立足于公正和诚信等价值基础之上的法治社会方面，发挥其应有的重要作用。

——当代中国面临价值观危机，媒体对彭宇案等案件的误导性宣传，进一步加剧了这种危机，传统文化中的一些美好价值被利己主义、物质主义等思潮所替代。因此，实现中华民族伟大复兴的中国梦，必须实现价值转型。此种转型，一方面要求我们弘扬中华传统文化中的美德（爱国、诚信、敬业、和谐、友爱等），另一方面也要求我们结合时代发展的需要，充分尊重人的主体性地位，确保人的全面发展。因此，既要反映人类社会进步的价值（富强、民主、文明），也要旗帜鲜明地彰显中国的社会主义属性和特色（自由、平等、公正、法治等）。

——在民法典的财产法等所谓共通法部分，核心价值观所强调的和谐、诚信、敬业等基于中国传统文化所提炼出的价值，在物权法、合同法等领域仍然具有广泛的适用余地。譬如，合同中强调双方的合作、协力和忠诚，这是核心价值观中诚信、敬业等价值的重要内涵。

——在民法典的身份法等所谓固有法部分，核心价值观具有重要的指导作用。平等价值强调男女平等、尊重和保护未成年人、继承平等；自由价值是家庭法契约化的基础，包括尊重缔结和解除婚姻自由、管理监护和亲权等家庭事务自由、订立遗嘱自由等；而文明、和谐、友善等体现中国文化特色的价值则强调家庭团结、和睦、相互关爱、互谅互让等伦理价值。

具体说来，核心价值观条款也将对民法典各分编内容的发展与完善产生重要影响。

——民主价值与民法典：民法典中的团体法制度（如区分所有权、法人治理架构）将贯彻民主价值，实现团体治理的民主化，促进团体自治。

——文明、和谐与新型家庭观和继承法秩序的重构。家庭不仅仅被视为基本的经济单位，还被视为社会最为基本的细胞和组成单位。儿童被视为具有尊严的独立存在个体，其脆弱性要求法律给予特殊的保护。

——自由、平等、公正、诚信与合同法。合同不再是零和博弈，双方之间是合作共生的同向关系。契约连带主义要求给予公正和诚信等价值以更强的拘束力，防止合同异化为一方压迫另一方的法律工具。

——法治价值与侵权法的完善。比例原则是现代法治的一项基本原则，要求所使用的手段与所追求的目的之间相称。侵权法在处理权利冲突的时候，要遵循比例原则，不应对言论自由等基本权利形成不适当的限制。

——法治价值与人格权制度。人权保障是法治最为基本的内涵之一。基于对人的充分保障和人的全面发展的促进，民法典应设置完善的人格权制度。鉴于《民法总则》仅以三个条款以极为简练的方式罗列了部分人格权，未来的民法典应考虑设立单独的人格权编。

当然，毋庸讳言，核心价值观条款被纳入民法典也会带来一些挑战。譬如，社会主义核心价值观包含国家层面、社会层面和个人层面的不同价值取向，而民法典主要调整个人行为，因此，作为复合体的核心价值观如何与立足于方法论个人主义的民法典之间实现有效衔接？民法典中如何构设道德规范的介入程度和效力？如何防止法律的过分道德教化和对法律安全价值的损害？如何将社会主义核心价值观转介至善良风俗等民法一般条款？如何实现社会主义与源自西方法律传统的民法典之间的有效兼容？这些都是有待下一步思考和研究的重要主题。

（二）淳化社会道德

当前，中国在转型时期一个很大的掣肘因素在于整体道德水平的滑坡，社会诚信度比较低。不少专家感叹中国遭遇了“道德危机”。这样的警告并非夸大其词。“救人反被讹”这样的事情时有发生；为规避部分城市的住房“限购”等政策，一些夫妻甚至不惜假结婚、假离婚，将严肃的婚姻视同谋取财产利益的手段；拒绝履行生效裁判文书的“老赖”现象比较普遍……面对种种道德危机的表征，立法者急于以法律规范来淳化社会道德，倡导更能体现人类美德、更合乎社会需要的道德观。

由此，《民法总则》第 7 条规定：“民事主体从事民事活动，应当遵循诚信原则，秉持诚实，恪守承诺。”与 1986 年《民法通则》第 4 条仅笼统地提到诚信原则而并未对其内涵进行展开和诠释不同，《民法总则》明确提到“秉持诚实，恪守承诺”，对诚信原则的内容进行了具体化。其中，“秉持诚实”是明显的道德要求，要求“民事主体从事民事活动”在主观上必须始终秉持诚实不欺的心态；而“恪守承诺”则是客观行动上遵守诚信原则的表现和后果。①

同样值得注意的是《民法总则》所新设立的公序良俗原则。《民法总则》第 8 条规定：“民事主体从事民事活动，不得违反法律，不得违背公序良俗。”除此之外，《民法总则》随后还在第 10 条、第 143 条第 3 项和第 153 条第 2 款反复提到公序良俗原则，并规定了法律行为违背公序良俗者无效。《民法总则》反复使用“不得违背”的措辞，并明确其后果“违反无效”。这体现出民法对公共秩序和善良风俗给予了最高层次的保护。在此前的《民法通则》《合同法》《物权法》等法律中，立法所使用的措辞是“社会公德”“社会公共利益”。《民法总则》代之以公序良俗原则，既

---

① 参见谢鸿飞：《〈民法总则〉是中国立法的里程碑》，载《法制与社会发展》，2017(2)，2 页。

与比较法的经验一致，也具有更长的“射程”：公序良俗的范围比前者更为宽泛，其内容更富有弹性，允许法官根据特定地域、特定群体的道德与风俗习惯对法律行为（合同、遗嘱等）进行判定。可见，公序良俗原则是立法者用以保护社会的重要法律手段。

（三）保护弱势群体、促进社会正义

未成年人是典型的弱势群体，其身心发育尚未成熟，智力程度和辨识能力都处于成长阶段，不能完全辨别一些行为对自己可能造成的影响。因此，各国法律无不针对未成年人规定特殊的保护制度。1989 年联合国《儿童权利公约》第 3 条第 1 款规定：“关于儿童的一切行动，不论是由公私社会福利机构、法院、行政当局或立法机构执行，均应以儿童的最大利益为一种首要考虑。”此条在国际法上确立了儿童利益最大化原则。1991 年，我国立法机关批准了该公约，该公约对我国具有法律效力。在这样的背景下，2017 年《民法总则》在相关内容中充分体现了这一原则。这充分表明，“民法总则坚持以人为本，在重视和贯彻人文关怀理念方面取得了新的进展”①。

儿童利益最大化原则在监护制度之中首先表现为最有利于被监护人原则。《民法总则》第 31 条第 2 款规定：居民委员会、村民委员会、民政部门或者人民法院应当尊重被监护人的真实意愿，按照最有利于被监护人的原则在依法具有监护资格的人中指定监护人。第 35 条第 1 款规定，监护人应当按照最有利于被监护人的原则履行监护职责。第 36 条规定，人民法院撤销监护人的监护资格后，应按照最有利于被监护人的原则依法指定监护人。

儿童利益最大化原则在监护制度中的另一表现是尊重被监护人的真实意愿，尽量尊重被监护人的意志和选择。《民法总则》第 30 条规定，协议确定监护人应当尊重被监护人的真实意愿。前引第 31 条第 2 款要求有关机构在指定监护人的时候，应当尊重被监护人的真实意愿。第 35 条第 2 款规定，未成年人的监护人履行监护职责，在做出与被监护人利益有关的决定时，应当根据被监护人的年龄和智力状况，尊重被监护人的真实意

① 王轶：《民法总则的时代精神与中国特色》，载《紫光阁》，2017（7），89 页。

愿。第 38 条规定：被监护人的父母或者子女被人民法院撤销监护人资格后，除对被监护人实施故意犯罪的外，确有悔改表现的，经其申请，人民法院可以在尊重被监护人真实意愿的前提下，视情况恢复其监护人资格，人民法院指定的监护人与被监护人的监护关系同时终止。

《民法总则》第 191 条还规定：未成年人遭受性侵害的损害赔偿请求权的诉讼时效期间，自受害人年满 18 周岁之日起计算。毫无疑问，这是考虑到未成年人的辨识能力可能存在欠缺，性侵害当时可能未能充分意识到行为的性质和后果，或者虽然意识到侵害但当时迫于压力而未敢起诉等情况，许可在未成年人成年后，重新计算诉讼时效。

另外，《民法总则》还设立了老年人监护制度以保护老年人这一群体应对老龄化社会带来的挑战。该法第 33 条规定："具有完全民事行为能力的成年人，可以与其近亲属、其他愿意担任监护人的个人或者组织事先协商，以书面形式确定自己的监护人。协商确定的监护人在该成年人丧失或者部分丧失民事行为能力时，履行监护职责。"为了应对当前我国社会所出现的老龄化危机、解决部分老年人失智失能的问题，法律允许老年人在神志清晰的时候提前选择其未来的监护人。①

（四）保护合理信赖与法律安全

法律对合理预期和善意信赖的保护，是法律可预见性价值的主要表现，也是法律安全的基本要求。《民法总则》在立法精神上、在诸多制度上体现了信赖保护和交易安全原则。譬如，《民法总则》第 61 条第 3 款规定：法人章程或者法人权力机构对法定代表人代表权的限制，不得对抗善意相对人。第 65 条规定：法人的实际情况与登记的事项不一致的，不得对抗善意相对人。第 85 条规定，营利法人的权力机构、执行机构做出决议被人民法院撤销后，营利法人依据该决议与善意相对人形成的民事法律关系不受影响。第 94 条规定，捐助法人的决策机构、执行机构或者法定代表人做出决定被人民法院撤销后，捐助法人依据该决定与善意相对人形成的民事法律关系不受影响。第 145 条规定，限制民事行为能力人实施的

① 参见孟强：《〈民法总则〉中的成年监护》，载《中国人民大学学报》，2017（4），28-29 页。

民事法律行为在被法定代理人追认前，善意相对人有撤销的权利。第170条第2款规定：法人或者非法人组织对执行其工作任务的人员职权范围的限制，不得对抗善意相对人。第171条第2款规定，行为人没有代理权、超越代理权或者代理权终止后，仍然实施代理行为，在被代理人追认前，善意相对人有撤销的权利。该条第3款又规定，行为人实施的行为未被追认的，善意相对人有权请求行为人履行债务或者就其受到的损害请求行为人赔偿。这些条款充分体现了对于主观上为善意的当事人的合理信赖的保护。①

保护合理信赖的另一个表现是限制民事行为能力的年龄下限的降低。《民法总则》第19条将限制民事行为能力的年龄下限从《民法通则》所规定的10周岁调低为8周岁。《民法总则》第19条并规定，限制民事行为能力人可以独立实施纯获利益的民事法律行为或者与其年龄、智力相适应的民事法律行为。这就是说，8岁以上的儿童所从事的纯获利益的民事法律行为或者与其年龄、智力相适应的民事法律行为，包括一些小额的日常用品的买卖，都是有效的，不需要“由其法定代理人代理或者经其法定代理人同意、追认”。显然，这是对交易相对人合理信赖的保护，是对交易安全的保护。

（五）倡导利他主义

我国社会当前道德危机的主要表征之一是利己主义思潮的泛滥。由于部分媒体的误导以及一些错误现象的放大，社会普遍出现了“老人倒地该不该扶”的困惑。出于对热情助人所可能引发的责任的担忧，“各扫各自门前雪，休管他人瓦上霜”的自利主义哲学渐渐兴起，人与人之间变得冷漠。显然，这与构建命运共同体和文明、和谐、友善的社会的方向完全背道而驰。

有鉴于此，《民法总则》在相关制度设计上体现出明显的利他主义色彩。《民法总则》第121条规定了无因管理制度，根据该条规定，“没有法定的或者约定的义务，为避免他人利益受损失而进行管理的人，有权请求

---

① 参见朱广新：《论法人与非法人组织制度中的善意相对人保护》，载《法治研究》，2017（3），36-37页。

受益人偿还由此支出的必要费用”。这是沿袭了《民法通则》第93条的规定，其目的显然在于鼓励没有义务却主动为他人的利益而管理他人事务的行为。

而更值得注意的是《民法总则》新增的所谓“好人条款”①。《民法总则》第183条规定：“因保护他人民事权益使自己受到损害的，由侵权人承担民事责任，受益人可以给予适当补偿。没有侵权人、侵权人逃逸或者无力承担民事责任，受害人请求补偿的，受益人应当给予适当补偿。”这是为避免“英雄流血又流泪”的不公平局面。第184条的措辞不无争议。该条规定：“因自愿实施紧急救助行为造成受助人损害的，救助人不承担民事责任。”该条明显不同于此前草案的规定：“受助人能够证明救助人有重大过失造成自己不应有的重大损害的，救助人承担适当的民事责任。”在审议过程中，部分全国人大代表提出，此规定虽然较二审稿而言“对救助人责任做了进一步严格限定，针对的是在实践中可能出现的特殊情况，但仍难以免除见义勇为者的后顾之忧，不利于倡导、培育见义勇为、乐于助人的良好社会风尚，建议删除”。因此，全国人大法律委员会建议删除责任承担条款。由此，最后所通过的第184条在形式上似乎采取了救助人完全免责的措辞。当然，可以预料的是，未来在司法实践中，人民法院将仍然适用侵权法的一般原则，基于救助人的主观动机，结合其过错程度，来综合认定其对于受助人的伤害是否承担责任。

（六）注入社会取向与集体主义的因子

民法在当代的重要发展表现为所谓民事权利的社会化，强调包括所有权在内的民事权利的权利人亦负有义务。这是对法典化古典时期所出现的所有权绝对等个人主义本位的一种修正。以所有权为例：在当代普遍强调其负有环境保护义务，受基于公共利益的征收征用等的限制。在某些国家甚至认为所有权人还有义务促进社会公平（譬如如果住宅所有人长期空置其富余住宅，可能被征收特定的税收）。

《民法总则》也体现了这样的所谓社会取向。除了在“基本规定”中

---

① 王毅纯：《民法总则中自愿紧急救助制度的理论逻辑与适用规则》，载《河南财经政法大学学报》，2017（5），30-32页。

规定了诚实信用原则之外，第 132 条还专门规定了禁止权利滥用原则。该条规定："民事主体不得滥用民事权利损害国家利益、社会公共利益或者他人合法权益。"由此，权利人不能过度行使其权利，滥用法律所赋予的某种优势，损害国家、社会或其他个人的合法利益。在立法中将禁止权利滥用原则明确加以规定，这样的体例在比较法上也比较鲜见，这将是我国民法典社会本位特色的重要体现。

这种社会取向的另一个体现是所谓的"绿色原则"，显然该原则受到了党中央在 2015 年所提出的创新、协调、绿色、开放、共享五大发展理念的启发。① 根据《民法总则》第 9 条的规定，"民事主体从事民事活动，应当有利于节约资源、保护生态环境。"与一些学者的看法不同，该条并非简单的所谓宣示条款。除了倡导生态主义这样的价值宣示之外，该条还有重要的实践后果。② 首先，该条规定可以约束立法者。立法者在制定分则的过程中，显然应该考虑到民法基本原则的基本作用，要考虑怎样在民法典分则中比如说物权编中贯彻绿色原则；再比如，所有人对物的充分享有，特别是不动产物权，其设立、行使和处分，一定要尊重环境的因素。在侵权法中，贯彻绿色调控就要求将生态利益纳入损害赔偿中。这就是对传统的损害概念的一个颠覆，传统的损害概念都是个别性的、继发性的、因果关联和单发式的，而环境损害是集体性的、未来发生的、多维度、复因决定论式的。其次，该条规定也会约束司法者。法官在裁判的时候，比如在解释合同的效力的时候，如果既可作无效解释也可做有效解释，那么合同履行对环境带来的影响，将可能构成影响合同效力解释的关键性因素。此外，对环境的影响也是法官计算损害赔偿数额的重要依据。最后，该条规定可以约束民事主体，因为绿色原则是民事主体从事民事活动时应该遵循的基本原则。固然，没有人会简单地认为违反环境法的合同当然就是无效的，但是，如果违反环境法规的行为违反了所谓的效力性禁止条款的行为，则将触发《民法总则》第 153 条的适用，其后果就会导致合同无效。以 2017 年曾有媒体报道有企业将垃圾从上海偷运到太湖去倾倒为例：

---

①　参见曹守晔：《中国民法典编纂的理念》，载《人民法治》，2016（3），13 页。

②　参见郭峰：《〈民法总则〉的时代精神和特色》，载《财经法学》，2017（3），8－9 页。

假定污染企业与运输企业缔结垃圾运输合同时，约定委托后者将垃圾运输和倾倒到太湖里，这显然违反了固体废弃物处理方面的法规，这样的合同就可能是无效合同，环境保护因素就由此映射到合同的效力条款里面。

这种社会本位取向还体现在对集体利益、集体记忆和历史的维护方面。就此而言，《民法总则》第185条尤为典型，该条规定："侵害英雄烈士等的姓名、肖像、名誉、荣誉，损害社会公共利益的，应当承担民事责任。"这是著名的所谓"英烈条款"。这样的条款在一些学者看来不无争议。因为在死者中，姓名、肖像、名誉、荣誉等人格利益需要保护的并不限于英雄烈士，实际上普通死者的人格利益也需要得到保护，所以该条的措辞似乎与民法的平等保护原则不符。针对特定群体基于其身份而赋予其特殊的法律地位，似乎带有社群主义色彩，减损了民法典的一般性适用"射程"。这样的疑惑不能说没有道理。不过，对于该条的立法理由，全国人大法律委员会《关于民法总则草案的审议结果的报告》中曾有一段解释："有的代表提出，现实生活中，一些人利用歪曲事实、诽谤抹黑等方式恶意诋毁侮辱英烈的名誉、荣誉，损害了社会公共利益，社会影响很恶劣，应对此予以规范。法律委员会经研究认为，英雄和烈士是一个国家和民族精神的体现，是引领社会风尚的标杆，加强对英烈姓名、名誉、荣誉等的法律保护，对于促进社会遵从英烈，扬善抑恶，弘扬社会主义核心价值观意义重大。"显然，立法机关采取了某种看似矫枉过正的姿态，来努力构建共同的集体记忆，消弭所谓的"历史虚无主义"，防止社会成员价值观的分裂，尽力凝聚最低限度的社会共识。① 从这个角度来看，立法者这样的努力当然是值得尊重的。未来，在本条的基础上，民法典应考虑设立人格权编，就对死者人格利益的保护做出一般性的规定。另外，在具体适用本条保护英烈的时候，要充分考虑到"英雄烈士本身属于历史，关系到历史研究自由、文学艺术创作自由、公民的了解权等公法权利"②，需要合理平衡人格权保护与言论表达自由、公众知情权等宪法基本权利之间

---

① 参见石宏、郭锋、王轶、石佳友：《〈民法总则〉立法纵览与适用前瞻》，载《中国法律评论》，2017（3），8-9页。

② 梁慧星：《〈民法总则〉重要条文的理解与适用》，载《四川大学学报》（哲学社会科学版），2017（4），65页。

的关系。

总之，民法典不仅在物质层面深刻地影响着构建现代社会所必需的一切基本制度（所有权、契约、家庭等），而且在价值层面深刻影响着社会成员的整体道德观。显而易见，作为民法典总纲的《民法总则》在价值原则上绝不是中立的；相反，它有着鲜明的价值取向：弘扬社会主义核心价值观，淳化社会道德，保护弱势群体、促进社会正义，保护合理信赖与法律安全，倡导利他主义，并注入社会取向和集体主义的某些因子，以求构建社会共识，防止社会成员的价值分裂，努力铸造所谓的命运共同体。就此而言，一方面民法典对于社会的价值转型具有积极促进的能动效应；另一方面转型时期相继出现的各种具有时代特色的价值观，也将在民法典中留下其影响甚至烙印。这正是民法典时代特色的表征与来源。①

① 参见王利明：《民法总则彰显时代精神》，载《中国司法》，2017（4），4页。

第五章　社会转型与私法关系中的人权保护

2016年6月，最高人民法院发布《关于印发〈人民法院民事裁判文书制作规范〉〈民事诉讼文书样式〉的通知》（法〔2016〕221号）。[①] 其中在“（七）裁判依据”部分，强调：“裁判文书不得引用宪法和各级人民法院关于审判工作的指导性文件、会议纪要、各审判业务庭的答复意见以及人民法院与有关部门联合下发的文件作为裁判依据，但其体现的原则和精神可以在说理部分予以阐述。”这就是说，在民事裁判文书中，不得引用宪法，但是，可以将宪法规范作为民事裁判说理的理由。从这样的理解来看，中国的最高司法机关似乎许可采用“合宪性解释”的方法。也就是说，民事判决中不得直接援引宪法条文，但是，可以从宪法规范的原则和精神出发，来解释所具体适用的民事法律规范。这可以被视为一种宪法规范的“间接适用”方式，将在中国开启宪法基本权利产生横向效力的新局面。

一、导论：“老”民法与“新”宪法

1801年，法国民法典的主要起草人波塔利斯在他于立法机构所发表的充满哲理的《关于民法典第一草案的预备性说明》的演讲中，充满激情

① 《人民法院民事裁判文书制作规范》于2016年2月22日经最高人民法院审判委员会第1679次会议通过，由最高人民法院于2016年6月28日印发，自2016年8月1日起施行。

地宣告："好的民法是人类所能给予和接收的最伟大财富"[①]。不过，民法典的主要奠基者同时毫不含糊地提醒道："民法处于政治性法律的监护之下，它必须与之相适应"[②]。通过区分政治性法律与民事法律，首部现代意义上的民法典的起草人对民法与宪法的关系也进行了初步界定。[③]

然而，此后的两百余年间，法国政治风云变幻，先后历经了两个帝国、五个共和国等多个政体，相继出现了10部宪法。不过，法国民法典始终存在，至今仍在发生效力。不同宪法的轮替并没有使必须与之相适应的民法典出现更替，正所谓"宪法变幻，民法永恒"（*les constitutions passent，le code civil reste*）。民法典起草者对民法与宪法关系的上述论断似乎从未遭遇颠覆，对德国民法典百年历程的考察所得出的结论似乎也类似："（德国）民法典的长寿与政治体制并无多大关系，在政治制度更迭的进程中，民法典相继历经帝国、共和国、军国主义、纳粹占领和民主的不同时期，其内容并未发生重大变化"[④]。而在当代，法国最伟大的民法学家卡尔波尼埃更是直接宣称：民法典才是法国"真正的宪法"，它与凡尔赛宫、马赛曲一样，成为法兰西民族的记忆之所在。从社会学的角度来看，民法典奠定了大革命之后法国社会所赖以形成的主要要素（特别是所有权和家庭），在当代这些要素仍然在发展和演变，但是从未被否认或消散[⑤]；民

---

① Jean-Étienne-Marie Portalis，*Discours préliminaire du premier projet de Code civil*，Edition Confluences，1999，p. 5. 2004年，法国当代著名法学家、前司法部部长、宪法委员会委员巴丹戴尔为民法典200周年诞辰所写作的专著，就借用波塔利斯的此句名言，取名为"最伟大的财富……"。Robert Badinter，*Le plus grand bien...*，Fayard，2004.

② Jean-Étienne-Marie Portalis，*Discours préliminaire du premier projet de Code civil*，p. 14. 有学者认为，波塔利斯的这一思想直接受到孟德斯鸠的启发。M. Ganzin，"Montesquieu：la distinction loi civile-loi politique"，dans *Pensée politique et loi*，*Actes du* XVII*e colloque de l'AFHIP*，Aix，PUAM，2000，pp. 143 – 172.

③ Jean-Louis Halpérin，"L'histoire de la fabrication du Code. Le Code：Napoléon?"，in *Pouvoirs*，2004，n°107，p. 31.

④ Peter R. Senn，"Why Has the German Civil Code Proven So Durable?"，in *European Journal of Law and Economics*，Kluwer Academic Publishers，1998，Vol. 7，p. 81.

⑤ Jean Carbonnier，"Le Code civil"，in Pierre Nora（dir.），*Les lieux de mémoire*，tome 2，"*La Nation*"，Gallimard，1986，p. 309.

法典是凝聚社会的基石，成为整个国家的文化身份的基本要素。① 在法国民法典诞生200周年之后，共和国总统宣称："拿破仑和波塔利斯的民法典仍然存在，它是我们法律体制的核心所在，是我们国家真正的宪法"②。

然而，为如此多的荣耀之光所笼罩的光鲜外表难掩民法典在今天的窘境：这样一部赋予法国一代又一代人以骄傲和荣耀的资本、被视为"真正的宪法"的伟大民法典，如今可谓危机四伏，而最大的挑战仍然来自宪法秩序特别是基本权利制度的要求。自20世纪以来，为了与自由、平等、非歧视、私生活保护等人权原则相适应，法国民法典中关于人法（变性人地位）、家庭（男女平等、儿童权利、收养制度、同居者群体）、继承（继承人平等）等内容已几经删改，相关的内容已是"体无完肤"③，因为"法律的整体特别是民法如今都要从人权的角度进行审视，人权构成当代文明的基石"④。再一次，我们又回到波塔利斯就民法与宪法关系所设定的"原点"：民法处于宪法的"监护"之下，民法必须适应宪法。只不过，与两个世纪之前所不同的是，如今，二者的交汇和切入点是宪法基本权利制度，更具体地说，是具有悠久历史传统的"老"民法如何与频繁变换的"新"宪法中的基本权利制度相适应的问题。⑤ 这就是所谓宪法基本权利在民事关系中的横向效力问题。

人权理论的发展与渐趋完善，无疑是当代法学领域中最为引人注目的现象之一，人权成为传统权利之上的权利，人权法成为法律之上的法律，人权甚至被尊为所谓当代法律的"宗教"，一切传统的法律部门都要在合法性上经受人权哲学的质问。

---

① Rémy Cabrillac, "Le Code civil est-il la véritable constitution de la France?", in *Revue juridique Thémis* (R. J. T.), 2005, Vol. 39, pp. 251 - 253.

② Jacques Chirac, "Les Annonces de la Seine", 11 mars 2004, p. 11.

③ Jean-Luc Chabot, Philippe Didier & Jérôme Ferrand (dir.), *Le Code civil et les droits de l'homme*, Harmattan, 2005, p. 21. 具体地说，法国民法典上述很多修改是为了满足《欧洲人权公约》适用的要求。

④ Philippe Rémy, "100 ans de chronique", in *Revue trimestrielle de Droit civil*, 2002, p. 677.

⑤ Gert Brüggemeier, Aurelia Colombi Ciacchi & Giovanni Comandé, *Fundamental Rights and Private Law in the European Union, Volume* Ⅱ, *Comparative Analyses of Selected Case Patterns*, Cambridge University Press, 2010, p. 1.

当然，毫无疑问，现代人权哲学理论也必然具有其局限性。总体来说，现代人权理论有三个主要的思想来源：古希腊哲学中的理性主义、斯多葛学派中的个人主义以及基督教教义。其中，基督教哲学对现代人权理论的影响大体表现在以下三个方面。

首先，平等主义。在基督教教义中，一切人在上帝面前都是无差别的子民，他们在上帝面前都必须同样服从神谕，同样承担义务。人是物质世界中上帝的“代言人”，人是社会一切制度的创造者和目的，人不能被类比为“物”——一个可以操控的东西。每一个人类个体都代表着上帝的某一形象，这使其应当具有尊严；每一个个体的形象尽管不同却都是平等的：“不再有奴隶和自由人的区分，也没有男人和女人的差别”。

其次，人的先在性。根据基督教教义，上帝创造了人类的祖先，使人类成为“世界的主人”。赋予人在物质世界中的先在性有两个方面的原因：一方面，人类需要从物质世界获取其生存和发展的基础；另一方面，人被视为上帝派到物质世界的代表，他具有认识和支配物质世界的“理性”和从物质世界获取生存资料的“自由”。从这一公理出发，财产所有权自然而然成了最为基本的权利之一，它也被视为人类理性和自由的表达。人类所支配的物质世界成为上帝的神界的延续，人的这一概念由此得到擢升，并在某种意义上被赋予神圣意蕴。这一“神化”的过程正是现代人权哲学中人的先在性的宗教来源。由于人是被赋予灵性的存在，其身上肩负上帝的使命，所以他必定享有“权力”和“权利”；由于受命于至高无上的神圣旨意，“权力—权利”的赋予仅仅与人的资格有关，所以只要具备人的资格即可享有“权力—权利”；任何政治机构的介入对于人的权利的取得都不是必要的，同样，任何公权力都不能非法剥夺人的此种权利。这种权利是人“与生俱来”的，与个体的具体条件无关。人权的不容置疑性和不容反驳性（irréfutabilité）在相当程度上取决于其宗教来源。

最后，普世主义。按照基督教教义，上帝是全能的，统治世间的万物；基督教的教义是普适性的，是永恒不变、超越时间和空间限制的圣律，反映了人类世界的普遍性法则，全人类都应当遵从。例如，基督教认为，摩西十诫中的孝敬父母、不可杀人、不可奸淫、不可偷盗、不可做假证陷害他人等，都具有普世性意义。同理，人在宇宙中的先在地位、人作为法律唯一的主体这一原则，亦是具有普世意义的公理。基督教对现代人权理论的这些影响，在划时代人权法文献《世界人权宣言》中可以找到印记。事实上，很多西方学者也承认，《世界人权宣言》在相当程度上是所谓犹太—基督传统（Judeo-Christiantradition ）的产物。在其起草者、诺贝尔和平奖获得者勒内・卡森（René Cassin ）等人的心目中，从一开始他们就想为全人类起草一部具有普遍适用性的法律文本。在他们看来，基督教信仰与人权哲学之间存在着密切的内在联系，“ 作为造物主和救赎者的上帝是人权理论终极和无法回避的基础”。由此，在名称上他们刻意选择了“Universal Declaration”（普世性宣言）这一具有强烈象征意义的措辞。

严格说来，“Universal Declaration of Human Rights”的准确译法应当是“普世人权宣言”，从中明显可见基督教教义的痕迹。从内容上看，宣言“ 序言”开篇的“鉴于对人类家庭所有成员的固有尊严及其平等的和不移的权利的承认，乃是世界自由、正义与和平的基础”，第 1 条所宣扬的自由、尊严、博爱等原则，第 2 条所规定的平等原则，第 6 条关于法律人格的规定，第 18 条的宗教信仰自由等，都显然受到了基督教教义的影响。另外，宣言第 2 条尽管提到了人不得因性别等因素而受到区别对待，但是其并未以更多的篇幅去规定妇女权利。这也是“ 继受”了基督教长期忽视妇女权利的缺陷。

正是基于这些原因，在其他文明看来，《世界人权宣言》的“ 普世性”带有浓厚的西方色彩，普遍适用于“ 基督教世界”，而无法适用于其他文化和传统。十分典型的例证是，伊斯兰国家认为这个声称具有“ 普遍适用性”的人权宣言根本不能适用于伊斯兰世界，它未能充分考虑伊斯兰文化和宗教语境。1982 年，伊朗驻联合国代表就批评说，“《世界人权宣言》仅是对犹太—基督传统的一个世俗解读”。而在 1990 年，伊斯兰会议组织更是在开罗通过了《伊斯兰世界人权宣言》（《开罗宣言》），对《世界人权宣言》的许多表述和条文进行了重要修正。

对于基督教以外的其他文化对《世界人权宣言》的这些指责，一些西方学者也是接受和承认的。例如，法国某法人类学家就指出，“在基督教传统中，归根结底是上帝的智慧和意志赋予了人权以神圣的价值；而在一个一切超验因素被排除的政治和社会体制中，必然是人的理想和意志转化为法律本身”，法律所赋予的人权由此才具有更高的价值。从这个意义上来说，必须承认的是，现代人权理论在相当程度上其实“是某一特定的地域和历史条件下的文化的产物”。

人权理论的这些局限性并未妨碍其对现代法律秩序带来深远的影响。在当代，基本权利已经成为渗透进公法和私法、国际法和国内法全部法律秩序的“元话语”。基本权利是宪法秩序所赋予公民的、在其与公权力机构的关系中所享有的权利和保障的整体。它们之所以被称为“基本权利”，一方面是因为与作为主体的人密切相关，不可分离；另一方面是因为这些权利代表着人类社会最为基本的一些价值，对这些权利的承认和保护贯穿于一切法律秩序。① 从法律渊源的角度来看，基本权利来源于宪法和国际公约；对基本权利的保护构成“法治”原则的核心要求之一。从语源学的角度来说，基本权利的概念肇端于人权，但实现了对人权的超越：从人权到基本权利的嬗变，绝不仅仅是一个名称的改换，它所折射的是权利的基础、目的和效力模式的深刻演进。基本权利不再诉诸“人性”这一“元话语”，从而回避了人性的先决性这一复杂的命题，也避免了是否存在与生俱来的和自然的权利的争论。②

基本权利在私法关系中的效力是近年来比较宪法学和民法学界探讨最为热烈的问题之一。③ 在公法关系中，国家与个人之间的关系是管理和服从的关系，此种关系模式被称为“纵向”关系；而在私法关系中，当事人地位平等，其关系被称为“横向”关系。传统理论认为，基本权利是针对国家和其他公权力机构的权利与自由，宪法基本权利构筑于公民个人和国家的关系之上。因此，基本权利只约束国家和个人之间的纵向关

---

① Emmanuel Dreyer, “La function des droits fondamentaux dans l’ordre juridique”, in *Recueil Dalloz*, 2006, p. 748.

② A. Viala, “Droit fondamentaux-Notion”, in D. Chagnollaud & G. Drago (dir.), *Dictionnaire des droits fondamentaux*, Paris: Dalloz, 2008, p. 307.

③ Stephen Gardbaum, “The ‘Horizontal Effect’ of Constitutional Rights”, *Michigan Law Review*, 2003, Vol. 102, p. 388.

系，只应具有“纵向效力”。然而，基本权利与私法权利并立的二元模式在当代受到了越来越多的挑战。如今，基本权利与私法权利之间绝非“井水不犯河水”的泾渭分明格局，相反，它们之间存在着深远的互动影响。基本权利概念的出现所带来的一个重要而深远的变革，就是其对私法关系的效力，即基本权利不仅可以对抗国家，而且可以对抗私法当事人。基本权利规范适用于私法关系所产生的效果被称为基本权利的“横向效力”①。

基本权利在私法关系中的横向效力在许多国家得到了普遍承认，尤其涉及劳动关系、租赁、消费者权益保护、建筑物区分所有权等多个领域。② 在我国，最高人民法院于1988年《关于雇工合同“工伤概不负责”是否有效的批复》（已失效）中明确指出，该行为“既不符合宪法和有关法律的规定，也严重违反了社会主义公德，应属于无效的民事行为”。由此开启了民事案件司法解释援引宪法的先例。③ 而在2001年备受关注的“受教育权案”批复中，最高人民法院曾指出：被告侵害了原告“依据宪法规定所享有的受教育的基本权利”④，应承担民事责任。尽管这一批复后来被废止，但其仍然引发了我国法学界关于宪法基本权利在民事关系中

---

① 国内有学者沿用德国法学中基本权利的“第三人效力”（*Drittwirkung*）的提法（张红：《基本权利与私法》，55页，北京，法律出版社，2010）；也有学者称其为“水平效力”（李秀群：《宪法基本权利水平效力研究》，26页，北京，中国政法大学出版社，2009）。结合中文的表述习惯以及对民事关系中当事人权利义务的通常描述，较之于垂直/水平关系的提法而言，纵向/横向关系的表述更为准确，也更容易理解，因此，本文不采“水平效力”的措辞，而使用“横向效力”的提法。

② 在德国，联邦宪法法院在其标志性的Lüth案判决中指出，宪法基本权利构成全部法律体系的“客观价值秩序”，对私法关系具有“辐射效应”（BVerfGE 7，198）。在法国，最高法院在一项民事判决中直接援引《欧洲人权公约》第8条私生活保护这一基本权利，宣告住房租赁合同中禁止其亲属同住的条款无效（Cass. Civ. 3e，06 mars 1996，arrêt Mel Yedei，JCP éd. G，1996，IV. p. 973.）。在加拿大，最高法院认为，区分所有权业主所集体缔结的管理规约如限制某一业主依据其宗教习俗建造宗教设施的权利，则构成对其宗教信仰自由的侵害（Cour du Québec，Syndicat Northcrest c. Amselem，2004，2 R. C. S. 551）。

③ 参见《张连起、张国莉诉张学珍损害赔偿纠纷案》，载《最高人民法院公报》，1989（1）。

④ 《齐玉苓诉陈晓琪等以侵犯姓名权的手段侵犯宪法保护的公民受教育权的基本权利纠纷案》，载《最高人民法院公报》，2001（5）。

应当具有何种效力的热烈探讨。[①] 基本权利在私法关系中的横向效力问题牵涉到对一些法学基本问题的思考：源自公法传统的人权规范如何影响私法关系？如何进入私法论辩的话语体系？基本权利的横向适用为私法带来哪些改观？司法机关能否有效处理人权规范在私法纠纷个案中的适用？哪些私法案件可能更适合交由立法者去进行价值判断？这些都是值得中国的民法学界和宪法学界共同思考的重要问题。

二、比较法分析

从比较法的角度来看，基本权利在私法关系中的横向效力存在直接横向效力与间接横向效力两种模式，二者的重要差异在于适用方式的直接性与间接性：在直接效力模式下，宪法基本权利规范被直接适用于私法关系；而在间接效力模式下，宪法基本权利规范是间接的、以民法中的一般条款为媒介而适用于私法关系之中的。从效果来看，直接效力模式旨在防止地位强大的企业或社会组织在合同中侵犯作为合同相对人的个人的基本权利；而间接效力模式则在于避免私法的社会化，企望保持私法的相对独立性，避免公法的过分介入。[②]

在间接效力模式下，与之前相同的是，在私法关系中，民法仍然处于主导地位，只是，此时的主导地位的含义已经发生了变化。民法被视为宪法规范所包含的基本权利体系的价值的一种特定表现形式，由此民法是在其自身范围内按照其自身逻辑，接纳和转化宪法基本权利的价值的载体。[③] 在所谓间接效力模式下，民法在私法关系中的优先性仍然被保存，规定基本权利的宪法规范是通过民法规范和民事法官适用于私法关系之

---

① 部分论文如：张千帆：《论宪法效力的界定及其对私法的影响》，载《比较法研究》，2004（2）；张巍：《德国基本权第三人效力问题》，载《浙江社会科学》，2007（1）；于飞：《基本权利与民事权利的区分及宪法对民法的影响》，载《法学研究》，2008（5）；薛军：《“民法—宪法”关系的演变与民法的转型》，载《中国法学》，2010（1）；张红：《方法与目标：基本权利民法适用的两种考虑》，载《现代法学》，2010（2）。著作如：李秀群：《宪法基本权利水平效力研究》，北京，中国政法大学出版社，2009；张红：《基本权利与私法》，北京，法律出版社，2010。

② David Capitant，*Les effets juridiques des droits fondamentaux en Allemagne*，p. 232.

③ Olha Cherednychenko，*Fundamental Rights*，*Contract Law and the Protection of the Weaker Party*，Munich，Sellier，European Law Publisher，2007，p. 67.

中的，私法争议最终所适用的，仍然是私法规范本身。如同德国学者Diederichsen所形象描述的，宪法价值转化进入民法的理论建构之中，是通过民法自身来实现的，而且“仅仅是通过大门，而非通过窗户或者墙体的漏洞而进入的”①。这些所谓的“大门”，就是民法典自身所包含的一般条款。

1. 德国

德国模式的特点可以如下概括：集中性，联邦宪法法院是决定基本权利和合同法的关系的“中枢”；系统性，所提炼出的方法推广适用于全部合同法乃至整个私法体系。②

德国《基本法》第1条第3款规定，基本权利对立法权、行政权和司法权具有约束力，这些规范可直接适用。从该条的解释出发，似乎可以认为基本法所针对的对象就是立法机关、行政机关和司法机关。不过，一些学者立足于《基本法》第1条第1款（该款规定人格尊严不能被处置，一切公权力都必须尊重和保护人的尊严）以制宪会议的历史文件为依据，认为《基本法》第1条对于私法关系同样具有约束力，制宪者的意图是该条既可约束国家亦可约束个人，该条的普遍对抗力已经默示地包含于制宪者的意图之中。③ 联邦宪法法院在Lüth案和Mephisto案等的判决中指出：基本权利的整体其实都在于保护人的尊严，从尊严的不得处置可以推导出其他的基本权利和自由，因此，基本权利规范对于公法关系和私法关系均有拘束力。此外，从德国《基本法》第2条关于人格自由发展的条文出发，可以认为私法关系的当事人也属于基本法所针对的对象，这也符合联邦宪法法院所提出的以有利于宪法获得最大效力的方式进行解释的宪法

① Olha Cherednychenko, *Fundamental Rights*, *Contract law and the Protection of the Weaker Party*, p. 66.

② Chantal Mak, “Harmonisation Effects of Fundamental Rights in European Contract Law”, in *Erasmus Law Review*, Vol. 1, Issue 1, p. 63. Christian Starck, “Human Rights and Private Law in German Constitutional Development and in the Jurisdiction of the Federal Constitutional Court”, in D. Friedmann & D. Barak-Erez (eds.), *Human Rights in Private Law*, Oxford/Portland Oregon, Hart Publishing, 2001, p. 99.

③ D. P. Currie, *The Constitution of the Federal Republic of Germany*, University of Chicago Press, Chicago, 1994, p. 183.

解释方法。德国《基本法》还有一个值得注意的条文：第9条第3款。此款规定，限制工会自由的协议无效。这被认为是基本法中唯一以明确方式涉及私法关系的条文。据此，部分学者认为，这说明其他的条文对私法关系无所谓横向效力，因为如果认为所有的基本权利规范都具有此种横向效力，则该款的明确规定方式并无必要。不过，更多学者认为，此条并不能排除其他基本权利规范具有横向效力，因为该条针对的是某些特殊的个人特别是雇主，所以有必要以明确的方式特别赋予其横向效力。①

尽管其判决引起许多私法学者甚至部分公法学者的批评，却没有迹象显示联邦宪法法院会放缓其对私法关系的干预。在2005年的判决中，联邦宪法法院基于《基本法》第2条关于人格自由发展的规定以及第14条关于所有权的规定，宣告案涉的人身保险合同无效，并要求国家保护被保险人的上述宪法基本权利。②

2. 法国

在法国，宪法对私法的影响主要是通过宪法委员会对私法规范的合宪性审查而进行的。宪法委员会的判决对普通法院具有拘束力，普通法院在其判决中可以直接援引宪法。法国民法典中也包含了许多一般条款，例如，第6条规定的公序良俗原则禁止当事人以合同等方式规避其适用，而公序良俗的内容，在相当程度上是由法官在审判过程中予以明确的。实践中，法官将宪法原则视为公共秩序的重要组成部分。③ 在许多民事案件中，一些宪法基本权利和宪法原则被民事法官所广泛地引用，例如，在新闻机构侵犯私生活的案例中，民事法官援引了1881年7月29日法律中的新闻自由原则。④ 也有部分学者认同“国家保护基本权利的义务”理论，认为私法关系的当事人可以在私法诉讼中援引宪法规范要求法院保护所

① C. Starck, “Constitutional Definition and Protection of Rights and Freedoms”, in C. Strack (ed.), *Rights, Institutions and Impact of International Law according to the German Basic Law*, Nomos Verlagsgesellschaft, Baden-Baden, 1987, p. 50.

② BVerfG, 26 July 2005, *NJW* 2005, p. 2376.

③ Bertrand Mathier, “Droit constitutionnel et droit civil: de la veilles outres pour un vin nouveau”, in *Revue trimestrielle de droit civil*, 1994, p. 62.

④ Cass. Civ. 1ère, 4 janvier 1995, Bull. Civ. I, p. 3.

涉及的基本权利，这尤其可以应用于劳动法领域。① 不过，就判例在私法关系中适用宪法规范的广度和深度而言，法国远不及德国，主要原因在于，法国并不存在一个“以宪法为唯一法源、其权力依赖于对宪法的适用”的宪法法院。②

另外，法国民法典的一些民事权利和民事原则逐步被宪法委员会承认为宪法性原则，从而具有宪法效力。关于意思自治原则的宪法价值，宪法委员会经历了一个从不承认到承认的过程。

一些法国学者反对在私法关系中直接适用基本权利规范，因为“针对契约争端，各国的民法典中总会有一个相应的条文，根据该条，违反法律和公共秩序的条款无效。基本权利的效力只能通过民事法律来实现。同理，针对契约外关系，基本权利的效力总是可以得到维持的，这并不是由于某人侵犯了另一个人的基本权利，而是由于民法典中包含着一个条款，要求致人损害者应负赔偿之责。我们再一次发现，基本权利的效力只有通过民事法律的媒介才能实现”③。这显然是主张基本权利对民事规范的间接效力模式。

但是，也有学者认为，宪法中的基本权利规范可以分为两类：具体性规范与抽象性规范。具体性规范十分明确、清晰，适用具有无条件性，其实施无须以国家立法作为中介（*interpositio legislatoris*）；而抽象性规范的适用对象是国家，其更类似于一种立法规划，欠缺实定法意义上的强制拘束力，个人如欲享受这些规范的利益，必须依赖于国家的立法介入。对于抽象性规范，个人是无法援引的，个人可以援引的只能是具体性规范。但是，关于如何识别这两类规范，学界也存在争议。④

法国最高法院在民事案件的审判中，也出现过直接援引基本权利规范的情况。例如，在 1996 年的一起住宅租赁合同案中，合同中曾约定：房

---

① Nicolas Molfessis，*Le Conseil constitutionnel et le droit privé*，Paris：LGDJ，1998，p. 198.

② David Capitant，*Les effets juridiques des droits fondamentaux en Allemagne*，LGDJ，Bibliothèque constitutionnelle et de sciences politiques，tome 87，2001，p. 273.

③ F. Rubio Lorente，“Table ronde ‘Constitution et secret de la vie privée”，in *A. I. J. C.*，Vol. XVI，2000，p. 399.

④ Georges Burdeau，*Libertés publiques*，4ème éd.，LGDJ，1972，p. 21.

屋仅限于承租人和其子女居住。但后来承租人允许其男友（也是其两个孩子的父亲）和妹妹居住于其中，出租人据此解除了合同。法国最高法院在判决中，没有援引关于住房租赁的有关法律，而是直接援引了《欧洲人权公约》第8条关于私生活受保护的权利，判决合同中的禁止其他家庭成员入住的条款无效。① 另外，在1999年的一起劳动合同案中，合同中约定雇员的工作需在不同地点间移动，因此，雇员必须将其住址迁移至工作地点附近的地区。但雇员后来未能迁移其住址，因此遭到雇主解雇。合同中的这一争议条款被上诉法院判决为合法，认为其系基于实际和严肃的理由。但是上诉法院的判决被最高法院撤销，后者指出："根据《欧洲人权公约》第8条，任何人享有住宅得到尊重的权利，自由选择个人和家庭住宅是这项权利的内容之一，雇主对这一自由的限制仅在以下条件是合法的：出于保护企业合法利益，考虑到所要求的工作的岗位，这一限制遵守了与所追求的目的成比例的原则。"② 由此最高法院直接适用了《欧洲人权公约》第8条私生活和家庭生活得到尊重的权利，而没有适用《法国民法典》第9条关于私生活得到尊重的权利。

通过这两个判例，法国最高法院分别在租赁合同和劳动合同中直接援引了《欧洲人权公约》第8条所规定的私生活和家庭生活得到尊重的权利，对《欧洲人权公约》的基本权利的横向效力给予了承认。③

3. 荷兰

荷兰被认为是采纳了间接的横向效力模式。在1948年的Hof Arnhem租赁合同纠纷中，合同曾约定，承租人（新教教会成员）应为新教教会做出足够贡献，否则，出租人可解除合同。后来承租人改变宗教信仰，信奉耶和华见证会，出租人于是解除租赁合同。上诉法院认为，出租

---

① Cass. civ. 3ème, le 6 mars 1996, Mel Yedei, J. C. P., 1997, Ⅱ, p. 22764, note Nguyen Van Tong.

② Cass. soc., 12 janvier 1999, pourvoi n° 96-40755, in *Bull. civ.* n° 7, p. 4; Affaire Spileers, *Recueil Dalloz*, 15 novembre, 1999, n° 41, p. 645; J.-P. Marguénaud et J. Mouly, *Revue de jurisprudence de droit des affaires Francis Lefebvre*, 1999, n° 2, p. 94, note J. Richard de la Tour.

③ Julier Raynaud, *Les attaintes aux droits fondamentaux dans les actes privés*, Aix-en-Provence, Puam, 2003, p. 109.

人的解约行为侵害了承租人的宗教信仰自由，违反了公序良俗原则。在1969年的Mensendieck案中，原、被告双方以合同约定，如原告未能取得所要求的文凭，则余生不得从事物理疗法的教学。上诉法院认为，这一条款本身违反了公序良俗原则。但最高法院推翻了上诉法院的判决，认为，判断合同条款是否违反公序良俗，应考虑的是合同所希望实现的是何种利益，以及利益的重要性是否足以使对教育自由的侵害得到正当化。在1984年的Suikerfeest劳动合同纠纷中，一位土耳其籍的女雇员因庆祝伊斯兰教的开斋节而旷工，由此被雇主解雇。该女雇员认为雇主侵犯了其宗教信仰自由。荷兰最高法院认为，如雇员要求请假一天以庆祝对其具有重要意义的宗教节日，原则上雇主应给予同意，除非给雇员准假将会造成重大损失。在上述这些案例的判决中，法院都将宪法基本权利及其价值纳入其考虑之中。在2003年的艾滋验血案中，一位牙医在给一位病人做手术的过程中，其血液不慎接触到后者的血液，而后者属于艾滋病高感染人群。该牙医因此要求病人接受抽血检验，但病人以侵犯其由宪法所保护的身体完整和私生活受保护的权利为由拒绝。荷兰最高法院认为，由于双方先前缔结了医疗合同，因而双方在合同结束后仍然负有相互照顾的义务，病人有义务协助医生，使其可以将在医疗过程中所遭受的损失降至最低。最高法院在此基础上进行了利益平衡分析，认为，病人接受抽血检验仅是对其身体完整造成轻微的伤害，而拒绝抽血可能对医生的生命和健康权产生重大的损害，因此，病人有义务配合医生的要求进行抽血检验。这一判决中，最高法院被认为直接适用了宪法中的有关基本权利。①

4. 英国

众所周知，英国并无一部成文宪法，以宪法来开列“基本权利清单”在英国也就无从谈起。基本权利第一次在英国国内法中被明确赋予了特殊的地位，应归功于1998年的《人权法案》(Human Rights Act 1998)。该法案将《欧洲人权公约》的实质性内容纳入了英国国内法的秩序之中，由此，英国的公权力机构都负有尊重《人权法案》所规定的基本权利的义

① Olha Cherednychenko, *Fundamental Rights*, *Contract Law and the Protection of the Weaker Party*, pp. 108 - 112.

务。不过，向来以“务实主义、怀疑主义和渐进主义”而著称的普通法院①这一次对《欧洲人权公约》和负责实施公约的欧洲人权法院的态度也不例外：他们的怀疑并未完全消除，因为他们认为，公约和法院都如其名称所宣示，是“欧洲的”。换言之，是主要植根于欧洲大陆国家的法律传统的。对于某一法律体系而言，其独特性关键在于法律职业家们使用、确定和表述其问题与解决方案的“概念性框架”。从这个角度来看，在普通法院的很多法官的眼中，欧洲人权法院的许多判决，对于德国等大陆法系国家的律师来说丝毫不让人惊讶，因为这与他们自己的国内法是一致的；但欧洲人权法院的推理方式对于英国法官来说就非常难以理解，欧洲人权法院对《欧洲人权公约》的很多解释都远远超出了公约起草人本身的意图。②

在英国 1998 年《人权法案》颁布以后，英国学界所争论的是，一些新的诉因（cause of action）如侵犯隐私，可否直接基于《人权法案》而提出。这在某种程度上与德国 1958 年 Lüth 案所引起的争论具有一定类似性。与德国类似的是，英国学者也普遍认为《人权法案》不能直接控制而是通过影响私法的发展来演进，因此，这也属于间接的横向效力模式。③有学者认为，英国应该借鉴德国和加拿大的模式，来构建英国的横向效力模式④；英国法院应当根据基本权利所反映的价值来适用和发展现行法。⑤ 在 2004 年的一个判例中，英国上议院就依据《欧洲人权公约》第 8 条关于私生活保护的内容，对普通法中的“违反信任”原则进行解释和适

---

① Oliver, *Constitutional Concepts, Sources and Cultures*, p. 14.

② Lord Reed, “The Constitutionalisation of Private Law: Scotland”, in *Electronic Journal of Comparative Law*, Vol. 5, May 2001, p. 32.

③ G. Taylor, “The Horizontal Effect of Human Rights Provisions, the German Model and its Applicability to Common-Law Jurisdictions”, in *Kings College Law Journal*, 2002, Vol. 13, Issue 2, p. 198.

④ Basil Markesinis, Privacy, Freedom of Expression and the Horizontal Effect of the Human Rights Bill: Lessons from Germany, 115 L. Q. R. 47 (1999), p. 73.

⑤ Gavin Phillipson, The Human Rights Act, “Horizontal Effect” and the Common Law: a Bang or a Whimper? 62 Modern Law Review, 824, 830 (1999). See David Hoffman (ed.), *The Impact of the UK Human Rights Act on Private Law*, Cambridge University Press, 2011.

用，用以制裁擅自侵犯名人私生活的媒体。[①]

英国1998年《人权法案》第3（1）节规定："在可能的限度内，基础性和派生性立法都必须以符合（欧洲人权）公约权利的方式去理解和执行。"虽然此处提到应按照公约的要求来理解和执行法律，但是此处仅指成文法（legislation），不包括普通法，也未提到公约权利可以适用于依照普通法裁决的私法诉讼。据此，一些学者认为，《人权法案》的横向效力问题难以确定。[②] 不过，《人权法案》第6（1）节规定："公权力机构如以不符合（欧洲人权）公约权利的方式行事，构成违法。"此处的公权力机构显然包括法院在内。[③] 也就是说，法院负有义务，以符合公约权利的方式做出判决，包括法院在裁决适用普通法的案件的时候。从这个意义上来说，英国也可以被认为是间接的横向效力模式。[④]

5. 意大利

意大利采取的是直接效力模式。意大利宪法法院在二战后曾在一项判决中援引宪法第36条（该条规定，雇员有权获得足够的报酬以保障其个人及家庭拥有自由和尊严的生活），宣告劳动合同中过低的报酬约定违反宪法前述条款而无效。[⑤] 宪法法院在1983年的一项判例中承认对宪法第32条所规定的身体健康权的侵害可使权利人获得损害赔偿请求权，独立于任何的物质损失赔偿请求权。[⑥] 2003年，意大利最高法院和意大利宪法法院通过一系列判例创造了一项新的原则，根据此原则，对宪法基本权利的侵害事实本身即可引发权利人的损害求偿权。这就突破了意大利对于非财产损害的赔偿极其有限的民法传统。[⑦]

---

① Campbell v. Mirror Group Newspapers [2004] 2 AC 457; [2004] 2 WLR 1232; [2004] 2 All ER 995.

② Richard Buxton, The Human Rights Act and Private Law, 116 L. Q. REV. 48 (2000).

③ Nicholas Bamforth, The Application of the Human Rights Act 1998 to Public Authorities and Private Bodies, in *Cambridge Law Journal*, 1999, Vol. 58, No. 1, p. 163.

④ Murray Hunt, "The Horizontal Effect of the Human Rights Act", 1998 *Public Law*, p. 427.

⑤ Trib. Firenze, 23 March 1948, Mon. trib. 1949 no. 18.

⑥ Corte Costituzionale 14 July 1986 No. 184, Foro it. 1986 I 2053.

⑦ Cass. 31 May 2003 No. 8827 and 8828; Corte cost. 11 July 2003 No. 233, Foro it. 2003 I 2201. Cf. G. Ponzanelli (ed), Il "nuovo" danno non patrimoniale (Cedam 2004).

6. 加拿大

加拿大《权利和自由宪章》第 32 条第 1 款规定：本宪章适用于议会和政府。可见，制宪者明确将其适用范围限定为公权力机构，学界也反对将基本权利规范扩大适用至私法关系之中。由此，加拿大最高法院在 1976 年的一项判决中指出："宪章第 32 条明确规定了其所适用的当事者，包括立法机关和行政机关等。"因此，该宪章不具有横向效力。

加拿大区分了宪法基本权利与宪法价值。宪法基本权利对政府的行为有效；宪法价值则影响整个法律体系，包括私法在内。①

RWDSU v. Dolphin Delivery Ltd. 是加拿大的代表性判例。② 该案中，一家私有企业起诉组织罢工的工会，要求法院针对后者对其场所实行的纠察封锁行动下达禁令，而工会认为，其纠察行动受到表达自由和集会自由的保护，因此，1982 年加拿大宪法的第一部分"人权宪章"应该适用于本案。法院最后判决："人权宪章"不能直接适用于普通法，除非其构成政府行为的基础；虽然"人权宪章"不能直接适用于普通法，但是法官对普通法的发展须符合宪章的价值。这就是说，"人权宪章"不能适用于纯粹的私法当事人之间的诉讼。这一原则在后来的其他判例中也得到了确认。③

值得一提的是，加拿大最高法院在 2004 年的 Amselem 案的判决中确认：该案中魁北克省蒙特利尔市一住宅小区的区分所有权业主以管理规约禁止犹太教业主在其房屋阳台上建造犹太教住棚节期间所临时居住的棚屋（souccahs），侵犯了犹太教业主的宗教信仰自由。由此，该判决"确认了一种新的解释方法——合宪性解释。事实上，《魁北克民法典》第 1056 条规定，基于不动产的用途、特点和所处位置，可以对业主使用不动产进行限制。自此，这些限制必须尊重业主的基本权利和自由，具体说

---

① Stephen Gardbaum, The "horizontal effect" of constitutional rights, p. 398.

② RWDSU v. Dolphin Delivery Ltd., [1986] 2 S. C. R. 573.

③ Hill v. Church of Scientology of Toronto, (1995) 2 S. C. R. 1130, R. v. Salituro, (1991) 3 S. C. R. 654, Dagenais v. Canadian Broadcasting Corp., (1994) 3 S. C. R. 835, and R. v. Park, (1995) 2 S. C. R. 836.

来，在本案中是宗教自由”[①]。

7. 南非

南非1996年的Du Plessis v. De Klerk案涉及报纸的新闻自由与企业名誉之间的冲突。[②] 该案中，一家报纸刊载报道，声称作为原告的企业在安哥拉内战期间涉嫌运送武器至该国境内。南非宪法法院判决，虽然1993年过渡宪法中的人权宪章不具有一般性的水平效力，不能适用于依据普通法裁决的私法诉讼，但是人权宪章对于调整私法当事人关系的普通法的发展具有影响。因为1993年过渡宪法第35条第3款规定：“在解释任何法律、适用和发展普通法和习惯法的过程中，法院必须对本章的精神、目标和宗旨给予适当的考虑。”而南非最终的1996年宪法第8条采取了分别式规定，第1款首先宣告，“人权宣言适用于所有法律，对立法、行政、司法机构及一切国家机构具有约束力”。随后，第2款规定，“鉴于权利的性质以及权利所施加义务的性质，人权宣言对自然人和法人具有约束力”。另外，该宪法第9条第4款禁止个人以种族、性别等理由对他人进行歧视，由此使个人负有与国家相同的非歧视义务。这实际上是直接横向效力模式。

8. 美国

在美国，根据所谓的“国家行为”（State Action）理论，仅有国家行为（州或者联邦政府行为）才能侵犯公民个人的基本权利。[③] 不过，自20世纪30年代以后，学界也普遍承认，如果私法主体行使国家的某些职能，或者与国家之间存在足够的联系或共谋关系的时候，基本权利规范的适用范围就可能扩展至这些私法主体。[④] 部分学者也开始质疑“国家行为”理论的合理性：“如果说权利法案仅仅保护我们免受国家的干预，那么今天这一观念已经过时。尽管政府仍然是一个威胁，不过，来自其他力量的威

---

① Pierre-Gabriel Jobin，“L'application de la Charte québécoise des droits et libertés de la personne aux contrats：toute une aventure”，in *Revue trimestrielle de Droit civil*，2007，p. 33.

② 1996（3）SA 850（CC）.

③ Virginia v. Rives，100 U. S. 313（1879）.

④ Murray Hunt，“The Horizontal Effect of the Human Rights Act”，1998 *Public Law*，pp. 423，427.

胁如今已十分严重。它们可能与政府的行为所造成的危害相当。”① 总体说来，美国模式可以视为某种“衍生性的纵向效力”模式，基本权利规范适用于一切行使国家权力的公共或非公共实体。

在1948年Shelley v. Kraemer案②中，非洲裔美国居民购买了住宅，但是该小区的管理规约此前规定：小区住宅只能销售给白人居民。其他白人业主在州法院提起诉讼，要求强制执行管理规约的约定。州法院支持了这些白人业主的请求，禁止非洲裔居民入住。美国最高法院推翻了这一判决，认为，州法院颁布禁令的行为构成“国家行为”，这一国家行为因为实施了种族歧视，违反了宪法第十四修正案所规定的平等保护原则（任何州……不得对其管辖下的任何人拒绝给予平等的法律保护）。“国家行为理论”认为，宪法基本权利仅对公权力机构具有约束力，对个人并无约束力。这被认为是典型的纵向效力模式。③

私人所有的购物中心对在购物中心进行请愿、集会或其他表达方式的人进行限制，是否侵犯后者的言论自由？④ 这涉及所有人的所有权和私法自治与表达人的言论表达自由之间的冲突。传统上，美国最高法院倾向于认为，政府所有的建筑是典型的公共空间（public space），而私人所有的建筑物之内不构成公共空间，言论自由等基本权利难以适用。⑤ 但是，加州法院采取了不同的立场。毕竟，在当代社会，传统意义上的公共广场越来越少，而私人所有的大型购物中心则越来越多，它们与“国家行动者”（state actor）之间的联系越来越不明显：它们向公众开放，但却属于私人所有，具有公共和私有的双重属性。对传统纯粹私有的销售场所所适用的规则，已难以完全套用到现代的购物中心。因此，对“公共”行动者的概

---

① R. K. Carr, *Federal Protection of Civil Rights: Quest for a Sword*, Cornell University, Ithaca, 1947, p. 193.

② Shelley v. Kraemer, 334 U. S. 1 (1948).

③ Erwin Chemerinsky, Rethinking State Action, 80 NW. U. L. Rev. 503, 505 (1985). Robert J. Glennon, Jr. & John E. Nowak, A Functional Analysis of the Fourteenth Amendment "State Action" Requirement, 1976 Sup. CT. Rev. 221, 221.

④ Robins v. Pruneyard Shopping Ctr., 592 P. 2d 341 (California 1979).

⑤ 当然，这一原则性立场也有例外，例如，在1946年的Marsh v. Alabama案中，美国最高法院认为，涉案的私人所有的集镇不得压制他人的表达自由，因此其在功能上相当于一个城市。Marsh v. Alabama, 326 U. S. 501, 506 (1946).

念需要进行重新认识：公共所有或者公共使用。① 加州法院晚近时期的一系列判决表明，法院对于传统言论保护的空间进行了扩张，即使在私人所有的购物中心之内，言论自由也有适用的必要和余地。② 这无疑对私人所有权和私法自治构成了限制。③ 有趣的是，近年来此类“购物中心诉讼”（mall litigation）也在欧洲上演，英国、德国等也相继发生了由私有的购物中心限制个人表达自由而引发的诉讼。④

美国的国家行动理论与德国和欧盟的第三人效力理论之间基本不存在可比性。⑤“德国基本法对民法所产生的影响，与美国法的情况形成鲜明对照……相对于德国基本法对社会的‘客观’秩序功能，美国宪法则置身于社会重要的私人部门之外……以这种方式，德国基本法的影响比起美国宪法来说要更为深远……在将基本法限定于政府行动（如美国模式）和将其适用于所有的公共和私人行动之间……德国宪法法院做出了区分，决定基本法间接地而非直接地适用于私法”⑥。

9. 爱尔兰

爱尔兰采取的是直接性横向效力模式。根据爱尔兰最高法院的解释，爱尔兰宪法中某些基本权利具有横向效力，不仅可以约束国家，还可以对私法当事人产生效力。⑦ 爱尔兰最高法院发展出宪法权利的侵权诉讼，如私法当事人侵犯了某些宪法权利，权利人可主张侵权责任。在 1973 年的

---

① Harvard Law Review Forum，“Developments in the Law State Action and the Public/Private Distinction”，in *Harvard Law Review*，2010，Vol. 123，p. 1304.

② Fashion Valley Mall，LLC v. NLRB，172 P. 3d 742，746－48（California 2007）.

③ Gregory C. Sisk，“Uprooting the PruneYard”，38 *Rutgers Law Journal*，pp. 1145，1151（2007）.

④ ECHR，Appleby v. United Kingdom（2003）37 EHRR 38，in Germany，Bgh Njw 2006，1054. C. f. O. Gerstenberg，“What Constitutions Can Do（But Courts Sometimes Don't）：Property，Speech，and The Influence of Constitutional Norms on Private Law”，in *Canadian Journal of Law and Jurisprudence*，2004，pp. 61－81.

⑤ Steven R. Ratner，“Corporations and Human Rights：A Theory of Legal Responsibility”，in *Yale Law Journal*，2001，v. 111，p. 489.

⑥ Edward J. Eberle，Dignity and Liberty：Constitutional Visions in Germany and the United States（Issues in *Comparative Public Law*），Praeger，2002，p. 29.

⑦ Andew S. Butler，Constitutional Rights in Private Litigation：A Critique and Comparative Analysis，22 *Anglo-American Law Review*，1993，p. 5.

Meskell v. Coras Lompair Eireann 案中，沃尔什法官指出：如果某人由于其宪法权利被侵害而遭受损害，则其可向侵权者追究责任。[①] 在 1987 年的 Hosford v. John Murphy & Sons 案中，科斯特罗（Costello）法官认为：爱尔兰宪法允许权利人在宪法权利受侵害时，追究国家及其工作人员之外的个人的责任。这是该宪法非常独特的一点。[②] 爱尔兰宪法第 40 条第 3 款第 1 项规定：国家之法律应尊重公民的个人权利，并在可能之限度内以其法律保护公民的个人权利。爱尔兰最高法院认为，该条为包括法院在内的国家机构设定了保护个人基本权利的积极义务，因此，法院应允许权利人援引宪法，直接作为其针对他人提起诉讼的依据。这方面以集会自由、禁止性别歧视、生活受保障、正当程序等权利条款为典型，这些条款具有直接的横向效力。

10. 国际组织

《欧洲人权公约》第 8 条关于私生活保护的条款，为国家设定了积极义务，要求其采取有效措施，确保私生活得到尊重，特别是在私人之间得到尊重。

2001 年制定、2009 年正式生效的《欧盟基本权利宪章》中多个条文在成员国的国内私法关系中可以产生效力，甚至可能是产生直接效力。虽然《欧盟基本权利宪章》第 51 条第 1 款未明确提到宪章所载的基本权利对私法当事人具有约束力，但很多学者认为，宪章很多条款的措辞表明它们可以直接在私法关系中发生效力，例如第 24 条、第 29 条、第 30 条及第 32 条；第 3 条第 2 款和第 5 条由于其重要性，也可以在私法关系中产生效力；而第 25 条、第 27 条、第 30 条第 1 款和第 2 款、第 33 条第 2 款亦可能产生直接的横向效力。[③]

欧洲共同体法院认为，在作为欧盟“宪法”之一的 1956 年《罗马条约》中，至少有两个条款具有横向效力：男女同工同酬，以及禁止以国籍

① See Meskell v. Coras Lompair Eireann [1973] IR 121，133.

② Hosford v. John Murphy & Sons，[1987] I. R. 621，626.

③ C. Busch，“Fundamental Rights and Private Law in the EU Member States”，in C. Busch & H. Schulte-Nölke (eds.)，*EU Compendium Fundamental Rights and Private Law. A Comparative Casebook* (Munich：Sellier 2010)，18 - 19.

为理由的歧视。这些条款对国家和个人均具有约束力。另外，根据欧盟法的直接效力原则，成员国法院应保证这些条款在国内法的有效实施；如其国内法中没有此类诉因，法院有义务对有关当事人给予有效的救济。

《美洲人权公约》（ACHR）第1条第1款为成员国设定了双重义务：首先是“尊重”公约所规定的权利和自由；其次是“保障”基本权利的自由和充分的行使。其中，保护性义务并不以规范性命令的方式结束，而是规定了政府采取行动以确保人权得以自由和充分行使的必要性。① 美洲人权法院认为：即使侵害基本权利的行为不能直接归因于成员国，例如系未能确定的某个私人的行为所致，成员国仍然得对此种侵害承担责任。这并非因为致害行为本身，而是由于成员国未能尽到必要的勤勉义务，避免侵害基本权利行为的发生。② 也就是说，国家因其未能有效保护基本权利而承担责任。

2003年，应墨西哥政府的请求，美洲人权法院就非法外籍劳工的权利问题发表了第18/03号咨询意见，认为：《美洲人权公约》第1条第1款的规定出发，缔约国同时承担尊重和保护人权的双重义务。由此，公约所规定的基本权利，已经成为缔约国的一项公共秩序，在缔约国的法律体系中具有不可克减的强行法效力。缔约国在保护劳工的基本权利方面承担多项义务：首先，如国家自身为雇主，则它应尊重非法外籍劳工的基本权利；其次，国家作为立法者，负有制定调整私人间劳动关系之法律的义务，以有效保护劳工的基本权利；最后，如果一项对非法外籍劳工基本权利的侵害行为系由一项歧视性的国家政策所造成或得到该政策的支持，则国家对此须承担责任。③ 由此，国家承担三种责任：首先是作为雇主的直接责任；其次是作为立法者的立法责任；最后是由于其公共政策或者疏失导致私人第三方侵害劳工权利时的补充责任。美洲人权法院的这一意见被认为是明确接受了基本权利的“第三人效力理论”④（*Drittwirkung*）。

---

① IACHR，*Godinez Cruz v. Honduras*，Judgment of January 20，1989，para. 175.

② IACHR，*Velásquez Rodríguez v. Honduras*，Judgment of July 29，1988，para. 172.

③ IACHR，Advisory Opinion 18/03，para. 147 - 152.

④ Javier Mijangos y González，“The Doctrine of the *Drittwirkung der Grundrechte* in the Case Law of the Inter-American Court of Human Rights”，in *InDret* (*Revista para el Análisis del Derecho*)，2008，Vol. 1，p. 20.

美洲人权法院第18/03号咨询性意见很快得到了成员国法院的遵从。例如，墨西哥在2005年的一项关于州选举的判决中，选举事务高级法院确认，私立媒体如果对某些政党制度性给予显然、明确和清楚的歧视性待遇，则可能构成对尊重第三方基本权利的宪法义务的违反。由此，法院将尊重宪法基本权利的义务，从立法、行政、司法机关扩展至电子媒体和大众传媒等私法当事人。①

总体而言，民法宪法化成为二战后许多国家的民法发展的一项普遍性趋势。此种现象并不局限于某一法系，大陆法系和英美法系都有国家出现了此种趋势。它也并不取决于是否存在负责违宪审查的独立宪法法院：在存在宪法法院的法律体系中，宪法法院并不见得愿意介入私法关系；反而，在没有宪法法院的法律体系中，通过民事法官的司法活动，宪法基本权利却有可能在私法中产生深远的影响。②

三、基本权利横向效力的根源

民法与宪法的关系可以上溯至18世纪末和19世纪初市民社会与民族国家兴起的时期。然而，在20世纪后半期，基本权利与私法的关系才真正成为一个法律问题，更具体地说，是二战以后在民族国家进行民主重构后，“老”民法典如何与“新”宪法相适应的问题。在当代，这一问题突出表现为基本权利在民法关系中的效力问题。

宪法基本权利的效力范围，尤其是其在私法关系中的效力，是近年来比较宪法学和民法学界最为重要和探讨最为热烈的问题之一。③ 基本权利是“宪法秩序向公民所赋予的、在其与国家公权力机构的关系中所享有的权利和保障的整体。就其目的和产生原因而言，基本权利不再立足于对作

---

① Javier Mijangos y González，“The Doctrine of the *Drittwirkung der Grundrechte* in the Case Law of the Inter-American Court of Human Rights”，p. 22.

② Olha O. Cherednychenko，“Subordinating Contract Law to Fundamental Rights：Towards a Major Breakthrough or Towards Walking in Circles?”，in Stefan Grundmann（ed.），*Constitutional Values and European Contract Law*，Netherlands：Kluwer Law International BV，2008，p. 45.

③ Stephen Gardbaum，“The ‘Horizontal Effect’ of Constitutional Rights”，in *Michigan Law Review*，2003，Vol. 102，p. 388.

为整体的人类和人性的普遍性进行构设，而是将其理论建构植根于当代社会对个人自由主义的承认以及对个人自由发展和个体权利日益重视的社会思潮。正是在这个意义上，从人权到基本权利的这一理论发展被称为"基本人权和自由的'私有化'"①。

在公法关系中，国家与个人之间的关系非为平等关系，而是管理和服从的关系，此种关系模式被称为"纵向"关系；而在私法关系中，当事人地位平等，其关系被称为"横向"关系。与公法和私法并存的格局相对应，基本权利与民事权利的并立构成公法权利体系和私法权利体系二元并存的格局。与拥有悠久历史传统的民事权利（主观权利）体系相比，直至晚近才出现的基本权利体系存在着诸多独特性：基本权利的义务主体是国家，而民事权利的义务主体指向私法当事人；公民的基本权利是平等和无差异的，而其所能享有的民事权利是存在差异的；基本权利向公民所赋予的效力也是平等和无差异的，而民事权利向权利主体和义务主体所赋予的效力显然是有差异和不平等的。更重要的差别还在于，就内容而言，与民事权利具有确定性相比，基本权利呈现出不确定性、无限定性和不明确性等特点。② 传统理论认为，基本权利是针对国家和其他公权力机构的权利与自由，宪法所确定的基本权利是构筑于公民个人和国家的关系之上的。③ 以德国 1949 年《基本法》为例，该法宣称其主要目标是致力于在新德国以"法治国"为基础，建设自由、社会和民主的秩序。正是基于对纳粹时期个人权利所蒙受的深重灾难的惨痛记忆，立宪者们有意在《基本法》的开端部分载明了 19 项个人的基本权利，它们所针对的主要对象显然是国家，而非私法主体④，由此，基本权利只应约束国家和个人之间的纵向关系，基本权利只应具有所谓"纵向效力"。

---

① V. Chanpeti-Desplats，"La notion de droit 'fondamental' et le droit constitutionnel français"，in *Recueil Dalloz*，*Chronique*，1995，p. 323.

② François Terré，"Sur la notion de droits et libertés fundamentaux"，in R. Cabrillac，M.-A. Roche et T. Revet（dir.），*Libertés et droits fondamentaux*，16e éd.，Dalloz，2010，p. 5.

③ Charles Howard McIlwain，*Constitutionalism*：*Ancient and Modern*，Indianapolis：Liberty Fund，2008，p. 21.

④ Basil S Markesinis，*The German Law of Obligations*，Clarendon Press，1997，p. 28.

然而，基本权利与民事权利之间绝非“井水不犯河水”的泾渭分明格局，相反，它们之间存在深远的互动影响。事实上，基本权利概念的出现所带来的一个重要而深远的变革，就是其对私法关系的效力，即所谓横向效力。基本权利的横向效力，就是指“在裁决私法当事人的一项民事争议中，某项宪法基本权利或者基本原则为法院直接或间接地加以适用”①。“直接”和“间接”横向效力的区分实际上是法院在适用方式上存在差别，因此也有人认为这是“直接适用模式”和“间接适用模式”②。传统上调整国家和个人之间关系的宪法基本权利规范在民事关系领域的影响不断增加，这被称为民法的“宪法化”进程③，这一进程具有深刻的政治、经济和社会原因。

1. 社会结构的深刻变化

由于经济与社会条件的变迁，当代社会已从农业社会进入工业社会，而社会结构的深刻变化必然影响到基本权利的效力。此外，社会中出现了强势群体和弱势群体，除了国家之外，所谓的“社会势力者”成为个人基

---

① K. Preedy, “Fundamental Rights and Private Acts-Horizontal Direct or Indirect Effect? —A Comment”, in *European Review of Private Law*, 2000, Vol. 1, p. 126. 当然，就基本权利在私法关系中的横向效力理论而言，也有人提出批评。例如，施瓦布（Schwabe）所提出的国家责任理论认为：对个人基本权利的侵犯者，归根结底都是国家，因为在国家未能有效禁止第三人侵害基本权利的情况下，实际上相当于国家默许了第三人的此种侵害行为，国家因此违反了其“容忍义务”。第三人对个人基本权利的侵害行为，实际上仍然可以被视为国家的干预行为。由此，说到底，宪法基本权利其实只有一项防御性功能，没有所谓的保护性功能。但是，如同阿列克西所指出的，施瓦布的国家责任理论混淆了国家的非禁止、容忍与干预、参与等行为之间的区别，就未能有效禁止第三人的侵害行为而言，国家并未参与侵害行为的形成，因此应是违反了其所负有的保护基本权利的义务。而且，施瓦布的理论预设了国家负有普遍性的责任这一前提，即国家对于一切未能有效禁止人的侵害行为的情形均须负责。此外，“国家容忍义务”理论含混晦涩，“国家保护义务”理论显然更优。See Robert Alexy, *A Theory of Constitutional Rights* (translated by Julian Rivers), Oxford University Press, 2010, pp. 305 - 306.

② M. van Empel & M. De Jong, “Constitution, International Treaties, Contracts and Torts”, in *European Review of Private Law*, 2002, p. 293.

③ Jan Smits, “Private Law and Fundamental Rights: A Skeptical View”, in Tom Barkhuysen & Siewert Lindenbergh (ed.), *Constitutionalisation of Private Law*, Martinus Nijhoff Publishers, 2006, p. 10.

本权利的重要威胁来源。[①] 德国宪法法院在1969年Blinkfüer杂志案[②]的判决中指出，实力雄厚的Springer出版社以切断经销关系为要挟，要求其经销商抵制实力弱小的Blinkfüer杂志的发行，原因在于后者刊载了意识形态截然对立的民主德国的电视节目；并认为，这是经济上的强大力量对弱小者的“巨大压迫”（massive Druck），后者的新闻与言论自由由此受到前者的妨害。在此背景下，传统民法中的私法自治和合同自由等原则实际上演变为侵害弱势群体基本权利的工具，私法自治导致放任种族主义者、性别歧视主义者、诽谤者等以合同等私法手段侵犯他人的基本权利。[③] 基本权利在私法关系中的横向效力理论，正是立足于对传统的自由主义模式下的纵向效力理论的批判而产生的。

在当代，基本权利所受到的侵害不仅可以来自国家，而且可以甚至越来越多地来自私法当事人。私法当事人可以与政府机构一样，成为对公民基本权利的威胁和侵害者。譬如，建筑物区分所有的住宅小区业主如以管理规约限制业主只能将其房屋出让于某一种族或宗教信仰的买受人，就可能构成种族歧视或侵犯宗教信仰自由；在租赁合同关系中，出租人禁止承租人的家庭成员居住于出租房屋之内，就可能侵犯其家庭生活受到尊重的权利[④]；在劳动合同中，雇主禁止雇员参加宗教活动或穿着具有宗教意义的衣饰，就可能侵犯其宗教信仰自由。[⑤] 此外，作为经济全球化进程的关键推动者的跨国公司，在规范的制定中也扮演了越来越重要的角色：规模巨大的跨国公司往往向他国推行自己拟定的标准合同、贸易规则、行为准则、行业惯例或标准等软法规范，从而成为事实上的法律（软法）制定者，与主权国家并列为法律制定者，二者之间形成“共同调整”（co-regulation）关系。这就是所谓规范制定的“私有化”。这一格局在金融危机

---

① 参见陈新民：《德国公法学基础理论》，增订版，上卷，385页，北京，法律出版社，2010。

② BVerfGE 25，156－169.

③ Erwin Chemerinsky，“Rethinking State Action”，in *Northwestern University Law Review*，1985，Vol. 80，p. 503.

④ Cass. Civ. 3e，06 mars 1996，in *Bull. Civ.* Ⅰ，n°60，JCP G 1996，I. p. 3958，n° 1.

⑤ Cass. Soc.，28 mai 2003，*D.* 2003，p. 2718，not F. Guiomard.

爆发后得到进一步强化，大企业在经济领域的规范制定权得到加强。① 然而，这一格局显然也带来新的风险：大企业所制定的标准合同、行业惯例等文本，通常会给消费者的权益甚至基本权利带来侵害。典型的例子如，个人信息权是一项新型的基本权利，其基础为个人自我决定权，然而，在许多跨国公司就消费者个人信息的转移所起草的标准合同中，对于这些个人信息的用途、第三方分享等未做出明确承诺，这就可能侵犯消费者的个人信息保护权这一基本权利。

2. 社会民主原则的诞生

从比较法角度分析，可以得出以下结论：首先，基本权利的横向效力问题并不必然与某一特定的法律文化相联系，在大陆法系（如德国、荷兰）和普通法系（如加拿大、爱尔兰和南非）的许多国家都出现了这一进程。其次，合同法的宪法化在政治上并不是中性的，它是受到社会正义政策的启发。② 以社会正义原则为支撑的社会福利国家思潮的兴起，正是基本权利产生横向效力的另一重要原因。

德国是奉行“社会国家”原则的典型代表。德国《基本法》第 20 条规定，德国“是一个民主和社会性联邦共和国”；第 28 条又规定：“联邦各州的宪政制度必须符合共和、民主、社会性和法治国家原则”。此种“社会的法治国家”（*soziale Rechtsstaat*）充分反映出德国法对平衡公民政治权利与社会经济权利的追求。社会民主原则要求国家在社会领域中采取积极行动，为公民实现其基本权利创造条件，国家因此负有积极义务。社会民主国家的主要内容是社会平等和社会团结原则。前者强调获得机会和资源方面的平等，后者强调每一社会成员在做出其私人决定的时候应负

---

① Fabrizio Cafaggi, “Private Regulation in European Private Law”, in Arthur S. Hartkamp, Martijn W. Hesselink, Ewoud H. Hondius, Chantal Mak & C. Edgar du Perron (eds.), *Towards a European Civil Code*, 4th revised and expanded edition, Kluwer Law International, 2011, pp. 95 - 96. 另见薛军：《“民法—宪法”关系的演变与民法的转型——以欧洲近现代民法的发展轨迹为中心》，载《中国法学》，2010 (1)，92 页。

② Aurelia Colombi Ciacchi, “The Constitutionalization of European Contract Law: Judicial Convergence and Social Justice”, in *European Review of Contract Law*, 2006, Vol. 2, p. 168.

有对其他社会成员的利益进行充分考虑的义务。[①] 在自由主义政治哲学中，对个人基本权利和自由的最大威胁是一个强大的国家；而社会民主原则恰恰要求国家对有价值的社会资源（例如财产、就业机会等）进行有效的控制；国家对这些资源按照社会平等原则进行分配，有利于促进社会成员特别是处于弱势地位的那些群体充分实现其基本权利。例如，私有企业可能会垄断某些领域的就业机会，由此可以制度性地歧视某些少数群体，或者滥用其解雇权随意解雇行使表达自由的雇员，以培养驯服的员工。在此情况下，国家就有义务制定法律，贯彻社会平等原则，禁止雇主歧视少数群体，禁止雇主随意解雇员工。如宪法规定了就业权，则国家就有义务采取行动，创设公共职位以创造就业；如宪法规定了住房权，则国家就应建造社会住宅，为符合条件的公民提供住房。例如，南非宪法规定，公民有权获得“充分的住宅”。南非宪法法院据此认为，这一宪法义务要求国家采取合理的立法及其他措施，在其所能获得的资源范围内，逐步实现这一目标。为此，国家负有最低限度的核心义务，以合理的立法计划，确保所有人的住房权。[②]

从哲学根源来看，公民权利与政治权利植根于古典自由主义，笃信国家对人权的保护表现为对滥用权力的克制，从而使个人自由免受国家的侵害，国家应尽可能地保持不干预的消极状态。然而，“社会国家”原则正好构成对古典自由主义的消极效应的一个矫正，因为古典自由主义忽视了个人充分行使其权利和自由所必需的经济、社会条件，于是享有优越的社会、经济条件的人可以形成社会学意义上的优势地位或权威，从而对处于劣势地位的人享受权利和自由构成威胁。由此，国家在社会和经济权利领域必须采取积极的介入行动，以保证“竞技场上的平等”。“法治国家”原则主要的价值目标是“自由”，尽力避免和防止公权力的干预；而“社会

---

① Mark Tushnet, “The Issue of State Action/Horizontal Effect in Comparative Constitutional Law”, in *International Journal of Constitutional Law*, 2003, Vol. 1, p. 90.

② Government of the Republic of South Africa v. Grootboom, 2001 (1), S. A. 46. 2000 (11) B. C. L. R. 1169 (CC) .

国家”更倾向于追求“平等”，要求国家必须采取行动。[①]“社会国家”原则鼓励国家采取各种社会行动措施，从而使国家的介入行为合法化，并使对某些基本权利的限制的措施正当化；此外，“社会国家”原则主要是通过立法者而非司法者来实现的，因为社会权利就其本身而言在司法上通常不具有可诉性，而必须由立法加以具体化之后才成为可诉性权利。[②] 由此，“社会国家”原则被广泛应用于保护处于不利地位的阶层，如雇员、承租人、消费者等，以消除不公正的社会行为。此外，更为引人注目的是，“社会国家”原则同样用来限制德国《基本法》所规定的其他的基本权利和自由，例如竞争自由、营业自由、合同自由、所有权等。[③] 例如，在一个涉及保险合同的案例中，一名婴儿出生后罹患先天性残疾，需终身照顾。经查所罹患之先天性疾病系其母亲在孕期所致，而其母此前曾是一名职业护士。联邦宪法法院依据“社会国家”原则判决胎儿同样应享受怀孕母亲所享有之社会保险利益，从而使之成为保险合同的受益人。[④] 在房屋租赁领域，根据“社会国家”原则，为保护承租人，法律对出租人上涨租金的权利有严格的规范，对出租人在租赁期限内解除租赁合同更是加以极为严格的限制。在德国 1993 年 Bürgschaft 案[⑤]中，除了自决权这一基本权利之外，联邦宪法法院所援引的另一项宪法基本原则正是“社会国家”原则。宪法法院在判决中指出：如果一方合同当事人的缔约能力存在结构性的弱势，该弱势方的合同后果将变得异常沉重，那么合同就具有蜕变成一种“他律”手段的风险。

3. 公法和私法传统划分的消解

根据传统理论，公法和私法是不同的法律领域，约束不同的法律主体

---

① Erika de Wet, “Can the Social State Principle in Germany Guide State Action in South Africa in the Field of Social and Economic Rights”, in *South Africa Journal of Human Rights*, 1995, v. 11, pp. 39 - 41.

② 参见［德］英格沃·埃布森：《德国〈基本法〉中的社会国家原则》，喻文光译，载《法学家》，2012（1），169 页。

③ BVerfGE 54，143（146）.

④ BVerfGE 45，376（387）. 当然，对这些基本权利的限制必须不得侵害其实质性内容（《基本法》第 19 条第 2 款），并符合比例性和法律确定性等基本法治原则。

⑤ BVerfG，*NJW* 1994，pp. 36，38.

(是否涉及国家)，保护不同性质的利益（公共利益与私人利益），适用不同类型的法律规则（隶属型关系与平等型关系），具有不同的调整模式(集中与分权)，适用不同的执行机制（是否适用处分原则），立足于不同的正义观（分配正义与矫正正义）。[①] 与公法不同，私法独立于国家，私法制度允许私法当事人追逐其自身利益，而无须国家的介入。此种“私法自治”的合法性在于保障个人的自由，而公法在于保护国家与个人关系中的个人权利。基本权利涉及国家与个人的关系，因此属于公法性质的权利。换言之，基本权利是个人对抗国家的权利，而私法权利是个人对抗个人的权利；基本权利原则上不应延伸适用于私法关系。私法免受宪法的规制是为了保护私人的自由、私法的自治和公民的隐私；宪法最为关键和突出的特点是为立法者制定了法律，从而填补了法治的一个重要漏洞。将基本权利限制适用于公共空间，提升了公民的自治性，保存了一个与公共空间相异质的私人空间，使其免受宪法规范统一和强制性的拘束。[②] 而根据私法自治，个人可以按照其意愿，自主决定做或者不做某事；但是，公权力机构却不可以享有此种自主权。例如，个人在其社交网络中，可以依对方的政治观点来自主选择是否与其交往或合作。但是，公立大学却不得以教授所发表的个人政治观点为由将其解聘。同理，很多学者认为，尽管法律禁止公权力机构进行种族歧视，但是房东个人可以种族等为理由来选择与之签订房屋租赁合同的房客。私法当事人以所有权或者合同等形式来按照其个人喜好行事，被认为是私法自治原则的必然逻辑结果。[③]

然而，值得注意的是，作为“客观价值秩序”的宪法基本权利制度是全部法律秩序的基础；这些价值必须渗入公法和私法之中，所有的法律秩

---

① Ernest J. Weinrib, *The Idea of Private Law*, Harvard University Press, 1995, p. 81.

② Richard S. Kay, “The State Action Doctrine, the Public-Private Distinction, and the Independence of Constitutional Law”, in *Constitutional Commentary*, 1993, Vol. 10, pp. 351 - 353.

③ Mattias Kumm, “Who is Afraid of the Total Constitution? Constitutional Rights as Principles and the Constitutionalization of Private Law”, in *German Law Journal*, 2006, Vol. 4, p. 363.

序都应该符合这些基本原则。① 这就是说，宪法上的自由、尊严这些基本价值不仅应约束国家的行动，而且应约束市民社会的行为。例如，合同法应保护当事人的合同自由，侵权法应对公民的人身权和财产所有权进行保护。尽管公法与私法的一些原则、规则等存在差异，但支撑二者的价值基础是统一的。在全部法律体系中存在所谓的“总体性宪法”②（*total constitution*），它保证了法律秩序的完整，以及其价值体系的内在一致性。这种“总体性宪法”的核心正是基本权利体系。19 世纪的私法学者以自然法学、历史法学或者概念法学来构建私法体系，将私法描述为法律理性的体现。如今这一观念本身已被摈弃，私法本身也被视为一种政治选择的手段，变成了自觉性、宽泛性的政治斗争的目标。私法已经从法律的神龛上走了下来，成为世俗性的调整手段。

如果借用结构主义的理论，我们可以认为：公法与私法之间存在某种“互文性”③（intertextuality，或称文本间性）。这种“互文性”表现为：一方面，公法中逐渐引入了私法的机制特别是契约机制，例如，在当代行政法中，政府越来越多地引入市场和契约化手段，政府和私人部门之间形成一种相互依存的谈判关系，由此构成所谓新社团主义（neo-corporatism）的治理模式。④ 另一方面，宪法基本权利的主观权利属性得

---

① Aharon Barak，“Constitutional Human Rights and Private Law”，in D. Friedmann & D. Barak-Erez（eds.），*Human Rights in Private Law*，Oxford：Hart Publishing，2001，p. 13.

② Mattias Kumm，“Who is Afraid of the Total Constitution? Constitutional Rights as Principles and the Constitutionalization of Private Law”，in *German Law Journal*，2006，Vol. 4，p. 341.

③ “互文性”概念由法国后结构主义批评家 Julia Kristeva 所提出，意在强调任何文本都不是自足的，其意义是在与其他文本交互参照、交互指涉的过程中产生的；文本不是一个静态的机构或者产物，而是一个动态的场所，其焦点是对关系性过程和实践的分析。作为对“文本自治”理论的批判，互文性理论认为，在一个文本中，不同程度地以各种能够辨认的形式存在其他的文本，并可以差异性或历史性的方法溯及其他文本。María Jesús Martínez Alfro，“Intertextuality：Origins and Development of the Concept”，in *Atlantis*，published by AEDEAN（Asociación española de estudios anglo-americanos），1996，Vol. 18，No. 1/2，p. 268. C. f. Irwin，William，“Against Intertextuality”，in *Philosophy and Literature*，2004，Vol. 28，No. 2，pp. 227－230.

④ 参见［美］小阿尔弗莱德·阿曼：《全球化、民主与新行政法》，刘轶译，载《北大法律评论》，2004（6），223 页。

到承认，由此民事权利的救济机制被引入宪法基本权利。随着时代的发展，私法已逐渐被视为另一种社会调整的手段。① 民法本身的逻辑自足性神话被打破，宪法基本权利及其价值在对民法的解释和适用方面形成指引和参照，赋予民法一般条款（如公序良俗）以意义。宪法的方法论也广泛进入民法领域，民事法官在处理权利冲突的时候对所涉权利的具体范围进行审查，同时广泛应用比例性原则和利益平衡等方法。归根结底，私法同样是政治辩论的对象，因此，私法所谓技术性中立的观点不再站得住脚。如同哈贝马斯所指出的，私权自治的范围和限度都必须由公民在民主进程中通过行使其公权自决的方式来予以确定。② 与政治性争议的主题（如劳动关系、消费者保护、产品责任）等相关的规则，仍然在继续重塑私法自治的范围和限度。在一个私法规范的产生被视为一个政治问题；而政治进程经由宪法指引并受宪法权利所制约的世界里，私法必然被宪法化。③ 很显然，既然私法也是法秩序的有机组成部分之一，同样要参与实现法律体制整体所要实现的任务，那么，“私法在解决自己的问题的时候，也必然要立足于共同体认为具有约束力的政治性的价值判断。所以，从根本上来看，所谓的政治上‘中立’的私法体制其实是不存在的”④。由此，在公法之外，私法成为又一种社会调整的法律手段，以实现立法者的社会政策目标。⑤ 归根结底，人的概念本来就是统一的，如果生硬地以“公”与“私”的二元对立模式来切割人在属性上的统一，对其不同的属性分别基

---

① Hugh Collins，*Regulating Contracts*，Oxford University Press，1999，p. 117.

② Jurgen Habermas，“Popular Sovereignty as Procedure”，in Habermas，*Between Facts and Norms*，1996，MIT Press，1996，p. 600.

③ Mattias Kumm，“Who is Afraid of the Total Constitution? Constitutional Rights as Principles and the Constitutionalization of Private Law”，in *German Law Journal*，2006，Vol. 4，p. 366.

④ 薛军：《“民法—宪法”关系的演变与民法的转型——以欧洲近现代民法的发展轨迹为中心》，载《中国法学》，2010（1），81页。

⑤ 例如，在消费者权益保护领域，当代合同法都出现了许多重大的调整，纳入了许多重要的政策目标，如对消费者公平交易权、人身安全等的特别保护，而非仅仅强调对矫正正义的保护。在侵权法领域，重要的变化表现为社会团结原则的纳入，由此带来了侵权法诸多重要的革新，如雇主责任、产品责任、强制保险制度等。

于公法和私法予以区隔式调整，实际上人为地割裂了“人”的概念的统一性。① 很显然，公法与私法的严格区分如今已不合时宜，难以为继。

四、建立基本权利横向效力的多层次适用体系

近年来，中国法学界关于宪法基本权利在私法关系中的横向效力问题已有一些探讨和研究。不过，目前对此问题的研究者多为公法学者，私法学者甚少涉猎这一问题；而且，所选择的参照对象基本都是单一的德国法模式。② 由此，我国现有研究对于民法究竟应如何“适应”（*accommodate*）宪法基本权利的横向效力、中国民法具体需要进行何种“改造”和“重构”，似乎都欠缺更为深入的探讨。

就我国宪法的基本权利规范而言，其中的某些条文同样可在私法关系中产生横向效力，如第 36 条（宗教信仰自由）及第 40 条（通信自由）等。③ 就宗教信仰自由而言，显然，除国家之外，公民和法人亦可构成侵害这一自由的主体；就通信自由而言，亦是如此。恰如葡萄牙宪法法院在 1985 年的一项判决中所指出的，“毋庸置疑，通信自由就其性质而言，属于具有普遍对抗力（*erga omnes*）的权利范畴，因此，它不仅约束公权力机构及其工作人员，在私法主体的关系之中它亦可产生效力”④。此外，除了上述两个条文之外，我国宪法中可能产生横向效力的其他条文还包括：第 33 条（平等权；南非 1996 年宪法第 9 条第 4 款基于平等权为个人设定与国家相同的非歧视义务）；第 38 条（人格尊严；法国最高法院在

---

① 参见薛军：《人的保护：中国民法典编撰的价值基础》，载《中国社会科学》，2006（4），126 页。

② 部分研究成果如：张千帆：《论宪法效力的界定及其对私法的影响》，载《比较法研究》，2004（2）；陈道英、秦前红：《对宪法权利规范对第三人效力的再认识——以对宪法性质的分析为视角》，载《河南省政法管理干部学院学报》，2006（2），49 页；薛军：《“民法—宪法”关系的演变与民法的转型》，载《中国法学》，2010（1），90 页；钟头朱：《宪法基本权利之第三人效力》，载《贵州民族学院学报（哲学社会科学版）》，2011（1）；钱福臣：《德国、荷兰的私法宪法化问题》；载《学术交流》，2011（11），40 页。专著有：李秀群：《宪法基本权利水平效力研究》，北京，中国政法大学出版社，2009；张红：《基本权利与私法》，北京，法律出版社，2010。译文如 Peter. E. Quint：《宪法在私法领域的适用：德、美两国比较》，余履雪译，载《中外法学》，2003（5）。

③ 参见张翔：《基本权利的双重属性》，载《法学研究》，2005（3），36 页。

④ TCP，n°198/82，30 octobre 1985，Diário da República，15 fév.，1986，n°38.

2001年的一项民事判决中确认，基于“保护人格尊严的宪法原则的要求”，医生对病人负有告知义务[①]）及第49条（公民负有抚养、教育子女和赡养父母的义务；德国《基本法》第6条第2款、意大利宪法第30条亦有类似规定）等。

问题在于：这些具有横向效力的基本权利规范，采用何种模式方可有效地适用于民法关系之中？就此而言，众所周知，德国法学界构建了三种理论模式：直接效力说、间接效力说和国家保护义务说。

所谓直接效力说的创始人是德国原联邦劳动法院院长尼伯代（Nipperdey）。他提出：宪法所规定的基本权利，不仅可以适用于公法关系来对抗国家，还可以直接适用于私法关系以对抗私法的第三方当事人。因为基本权利是整个法律秩序的客观性规范，所以基本权利可以约束国家的同样方式来约束私法当事人。私法当事人之间的交易关系的效力直接受制于基本权利规范；如果基本权利在私法关系中受到侵犯，那么基本权利规范应得到直接适用，而私法规范所扮演的角色仅仅是规定侵害基本权利在私法上的后果（如损害赔偿）。从这一观点出发，如在私法关系中涉及基本权利，应选择适用规定基本权利的宪法规范，从而决定私法行为的效力的是宪法规范而非私法规范，私法规范的作用仅限于在宪法规范确定私法行为的效力之后，确定其相应的效果。由此，在此种模式之下，私法和宪法的关系表现为宪法享有绝对优先的效力，私法处于从属地位。

间接效力说系由杜利希（Dürig）所提出。根据这一理论，如果私法关系中涉及基本权利问题，那么，此案件在实质上和程序上仍然是一个私法的争议；虽然对相关的私法规范应对照宪法来进行解释，然而，归根结底，案件结果仍然是依据私法规范来进行裁决的。而宪法影响民法最好的通道，就是民法典中的那些一般条款，如《德国民法典》第242条规定的诚实信用和第826条所规定的善良风俗。唯有通过这些民法一般条款作为在私法中实现宪法基本权利的媒介作用，才能在法律体系及逻辑上保障私法的独立性。德国联邦宪法法院对Lüth案的判决是应用间接效力理论的

---

① Cass. Civ. 1ère，9 octobre 2001，Bull. Civ. Ⅰ，n° 249，p. 157.

典型判例。[1]

“国家保护义务”说是基于对间接效力理论的批判和反思而产生的。根据这一理论，仅仅主张基本权利对于私法规范是客观的价值指引，是不够的；基本权利还能向个人赋予对其他个人提出诉讼的主观权利。“毋庸置疑的是，承认主观权利属性意味着较之于颁布纯粹客观性的要求而言，需要有更高的实现程度。对国家干预的纯粹客观性的禁止比同等的主观性权利的内容要少”[2]。这一关键性转变被称为宪法基本权利的“主观化”。由此，基本权利已不再局限于作为对抗国家干预的防御性权利，构成所谓的“客观价值秩序”，它同样具有主观权利的属性。另外，在当事人的基本权利并非受到国家的侵害，而是受到其自愿缔结的协议的限制或者受到来自私法上第三人的侵害之时，仅仅强调基本权利的防御性功能并不足以解决问题，因为国家并未违反其不干预基本权利的消极义务；此时，就必须求助于“国家保护宪法权利的义务”理论，使国家有义务确保基本权利在私法关系的当事人之间仍然得到保护。例如，若国家未能采取有效的禁烟立法和行政措施，就可能导致非吸烟者在公共场所因吸烟者的吸烟行为而身体健康受损害。就国家容许他人的吸烟行为而言，由于国家并未参与他人的吸烟行为，因而国家并未直接损害非吸烟者的健康权，也未对此形成干预，非吸烟者所享有的身体健康权这一基本权利的防御性功能显然无法应对。但是，国家容许他人的吸烟行为，这违反了非吸烟者基于身体健康权这一基本权利所享有的、要求国家采取积极措施保护其健康的权利。此时，诉诸基本权利的保护性功能就能有效地解决问题。显然，这比间接（横向）效力理论走得更远。[3] 德国 1990 年的 Handelsvertreter 案[4]是德国联邦宪法法院应用“国家保护宪法权利的义务”理论的典型判例。

就上述关于基本权利横向效力的三种适用模式的地位及相互关系，德国著名学者阿列克西在其代表性著作《宪法权利理论》中提出了“三阶段

---

① BVerfGE 7，198 (Lüth) .

② Robert Alexy，*A Theory of Constitutional Rights*，p. 303.

③ Robert Alexy，*A theory of Constitutional rights*，p. 307.

④ BVerfG，7 February 1990，81，242 (*Handelsvertreter*) .

模型”（Three-Stage Model）构想：第一层次是国家义务（间接横向效力模式），即公权力机构特别是立法机构和司法机构必须服从作为“客观价值秩序”的基本权利规范，法官必须依据宪法基本权利条款对私法规范做出合宪性解释；第二层次是个人在横向层面对抗国家的权利（国家保护基本权利的义务），即基本权利具有对抗国家的效力，如果民事法官未能按照合宪性解释有效保护基本权利，则构成对基本权利的侵犯；第三层次是直接横向效力模式，即直接适用宪法基本权利条款于私法关系。①

然而，上述理论模型似乎混淆了基本权利的防御性职能和保护性职能，混淆了对抗国家的权利与国家的义务等问题。例如，立法者为保护基本权利而负有立法义务，法官负有依据宪法对私法进行合宪性解释的义务，这两种义务其实都是国家的义务。不过，后者被纳入第一层次，而前者被纳入第二层次，欠缺逻辑一致性。② 另外，基本权利的防御性功能是第一层次的，旨在保护个人免受国家公权力的侵害，要求国家以立法来禁止公权力机构侵害个人的基本权利。但是，仅有防御性功能并不足以解决问题，因为很多时候侵害基本权利的，并非公权力机构，而是与受害人建立了合同关系的相对人。此时，就必须诉诸国家的保护义务，即法官在对私法关系的裁判中，负有通过合宪性解释等手段来有效保护合同当事人的基本权利的义务。因此，法官在司法裁判中负有的间接保护基本权利的义务是处于第二层次的。简言之，立法者在民事立法中的保护义务是第一位的，法官在民事司法中的义务是第二位的。③

就我国的情况而言，结合经由 2004 年宪法修正案所引入的《宪法》第 33 条关于“国家尊重和保障人权”的重要规定，“国家尊重和保障人权”的庄严承诺意味着国家既负有“尊重”人权、不干预个人行使基本权利的消极义务（防御性功能，对抗国家干预），也负有以立法等手段来

① Robert Alexy，*A Theory of Constitutional Rights*，Robert Alexy，pp. 359 - 363.

② Didier Ribes，*L'Etat protecteur des droits fondamentaux*，thèse de droit，Université Paul Cezanne-Aix Marseille Ⅲ，mai 2005，pp. 274 - 275.

③ Olha Cherednychenko，*Fundamental Rights*，*Contract Law and the Protection of the Weaker Party*，Sellier，European Law Publisher，2007，p. 97.

"保护"人权、促进其实现的积极义务（保护性功能，要求国家采取积极措施防止第三人干预）。① 对于平等权、程序保障权和社会权利等新型人权，强调这些权利的保护性功能尤有必要，例如，《宪法》第42条等所提到的"创造劳动就业条件""提高劳动报酬和福利待遇"等措辞所体现的就是积极性的保障义务。② 自此，宪法基本权利不仅为个人对抗国家可能的侵犯构建了一个广泛的防御体系，还被赋予另一个关键性功能：个人可以请求权人身份要求公权力机构针对其所遭受的、来自第三人的威胁，采取积极的保护措施。这些第三人"可以是威胁要杀害人质的恐怖分子、对附近居民带来危险的核电站、对债务人强制执行合同的银行、违法解雇雇员的雇主或者威胁要解除租约的出租人"③；而权利人的请求所针对的公权力机构，既可以是立法机构（因为未能制定合适的保护性法律）或行政机构（因为未能采取适当的保护性措施），也可以是司法机构（因为未能以保护性的方式解释法律）。基本权利赋予个人的请求权功能，就是基本权利的主观权利属性的体现。如国家未能满足个人保护其基本权利的请求，致使其基本权利为第三人所侵害，则国家应承担违反其义务的责任。

由此，我国的基本权利横向效力模式应该设定如下：第一层次是国家保护基本权利的义务，具体说来，立法者负有以私法立法来保护基本权利的义务，禁止私法关系中的第三人侵犯主体的基本权利，因为立法者直接受到基本权利规范的约束。历史教训表明，必须摒弃立法绝对主义思想，因为民主制度亦有其局限性，立法者可能以多数决定原则强行通过违反基本权利的法律，所以必须强调制宪者所确立的基本权利不能由立法者任意处置。在国家公权力各组成部分中，立法者首先负有保护基本权利的义

① 有学者认为，《宪法》第33条的人权入宪条款赋予国家以尊重和保障人权的义务，因此，明确了我国宪法基本权利的约束对象是国家公权力。参见张翔：《基本权利的体系思维》，载《清华法学》，2012（6），31页。

② 参见张翔：《基本权利的受益权功能与国家的给付义务——从基本权利分析框架的革新开始》，载《中国法学》，2006（1），24页。

③ Mattias Kumm, "Who is Afraid of the Total Constitution? Constitutional Rights as Principles and the Constitutionalization of Private Law", in *German Law Journal*, 2006, Vol. 4, p. 344.

务，这是“为了防止与警告民主宪法与作为其基本精神的基本权利被立法者所破坏和掏空”①（施密特语）。第二层次为间接横向效力模式，如立法规定中遗留有模糊之处，则法官应依据合宪性解释来保护私法当事人的基本权利，尤其是通过对诚实信用原则或公序良俗原则等一般条款的解释。一般条款一方面接纳了基本权利规范所代表的客观价值，另一方面也保存了私法本身的技术和相对独立性。第三层次为直接横向效力模式，在例外情况下，如无保护基本权利的民事立法，则基本权利条款可以直接适用。此时基本权利不仅作为客观价值秩序对私法发挥指引作用，而且作为主观权利可在私法关系中被直接援引。例如，对于劳动合同中禁止劳动者结婚的条款，法院可直接援引宪法关于婚姻自由的条款宣告其无效。②

当然，这里牵涉到人民法院在民事判决中能否引用宪法规范的问题。必须承认，这是一个十分复杂和敏感的问题，因为援引宪法有时候会涉及解释宪法，而解释宪法的权限仅属于立法机关（全国人大常委会）。因此，根据最高人民法院一系列文件的要求以及民事司法的传统，法官一般不宜在民事判决中直接援引宪法条文，尤其不宜将其作为民事判决的主要理由。但是，必须看到，民事判决对宪法规范的援引现象难以完全避免，因为我国的民事立法并不完备，在某些案件中，由于缺乏可资适用的具体规则，法官不得不借助于民法中的一般法律原则，“而民法原则的模糊性、抽象性又使法官有必要对该部门法原则的来源、出处或者适用在本案中的恰当性、权威性做出解释和阐述，这就可能需要从法律‘回溯’到宪法，‘引用’宪法”③。正因为如此，在实践中，人民法院的民事判决中的确存在援引宪法条文的现象，前引人民法院引用宪法婚姻自由的条款宣告劳动

---

① 赵宏：《限制的限制：德国基本权利限制模式的内在机理》，载《法学家》，2011（2），192页。

② 参见刘文基：《破解霸王条款劳动法有招》，载《人民法院报》，2007-04-20。

③ 马岭：《齐玉苓案“批复”废止“理由”析》，载《法学》，2009（4），19页。

合同中禁止结婚的条款无效即是典型的例子。[1]

由此，不应完全禁止法院在民事判决中援引宪法条文，正确的做法应是，对民事判决中援引宪法的方式做出区分，对援引宪法与解释宪法之间做出区分。一方面，在民事判决中对宪法进行援引，从其不同功能来看，可以区分为形式援引和实质援引：如果援引宪法仅仅是用以解释所具体适用的民事法律的含义，或者作为适用民事法律的理由支撑，或者是将宪法作为民事法律规范之外的一项补充性的理由，则此种对宪法的援引只是形式上的援引；反之，如果对宪法的援引是为了将其作为民事判决的关键性理由和正当性依据，或者直接依据宪法条文创设民法上的新制度，则构成实质性援引。[2] 从我国民事司法的传统和实践来看，应尽量避免的是对宪法的实质援引，对于形式援引则不宜一刀切式地禁止。另一方面，法院援引宪法并不等于解释宪法。法院在民事判决中对宪法规范的简单援引，将其作为民事判决的一项补充性理由，并不涉及对宪法条文的含义、性质、适用范围等所做的解释，因此，并没有侵犯有关机构的宪法解释权。另外，民事法官对基本权利的参考是隐性的和间接的，法官必须对宪法基本权利所代表的价值予以考虑和尊重，这更多的是蕴含于法官内在的推理过程而非外在的判决文本之中。在这个意义上，宪法基本权利规范构成启发民事法官的源泉。从这个角度来说，民事判决所真正援引和参考的，并不见得必然是宪法权利，在更大程度上其实是宪法价值。这与加拿大的情形

---

① 其他实例如，重庆市沙坪坝区人民法院关于“谭晶与周银华、重庆市涪陵区公安局道路交通事故人身损害赔偿纠纷案”的判决［（2003）沙民初字第3048号］中指出：“本院认为，公民的生命健康权是人的最基本的权利，尊重保护人的基本的权利是我国宪法和法律确定的基本原则。只要损害了公民的生命、健康，就应当给予经济赔偿，这既是我国法律给受害人最基本的救济方式，也是宪法中关于保护人的基本权利的具体体现”。广东省汕头市龙湖区人民法院关于“汕头市赛格车圣导航设备有限公司与汕头市易讯网络有限公司网络名誉侵权纠纷案”的民事判决书［（2006）龙民一初字第61号］中，亦有如下表述：“应当明确，言论自由作为宪法赋予公民的一项基本权利，只要不违反法律的禁止性规定，就应依法受法律保护。上网用户发布信息，属于言论自由的范畴，电子公告服务提供者不得随意删除上网用户发布的信息”。

② 参见张红：《基本权利与私法》，254、266页，北京，法律出版社，2010。作者主张，宪法不是作为法律权威或者渊源来援引的，而是在法律解释中必须被考虑的，并作为法律推理和法律解释的最终依据。

十分类似。[①]

五、对传统的一般条款模式的超越

由宪法基本权利在民法中的适用所导致的民法宪法化的进程，为民法带来了深刻的变化：一方面，诸如合乎道德、合乎理性等“元话语”被重新“法律化”，借助于民法一般条款而获得法律上的意义；另一方面，这一进程也带来了民法的“政治化”，19 世纪以来民法学界所确立的民法独立性的神话被打破。[②] 民法一般条款尤其是公序良俗、诚实信用等条款，被誉为宪法基本权利进入私法关系的入口和通道。正是通过一般条款，民法才向宪法基本权利“打开了缺口”[③]。不过，也正是得益于民法一般条款的存在，宪法才没有从根本上消解甚至“吞噬”民法，一般条款仅仅为宪法基本权利对私法关系进行重塑提供了管道。宪法基本权利的价值通过民法一般条款适用到私法关系之中，作为民事判决裁判依据的仍然还是民法规范，而非宪法规范。这也使间接横向效力模式与直接横向效力模式得以相区分。由此可见，一般条款“拯救”了民法的相对独立性，私法自治至少在形式上仍然继续存在。

然而，必须认识到：借助民法一般条款并不能完全解决宪法基本权利在私法关系中的适用问题。一般条款方法的主要局限在于：作为抽象化和类型化的产物，一般条款通常比较抽象，也天然具有“一般化”的倾向。也正是一般条款的无所不包，才使法官“向一般条款逃逸”的现象成为可

---

① 根据加拿大法律，“宪法权利”仅对政府行为有效，而“宪法价值”则影响整个法律体系，包括私法在内。“人权宪章”中有关基本权利规范在私法上并不能创造出新的诉因，私法当事人相互之间并不负担宪法上的义务，因此，决定私法当事人之间的诉讼结果的是私法规范体系。这显然也是间接横向效力模式。Stephen Gardbaum，“The ‘Horizontal Effect’ of Constitutional Rights”，p. 400.

② Gert Brüggemeier Aurelia Colombi Ciacchi & Giovanni Comandé，*Fundamental Rights and Private Law in the European Union*，*Volume* Ⅱ，*Comparative Analyses of Selected Case Patterns*，p. 12.

③ Gert Brüggemeier，“Constitutionalisation of Private Law-the German Perspective”，in Tom Barkhuysen & Siewert Lindenbergh (eds.)，*Constitutionalisation of Private Law*，Martinus Nijhoff Publishers，Leiden/Boston，2006，p. 71.

能。① 以公共秩序这一著名条款为例，当代法国民法学权威卡尔波尼埃教授曾有如下经典定义："公共秩序的概念不应封闭于某个定义和某个目录之中。其总体的意义在于集体相对于个人的优先性。公共秩序表达了社会整体的、受到某些个人以合同形式所威胁的生存意愿。"② 通过诸如公共秩序和善良风俗这类极为宽泛的概念来对合同中出现的新内容进行过滤，会不可避免地具有欠缺具体针对性和法官裁量过程过分主观性的局限。因此，有必要采纳某种更为具体的方法论，与民事案件具体的个案情况实现更为密切的结合，也为当事人提供更高程度的可预见性，增强法律的确定性。对于民事法官而言，需要兼顾多方面的因素：既尊重传统的民法原则，又承认个人需求的存在，尽力寻求更好满足个人需求的方法。③ 当然，现有的一般条款方法论仍然有必要保留，例如，法官可以对公共秩序概念进行重新诠释，将部分宪法权利纳入其中，尤其是那些具有最为基本性的权利或者为民主社会所内生的权利，或者具有特殊重要性、成为民主价值的间接组成部分的权利。④ 不过，在保留现有的一般条款方法论的前提下，仍然有必要发展出新的基本权利方法论。

这一"范式转换"表现为：法官从抽象的一般性酌定，发展为对个案现实的具体考虑；对于涉及基本权利冲突的民事案件，法官对宪法基本权利的规范和价值给予更高程度的参考，并将基本权利作为解释传统民法原则的参照。这也是对传统民法予以改造使之适应现代社会发展需要的"软进程"⑤（soft process）。在这一进程中，法官对基本权利的参考，并不必

---

① 参见石佳友：《民法法典化的方法论问题研究》，170页，北京，法律出版社，2007。

② Jean Carbonnier, *Droit Civil*, *Les Obligations*, 22nd eds., Paris: PUF, 2000, p. 144.

③ Chiara Perfumi & Chantal Mak, "The Impact of Fundamental Rights on the Content of Contracts: Determining Limits to Freedom of Contract in Family and Employment Relations", p. 41.

④ 例如，《欧洲人权公约》第8—11条所规定的私生活保护、表达自由、思想自由、宗教自由等权利，除为了保护他人权利等必要情形之外不得被限制或克减。F. SUDRE, *Droit européen et international des droits de l'homme*, 9e éd. PUF, 2008, p. 383.

⑤ Gert Brüggemeier Aurelia Colombi Ciacchi & Giovanni Comandé, *Fundamental Rights and Private Law in the European Union*, *Volume* Ⅱ, *Comparative Analyses of Selected Case Patterns*, p. 40.

然需要其在民事判决中援引宪法基本权利规范，而更多地表现为法官在其法律推理过程中以宪法基本权利规范为启示和参照，对民法规范进行解释和适用，考虑不同的裁判结果给宪法基本权利可能带来的不同影响。法官对宪法基本权利规范的参考尽管在形式上是默示的，但其在判决的说理性论证过程中的影响却是明显的。

这一新方法论的优势在于：首先，通过诉诸基本权利方法论，民事判决可能与传统的民事理论或判例发生偏离，但其判决结果具有更强的合法性；其次，在不同的基本权利发生冲突的民事纠纷中，诉诸基本权利理论可以使利益平衡的过程更为透明，也揭示出弱势方利益必须受到特别保护的必要性。① 借助于基本权利的横向效力制度，“宪法所规定的人权规范间接地适用于私法领域，它并没有创造一个新的人权体系。事实上，间接适用模式的优点在于它与旧有的私法体系一起发挥作用，但是它为旧有的工具注入了新的内容，或者借助于传统的私法技术创造出新的工具”②。

而尤为重要的是，基本权利方法论可以解释民事判决的来源，例如保护家庭关系（如禁止代孕）或者保护弱势群体（禁止雇员以合同方式放弃其基本权利）。基本权利方法论构成对一般条款模式的超越，在新的模式下，法官不再拘泥于合同的道德性问题，其使命不仅在于解释合同条款与法律、社会和政治状态是否相容，而且在于考虑合同安排从所追求的政策目标来看是否合乎需要。由此，法官不仅要审查具体的合同条款与基本权利是否相符，还要衡量有关的私法规范与基本权利规范的相容性问题。由此，法院逐渐从个案处理、笼统和模糊地参考公共秩序、诚实信用等一般条款，过渡到在私法关系中越来越多地适用基本权利方法。从长远来看，这使法院可以迈向某种政策导向型的方法，对立法与司法关系的图景带来

---

① See A. Colombi Ciacchi，“Non-Legislative Harmonisation of Private Law under the European Constitution：The Case of Unfair Suretyships”，in *European Review of Private Law*，2005，Vol. 13，pp. 295－298.

② Aharon Barack，“Constitutional Human Rights and Private Law”，in D. Friedmann & D. Barak-Erez（ed.），*Human Rights in Private Law*，Oxford：Hart Publishing，2001，p. 22.

深远影响①，司法无疑将在更大程度上参与公共政策的形成。

六、合同法的“宪法化”进程

在民法诸部门法之中，合同法是“宪法化”进程最为明显的部门法：宪法基本权利对合同法的适用产生了十分深远的影响，导致了“合同的基本化”和“合同的人性化”趋势，这一趋势为更好地考虑社会和人本身的需要打开了一扇门。② 合同法通过基本权利横向适用而开启的宪法化进程，“并不是一个人为和多余的法律建构。从法律理论的角度来看，它在合同法和宪法权利话语之间创造了重要的连接……从法律实践的角度来看，它为司法机构提供了强大的工具，使传统的合同法适应当代的民主和社会价值。换言之，基本权利的横向效力理论是社会正义政策的重要载体”③。

宪法基本权利在合同关系中的横向效力围绕两个主轴而展开：其一，在处于强势地位的当事人和处于弱势地位的当事人之间，对弱者进行保护的法律政策选择，如雇主与雇员之间、出租人与承租人之间、大型企业与个体代理商之间、债权人与担保人之间。其二，对合同所影响到的民主社会价值的维护，如宗教信仰自由、言论自由、性别平等。从比较法的经验来看，合同法宪法化的表现形式有：禁止出租人通过终止租赁合同来侵害承租人的基本权利；出租人对于承租人基于其自由获得信息的基本权利而在租赁房屋上安装卫星电视天线负有容忍义务；出租人应允许承租人的家庭成员在出租房屋内居住，在承租人去世后应允许其家庭成员继续租用房屋；法官通过合同法中的一般条款（如诚实信用和公序良俗），对权利、义务失去平衡的合同内容进行调整，依照宪法基本权利来对条款进行解

---

① M. W. Hesselink, “The Horizontal Effect of Social Rights in European Contract Law”, in *The New European Private Law. Essays on the Future of Private Law in Europe*, The Hague/London/New York: Kluwer Law International, 2002, p. 177.

② Ruth Dijoux, *La Contractualisation des Droits Fondamentaux*, Harmattan, 2012, p. 20.

③ Aurelia Colombi Ciacchi, “The Constitutionalization of European Contract Law: Judicial Convergence and Social Justice”, in *European Review of Contract Law*, 2006, Vol. 2, p. 180.

释；代理合同中过分限制一方当事人择业自由的条款无效；劳动合同中限制雇员住宅自由的条款无效；劳动合同中侵害雇员宗教信仰自由的条款无效；禁止以劳动合同侵害雇员的性别平等权；等等。①

就我国《合同法》的解释和适用而言，有必要引入宪法基本权利保护的视角，防止合同蜕变为一方当事人限制、侵害对方当事人基本权利的法律工具和手段。具体说来，有必要以基本权利保护为出发点，对合同解释、合同效力等制度进行重新检视，并构设合同中的团结义务。

1. 从基本权利角度认定合同的效力

基本权利视角首先要求对作为全部合同法的基础性原则的合同自由进行全面审视。如果采取古典主义的消极合同自由观，那么，国家不应对私人之间所缔结的合同进行干预，此种合同自由是形式上的合同自由，其基础价值为“自由”；而如果采取积极的合同自由观，其支撑价值为“尊严”，则当事人的尊严和意思自治必须得到有效的保护。真正的意思自治是当事人可以自由和广泛地从事各种活动，但是，如其从事侵犯其自身基本权利的行为，就不能认为其行使了意思自治，如其缔结的损害其人格尊严的合同应被视为无效（例如允许严重超时工作的劳动合同有奴役雇工之嫌，损害其人格尊严；另外，过分超时工作也损害了其所享有的家庭生活受保护的基本权利）。此种积极的合同自由观要求国家立足于某些基本权利和价值，对当事人之间的合同进行必要的干预。当代比较法的研究表明，考虑到合同自由和保护弱势当事人之间的关系，对合同自由的实质性层面的强调导致了合同图景的改观：当代许多国家的私法政策明显倾向于积极的、实质性的合同自由，而非消极的、形式性的合同自由。“实现实质性的合同自由，要求预防和消除由于一方仅是在形式上而非实质上自由缔结的不公平合同所造成的损害”②。

这就是说，如果合同可能涉及对缔约一方当事人的某项宪法基本权利

---

① Aurelia Colombi Ciacchi，“The Constitutionalization of European Contract Law：Judicial Convergence and Social Justice”，in *European Review of Contract Law*，2006，Vol. 2，pp. 176 - 177.

② Aurelia Colombi Ciacchi，“Party Autonomy as a Fundamental Right in the European Union”，in *European Review of Contract Law*，2010，Vol. 6，Issue 3，p. 303.

的侵犯，那么合同的效力有可能被法官所否认，法官必须在合同自由与基本权利保护之间寻求平衡："一方面，如果缔约方的合同自由自身是个人意思自治的一个方面，那么，不应基于功利主义、公共利益等考虑而对其进行限制；另一方面，如果缔约方的行动威胁到他方的基本权利，则可以构成对合同自由进行限制的正当性理由。"① 以我国为例，根据我国《合同法》第52条关于无效合同的规定，在许多情况下，对宪法基本权利进行限制的合同在性质上可能属于以下两类合同：损害社会公共利益的合同；违反法律、行政法规的强制性规定的合同。

对于损害社会公共利益的合同，有学者将其归入违反公序良俗原则的合同，并认为"民事法律行为违反基本权利条款，将产生类同于违反公序良俗原则那样的效果，即法律行为无效"②。这一看法的确不无道理：宪法基本权利在相当程度上构成了合同法的公共秩序；在合同法所要保护的诸利益中，对人的保护与尊重应置于合同法价值等级体系的顶端。由此，合同法开始为基本权利所"控制"，这也被称为所谓的"合同法的基本化"进程。③ 在大多数情况下，合同如果对一方当事人的宪法基本权利构成限制，那么当然应被宣告为无效。但是，必须承认，合同自由同样具有宪法价值，私法自治也被普遍视为个人自决权的逻辑延伸，因而同样具有宪法基本权利的地位。④ 由此，在某些情况下，当事人可以通过合同自愿对其某些基本权利进行限制，只要此种限制的目的合法，且不超过合理的限度，则此种合同安排同样可能是合法的。例如，关于竞业禁止的约定使一方当事人自愿在合理期限内对其从业自由进行限制，如对方给予合理补偿，则此类约定是合法的。

---

① R. Brownsword, "Freedom of Contract, Human Rights and Human Dignity", in D. Friedmann and D. Barak-Erez (eds.), *Human Rights in Private Law*, Oxford: Hart Publishing, 2001, p. 186.

② 刘志刚：《公序良俗与基本权利》，载《法律科学》，2009 (3)，64页。

③ M. Mekki, "Les doctrines sur l'efficacité du contrat en période de crise", in *Revue des contrats*, 2010, p. 383.

④ Véronique Champeil-Desplats, "Le Code civil, source de principes fondamentaux reconnus par les lois de la République?", in Michel Verpeaux, *Code civil et Constitutions*, Economica, Puam, 2005, pp. 21–22.

如果一方当事人在合同中自愿部分放弃其某一基本权利，或为之设定某些限制，如何看待其效力？笔者认为：较为适宜的方法是，对基本权利受影响的程度进行评估，以审查到底是基本权利的外延还是内涵受到影响，据此给予不同的处理。① 事实上，任何基本权利都存在一个“不能触动的内涵”和除此之外的“外延”。如果基本权利的内涵和实质受到了限制和侵害，则合同应被宣告无效；而如果只是受到限制的基本权利的外延受到影响，则不宜简单宣告合同无效。例如，德国《基本法》第19条第2款规定，“在任何情况下，宪法基本权利的核心内容都不得被侵犯”。这被称为所谓“本质内容保障”（*Wesensgehaltsgarantie*）原则。② 由此，如果当事人自愿以合同形式放弃部分一般性的私生活（《欧洲人权公约》第8条所规定的基本权利），主动向缔约对方公开，则此合同也可以被认为是有效的。究其实质，此种衡量方法的本质其实仍然是对公法比例性原则的借鉴，强调对基本权利的限制与所追求的目的之间必须成比例。以前引的竞业禁止条款为例，在前引德国联邦宪法法院 Handelsvertreter 案中，依竞业禁止条款，代理人在合同终止后的两年内不得从事与被代理企业相竞争的任何工作，后者却不支付任何补偿。联邦宪法法院判定：在缔约双方的谈判能力存在明显的不平等状态的时候，合同法自身难以实现双方利益的平衡；因代理人依据《基本法》第12条所享有的从业自由受到了合同的侵害，合同应被宣告无效。而法国最高法院在1999年审理的一项劳动合同纠纷案中，针对合同中雇主对雇员自由选择居所的权利施加了过分的限制，从《欧洲人权公约》第8条关于私生活和家庭生活受保护的基本权利出发，根据比例性原则，宣告合同条款无效。③

2. 立足于基本权利保护角度的合同解释制度

合同的解释是合同中极为重要的制度，它对合同的成立、效力、履行、违约救济、争端解决等都能产生直接的影响。而宪法基本权利视角的

---

① Peter Quint, “Free Speech and Private Law in German Constitutional Theory”, in *Maryland Law Review*, 1989, Vol. 48, p. 303.

② 参见赵宏：《限制的限制：德国基本权利限制模式的内在机理》，载《法学》，2011(2)，160-161页。

③ Cass. Soc., 12 janvier 1999, D. 1999, p. 645.

引入，会为合同解释这一制度带来某些重要的变化。

在合同解释问题上，历来存在客观主义和主观主义两种主张，前者强调发掘合同文本的字面含义和外在意思，而后者旨在探寻缔约方内在的共同真意。也有比较法学者从功能上将此两种解释方法分别称谓为“规训性（disciplining）解释”和“确认性（consecrating）解释”：前者的功能在于，结合具体的语境，确定法律上所可能接受的客观意思，而后者则相对中立，其功能旨在确认当事人主观的意图。[①] 客观主义与主观主义的分野在罗马法时代即已存在。在《学说汇纂》中，帕比尼安认为，应当在合同中寻找缔约方的意图而非他们的话语（*In conventionibus contrahentium voluntatem potius quam verba spectari placuit*）；而保留斯则强调：如果合同语言没有任何模糊之处，则无必要去探寻当事人的意图（*Cum in verbis nulla ambiguitas est，non debet admitti voluntatis quaestio*）。[②]

在法律发展史上，客观主义在早期占据主导地位，因为客观主义强调合同的文义，重视当事人表达出来的意思。在早期，由于法律技术不发达，对合同解释规律的认识不足，使解释者必然重视合同外在的客观意思。此种对表示主义的强调导致了合同解释方面的形式主义。而随着法律技术的发展，合同解释的技术日臻成熟，对合同的解释也更趋灵活，特别是合同自由被确立为合同法的基本原则，于是，主观主义理论逐渐得到了承认。主观主义以法国民法典第1156条为代表，根据该条，合同解释的任务应当是“在合同中探寻缔约方的共同意图，而非停留于条款字面的含义”。这就是说，合同解释应当探寻合同的精神而非文字，以求在合同文本之外探求缔约方的共同真意。意大利民法典第1362条和德国民法典第133条均有类似的规定。在当代，2002年《欧洲合同法原则（PECL）》第5：101条、国际统一私法协会（UNIDROIT）2010年《国际商事合同通则（PICC）》第4.1（1）条、2011年《欧洲共同销售法条例（草

① Catherine Valcke，“Contractual Interpretation at Common Law and Civil Law：An exercise in Comparative Legal Rhetoric”，in Jason W. Neyers，Richard Bronaugh & Stephen G. A. Pitel (eds.)，*Exploring Contract Law*，Oxford：Hart Publishing，2009，p. 82.

② Reinhard Zimmermann，*The Law of Obligations：Roman Foundations of the Civilian Tradition*，Oxford University Press，1996，p. 622.

案）》第58条等文件，都采纳了主观主义的解释原则。但是，如果一方错误地表达了某种主观意图，那么对方不应援引此种主观意图作为解释共同意图的根据。由此，在现代合同法中，客观主义解释方法仍然占据重要地位。只不过，现代的客观主义已不再像古典客观主义那样，严格拘泥于合同的文义，而是在文义之外纳入了更多的考量标准。例如，法国民法典第1135条规定："合同义务不限于合同文本所表达之内容，还包括依合同性质基于公平、习惯和法律等所产生的义务。"

我国《合同法》第41条、第125条等条款笼统规定了合同解释的一些方法，包括文义解释、目的解释、体系解释、习惯解释、对起草者不利解释等规则。① 然而，这些规定都显得十分原则化，欠缺可操作性，由此，"在实务操作中时常是感性的，有时脱离了解释规则。这离科学地解释合同、妥当地处理系争案件，尚有不小的差距"②。立法的笼统也使法官或仲裁员在解释合同时随意性大。譬如，《合同法》第125条第1款规定："当事人对合同条款的理解有争议的，应当按照合同所使用的词句、合同的有关条款、合同的目的、交易习惯以及诚实信用原则，确定该条款的真实意思。"虽然该条最后的落脚点是"确定该条款的真实意思"，但并没有明确，当事人确定的所谓"真实意思"是仅可用以解释合同条款，还是可用以补充甚至否定合同条款的效力。③ 此外，该条文中的"真实意思"到底是指合同文本的客观意思，还是指缔约方的主观意图，尚难以判定。

如果在合同解释中引入宪法基本权利的视角，那么，合同解释应更多地采取客观主义而非主观主义的解释方法。也就是说，合同解释所主要依赖的不是缔约双方的共同意图，而是诸如诚实信用、公平等客观的原

---

① 参见王利明：《合同法研究》，第1卷，431－446页，北京，中国人民大学出版社，2006。

② 崔健远：《合同解释与法律解释的交织》，载《吉林大学社会科学学报》，2013（1），70页。

③ 参见高忠智：《美国合同法"口头证据规则"对我国合同解释的借鉴意义》，载《环球法律评论》，2008（5），69页。

则。[①] 以基本权利保护为视角，为保护合同关系中处于弱势的一方当事人的宪法基本权利，法官需主动介入合同的解释过程，为合同当事人增加在合同中所未明确约定的义务，甚至“以解释之名行创造之实”[②]。这一过程有时被称为“合同的再造”。典型的例子如法国最高法院为保护运输合同中的乘客，通过客观主义解释方法为运输人创设了安全保障义务。[③]“合同解释并非一个单纯探明当事人真意的过程，它是在法官的介入下对意思自治所隐含的各种价值的交错释放，其中包括自由、秩序、公平、诚信、信赖保护与交易安全等等……如合同文本的原意、订约背景、订约人状况、社会现实、合同上位法诸规范的设计、法律人对整个合同法秩序的追求，以及法律方法、价值判断等，都会作为因素渗入法官所建立的判决理由之中。”[④] 这也被称为“从文本到背景”（*from text to context*）的“范式转换”。在探寻我国《合同法》第125条所提到的合同条款的“真实意思”的时候，为保护处于弱势地位的缔约一方当事人的宪法基本权利，法官应尽量以客观解释方法，结合合同文本的语境，考虑诚实信用原则的要求，努力去发现合同在通常情况下所应有的客观意思，以实现缔约双方当事人利益的合理平衡，而不必完全受当事人缔约当时的主观意图的约束。在涉及以合同形式限制缔约一方当事人的基本权利的情况时尤须如此。以法国最高法院的经验为例，对于租赁合同中仅允许出租人本人居住而禁止其家庭成员入住的条款，从《欧洲人权公约》第8条保护私生活和家庭生活的基本权利的角度来进行合同的解释，就显然不能承认其效力。[⑤] 也就是说，为保障缔约一方当事人的某项基本权利，在必要时应允许对文本做出不同于其表面文义（甚至与文义相反）的解释。这也可以被

---

① Clémentine caumes, *L'interpretation du contrat au regard des droits fondamentaux*, thèse de droit, novembre 2010, Université d'Avignon, p. 18.

② V. Egea, *L'interprétation des contrats: regards sur l'acutualité des articles* 1156 *et suivants du Code civil*, Institut d'Etudes judiciaires, Aix-Marseilles, 2004, p. 3.

③ Cass. Ch. Civ., 21 novembre, 1911.

④ 谢慧：《契约自由的司法境遇——法律方法如何拯救意思自治》，载《法制与社会发展》，2011 (4)，81页。

⑤ Cass. Civ. 3e., 3 mars 1996, JCP, Edition générale, Ⅱ, p. 22674.

视为一种“目的性简约”解释方法。①

3. “合同团结义务”的构建

由于合同与社会、国家等基本制度的内在联系，在民法的诸部门法之中，合同法尤其是各种法哲学思潮争相论述和激烈交锋的“选地”。古典合同观立足于自由主义哲学，在方法论上以“唯灵论”为基础，奉行意思自治原则。其典型表述如法国民法典第1134条：“依法成立的合同在当事人之间具有相当于法律的效力”。古典合同观立足于两个基本假设：将合同从罗马法的形式主义（如拟诉弃权、曼兮帕蓄等交易形式）中解脱，而赋予当事人意志以完全的地位；个人被认为是其利益的最好维护者。② 这一自由主义法哲学观在现代被抛弃，取而代之的是社会连带主义思想。杜尔凯姆曾指出：合同强制约束力的基础不是当事人意志，而是合同的规范体系。“意志只有在与作为社会要求的客观必要性相适应之后，才能成为法律创造的工具”，在所谓的“社会要求”（exigences sociales）中存在连带的联系或者社会道德的法则。③ 受杜尔凯姆的社会连带主义思想的影响，当代一些法国学者提出了合同连带主义理论。根据这一理论，古典合同观赖以立足的基石都被颠覆：意志并不是合同效力的唯一渊源，合同中很多具有约束力的义务（所谓的附随义务、默示义务）可以来源于法律；合同当事人之间的地位经常并不平等，因此无法以合同充分地维护和实现自己的利益。

古典合同观仅将合同视为交易工具的立场，这实际上是一种典型的功利主义和简约主义。事实上，合同使当事人之间形成了某种意义上的“微世界”（microcosm）、一个“微型社会”，在其中，双方必须一致为实现共同目标而努力，将双方各自的个人目的寓于此共同目的之中。这与公司投资人之间的相互关系非常类似。合同由此被视为一个“联盟”（union），甚至可类比为婚姻。按照卡尔波尼埃的经典说法，“在一个婚

---

① Robert Alexy, *A Theory of Constitutional Rights*, p. 357.

② Alfons Bürge, “Le Code civil et son évolution vers un droit imprégné d'un individualisme libéral”, in *Revue trimestrille du Droit civil*, 2000, p. 3.

③ Émile Durkheim, *De la division du travail social*, Félix, Alcan, 1893, réédité par PUF, collection *Quadrige*, 11e édition, 1986, p. 193.

姻已经蜕变为合同的时代，如果不将合同转化为婚姻是不可思议的”①。由此，合同当事人之间不再是零和博弈的利益对立关系，而是一个团结和互利共赢的整体，合同每一方当事人都必须尊重对方的利益。② 现代社会中大量出现的大企业、大组织所强加于社会公众个人的“附从合同”（标准合同），从法律人类学的角度看，是“势力强大的工商业领主强加于无数的自由农奴的新封建秩序”，合同的平衡完全被打破，个人的基本权利和自由受到威胁。③ 由此，必须以“当事人地位不平等”为出发点来重构当代合同法，忠诚、团结和友爱是合同法的新“格言”④。在此基础上，构建“合同公德”（*civisme contractuel*）和合同伦理，当事人应当忠诚和诚实行事；提倡“合同利他主义”，在实现自己利益的过程中尊重对方的利益，强调当事人之间的合作协助义务，以及必要时的自我克制甚至舍己为人。

合同连带主义尤其要求法官对合同关系的介入，以维护和重构合同的平衡。具体说来，法官需要立足于合同伦理，积极地对合同和对法律进行解释：广泛适用诚实信用原则；强调当事人的信息告知义务，保证合同的透明度；禁止合同权利滥用，强调合同团结义务；倡导“友爱”原则，通过强制缔约来反对社会排斥现象；根据善意原则推导出“合理”原则，强调合同必须反映出当事人的合理期待，合理原则由此成为实现合同关系平衡的调整手段。⑤ 晚近的司法判例已体现出合同连带主义思想的应用，如

---

① Jean Carbonnier, *Droit civil*, *Les obligations*, 22nd eds., Paris: PUF, 2000, p. 114.

② Yves Lequette, “Bilan des solidarismes contractuels”, in *Etude de droit privé*: *Mélange P. Didier*, éd. Economica, Paris, 2008, p. 248. Cf. L. Leveneur, “Le solidarisme contractuel, un mythe”, in Luc Grynbaum & Marc Nicot (dir.), *Le Solidarisme Contractuel*, Economica, 2004, p. 184.

③ Christophe Jamin, “Plaidoyer pour le solidarisme contractuel”, in *Études offertes à J. Ghestin*, *Le contrat au début du XXIè siècle*, LGDJ. 2001, p. 468.

④ Denis Mazeaud, “Loyauté, solidarité, fraternité: la nouvelle devise contractuelle?”, in *L'Avenir du droit. Mélanges en l'honneur de François Terré*, Dalloz/PUF/Litec, 1999, pp. 633 - 634.

⑤ Daniel MAINGUY, “Le ‘raisonnable’ en droit (des affaires)”, in Erik Le Dolley (dir.), *Les concepts émergents en droit des affaires*, LGDJ, 2010, p. 316.

在法国最高法院 20 世纪 90 年代的两项判例①中，法院以诚实信用原则为基础，对合同关系的过度失衡予以矫正。最高法院由此所确立的判例规则为合同当事人设定了“团结”的义务，这也构成对法国拒绝情势变更制度的传统司法立场的一种柔化和调整。② 同样值得注意的是，在法国 2016 年 2 月的新债法改革法案中，合同团结主义在多个条款中得到了体现。譬如，诚实信用义务从合同履行扩展到缔约等环节（第 1104 条）、先契约义务、故意隐瞒有关信息可能引发合同的撤销（第 1112—1 条）等。

合同连带主义这一最新的法哲学理论同样值得我们关注，其强调合同团结义务以维护合同平衡、实现合同法“人性化”的思想，对我们尤其具有启示。事实上，如果对照这一学派的主张，我国 1999 年《合同法》在相当程度上已经具有明显的合同连带主义的色彩。例如，在总则部分，该法第 6 条明确宣告，当事人行使权利、履行义务均应遵循诚实信用原则，由此诚信原则成为适用于合同法所有领域的一项最为基本的原则；第39～41 条规定了对格式条款的规制（提示义务、免责条款限制、解释规则等）；第 42 条规定，缔约过程中如违反诚实信用原则，应承担缔约过失义务；第 43 条强调，无论合同是否成立，当事人均应对对方承担保密义务；第 60 条重申当事人应当遵循诚实信用原则，根据合同的性质、目的和交易习惯，负有通知、协助、保密等义务；根据第 92 条关于后契约义务的规定，合同的权利、义务终止后，当事人应当遵循诚实信用原则，根据交易习惯履行通知、协助、保密等义务；根据第 125 条的规定，诚实信用是合同解释的一项重要原则和方法。在分则部分，第 240 条（租赁合同）、第 259 条（加工承揽合同）等条款规定了当事人的协助义务。

《合同法》的这些规定无疑是十分丰富和先进的，其中，关于诚信原则、关于格式合同、关于合同附随义务的规定，尤其为法官审理合同纠纷

---

① Cass. com.，3 novembre 1992：*RTD. civ.* 1993，124，obs. J. Mestre；24 novembre 1998：*Defrénois*，1999，371，obs. D. Mazeaud；*JCP*. 1999. Ⅱ. 12210，obs. Y. Picod；*RTD. civ.* 1999，98，obs. J. Mestre et 646，obs. P. -Y. Gautier.

② Mazeaud，Denis，“La réforme du droit français des contrats：trois projets en concurrence”，in Blandine Mallet-Bricout & Sarah Bros，*Liber amicorum Christian Larroumet*，Paris，Ed. Économica，2010，pp. 329 - 360.

案件留下了广泛而灵活的裁量余地。如果以有效保护合同当事人的基本权利为目的，就尤其需要在司法层面引入合同团结主义的视角。具体说来，尤其要强调以下层面：法官的介入对于维持合同关系的平衡十分必要，司法对合同的介入尤其需维护基本权利属于合同公共秩序的原则；强调对合同团结义务，禁止当事人为追求自己的利益而损害对方的基本权利；强调对合同义务的解释也应遵循合宪性解释的方法，以符合宪法基本权利规范及其价值的方式去解释合同当事人的具体义务；对合同解除进行限制，如一方当事人因为对方行使其基本权利而解除合同（例如对方当事人改变其宗教信仰、行使表达自由等基本权利），则应宣告此种解除为违法；另外，对于房屋出租人因承租人拒绝接受租金随意提高而解除合同的行为，应从保障承租人的生存权和社会团结原则出发予以严格限制。①

七、基本权利视野下的人格权制度

与财产权关注人的“所有”不同，人格权关注的是人的“存在”②。人格权包含了人之所以为人的、与人不可分离的全部要素，其中部分要素同样成为宪法基本权利所保护的对象；宪法上的人格尊严和人格自由发展权本身又构成民法一般人格权和其他具体人格权的基础。③ 从宪法基本权利角度来审视民法的人格权制度，要求我们对人格权的某些基本制度进行重新定位、回归甚至重构。

1. 人格尊严的再认识

人的尊严理论显然深受康德哲学的影响。康德哲学的典型命题是：人是目的而不是手段，人只能被当作目的而不能被当作手段来对待，因此，禁止人的工具化。法律上的尊严原则要求不得以否定人的基本属性的方式来对待任何人。“人的尊严的含义是人自其归属于人类的属性所衍生出的

---

① 参见张翔：《财产权的社会义务》，载《中国社会科学》，2012（9），113页。

② Adrian Popovici, “Personality Rights-A civil Law Concept”, in *Loyola Law Review*, 2004, Vol. 50, pp. 356 - 357. 作者并以加拿大魁北克地区为例，1975年《魁北克人权宪章》规定了部分人格权，1994年生效的新《魁北克民法典》才以第3条等条文最终规定了民法人格权制度。当然，民法人格权与所谓的宪法人格权在内容上仍然存在一些差异，以隐私权为例，宪法上的隐私权实际上还包含了住宅自由、通信自由等基本权利的部分内容。

③ 参见林来梵、骆正言：《宪法上的人格权》，载《法学家》，2008（5），63页。

特殊价值地位……一个很有用的具体化表述就是人作为其自身存在的目的即 *Selbstzweckhaftigkeit* 的概念。这一概念可通过人类学哲学和正义原则进行重构。作为目的存在的人的观念，奠定了人的尊严这一法律上具有实际意义的概念得以逻辑展开的基石”①。人格尊严原则在法律上具有如下含义：人相对于物的优先性；自生命开端即对人予以尊重和保护，身体完整不可侵犯；禁止人体的商业化等。② 保护人的尊严原则要求绝对禁止奴役、酷刑、刑讯逼供及其他不人道待遇、人口交易、流放等，而不论所处的环境或受害人的行为为何。③

人的尊严已成为人权文化的主导性原则。在国际法层面，人的尊严原则在多个全球和地区性公约或其他人权法文件中都被予以明确规定，如1948年《世界人权宣言》第1条、1950年《欧洲人权公约》第3条、1997年《关于人权和生命医学的公约》(《奥维多公约》)第1条、1997年《关于人类基因组的普遍性宣言》第2条、2003年《关于人类基因信息的国际宣言》第1条、2005年《关于生命伦理和人权的普遍性宣言》第2条等。在国内法层面，人的尊严原则也为各国宪法所规定。在德国1949年《基本法》中，人的尊严的条款被认为是最高条款④，是公权力行使的最高准则；与其他基本权利所不同的是，人的尊严这一基本权利不受任何限制或克减。人的尊严原则保障人不得成为国家公权力行使的客体，

---

① Matthias Mahlmann, “The Basic Law at 60-Human Dignity and the Culture of Republicanism”, in *German Law Journal*, 2010, Vol. 11, No. 1, p. 30.

② Conseil constitutionnel, *Décison sur l'ensemble des Dispositions des Lois de “bioéthique” soumises à l'examen du Conseil constitutionnel*, 27 juillet 1994.

③ 例如，欧洲人权法院在其判决中指出：《欧洲人权公约》关于禁止酷刑的第3条“体现了民主社会最为基本的价值之一。它以绝对性的措辞要求禁止酷刑、不人道或侮谩性待遇或惩罚，不论所处的环境或受害人的行为为何”。Nevnerzhitsky v. Ukraine, App. No. 54825/00, 43. *Eur. H. R. Rep.* 32, para. 79 (2005).

④ 制宪会议在起草德国《基本法》的过程中，基民盟、社民党、自民党等政治派别在尊严观念上主要受到三种思潮的影响：基督教自然法思想、康德道德哲学、个人自治和自我实现的世俗主义哲学。第一种思潮认为，尊严是上帝所赋予的礼物，故而是人性不可分割和不可转让的特性；第二种思潮认为，尊严是人性不可或缺的组成部分；第三种思潮认为，个人通过发挥其天赋和能力而获得的自我实现是人的尊严的关键内容。各派最后妥协的结果就是《基本法》第1条相对中性的表述。Edward J. Eberle, “Human Dignity, Privacy, and Personality in German and American Law”, in *Utah Law Review*, 1997, No. 4, p. 972.

国家应当服务于个人而不是个人服务于国家。德国联邦宪法法院在其判决中指出："将个人仅仅作为国家的工具（blosses Objekt）有悖人的尊严。'每个人必须始终作为目的来对待'的原则应无保留地适用于法律的所有领域；人所内在的尊严要求承认其独立的人格。"①

人的尊严原则在民法中同样成为一项基本原则，《法国民法典》是在民法典中规定人的尊严原则的典范。1994 年法国为《法国民法典》新增了一个全新的第 16 条："法律应确保人的优先性，禁止一切对人的尊严的侵害，确保自生命开始时起对人的尊重。"法国民法典的这一规定，"旨在保护胚胎和人体，特别是禁止人体的商业化利用，确保人类的完整性"。这种禁止人的物化和工具化的概念，就是狭义人的尊严原则的直接应用。由此，人体器官与组织不得成为合同交易的标的，禁止人体器官与组织的有偿转让，禁止"出租身体"的有偿代孕。另外，基于尊严原则应禁止生殖性克隆。而广义的人的尊严原则要求对人的最低限度的尊重、对人的生存的基本需要的满足，因为缺乏这些尊重和满足，人就将丧失其自主性甚至其存在。② 基于人的尊严原则所衍生的人体不得处分原则是一项新型的人格权法原则。古典时期的民法典或者忽视"人体"而将其排除于法典调整对象之外（如《法国民法典》），或者仅将其视为一项法律上可补偿的侵权法客体（如《德国民法典》）。人体不得处分原则在当代已为多部新型的民法典（如《意大利民法典》第 5 条、《魁北克民法典》第 19～25 条、修正后的《法国民法典》第 16—1 条、《巴西民法典》第 13～14 条）及国际人权法文件（如《欧盟基本权利宪章》第 3 条第 2 款明确规定："禁止将人体及其组成部分作为经济收入的来源"）所规定。这被认为从古典时期的（脱离躯体的）"空洞的人"向现代的"具体的人"的转变，

---

① BVerfGE 45，187（228）. 就人的尊严原则而言，德国联邦宪法法院显然是采纳了康德的道德哲学观。参见谢立斌：《中德比较宪法视野下的人格尊严——兼与林来梵教授商榷》，载《政法论坛》，2010（4），54 页。

② Nicolas Molfessis，"La dignité de la personne humaine en droit civil"，in Marie-Luce Pavia & Thierry Revet，*La dignité de la personne humaine*，Economica，1999，p. 117.

“人体”由此成为人格权的一个不容忽视的要素。[1]

在民法关系中，人的尊严原则的适用带来两个层面的后果。在主观意义上，人的尊严原则意味着必须保障主体的自我决定权，由此，主体享有合同自由；而在客观意义上，人的尊严原则奠定了法律的“客观价值秩序”，这意味着主体通过合同对自我利益的处分必须以不侵害自身的人格尊严为限度，因为人的尊严不得被放弃、转让或限制。严格说来，这两个层面的含义其实是相互冲突的，主观意义上的人的尊严原则要求尊重合同自由，而客观意义上的人的尊严原则要求对合同自由予以必要的限制。[2]

然而，值得注意的是，人格尊严的概念十分模糊，它也包含了危害法律安全的某些“危险性”因素：“在‘尊严’的崇高外表下，一切主观性的、相对的和异质性的概念都可以渗入人权制度。恰如怀疑论者所指出的，人格尊严具有演变为宪法‘特洛伊木马’而腐蚀整个实定法的潜质”[3]。这就是说，人的尊严原则存在被随意扩张和滥用的危险：以德国为例，曾有用户因为电话账单上错误拼写了其姓名而以尊严被侵犯为由对电信公司提起诉讼（不过起诉最后被法院判决所驳回）。[4] 在法国，近年来的多起重要判例都涉及人格尊严问题。以法国最高法院在 2000 年 12 月和 2011 年 2 月所做出的两起判决为例：在巴黎圣·米歇尔地铁站爆炸案中，新闻媒体刊载了一张爆炸受害人表情十分痛苦的照片，受害人提起诉讼，主张其人格尊严受到侵害，但法院驳回了其请求，认为照片“有证据价值”，保障了公众的知情权。在另一起案件中，媒体刊载了被科西嘉独立分子暗杀的前警察总长的尸体照片，法院认为媒体侵犯了死者家属的人

① Giorgio Resta，“The New Frontiers of Personality Rights and the Problem of Commodification：European and Comparative Perspectives”，in *Tulane European & Civil Law Forum*，2011，Vol. 26，p. 41.

② Olha Cherednychenko，*Fundamental Rights*，*Contract Law and the Protection of the Weaker Party*，p. 221.

③ Matthias Mahlmann，“The Basic Law at 60-Human Dignity and the Culture of Republicanism”，p. 11.

④ BVerwGE 31，236（237）. See also Matthias Mahlmann，Human Dignity and Autonomy in Modern Constitutional Orders，in Michel Rosenfeld & András Sajóp（eds.），*The Oxford Handbook of Comparative Constitutional Law*，Oxford University Press，2012，p. 383.

格尊严。[①] 这些结果不尽一致的判决受到了学界的批评，因为其增加了法律的不确定性，为法律主体形成稳定的法律预期造成了困难。[②]

这一现象同样值得我们警惕。我国《宪法》第 38 条规定了公民的人格尊严不受侵犯，《民法通则》第 101 条、《消费者权益保护法》第 14 条、《未成年人保护法》第 5 条等法律条款也都规定了人格尊严原则。这些立法规定应该说是有必要的。然而，从我国的学理主张和司法实践来看，人格尊严在我国民法中同样存在被随意扩展和滥用的风险。一方面，我国很多学者和法官都认为，人格尊严应对的主要问题是各种歧视，包括以性别、民族、健康、年龄等为理由的教育、就业等领域的歧视现象，因为这些歧视构成了对人格尊严的侵犯。另一方面，人格尊严与人格权相混淆，由此导致在几乎所有的人格权发生侵害的情况下，均可自动援引人格尊严原则，由此人格尊严在人格权受侵害的场合成为"放之四海而皆准"的原则。[③] 在第一种情况下，反歧视其实本应是宪法平等权的适用对象。将人格尊严原则用来应对社会歧视问题，在相当程度上反映出宪法平等权本身缺乏有效民法保护的困境，尽管这一做法有一定的合理性，但其所付出的代价是冲淡了人格尊严本身的内涵。在第二种情况下，主张侵犯人格权（例如名誉权、姓名权、隐私权、身体自由和完整等）都同时构成对人格尊严的侵犯，都可以自动援引人格尊严条款，实际上仍然是一种"向一般条款的逃逸"，其消极后果是使人格尊严这一概念偏离了其应有的含义，也降低了人格尊严条款的法律地位和价值。

---

① Cour de cassation，affaire du "RER Saint-Miche"，Civ. 1ère 20 févr. 2001，Légipresse 2001，Ⅲ，53. Affaire *Erignac*（1ère chambre civile，20 décembre 2000）；voir aussi："Respect de la dignité de la personne humaine"，in *Recueil Dalloz*，n° 25，28 juin 2001，p. 1990，note Agathe Lepage. 另外，2011 年 5 月，在纽约法院审理前国际货币基金组织总裁、法国人施特劳斯-卡恩涉嫌性侵案的过程中，美国媒体刊载了其戴手铐出庭受审的图片和视频。法国部分媒体试图转载这些图片和视频，但立即为法国"视听业高级理事会"（CSA）所禁止，后者的禁令是根据 2000 年 6 月 15 日的《基古法案》而做出的，该法案禁止媒体刊载被羁押的刑事犯罪嫌疑人戴手铐的照片，理由是保护其人格尊严及无罪推定权。

② Jean-Cassien Billier，"Éthique de la dignité humaine ou éthique libérale? "，in Ludivine Thiaw-Po-Une（dir.）*Questions d'éthique contemporaine*，Paris：Stock，2006，pp. 519 – 521.

③ 例如，河南省安阳市北关区人民法院在 2010 年北民一初字第 35 号民事判决书中称："人格尊严是指民事主体作为'人'所应有的最基本的社会地位、社会评价，并得到最起码尊重的权利"。这实际上是将人格尊严与名誉权相混淆。

由此，我国民法中的人格尊严原则应理解为自我决定与禁止人的物化、人的工具化、人体的商业化；人格尊严原则尤其应适用于医疗卫生法、生命伦理法等直接涉及人体的领域，确立人体的不得处分原则，禁止人体组织和器官的商业化转让，禁止有偿代孕。[①] 就此而言，一个十分积极的例子是，我国2007年《人体器官移植条例》第20条规定了人格尊严原则。这是对人格尊严原则本义的正确回归。

2. 一般人格权的检视

一般人格权被称为基本权利在私法关系中的横向效力的“出生证”[②]，因为一般人格权正是基于宪法上的人格尊严和人格自由发展原则而推导出来的，是这两项宪法基本权利在私法关系中适用的结果。在一般人格权诞生的标志性判例——德国的Schacht案（读者来信案）中，德国联邦最高法院指出：《基本法》已经确认，人有权要求其尊严得到尊重，并有权自由发展其人格。由此，人就其书面表达享有不受未经授权的篡改和发表的一般性人格权利。作为一项私权，它应得到所有人的尊重。一般人格权被视为由宪法予以保障的一项基本权利。在1999年的Marlene Dietrich案中，德国联邦最高法院再次重申：自Schacht案之后，联邦最高法院在其判例中将一般人格权确定为受《基本法》第1条、第2条所保护的一项基本权利及民法典第823条第1款的“其他权利”而加以保护；一般人格权旨在保护人的尊严及人格的自由发展，其特殊表现形式为肖像权和姓名权等。[③] 德国法院发展出一般人格权的一个重要背景是德国民法典中仅列举了非常有限的人格权：生命权、身体权、人身自由权、姓名权等。德国法院创设一般人格权制度的主要目的是克服民法典对人格权十分有限的列举。[④] 而且在一般人格权确立之后，德国法院以此为母体实现了对多项

① 目前我国法院对于有偿代孕合同都是援引民法中的“公序良俗”原则予以裁决，并未能从人格尊严的高度认识其对基本权利的侵害。参见吴亚东、杨长平：《“代孕合同”有违公序良俗被判无效》，载《法制日报》，2012-11-01（8）。

② Gert Brüggemeier，“Constitutionalisation of Private Law-the German Perspective”，p. 65.

③ *Marlene Dietrich* case，BGH 1 ZR 49/97，1st December 1999.

④ K. Zweigert & H. Kötz，*An Introduction to Comparative Law*，translated by P. Weir，Oxford University Press，1998，p. 688.

新型人格法益的保护：隐私；对其肖像和言论的权利；名誉和荣誉；知晓其身份的权利；死者人格利益的保护；信息自决权。①

荷兰法院同样承认了一般人格权的存在。1994年，在一项非婚生子女主张知晓其身份的权利的诉讼中，荷兰最高法院在判决中指出：一般人格权植根于某些宪法权利，诸如尊重私生活，思想、良心和宗教自由，表达自由等，它同样包含要求知晓其父母的权利。据此，荷兰最高法院支持了原告方的请求。② 荷兰最高法院关于一般人格权植根于某些宪法权利的表述引起了荷兰理论界的争论。一些学者认为，根据荷兰最高法院的措辞，一般人格权类似于一项非成文的宪法权利，据此荷兰最高法院得以支持一些新的人格诉讼请求。另一些学者则认为一般人格权不止如此，它应被视为一项"一般性的法律原则"或"非成文的法律原则"或"超级基本权利"，它不应与公法中的宪法权利相提并论，一般人格权超越了公法与私法的界限，处于更高的抽象层次上，因此它应有较之于基本权利更为宽泛的适用范围，在私法关系中产生广泛的效力。更有学者将荷兰与德国的情况进行了比较研究后认为：德国 Lüth 案的判决确立了基本权利作为全部法律秩序的客观价值秩序，这一结论对于荷兰法也是适用的。荷兰最高法院所确立的一般人格权是公法和私法的共同价值之一，具有对抗一切人（包括公法和私法主体）的对世性效力；其具有抽象性，仅在具体的案件中才能明确其具体的含义。在纵向关系中，它的具体含义是要求国家避免侵犯个人的私生活领域；在横向关系中，它衍生出具体的法律规范，据此个人可以对他人主张其人格不受侵犯。由此，该学者认为，一般人格权是某种意义上的"元价值"（meta-value），其地位堪比德国法上的人格尊严，成为整个法律秩序的出发点，而且从中可以推导出公法权利和私法权利。通过承认一般人格权，荷兰最高法院为关于基本权利横向效力的争论赋予了新的内容；一般人格权为宪法和民法所共有，在宪法上它表现为某些宪法性权利，在民法上则表现为人格权。它构成整个法律秩序的客观性

---

① Gert Brüggemeier Aurelia Colombi Ciacchi & Patrick O'Callaghan (eds.), *Personality Rights in European Tort Law*, Cambridge University Press, 2010, p. 25; Robert Alexy, *A theory of Constitutional Rights*, p. 242.

② HR 15 April 1994, *NJ* 1994, 608 (*Valkenhorst*).

价值，在公法和私法关系中均产生效力。①

一般人格权的概念自20世纪90年代被我国民法学界引入，并很快得到司法界的承认。② 然而，根据理论界和司法界通行的看法，所谓一般人格权，只是相对于具体人格权而言的，概括了人格尊严、人格自由和人格平等一般人格利益③；是对人格权的概括性规定，是一种兜底性或弹性的权利。它就是除了已明文规定的具体人格权之外的“其他人格权”，是一种补充性的权利，而非一种概括性的权利。④ 一般人格权是各种其他具体人格权产生的规范基础，是吸收新型人格法益的“口袋”；它是“基于目前的立法技术尚无法与人格明确分离的非典型的人格要素”，即立法已经确定为具体人格权之外的其他人格要素。⑤ 一般人格权在我国的主要适用实例包括：基于性别、健康等原因在入学、就业等领域的社会歧视；商家对消费者的搜身行为；侮辱诽谤；侵害身体自由；妨害自主决定等。⑥

关于一般人格权的上述理论模式的问题在于：第一，仅仅将一般人格权视为具体人格权之外的其他具体人格权，其实是对一般人格权地位的贬低，因为一般人格权是直接由宪法衍生而出的，本身具有宪法性价值，甚至它具有超越一般基本权利的意义。第二，仅认识到一般人格权条款具有“补充性”“兜底性”功能，是对这一具有广泛适用范围和意义的制度功能的过分抑制。与德国所不同的是，我国的民事立法已经广泛列举了为数众多的具体人格权（如2009年《侵权责任法》第2条列举了9种人身权），如果仅将一般人格权的功能理解为囊括未列出的那些其他人格权，则其适

---

① Olha Cherednychenko，*Fundamental Rights*，*Contract Law and the Protection of the Weaker Party*，pp. 115－116.

② 参见王利明：《试论人格权的新发展》，载《法商研究》，2006（5），21页。

③ 例如，河南省安阳市北关区人民法院在2010年北民一初字第35号民事判决书中称：“一般人格权是指公民、法人享有的，包括人格独立、人格自由和人格尊严等内容的一般人格利益，并由此产生和规定具体人格权的个人基本权利”。

④ 参见薛军：《人格权的两种基本理论模式与中国的人格权立法》，载《法商研究》，2004（4），96页。

⑤ 参见杨立新、刘召成：《抽象人格权与人格权体系之构建》，载《法学研究》，2011（1），91页。作者提出建立“抽象人格权”，包括自我决定权、一般人格权和人格商业利用权。

⑥ 参见王利明：《人格权法研究》，2版，162－168页，北京，中国人民大学出版社，2012。

用范围其实十分有限。第三，现行理论模式在一般人格权的内容和适用对象上也存在着与其他制度的混淆。人格尊严作为一般人格权产生的宪法基础和来源，是一项独立的权利，本身显然不应被列入一般人格权的内涵之中。而反歧视属于宪法平等权和社会法的任务，不应由一般人格权去解决，硬性地以一般人格权去应对此类问题，只会削弱和淡化其本来的含义，从而破坏权利的实质。如有德国学者对一般人格权进行反思总结后分析指出：将一般人格权作为无所不包的一般条款，必然削弱法律的确定性："如果消除人格侵害行为的法律救济都要分别根据每个案件的具体环境去评估的话，法律的可计量性必然遭受损害。"①

由此，我们需要对一般人格权进行更为全面和深入的思考，特别需要以其在宪法上的含义来解释和确定其在民法关系中所应具有的内涵，因为一般人格权"沟通了宪法上的人格权与民法上的人格权，从而实现了人权—宪法上的人格权—民法上的人格权之间畅通的价值输送渠道"②。在一般人格权丰富的内涵之中，要突出人格自由发展、自我决定的权利。以德国为例，就一般人格权所应适用的新领域，一些学者主张，一般人格权可用以对抗他人未经授权的邮件打开或信件开拆、未经授权的广告等侵权行为；另外，在一般人格权框架下可纳入法国法上的、针对媒体不实报道或评论的"回应权"③。就这方面而言值得赞扬的例子是：近年来一些地方法院以一般人格权为基础发展出"性自主权"，以保护遭遇恶意骗婚的女性当事人的人格权益。④

2017年《民法总则》第109条规定："自然人的人身自由、人格尊严受法律保护。"该条规定的是一般人格权，即人身自由和人格尊严。这两

---

① Hans Stoll, "The General Right to Personality in German Law: An Outline of Its Development and Present Significance", in Basil Markesinis (ed.), *Protecting Privacy*, Oxford University Press, 1999, p. 42.

② 周云涛：《论宪法人格权与民法人格权——以德国法为中心的考察》，170、173页，北京，中国人民大学出版社，2010。

③ "回应权"(*droit de réponse*)起源于法国1881年新闻法第13条；德国学者主张一般人格权应可涵盖此权利。Hans Stoll, "The General Right to Personality in German Law: An Outline of Its Development and Present Significance", pp. 39-40, 47.

④ 参见杨涛：《厦门首判保护公民"贞操权"》，载《羊城晚报》，2013-02-19。

项权利既是宪法所规定的基本权利（《宪法》第37条和第38条），也是民法所保护的人格权。人身自由强调的是人的外在的自由，保证其可以自由决定其行动；而人格尊严则强调其内在精神世界的完整和自由，使其可以在人格受到他人尊重的情况下，自主决定其事务。正因为如此，二者被称为一般人格权，确保个人的人格获得充分的尊重和自由发展。

还应当注意的是，尊严被区分为客观意义上的尊严和主观意义上的尊严。在主观意义上，尊严的概念是指自我决定的权利（auto-determination），指个人享有自我决定的自由和行动自由。个人可以自由处分属于自己的权利和利益，只要不损害其他人的利益。这意味着他/她可以自由让渡其权利。但是，在客观意义上，尊严被理解为所有的人类社会成员都必须享有的、要求获得他人最低限度尊重的权利。在这个意义上，社会成员所一致公认和接受的、作为主体的人所应获得的起码的尊重，是客观尊严的标准。客观意义上的尊严要求法律制裁一切将人客体化、物化的行为。在这个意义上，个人对自己权益的让渡和处分，不能损害社会公德。由此，客观意义上的尊严对主观意义上的尊严构成了某种限制，意味着主体不能无限度地处置其权利特别是其身体及其组成部分 。

另外，还得探讨的是“人格尊严”这一概念的内在含义和逻辑一致性。在比较法上，国外的立法和国际公约中更多使用的是“人的尊严”的概念，尊严与人格并未必然地联系在一起。当然，在我国，由于概念术语体系的原因，1982年《宪法》在第一次规定尊严问题的时候，所使用的就是“人格尊严”的概念，并一致沿用至今。这也是我国民法上一直将尊严视为一项人格权的历史原因所在。而在国外的情况则有所不同。例如，法国有学者认为，“人从来不是其尊严的权利主体……因为尊严所体现的是人之为人的属性，而非每一个具有不同特点的个体的属性。强调存在着一种获得他人尊重的权利，这将导致产生一种新的权利，它与我们所认为的人的尊严可能并无关系。尊严是人的内在条件，是人之为人的前提，它并不因主体的不同而有所不同”①。当然，当代各国法律在承认尊严是一

① N. Molfessis, “Le respect de la dignité de la personne humaine en droit civil”, in *Le respect de la dignité de la personne humaine*, sous la dir. de Th. Revet, Economica, 1999, p. 129.

项客观价值的同时，也普遍承认它也是一项主观权利，可以赋予主体以民事责任救济手段。

此外，还要区分尊严与平等。平等原则所强调的是相同的人应该获得相同的法律待遇，禁止以财产、出身、地位、种族等因素来设置差别性待遇，譬如，法律地位平等、性别平等、同工同酬等。平等原则是民主的基本要求，它要求禁止各种形式的歧视，即无正当理由的差别待遇。尊严原则所要求的是一切人应获得无条件的尊重；而不论其年龄、性别、种族、宗教信仰等因素。平等所要求的是禁止歧视，而尊严所要求的是禁止人的工具化。二者可能发生交叉，但是并不能完全混同。不能认为存在歧视的所有场合均必然侵害了人的尊严，这两项基本原则具有不同的功能。

3. 个人信息权：从救济主义迈向预防主义

个人信息权是为2000年《欧洲联盟基本权利宪章》（第8条）①、2010年修正后的土耳其宪法（第20条）②《魁北克民法典》（第37～41条）等国际法和国内法文件所承认的一项新型基本权利。个人信息权被纳入基本权利和民事权利的保护体系，体现了当代立法从事后的（*ex-post*）、个人主义式的救济方式，向事前的（*ex-ante*）集体性和预防模式的转变。这一转变是基本权利保护方面的“国家积极义务”理论的应用结果：国家从过去将人格自由发展完全交由市民社会的自由主义模式，发展为主动介入，承担更多的保护性职能。③

我国在个人信息领域的立法可谓步履艰难。在我国现行立法中，确有部分法律、行政规章已涉及对个人信息的保护，包括：2005年中国人民

---

① 《欧盟基本权利宪章》第8条规定，“1. 任何人都有就其个人信息受到保护的权利。2. 此种信息必须根据指定的目的，或根据受影响的人的同意，或根据法律规定的其他合理基础，受到公平的处理。任何人均有权获得其本人被收集的信息及有权要求更正。3. 对上述规则的遵守必须由一个独立的机构负责”。个人信息权由此成为一项基本人权。

② 根据2010年修正后的土耳其宪法第20条，个人就其个人信息享有以下权利：（1）知情权；（2）获得这些信息的权利；（3）要求更正或删除个人信息的权利；（4）了解信息用途的权利。此外，对个人信息的处理必须征得信息主体的同意，符合法律的规定。土耳其民法典第23～25条也规定了个人信息权。

③ Giorgio Resta，“The New Frontiers of Personality Rights and the Problem of Commodification：European and Comparative Perspective”，in *Tulane European & Civil Law Forum*，2011，Vol. 26，pp. 38 - 39.

银行制定的《个人信用信息基础数据库管理暂行办法》、2006 年《护照法》、2009 年《刑法修正案（七）》、2009 年《侵权责任法》、2011 年修正后的《居民身份证法》、2012 年全国人大常委会《关于加强网络信息保护的决定》（以下简称《决定》）、2017 年《公证法》等。这些法律文件对其所调整领域的个人信息零星地列出了一些保护性规定，所存在的问题在于：其一，这些法律规定是十分零散和个别性的，完全没有体系性，对于其他领域的大量个人信息无能为力；其二，这些极为有限的立法大多是原则性规定，缺乏可操作性，无法有效地保护信息主体的权利。① 2012 年全国人大常委会《决定》是个人信息保护立法方面的一个重要进展，根据《决定》，收集、使用个人电子信息应当遵循合法、正当、必要的原则，并应明示其目的、方式和范围，但是，《决定》并未回答“谁有权拥有和控制个人信息”这一根本性问题。尽管《决定》规定，对“窃取或者以其他非法方式获取、出售或者非法向他人提供公民个人电子信息”等行为，“被侵权人可以依法提起诉讼”，但是，对于更为常见的侵犯个人信息权的方式——就信息收集和使用的范围、方式、信息的转移等，未给予信息主体以充分的信息告知，信息主体并无真正的知情同意权，无法对他人收集使用其信息进行控制；而在个人信息保护法尚付阙如的情况下，“依法提起诉讼”如何实现令人不无疑问。这就是说，作为一项主观权利（民事权利）的个人信息权在我国法律体系中仍然缺位。而与立法停滞相对比的局面是，近年来我国因个人信息泄露所导致的恶性事件频发不断，危害程度日益升级。这尤其以 2016 年的“徐玉玉案”为典型。

在我国，2013 年《信息安全技术公共及商用服务信息系统个人信息保护指南》也规定了个人信息处理的基本原则，包括：

a）目的明确原则——处理个人信息具有特定、明确、合理的目的，不扩大使用范围，不在个人信息主体不知情的情况下改变处理个人信息的目的。

b）最少够用原则——只处理与处理目的有关的最少信息，达到处

---

① 参见石佳友：《网络环境下的个人信息保护立法》，载《苏州大学学报》，2012（6），92 页。

理目的后，在最短时间内删除个人信息。

c）公开告知原则——对个人信息主体要尽到告知、说明和警示的义务，以明确、易懂和适宜的方式如实向个人信息主体告知处理个人信息的目的、个人信息的收集和使用范围、个人信息保护措施等信息。

d）个人同意原则——处理个人信息前要征得个人信息主体的同意。

e）质量保证原则——保证处理过程中的个人信息保密、完整、可用，并处于最新状态。

f）安全保障原则——采取适当的、与个人信息遭受损害的可能性和严重性相适应的管理措施和技术手段，保护个人信息安全，防止未经个人信息管理者授权的检索、披露及丢失、泄露、损毁和篡改。

g）诚信履行原则——按照收集时的承诺，或基于法定事由处理个人信息，在达到既定目的后不再继续处理个人信息。

h）责任明确原则——明确个人信息处理过程中的责任，采取相应的措施落实相关责任，并对个人信息处理过程进行记录以便于追溯。

一个重大的立法进展是，2013 年修订后的《消费者权益保护法》第 29 条规定："经营者收集、使用消费者个人信息，应当遵循合法、正当、必要的原则，明示收集、使用信息的目的、方式和范围，并经消费者同意。经营者收集、使用消费者个人信息，应当公开其收集、使用规则，不得违反法律、法规的规定和双方的约定收集、使用信息。经营者及其工作人员对收集的消费者个人信息必须严格保密，不得泄露、出售或者非法向他人提供。经营者应当采取技术措施和其他必要措施，确保信息安全，防止消费者个人信息泄露、丢失。在发生或者可能发生信息泄露、丢失的情况时，应当立即采取补救措施。经营者未经消费者同意或者请求，或者消费者明确表示拒绝的，不得向其发送商业性信息。"当然，此规定适用于消费者与经营者之间的关系。

2016 年《网络安全法》第四章"网络信息安全"对网络个人信息进行了较为全面的规定。譬如，第 41 条规定："网络运营者收集、使用个人信息，应当遵循合法、正当、必要的原则，公开收集、使用规则，明示收集、使用信息的目的、方式和范围，并经被收集者同意。网络运营者不得收集与其提供的服务无关的个人信息，不得违反法律、行政法规的规定和双方的约定收集、使用个人信息，并应当依照法律、行政法规的规定和与用户的约定，处理其保存的个人信息。”第 42 条规定：“网络运营者不得泄露、篡改、毁损其收集的个人信息；未经被收集者同意，不得向他人提供个人信息。但是，经过处理无法识别特定个人且不能复原的除外。网络运营者应当采取技术措施和其他必要措施，确保其收集的个人信息安全，防止信息泄露、毁损、丢失。在发生或者可能发生个人信息泄露、毁损、丢失的情况时，应当立即采取补救措施，按照规定及时告知用户并向有关主管部门报告。”第 43 条规定：“个人发现网络运营者违反法律、行政法规的规定或者双方的约定收集、使用其个人信息的，有权要求网络运营者删除其个人信息；发现网络运营者收集、存储的其个人信息有错误的，有权要求网络运营者予以更正。网络运营者应当采取措施予以删除或者更正。”第 44 条规定：“任何个人和组织不得窃取或者以其他非法方式获取个人信息，不得非法出售或者非法向他人提供个人信息。”

另外，个人信息又可区分为普通信息和敏感信息。从比较法的经验来看，所谓敏感信息通常包括：种族信息、政治信仰、宗教信仰、政治派别、健康信息、基因信息、性生活等最为私密的信息。在比较法上，一般禁止收集此类敏感信息。我国首个个人信息保护国家标准、2013 年颁布的《信息安全技术公共及商用服务信息系统个人信息保护指南》第 3.7 条规定：“(敏感信息是）一旦遭到泄露或修改，会对标识的个人信息主体造成不良影响的个人信息。各行业个人敏感信息的具体内容根据接受服务的个人信息主体意愿和各自业务特点确定。例如个人敏感信息可以包括身份证号码、手机号码、种族、政治观点、宗教信仰、基因、指纹等。”

当代的一些新的民法典已规定个人信息权。譬如，2011 年生效的《罗马尼亚民法典》第 77 条规定了“个人信息的处理”，依据该条，“对个人信息的一切处理，无论是自动方式或其他方式，只能依照法律所规定的情形和条件进行”。

就此而言，我国 2017 年《民法总则》第 111 条无疑具有重要意义。该条首次以民事基本法的形式确立了个人信息权：“自然人的个人信息受法律保护。任何组织和个人需要获取他人个人信息的，应当依法取得并确保信息安全，不得非法收集、使用、加工、传输他人个人信息，不得非法买卖、提供或者公开他人个人信息。”当然，该条在措辞上仍然存在诸多欠缺，尤其是采取了否定式的方式而非肯定式的确权表述，所禁止的行为也并非个人信息权的全部权能。尽管如此，该条仍然具有极为重要的法律实践价值，未来法官可据此对侵害个人信息的行为进行制裁。该条包含了如下内涵：

其一，公民的一切个人信息受到法律保护。所谓个人信息，是指能够直接或间接、单独或与其他信息结合，指向特定的个人、识别其身份的信息。

其二，个人信息权是自然人对其个人信息所享有的权利的总称，具体说来，包括：获取其本人的个人信息；更新或更正不完整或不准确的个人信息；有权许可他人使用其个人信息；禁止他人非法获取或非法使用其个人信息等。

其三，任何组织和个人需要获取他人个人信息的，应当依法取得。依法取得包含几层含义。首先，取得他人个人信息必须出于合法目的。其次，手段正当，其前提是同意，即应获得主体的同意，这种同意不能采取推定的方式。再次，收集他人的个人信息，还应当遵循必要的原则，即收集信息的数量和详细程度必须以必要为原则，足以达到所宣传的合法目的即可，不得收集不必要的信息。最后，所收集的信息必须与所宣传的目的相关，禁止收集不相关的信息。

其四，信息的收集者和处理者不得非法收集、使用、加工、传输他人个人信息，不得非法买卖、提供或者公开他人个人信息。其中，禁止公开个人信息是要求收集者或使用者确保其收集的个人信息安全，采取必要的保密措施，防止个人信息的泄露。

4. 人格权与宪法基本权利冲突的协调

民法人格权保障个人的人格利益，而部分宪法基本权利保护社会公共利益和民主社会的多元主义价值，二者之间由此可能发生冲突，集中表现为个人的名誉权、隐私权甚至人格尊严与他人或新闻机构的言论表达自由、社会监督和保障公众知情权的冲突。①

---

① A. Colombi Ciacchi, “National and European Fundamental Rights in European Private Law: A Shield Against the Instrumentalisation of Private Law”, in C. Joerges & T. Ralli, *European Constitutionalism without Private Law-Private Law without Democracy* (ARENA Report No 3/11, Oslo 2011), pp. 111－125, 116 et seq.

根据德国著名学者阿列克西的宪法权利理论，宪法基本权利在本质上都是“原则”（principle）而非“规则”（rule）。所谓“规则”是确定性规范和终极性的命令，如其有效则应被明确遵循，规范所要求的内容必须得到完全的执行；“规则”的实施方式为涵摄模式。而与之相对立，所谓“原则”仅是在考虑事实和法律的可能性的前提下，所要求的内容在可能的最大限度内尽量得到实现；“原则”所体现的就是“最优化要求”①（optimization requirement），其特征在于可能性在不同程度上被实现和满足，而合适的实现程度不仅取决于事实上的可能性，也取决于法律上的可能性。“原则”所包含的仅是“表面上”（prima facie）的要求；对某一“原则”要求相对于其他“原则”要求的适宜实现程度的决定，必须求助于“平衡”方法，由此，“平衡”方法是“原则”得以实施的特殊形式。“原则”与“规则”的区别涉及法律所有领域，就宪法权利而言，它本质上是“宪法权利的原则理论”及“原则建构”。而关于宪法权利的探讨首先就是平衡方法的探讨，平衡法则可被概括如下：“对某项权利进行限制的程度越高，对其他权利进行保护的重要性程度也就越高”②。这也就是说，对一项权利所能允许的限制程度取决于与之冲突的另一项权利的重要程度。由于平衡方法是比例性测试的核心，因而，宪法权利的探讨就是关于比例性的分析。③

具体说来，在基本权利与其他权利发生冲突的情形下，比例性原则的适用具体取决于三项“亚原则”的检验：“适当性”、“必要性”和“狭义的比例性”。其中，适当性是指对基本权利的限制的目的是合法的；必要性是指对基本权利的限制程度是最低的，为达到合法的目的所必需；而狭义上的比例性是指所付出的成本相对于所追求的目的来说是具有正当性的，即目的是值得以此限制为代价来追求的。适当性和必要性是检验“最

---

① 林来梵、张卓明：《论法律原则的司法适用——从规范性法学方法论角度的一个分析》，载《中国法学》，2006（2），129－130页。作者将阿列克西原则理论的“optimization requirement”译为“最佳化之诫命”。

② 德国联邦宪法法院曾在判决中指出，“法律干预对个人行动自由的基本表达的影响越多，对有关的正当性理由的权衡就要越细致”。BVerfGE 20，150（159）．See also BVerfGE 17，306（314）．

③ Robert Alexy，*A Theory of Constitutional Rights*，pp. 44－48.

优化要求”在事实上的可能性，而狭义的比例性原则是检验其在法律上的可能性。需要注意的是，两种可能性的检验并不相同，例如，某项对基本权利的限制措施，在事实上可能只有所必需的最低限度，但是，对于所保护的基本权利来说，这种事实上的最低限度的限制在法律上可能仍然是过高的代价，没有正当性。①

当然，也必须承认：通过比例性原则来实现所谓利益平衡的方法并不总是能完全有效地解决问题，因为每一个存在权利冲突的个案都极其复杂，很难找出所谓普遍适用的规则；比例性方法的成效取决于发生冲突的权利之间是否存在“可通约性”②。利益平衡方法是一把双刃剑：一方面，它为法官在大多数宪法权利冲突的案件中找到一种简便的解决方法提供了强大的工具；另一方面，这种简单的答案并不总是最合适的答案。而按照托马斯·纳格尔（Thomas Nagel）的话来说，“最优化政策在每个案件中并不见得总是最优的政策”③。

尽管如此，比例性测试仍然不失为解决宪法基本权利限制与冲突的最为有效和最有意义的方法之一。以欧洲人权法院2004年的汉诺威公主案④为例，在欧洲人权法院看来，作为被告的德国娱乐媒体刊载原告的照片和报道，仅仅是为了满足某些公众希冀了解公众人物私生活细节的愿望；然而，这一目的并不具有社会公共利益的属性。而且，娱乐杂志刊载此类图片和报道还具有提升公众关注度和发行量的潜在商业目的。考虑到案件所发生的背景、对私生活骚扰的持续以及受害人强烈的私生活被侵犯的感觉，被告对原告私生活的侵犯是过分的。而德国法院曾经考虑的事发场所在“空间上的孤立”，由于太过模糊因而在实践中难以被准确界定。

---

① Robert Alexy, *A Theory of Constitutional Rights*, pp. 66 – 67.

② 有论者以古希腊神话中希腊诸王之王阿伽门农的故事为例：阿伽门农得罪了狩猎女神阿耳忒弥斯，在他率军远征特洛伊时，女神让海上一直不断地刮起逆风，军队无法出征。祭司预言，只有献祭其女儿伊菲革涅亚才能平息女神的愤怒，保证大军顺利出征。所以，对阿伽门农来说，在保全女儿和保证大军顺利出海远征之间显然“不可通约”（incommensurability）。Lorenzo Zucca，“Conflicts of Fundamental Rights as Constitutional Dilemmas”，in Eva Brems (ed.)，*Conflicts Between Fundamental Rights*，Intersentia，2008，p. 29.

③ Lorenzo Zucca，“Book Review on *A Theory of Constitutional Rights*”，in *International & Comparative Law Quarterly*，Vol. 53，January 2004，p. 247.

④ Von Hannover v. Germany，[2004] ECHR 294 (24 June 2004).

对作为娱乐媒体的被告的新闻自由施加一个较小的限制，就可以实现对作为公众人物的原告的私生活的保护程度的明显提升。由此，欧洲人权法院最终推翻了德国法院的判决，根据《欧洲人权公约》第 8 条，宣告被告侵犯了原告的私生活。[①]

比例性原则的适用有时候要求根据对基本权利限制的不同程度（严重、中等和轻微）[②]，进行更为细化的“分化处理”操作。这方面的典型如德国联邦宪法法院的 Titanic 案。[③] 联邦宪法法院就本案所涉及的《基本法》第 5 条规定的新闻表达自由与第 2 条规定的一般人格权之间的冲突，进行了“个案平衡”处理。在联邦宪法法院看来：考虑到杂志一贯的嘲讽风格的具体背景，该杂志将涉案官员称为“天生杀人犯”构成对该官员人格权比较轻微的侵犯；但相对原告的这一指控而言，被告的新闻自由应得到优先保护，对其所做的判罚违反了比例性原则，构成了对新闻自由的侵害。但是，被告鉴于原告的天生残疾而将其称为“跛子”，构成了对其人格权的严重侵害，是对其人格的藐视和侮辱。就此一节，原告的人格权较之于被告的新闻自由而言应得到优先保护。[④]

从这样的方法论来看，我国司法实践中就人格权与言论和表达自由的冲突，十分有必要引入比例性方法，对二者的冲突做出更为妥当的裁决。一方面，我国《宪法》第 35 条规定了言论和表达自由；另一方面，《民法通则》《侵权责任法》规定了名誉权、隐私权等人格权。就二者的冲突处理，最高人民法院 1993 年《关于审理名誉权案件若干问题的解答》仅粗略地做出如下规定：“文章反映的问题基本真实，没有侮辱他人人格的内容的，不应认定为侵害他人名誉权。文章反映的问题虽基本属实，但有侮

---

① Didier Ribes, *L'Etat protecteur des droits fondamentaux*, p. 90.

② Robert Alexy, “Discourse Theory and Fundamental Rights”, in Agustín J. Menéndez & Erik O. Eriksen (eds.), *Arguing Fundamental Rights*, Springer; Law and Philosophy Library, 2006, pp. 25 - 26.

③ BVerfGE 81, 1 (11). 该案中，被告 Titanic 杂志发行面颇广，向来以辛辣的嘲讽风格而著称，其引发诉讼的文章针对一位相对缄默的官员，后者同时是一名瘫痪残疾者。争议文章首先称其为“天生杀人犯”，后来干脆直接称其为“跛子”。该官员遂提起诉讼，普通法院对 Titanic 杂志判罚 1.2 万马克，该杂志向联邦宪法法院提起上诉。

④ Robert Alexy, “The Construction of Constitutional Rights”, in *Law & Ethics of Human Rights*, 2010, Vol. 4, pp. 31 - 32.

辱他人人格的内容，使他人名誉受到侵害的，应认定为侵害他人名誉权。文章的基本内容失实，使他人名誉受到损害的，应认定为侵害他人名誉权。”这就是说，文章必须同时满足“基本属实”和“无侮辱人格”两个要件才不构成侵犯名誉权。由此，言论自由特别是批评性言论免责的“门槛”似乎过高，对言论自由所施加的限制有过分之嫌；而且，在具体案件中，鉴于法官对“基本属实”和“侮辱人格”两个关键范畴的界定具有相当的主观性色彩和自由裁量余地，如何对这两个要件进行精准判定，令人不无疑问。

以曾备受关注的范曾诉郭庆祥案为例，二审法院在终审判决中指出：“法院对于批评文章是否构成名誉侵权进行审查时，需要平衡评论者正当的社会监督权利以及被评论者的名誉权”①。这里，“评论者正当的社会监督权利”显然是指郭庆祥依据《宪法》第35条、第41条所享有的言论自由和社会监督权利。由此可见，法院在裁决过程中间接参考了宪法基本权利的价值，宪法言论自由在民事关系中的横向效力得到了承认。而“平衡”郭庆祥的言论自由与范曾的名誉权的表述，也充分体现出法院在一定程度上参考和使用了比例性方法。尽管如此，终审判决所得出的结论仍然值得商榷。一方面该判决承认：郭庆祥在《文汇报》所发表的艺术评论《艺术家还是要凭作品说话》对范曾的批评有事实依据（文中所称的“流水线”作画的创作方式）；而且，艺术作品是作者创作行为的表达，对艺术作品的创作等现象进行评论不可避免地要涉及作者。另一方面，该判决却又认为：“评论者在涉及对作者的评价时应把握善意、理性、客观的原则，不可借评价之名，贬损、侮辱作者人格，从而对作者名誉造成损害。”据此，法院最终认为，“该文中使用的‘逞能’‘炫才露己’‘虚伪’等贬损他人人格的语言，与文章所谈论的基本事实并无直接、必然联系，已超出了评论的合理限度……（郭）应谨慎为文，避免偏离或超出文艺评论的正常范畴而草率地转而对作者本人的人格进行评判”。显然，这一判决遵循了最高人民法院前述司法解释中“基本属实”和“无侮辱人格”两个要件的检验，认定文章虽然属实但贬损、侮辱评论对象的人格，故而仍然构

---

① 北京市第一中级人民法院（2011）一中民终字第11152号民事判决书。

成侵权。然而，问题在于，考虑到本案的系争文章属于艺术评论且刊载于专业性较强的媒体和栏目（《文汇报》的"鉴藏版争鸣专栏"）、所依据理由属实、所批评的对象范曾是知名度和公众关注度极高的公众人物，以及（法院所承认的）对作品与作者的评论无法截然分开等因素，从比例性原则出发，具有艺术批评性质的系争文章中对作品的批判发展为对作者艺德的评判，实属正常。"逞能""炫才露己""虚伪"等贬义性用词，对于被批评者的人格权仅构成轻微性的损害。尤为重要的是，鉴于被批评者是知名度和公众关注度极高的画家，如同法院在判决中所承认的，对其画作的批评属于"正当的社会监督权利"，此种文艺评论因而具有为了公共利益的性质，本属于被批评者应当容忍的范围。从这个角度来看，法院判决为文艺批评所设定的"善意、理性、客观的原则"，构成了对此种为了公共利益的言论自由的过分限制，违反了比例性原则中的"必要性"和"狭义的比例性"要求，不合理地限制了评论者依据宪法所享有的言论自由这一基本权利。

八、立足"国家保护义务"完善人权司法保障制度

我国《宪法》在2004年引入了"国家尊重和保障人权"的重要规定，明确了我国的所有国家机关对公民的基本权利负有积极保护义务。以此为基础，2013年中共十八届三中全会所通过的《中共中央关于全面深化改革若干重大问题的决定》进一步提出，要"完善人权司法保障制度"，作为"推进法治中国建设"的重要内容。

以宪法所确立的国家保护义务为基础来完善人权的司法保障制度，为我国的基本权利横向效力问题赋予了新的内涵，因为这是将宪法所要求的尊重和保障人权"具体落实到司法保障上"，是"抓住了人权保障的重要环节和最后的底线"①。从国家保护义务出发，"完善人权司法保障制度"的实质就是强化以司法手段对人权的有效保护。这里的司法手段显然包括民事司法。这就是说，"完善人权司法保障制度"同样要求在民事司法裁

---

① 李林：《"法治"是贯穿十八届三中全会公报的内在逻辑》，载《法制日报》，2013-11-14。

判中对人权给予充分和有效的保障。由此，"完善人权司法保障制度"的目标为我国私法关系中的人权保障注入了新的内涵和要求。这一新的目标要求我们以尊重和保障人权为核心，实现在私法关系中对基本权利的有效保护。从这一要求出发，我们必须突破传统的单纯的直接适用模式或单纯的间接适用模式的传统范式限制。

（一）功能主义的司法保护新模式

对基本权利的横向效力这一问题的理论研究肇端于二战后的德国。当代关于这一问题的最新研究的人员，很多是来自其他欧洲国家（如荷兰、意大利、英国等）的学者。根据他们的大量比较研究，基本权利对私法关系的适用，其实在相当程度上取决于所涉及的具体法律体制和具体私法领域，因为基本权利对不同法律体系或不同领域的具体影响并不相同。譬如，相对于合同法而言，基本权利规范对侵权法的影响显然更为直接："在侵权法领域，私法救济可直接源于某一宪法权利，即便是现行的法律并未规定此种可能性"；反之，在合同法中基本权利更多具有的是间接影响，因为基本权利理论"主要用于保护弱势一方的合同当事人免受不公平的协议的影响，或者在合同自由、意思自治与其他人权例如社会正义、人格尊严等之间构建起平衡"①。此外，还需要注意的是，基本权利对私法关系的影响是动态的而非静态的，因为基本权利本身即具有动态属性。②

这就是说，在新的形势下，无论是单纯的直接适用模式还是单纯的间接适用模式都无法有效地对基本权利提供足够的保护。从国家保护义务理论出发，应抛弃这一更具有形式意义的区分，转而采取具有实质意义的司法新方法论——功能主义（functionalistic）模式。其特点在于：法院不必受到直接适用模式或间接适用模式的形式性限制，而完全从保护基本权利的实质性需要出发，采取对保护基本权利最为有效的方式。例如，欧盟法

---

① Chantal Mak (ed.), *Fundamental Rights in European Contract Law: A Comparison of the Impact of Fundamental Rights on Contractual Relationships in Germany, the Netherlands, Italy and England*, Kluwer Law International, 2007, p. 81.

② Solveiga Cirtautiene, "Impact of Human Rights on Private Law in Lithuania and other European Countries: Problematic Aspects", in *Jurisprudencija/Jurisprudence*, 2013, Vol. 1, pp. 83, 88.

院在保护四大基本自由的问题上采取的就是这样一种灵活的方法论：对货物流动自由，法院采取的是间接适用模式；而对人员流动自由法院则采取直接适用模式。其优势在于可以对基本权利提供有效的保护，超越简单的直接适用和间接适用的僵化区分。① 另一个例子是匈牙利：由于其分权体制、法律环境以及法律文化，该国继受的是德国的间接适用模式。但21世纪初以来匈牙利法院出现将直接适用模式扩张适用的重要趋势，例如针对禁止歧视权，匈牙利法院认为它可具有直接效力，因为这样更有利于保护权利人的基本权利，而过去一刀切式的间接效力模式难以对此做出合理回应。② 显然，这种在基本权利保护方面具有实效性和灵活性的功能主义司法保护新模式，与我国"尊重和保障人权"的宪法要求、"完善人权司法保障制度"的"法治中国"建设目标十分契合。

诚然，这种功能主义的司法保护模式要求法院在必要时在民事案件审理中直接适用宪法基本权利规范，这必然会牵涉到法院在民事判决中能否引用宪法规范的问题。必须承认，这是一个十分复杂和敏感的问题，因为援引宪法有时候会涉及解释宪法，而解释宪法的权限在我国仅属于立法机关（全国人大常委会）。因此，根据最高人民法院一系列文件的要求以及我国的司法传统，法官一般不宜在民事判决中直接援引宪法规范。但必须看到的是：民事判决对宪法规范的援引现象难以完全避免，因为我国的民事立法并不完备，在某些案件中，由于缺乏可资适用的具体规则，法官不得不借助于民法中的一般法律原则，"而民法原则的模糊性、抽象性又使法官有必要对该部门法原则的来源、出处或者适用在本案中的恰当性、权威性做出解释和阐述，这就可能需要从法律'回溯'到宪法，'引用'宪法"③。正因为如此，在实践中法院在民事判决中的确一直存在援引宪法规范的现象。

---

① Kara Preedy, "Fundamental Rights and Private Acts-Horizontal Direct or Indirect Effect? — A Comment", in *European Review of Private Law*, 2000, Vol. 8, pp. 128 - 130.

② Eleanor Spaventa, "The Horizontal Application of Fundamental Rights as General Principles of Union Law", in Arnull, A., Barnard, C., Dougan, M. & Spaventa, E. (ed.), *A Constitutional Order of States-Essays in Honour of Alan Dashwood*, Oxford: Hart Publishing, 2011, p. 208.

③ 马岭：《齐玉苓案"批复"废止"理由"析》，载《法学》，2009（4），19页。

尤为重要的是，从“完善人权司法保障制度”这一新的目标出发，应破除法院不得引用宪法规范的禁忌；出于人权保护之必要，应允许法院在例外情况下以适当方式引用宪法规范。中共十八届三中全会《中共中央关于全面深化改革若干重大问题的决定》在“推进法治中国建设”部分，开宗明义就强调了“维护宪法法律权威”的重要意义，而宪法的生命力和权威必然建立于司法的适用过程之中，尤其是宪法所规定的诸多基本权利只有通过法院的司法适用活动才能让权利主体无障碍地真正享有和实现。这也正是提出“完善人权司法保障制度”宪法目标的意义之所在。如果宪法规范在司法中完全不能被援引，显然无法彰显宪法的权威，从而使宪法沦为“无牙的老虎”而徒具其表。由此，如果我们承认“维护宪法法律权威”的必要性，就应当接受宪法规范在司法上具有可援引性。当然，必须区分宪法规范的“适用”和“解释”，法院援引宪法规范只是“适用”宪法规范而非“解释”宪法规范。法律解释是确定某一法律规范的含义，其功能在于厘清和界定某一法律规范的意义；而法律适用是确定某一规范应用于某一事实的法律结果。当法律规范的含义清晰、明确的时候，法官只是在“适用”法律；只有在法律规范的含义不明或存在歧义的情况下，才有必要“解释”法律。可见，法律适用是第一位的，法律解释是第二位的。① 如果法院在民事判决中对宪法规范进行简单援引，将其作为民事判决的一项补充性理由，并不涉及对宪法规范的含义、性质、适用范围等所做的解释，则仅仅是一项宪法适用的活动，不存在侵犯立法机构的宪法解释权的问题。② 事实上，民事法官援引基本权利规范的主要目的是参考该规范所代表的宪法价值，并不见得是想直接适用基本权利于私法关系之中。就此而言，我们可以借鉴加拿大的经验：宪法权利主要约束公权力机构，而宪法价值则可约束整个法律体系包括私法关系，故而法官在审理私法案件时亦有权参考基本权利所代表的宪法价值。③

---

① Anastasios Gourgourinis, “The Distinction between Interpretation and Application of Norms in International Adjudication”, in (Oxford) *Journal of International Dispute Settlement*, 2011, Vol. 2, pp. 43 - 44.

② 我国有学者提出了类似主张，将对宪法的引用区分为形式援引（宪法条文）和实质援引（宪法内容）。参见张红：《基本权利与私法》，254、266页，北京，法律出版社，2010。

③ Stephen Gardbaum, “The ‘Horizontal Effect’ of Constitutional Rights”, p. 400.

(二) 宪法基本权利在合同法中的间接适用

民法诸部门法之中，合同法是“宪法化”进程最为明显的部门法。“宪法化”进程导致“合同的基本化”和“合同的人性化”趋势，使合同法可以更为充分地考虑人本身的需要。宪法权利在合同法领域发生效力更多的是通过民法一般条款来间接实现的。

1. 以公序良俗条款来审查涉嫌侵害基本权利的合同的效力

如果合同中包含对一方当事人某项宪法基本权利进行不适当限制的内容，则法院应如何认定其效力？是否可根据我国《合同法》第 52 条关于无效合同的规定来宣告其无效？根据该条，违反法律、行政法规的强制性规定的合同应宣告无效；而根据最高人民法院 2009 年《关于适用〈中华人民共和国合同法〉若干问题的解释（二）》第 14 条，此类违法合同所违反的是“效力性强制性规定”而非“管理性强制性规定”。根据通说，前者是指法律及行政法规明确规定违反该类规定将导致合同无效的规范，或者虽未明确规定违反之后将导致合同无效，但若使合同继续有效将损害国家利益和社会公共利益的规范；后者是指法律及行政法规未明确规定违反此类规范将导致合同无效的规范。① 如果合同违反宪法基本权利规范，到底应被视为违反何种规定，让人困惑：一方面，宪法基本权利规范显然涉及国家利益和社会公共利益，由此理应被视为“效力性强制性规定”。另一方面，由于私法当事人并非宪法规范所直接约束的对象，宪法显然没有规定合同违反基本权利规范将导致无效，从这一标准来看，基本权利规范似乎又具有所谓“管理性强制性规定”的属性。这一理论困境充分反映了“效力性强制性规定”和“管理性强制性规定”区分的局限。

这一区分的局限性还表现在：首先，在许多情况下，某些强行性规范本身同时具有“效力性强制性规定”和“管理性强制性规定”的属性，例如关于行医资格的规定、关于提供法律服务的律师资格的规定。其次，这一区分在司法实践中欠缺可操作性，导致循环论证和倒果为因。其解释逻辑常常为：因为某类强行性规定直接规定了合同的无效后果，或者直接涉

---

① 参见王利明：《合同法研究》，卷 1，658－659 页，北京，中国人民大学出版社，2006。作者将“管理性强制性规定”称为“取缔性规范”。

及公共利益，对此类规范的违反直接导致合同的无效，所以其性质是效力性强制性规定。最后，尤为严重的是，上述区分实际上赋予了民事法官对强行性公法规范进行解释、定性的规范审查权，根据定性的不同赋予不同的法律后果。这实际上使民事法官获得了具有宪法性质的规范审查权。显然，这会引发宪法秩序上的权力合法性问题。

由此，必须超越上述区分标准。如果合同涉嫌侵害当事人的基本权利，法院应对基本权利受影响的程度进行评估，以审查到底是基本权利的“外延”还是“内核”受到影响，来决定相关合同条款的效力。①

2. 以诚实信用条款来构建合同的平衡性

古典合同观将合同视为交易工具，鼓励交易甚至被尊为合同法的一项基本原则。实际上，这是一种功利主义和简约主义。作为社会组织手段的合同除了具有交易功能之外，尚具有诸多的其他社会学功能：除创设财产义务之外，合同还能产生规范性效果；合同是创设集体和社会性结构的组织手段，除了传统的交易合同之外，还有“共享合同”“联盟合同”“合作合同”等其他组织性合同，这些新型合同的共性在于双方当事人利益、手段和目标的共同性；合同也是实现公共政策的手段，国家机构越来越多地通过与私法人签订合同来提供或管理公共服务；合同在私法的诸多领域逐渐取代了传统的法律调整方式，“契约化”趋势成为构建私人联结的新方式。② 从法社会学的角度来看，合同使当事人之间形成了某种意义上的“微世界”、一个“微型社会”，在其中，双方都必须一致为实现共同目标而努力，而双方各自的个人目的寓于此共同目的之中。合同由此被视为一个“联盟”，甚至可类比为婚姻。按照卡尔波尼埃的经典说法，“在一个婚

---

① Peter Quint，“Free Speech and Private Law in German Constitutional Theory”，*Maryland Law Review*，1989，Vol. 48，p. 303.

② Judith Rochfeld，“La contractualisation des obligations légales：la figure du ‘contrat pédagogique’ ”，in G. Lewkowicz et M. Xifaras（dir.），*Repenser le contrat*，Dalloz，2009，p. 294. 以家庭法为例，夫妻财产制、离婚、同居者间的关系、亲权等制度，越来越多地采用合同方式予以确定；不过，与传统的合同内容意定方式所不同的是，此类合同在内容上大量纳入了法定义务，这也被称为合同的“教义学功能”。

姻已经蜕变为合同的时代，如果不将合同转化为婚姻是不可思议的”[①]。可见，合同当事人之间不再是零和博弈的利益对立关系，而是一个团结和互利共赢的整体；合同每一方当事人都必须尊重对方的利益；此种合同的平衡性是对于契约正义基本要求的体现。

然而，从法律人类学视角来看，现代社会中大量出现的大企业、大组织所强加于社会公众个人的“附从合同”，是“势力强大的工商业领主强加于无数的自由农奴的新封建秩序”，合同的平衡完全被打破，个人基本权利受到极大的威胁。[②] 在此情况下，维护和重构合同的平衡是法官的重要使命之所在。具体说来，法官尤其需要立足于诚实信用原则，积极对合同进行解释；强调当事人的信息告知义务，保证合同的透明度；禁止合同权利滥用，强调合作义务；倡导“友爱”原则，通过强制缔约来反对社会排斥现象；根据诚信原则推导出“合理”原则，强调合同必须反映出当事人的合理期待。

而宪法原则可通过诚实信用条款间接适用于合同法关系之中，合同关系的平衡性由此得到维持。例如，意大利宪法第 2 条规定了社会团结义务。[③] 在意大利最高法院审理的 Fiuggi 案[④]中，该法院指出：诚实信用原则构成对合同的一项内在限制，这一原则要求对合同形式平等的遵从不得导致实质上的非正义结果。由此，意大利宪法第 2 条的社会团结义务完全适用于合同的解释、合同的效力和合同的履行。这意味着，合同当事人一方如无须付出重大牺牲或代价，则必须采取行动顾及另一方的合理利益。[⑤] 宪法的社会团结义务由此通过民法的诚实信用条款，间接适用于私

---

① Jean Carbonnier, *Droit civil*, *Les obligations*, 22nd eds., Paris: PUF, 2000, p. 114.

② Denis Mazeaud, “Loyauté, solidarité, fraternité: la nouvelle devise contractuelle?”, in *L'Avenir du droit. Mélanges en l'honneur de François Terré*, Paris: Dalloz/PUF/Litec, 1999, pp. 633 - 634.

③ 意大利 1947 年宪法第 2 条规定：“共和国承认和保障个人不可侵犯的人权，期望政治、经济和社会团结的基本义务得到履行。”

④ Cass. civ. sez. I, 20 April 1994, No. 3775 (Commune di Fiuggi c. Ente Fiuggi s. p. a.).

⑤ James Gordley (ed.), *The Enforceability of Promises in European Contract Law*, Cambridge University Press, 2004, p. 205.

法关系。①

我国1999年《合同法》也注重维护合同的平衡性，如第6条规定了诚实信用原则，第39～41条规定了对格式条款的规制，第42条规定了缔约过失义务，第43条规定了保密义务，第60条规定了附随义务，第92条规定了后契约义务等。结合这些规定，如果以有效保护合同当事人的基本权利为目的，法官尤需立足于诚实信用原则，维持合同权利、义务的平衡。具体说来，法官在审理涉及基本权利的民事案件中尤其要强调以下内容：强调合同双方的平衡性，禁止当事人为追求自己的利益而损害对方的基本权利；强调合同义务的解释应遵循诚信原则以及采取符合宪法基本权利规范的方式；对合同解除进行限制，如一方当事人因为对方行使其基本权利（如改变其宗教信仰、行使表达自由等基本权利）而解除合同，则应宣告此种解除为违法；对于住宅的出租人因承租人拒绝接受租金随意提高而解除合同的行为，应从保障承租人的生存权和社会团结原则出发予以严格限制。

（三）侵权法对基本权利的直接保护

侵权法所保护的是人身权、财产权等基本权利，而基本权利的基础性功能之一就在于“为国家就公权力及某些特殊情况下的个人承担侵权责任提供基础”②。由此，作为对“私犯”行为的救济，侵权法是当代自由宪政主义治理结构的基础性组成，公民就他人的侵权行为所享有的救济权具有宪法性价值。从这个意义上说，侵权损害赔偿制度被认为具有宪法意义，对于宪法基本权利的保护十分关键；必要时民事法官在侵权案件的审理中可直接适用宪法规范。③

---

① Chantal Mak, *Fundamental Rights in European Contract Law: A Comparison of the Impact of Fundamental Rights on Contractual Relationships in Germany, the Netherlands, Italy, and England*, Kluwer Law International, 2008, p. 111.

② Siewert Lindenbergh, “The Constitutionalisation of Private Law in the Netherlands”, in Tom Barkhuysen & Siewert Lindenbergh (ed.), *Constitutionalisation of Private Law*, p. 120.

③ John C. P. Goldberg, “The Constitutional Status of Tort Law: Due Process and the Right to a Law for the Redress of Wrongs”, *The Yale Law Journal*, 2005, Vol. 115, p. 527. 在法国，宪法委员会依据作为宪法序言的《人权宣言》第4条（“自由是有权做一切对他人无害的事情”），宣告法国民法典第1382条关于过错责任原则的规定具有宪法性价值（Conseil constitutionnel, Décision n°82-144 DC, 22 oct. 1983, *D*. 1983, p. 189, note F. Luchaire）。

基本权利通常分为自由权和社会权（请求给付权、受益权）。自由权是“免于束缚的自由”，立足于自由价值；而社会权是“免于匮乏的自由”，追求平等价值。[①] 自由权遭受侵害时，公民可诉诸法院寻求救济；社会权的实现却依赖于国家的经济发展，在遭受侵害时，公民无法直接诉诸法院，强制国家做出给付。也就是说，自由权具有可诉性，而社会权通常不具有可诉性。[②]

侵权法对于自由权可以提供有效救济，公民的自由权遭受侵害时，可依循侵权法获得救济手段。下文将对此做详细论述。

九、结语：以规范性个人主义为基础的司法治理模式

如果说在社会学意义上，民法典可被视为“真正的宪法”，那么，显然有理由质疑的是：这部社会学意义上的宪法何以可能不受法学意义上的宪法的影响和控制？民法宪法化的进程，本身也是民法在社会经济条件不断发生变换的背景下，寻求新的合法性（特别是实质意义上的合法性）的进程；民法对宪法基本权利制度的适应就是这一进程的结果和表现。[③] 基于对人的全面保护的需要，民法针对侵犯宪法基本权利的行为，“不能完全采取市场化的原则，而是应该对市场手段进行限制”[④]，这种限制正是通过将宪法基本权利制度引入民法秩序之中来实现的。

值得注意的是，作为形式理性的最高成就，民法典在整个法律体系中占有极为重要的地位并被推崇备至：相对于“高度价值化”的宪法，民法典具有“高度形式化”的特点，这也成为其相对稳定的重要原因，因为“高度形式化”必然意味着“高度的价值中立”，民法典由此避免了因为社会道德价值不断演进而导致的频繁修正。很多传统学者“坚持民法在整体

---

① 参见龚向和：《社会权与自由权区别主流理论之批判》，载《法律科学》，2015（5），21页。

② Diane ROMAN, “Les droits sociaux, entre ‘injusticiabilité’ et ‘conditionnalité’: éléments pour une comparaison”, *Revue internationale de droit comparé*, 2009, n° 2, pp. 285–286.

③ Jean-Marc Talau, “La pérennité du Code civil en France”, in *InDret* (*Revista para el Análisis del Derecho*), 2005, Vol. 1, p. 8.

④ 薛军：《人的保护：中国民法典编撰的价值基础》，载《中国社会科学》，2006（4），126页。

法制的独立性”，“维持意识形态的中立”①。很多人津津乐道的是，法国民法典在其诞生后的两个世纪里见证了10部宪法的更迭。民法典的“超稳定优势”自然滋生出民法学者的“形式崇拜”：“以一部高度价值中立的民法，来配合蕴含许多社会价值的宪法，像纵横坐标一样支撑我们的动态法律秩序，较为妥当。”② 而一旦民法被贴上“抽象性、目的独立性、否定性、程序性、形式性、自治性、工具理性”等形式主义“品性”的标签③，民法的宪法化进程就被夸张地形容为公法对私法的“入侵”或“觊觎私法的领地”④。究其实质，这无非是法学实证主义在新时期的一种回潮而已。事实上，与这些迷恋古典主义范式的学者的担忧正好相反的是：迈向非形式化和价值非中立的民法，适应民法宪法化的进程，恰恰应是当代民法发展的正确出路和不二选择。⑤

与很多批评者所担心的正好相反，宪法基本权利在私法关系中的横向效力理论并非空泛的华丽辞藻，这一理论为私法带来多方面的积极变化：其一，基本权利防止在私法关系中处于强势地位的一方滥用其权利，损害弱势一方的利益。这与基本权利在公法中的防御性功能是一脉相承的。其二，基本权利赋予民法一般条款以实际意义。由于民法一般条款的内容并没有事先确定，所以需要由法官根据具体的个案情况予以解释和填充，而

---

① 苏永钦：《体系为纲，总分相宜——从民法典理论看大陆新制定的〈民法总则〉》，载《中国法律评论》，2017（3），88页。

② 苏永钦：《从动态法规范体系的角度看公私法的调和——以民法的转介条款和宪法的整合机制为中心》，115、116页，北京，北京大学出版社，2012。不过作者也承认：战后以来诸如德国债法现代化的一系列立法演进，显然背离了形式化的趋势，因为消费者权益保护、承租人保护等特别法内容被植入民法典。但作者对此深表疑虑。

③ 参见易军：《私人自治与私法品性》，载《法学研究》，2012（3），69页及以下。

④ 易军：《个人主义方法论与私法》，载《法学研究》，2006（1），100页及以下。作者认为，整体主义思潮在当代集中表现为“诸如私法社会化、私法公法化、私法伦理化之类的私法实质化思潮”；“实质平等、实质正义等美丽的大词更具有欺骗性与隐蔽性，而公共利益、社会福利的诉求也更容易博得人们的好感和同情”。其实，这里存在概念上的混淆。整体主义（Holism）方法论通常是相对于原子论（atomism）而言，强调法律相对于其他要素而言的联系与语境，而私法社会化强调的是私法权利的行使应与社会要求相协调，二者之间无必然性联系（Andrei Marmor，“Coherence，Holism，and Interpretation：The Epistemic Foundations of Dworkin's Legal Theory”，*Law and Philosophy*，1991，Vol. 10，p. 386）。

⑤ Dieter Medicus，“Der Grundsatz der Verhältnismäßigkeit im Privatrecht”，*Archiv für die civilistische Praxis*，1992，Vol. 192，pp. 35 - 37.

案件所涉及的基本权利规范就可以构成这一解释和填充过程的启示来源。其三，基本权利为民事法官在判决中的价值选择提供合法性依据。通常，法官所能做出的价值选择是受到严格限制的，在立法没有作出此种选择或者此前的判例结果无法令人满意的时候，法官有必要根据新的社会情势做出价值选择，而这是需要有强有力的正当性依据的。法官通过间接地援引或参考基本权利规范，就可以为其价值选择提供合法性依据。

从法律政策学的角度看，基本权利的横向效力制度在价值上显然不是中立的，因为它用以保护社会学上的弱势群体。对于在缔约能力和社会经济地位方面存在结构性不平等的双方当事人所签订的合同，严格实施合同自由必然带来实质性的社会非正义结果。而基本权利的横向效力理论旨在“对抗经济或社会权力的滥用”，以保护处于弱势地位的相对人。由此，传统的“合同不可触动”原则不复存在，取而代之的是“受社会连带思想影响的社会性的合同法”①。在政治学意义上可以认为，基本权利的横向效力理论是避免政治极端主义和社会暴力，疏导、化解政治斗争和阶级冲突的自由主义方法。②

从法社会学的角度来看，经由司法判例所逐步确立的基本权利的横向效力制度可以被视为某种程度的“司法治理”③（judicial governance）。“治理”的特点在于决策者间的非等级关系，社会行动者之间采取协调而非命令或控制的方式；治理的重要目标在于使所有的社会行动者的利益包括国家、社会和个人的利益都尽可能得到代表和实现。通过基本权利的横向效力，宪法基本权利得以进入民法领域，使法院能够以更为宽广的视角来处理私法关系中的利益冲突，也使私法当事人的根本性利益能得到更多的考虑。借此，司法过程中也可以对利益和话语未能充分在立法中得到反

---

① Christophe Jamin，“Plaidoyer pour le solidarisme contractuel”，in *Etudes offertes à Jacques Ghestin：Le contrat au début du XXIe siècle*，Paris：LGDJ，2001，p. 441.

② Eric Engle，“Third Party Effect of Fundamental Rights（*Drittwirkung*）”，in *Hanse Law Review*，2009，Vol. 5，No. 2，pp. 167，171－172.

③ O. Gerstenberg，“Private Law and the New European Constitutional Settlement”，in *European Law Journal*，2004，Vol. 10，p. 766.

映的弱势群体给予保护，促使他们能够实现真正的自我决定。①

而从法哲学方法论的角度来看，关于基本权利的横向效力理论的根源，可以德国学者普福腾（von der Pfordten）的“规范性个人主义”（normative individualism）方法来解释。“规范性个人主义”是相对于“规范性集体主义”（normativecollectivism）而言的，根据后者，一切行动或者决定的终极伦理正当性在于“集体”，包括团体、家庭、部落、民族、种族、社会、经济、法律、文化共同体或宗教群体等。与之相反，“规范性个人主义”主张，法律与政治性决定最终只有与所涉及的特定个人相联系，才能获得正当性依据，而正当性依据的重要内容是对相关特定个人的目标、愿望、需求、利益、关切等进行考虑。规范性个人主义包含两项原则：首先，仅有个人才能成为义务的终极参考点及道德与伦理的正当性源泉，集体性团体都无法替代个人的此项功能，义务最终必须落实到个人。这被称为“个别性原则”（principle of individuality）。其次，归根结底，一切行动或者决定的正当性依据都必要考虑所有受此行动或决定影响的个人。这被称为“所有人原则”（all-principle）。与规范性个人主义相近的概念很多：人文主义、合法性个人主义、主观主义、自决、自治、个别性、个人价值、自由、人、自由主义、民主等。② 恰如薛军所指出的，在中国民法典的编撰方面必须确立这样的基本原则：“任何个体基于并且仅仅基于其个体生存事实本身，就有权要求自己被当作‘人’来对待。这首先意味着中国民法典必须拒绝任何形态的团体主义……任何以团体利益的名义而

---

① O. Gerstenberg, “What Constitutions Can Do (but Courts Sometimes Don't): Property, Speech, and the Influence of Constitutional Norms on Private Law”, (2004) Canadian Journal of Law and Jurisprudence 61; and “Private Law and the New European Constitutional Settlement”, (2004) 10, *European Law Journal*, p. 766.

② Dietmar von der Pfordten, “Five Elements of Normative Ethics-A General Theory of Normative Individualism”, in *Ethic Theory and Moral Practice*, Springer, 2012, Vol. 15, pp. 452 - 453. 根据邓正来教授的研究，哈耶克的个人主义除了方法论个人主义，也包括规范性个人主义；而且，哈耶克的个人主义与自由主义可以互换使用［邓正来：《哈耶克方法论个人主义的研究》，载《浙江学刊》，2002（4），54页］。但普福腾教授认为，尽管规范性个人主义与自由主义二者非常相近，但是，规范性个人主义更为基础和根本，是一项正当性的原则和理论；而自由主义只是对规范性个人主义的具体应用，是一项社会、政治和法律的方案。另外，二者之间没有必然的合法性对应关系：作为一项方案，自由主义同样可以经由宗教或者自然法的理由而获得正当性。Dietmar von der Pfordten, p. 453.

牺牲对人的利益的保护，都必须被拒绝。”[①] 从个人权利保护的立场出发，以人的终极关怀来构建法典的价值理性，这应当是我国制定民法典的政策选择。[②]

从规范性个人主义方法论出发，基本权利在当代比以往具有更为重要的使命。其实，就其历史缘起而言，基本权利在最初被视为私人的、主观性的个人权利，具有对抗一切人的对世（*erga omnes*）效力，对抗一切团体性实体的滥权行为。由于当时不存在公权力机构和私人机构的区分，因此，基本权利在其诞生之初本来就是用以对抗除了国家之外的一切实体，最初的重要功能就是对抗一切中间性的私人团体，如行会。[③] 而在当今的时代，传统的民族国家范式正经历着深刻的变革。从法社会学的角度来看，社会调整也发生了意义深远的演进：如今，在传统的公共行动者之外，大量的私法行动者在不同程度上也承担着社会调整职能；他们与公共行动者之间具有复杂的互动关系。在这样的背景下，强调基本权利具有对世权般的效力就尤有必要：基本权利具有对抗一切机构包括各类公共机构和社会机构、各类规则制定者、企业、社会功能各异的各类亚系统及其他组织的效力。[④] 基本权利的横向效力理论是规范性个人主义的逻辑要求和延伸，这一理论使处于弱势地位的个人的利益能更好地被司法者所考虑和保护，使其裁决结果具有更大的正当性依据，也构成对立法阶段利益失衡格局的某种矫正和回归。

必须承认的是，从规范性个人主义方法衡量，基本权利的横向效力理论在某种程度上也是对基本权利的某种“工具化”。不过，为了实现社会正义和对人的全面保护，此种“工具化”具有合法性和必要性，因而也是

---

① 薛军：《人的保护：中国民法典编撰的价值基础》，载《中国社会科学》，2006（4），120页。

② 参见王利明：《民法的人文关怀》，载《中国社会科学》，2011（4），164页。

③ G. Peces-Barba Nartínez，Théorie générale des droits fondamentaux，LGDJ，Collection *Droit et Société*，2004，p. 105.

④ G. Teubner，“Die anonyme Matrix：Zu Menschenrechtsverletzungen durch ‘private’ transnationale Akteure”，in *Der Staat*：*Zeitschrift für Staatslehre und Verfassungsgeschichte*，*deutsches und europäisches öffentliches Recht*，2006，Vol. 45，pp. 163－169.

积极的和值得欢迎的①；而且，对基本权利的这一“工具化”进程本身也是民法与宪法“互文性”的结果。民法学者不必再犹豫和纠结，因为“民法不但没有将其自身与宪法相区隔，它反而逐渐向宪法开放……民法不再沉醉于对通常所假定的民法理性和相伴而生的确定性的乡愁式怀念，在方法论上它开始有意识地引入不确定性。这一新出现的替代物，已不再是过去的民法抑或宪法，而是一个不同以往的‘语境化’民法”②。这样经由“新”宪法“改造”而获得新生的“新”民法，由于更“人性化”而具有更大的合法性，由此，它也必将具有更为久长的生命力。

---

① Aurelia Colombi Ciacchi, “Fundamental Rights and Private Litigation in Europe: Societal Policies and Judicial Governance”, The Fourth Biennial Conference on New Perspectives on “Regulation, Governance and Learning”, University of Exeter, UK, 27 - 29 June 2012, p. 17.

② Gert Brüggemeier, “Constitutionalisation of Private Law-the German Perspective”, p. 72.

第六章 社会转型进程中的所有权保护

所有权是主体对物进行占有、使用、收益和处分的权利，是最完整的物权和最典型的民事权利，也是最为重要的财产权。由此，不难理解的是，中共中央、国务院2016年11月所发布的《关于完善产权保护制度依法保护产权的意见》（以下简称《意见》）中，以所有权作为产权保护制度的核心。《意见》在开篇部分即指出："产权制度是社会主义市场经济的基石，保护产权是坚持社会主义基本经济制度的必然要求。有恒产者有恒心，经济主体财产权的有效保障和实现是经济社会持续健康发展的基础。"显然，这份纲领性文件所提到的"产权"在相当程度上是指称所有权，因为所有权在产权体系中处于基础和核心的地位。

一、所有权保护与法治秩序

在波塔利斯于两个世纪以前起草法国民法典的时候，所有权就被认为与家庭、合同共同构成民法典的三根支柱。[①] 今天的很多学者认为，所有权是民法典的"支柱、原则和灵魂"[②]。社会经济史的研究表明，私人所有权的保护和契约的有效执行是市场经济体制最重要的两项基础性制度。

---

① Jean Carbonnier, *Les biens*, 19e éd., PUF, 2000, p. 37.

② Mikaïl Xifaras, "Le code hors du code, le cas de la 'transposition' de la propriété au droit administratif", in *Droits*, 2005, Vol. 42, p. 49.

其中，私有产权的保护是解释发达国家的经济在近代以来繁荣的重要原因。① 有效的产权保护制度的积极效应有：对财产排他性的使用导致资源使用的效率更高；财产的安全和易于转让促使所有人更方便地获得信贷融资；财产的安全提升了投资的激励效果；财产权安全减少了低效率或者浪费性的资源竞争。②

对所有权的承认是个人主义方法论的逻辑必然。所有权法律制度的三项原则是：个人主义的权利基础、排他性、自由处分。它们构成了所有权制度的三根支柱。这正是现代所有权区别于其他所有权制度的本质特征。例如，在封建所有权制度中，所有权无法自由转让，因为财产的可让与性与主体的特定身份和地位相联系，财产让与制度被嵌入复杂的等级关系的社会框架之中。例如，领主对其封地享有直接的权利；其陪臣则对土地享有实际的控制和支配权，这种权利在位阶上低于领主的权利，但具备某些现代所有权的要素，它还赋予其主体提起诉讼来防止他人侵占的权利。封建时代的所有权以相对性、非排他性和复数性、有期限等作为特征。③

从法哲学角度来看，所有权具有三个本质属性：终极的支配、财产上的归属以及专属的享有。这一理论构造显然是个人自由的体现，是权利人自主行使其理性意志的外化，意味着作为客体的物对主体意志的服从。④ 根据黑格尔的经典论断，所有权被赋予思辨性使命，并不是为人类在以稀缺性为特点的物质世界中提供生存条件，而是个人自由或者自由意志行使的表现，自由意志是现代社会的终极理性，因为“人有权把他的意志体现在任何物中，因而使该物成为我的东西”⑤。在黑格尔之前，17 世纪～18 世纪的英国经验主义哲学就已对所有权有着深刻的法哲学分析。以洛克为例，其在 17 世纪所提出的自由主义思想的主要立足点之一就是所有权制

---

① K. W. Dam，*The law-growth nexus：The Rule of Law and Economic Development*，Washington DC，Brookings Institution's Press，2006，p. 91.

② Michael J. Trebilcock & Mariana Mota Prado，*Advanced Introduction to Law and Development*，Edward Elgar Publishing Ltd.，2014，p. 66.

③ Jean-Louis Halpérin，*Histoire du droit des biens*，Economica，2008，p. 73.

④ Mikhaïl Xifaras，*La propriété*，*Etude de philosophie du droit*，PUF，Fondements de la politique，2004，p. 480.

⑤ ［德］黑格尔：《法哲学原理》，范扬、张企泰译，74 页，北京，商务印书馆，1982。

度。从经院哲学家们的神学理论出发，洛克提出，每个人都拥有天赋的自然权利，在这些权利中，最为重要的就是生命权和财产所有权；政府的存在仅仅是为了保护人的这些基本权利，如果政府不能保护人民的这些权利，则人民有权改变或者废除政府。[①] 洛克认为，所有权是通过劳动对人身进行占有的自然表现，所有权源于自我保存的权利；考虑到其渊源的神圣性，自我保存同样是一项义务。休谟在18世纪指出，所有权是一种道德关系，具有习俗性。休谟提出三个论断：首先，受普芬道夫的影响，所有权不再被视为自然的，因为它立足于正义，而正义本身具有习俗性、相对性。其次，劳动本身其实并不是所有权取得的唯一方式，早在罗马法时代，通过实际占有、先占、时效、添附和继承等方式都可以取得所有权。最后，由于想象力关系的存在，将某人与某物相联系的某种关系在本质上不是物质性的，而是非物质性的，归根结底，所有权可以被定义为“某种具有法律效果的、想象性的关系”[②]。这就突破了传统范式所要求的所有权人对物进行实际占有和控制的旧有模式，为现代民法中所有—控制、归属—利用的分离，奠定了哲学上的基础。

在这些哲学思想的影响下，1804年法国民法典设立了著名的第544条：“所有权是最绝对地享用和处分物的权利”。法国民法典承认所有权让权利人以“最绝对的方式”来享用和处分物，显然是对所有权给予了完全的民事权利效力，包括了对抗性效力、排他性效力和自由处分的效力。虽然以“最绝对的方式”的措辞有罗马法的基础和痕迹，但是，它的确是在民法史上第一次确立了最为完整和典型的主观权利制度：按照法国最高法院院长特罗普隆（Troplong）的论断，所有权是“世界上所有的权利中最为重要、最为神圣和最为恒久的权利”[③]。而从政治哲学的角度来看，所有权奠定了政治秩序的基本架构，因为所有权相当于法律授予个人的“主

---

① 参见［英］洛克：《政府论》，叶启芳、瞿菊农译，下篇，79页，北京，商务印书馆，1964。

② E. Le Jallé, “La propriété comme ‘relation morale’: Hume critique de Locke”, in B. Bachofen (dir.), *Le Libéralisme au miroir du droit. L'État, la personne, la propriété*, Éditions ENS Lyon. 2012, p. 47.

③ Mikhail Xifaras: “Y-a-t'il une théorie de la propriété chez Proudhon?”, in R. Damien et H. Touboul, *Proudhon, figure de la modernité*, Fayard, 2005, p. 236.

权”，决定着所有权人自治范围的限度①；所有权是自由和平等原则的逻辑结果，尤其体现了从业自由和所有权人人身的不可侵犯性。② 恰如负责法国民法典草案审议的机构“法案评议委员会”的主席若伯尔所指出的，所有权是“政治自由的首要特点、政治结社的目标、道德的基石和对政治激情的制约”③。蒲鲁东在其名著《论所有权》中形象地这样描述：“通过所有权，上帝将世界变得文明起来，使得孤立的个人加入城邦，从残暴变得温顺，从无知变得有知识，从野蛮进化为文明”④。

民法典在很大程度上是以所有权为核心而构建的。以法国民法典为例，这种所有权中心不仅体现于上述第 544 条以“最绝对的方式”的措辞，还体现于整个民法典的体例架构上的“所有权中心主义”。合同仅被视为实现所有权的手段，因为正是通过买卖、租赁、赠与等合同方式，所有权人才得以实现使用、收益所有物的目的。故此，在法国民法典中合同与继承等制度都被视为“取得财产的不同方法”（第三编），服务于所有权的取得和流转。尽管该编的许多内容（例如婚姻财产制度）其实与所有权的取得没有太大关系，但是通过将该编命名为“取得财产的不同方法”，民法典的起草者传递出强烈的象征意义：新的社会将立足于个人所有权而构建：“对于民法典而言，个人所有权是社会组织的基石。所有的财产权（物权、债权）以及其取得与丧失的方式（继承、合同等）都要根据所有权来加以研究和规定！”⑤ 另外，在物权体系内部，受到 17 世纪～18 世纪英国（洛克）、荷兰（格劳秀斯）和德国（普芬道夫）的自然法思想的影响，波蒂埃在 18 世纪后期提出了所有权“权能分离”的思想。由此，1804 年法国民法典第 543 条首次在近代民法上规定了他物权制度，以分

---

① Morris R. Cohen, “Property and Sovereignty”, in *Cornell Law Review*, 1927, Vol. 13, p. 12.

② Christian Larroumet, *Droit civil*, *les biens*, *Droits réels principaux*, 5e éd., Economica, 2006, p. 135.

③ Laurence Chatel de Brancion, *Cambacérés*: *Maître d'œuvre de Napoléon*, Perrin, 2001, p. 450.

④ Pierre-Joseph Proudhon, *Théorie de la propriété*, Harmattan, 2000, p. 145.

⑤ François Terré, “L'évolution du droit de propriété depuis le Code civil”, in *Droits*, 1985, p. 33.

割所有权的具体权能为手段，使所有权的经济价值能得到更好的实现。显然，这里所体现的仍然是所有权中心主义的立法逻辑。

在当代，尽管所有权受到越来越多的限制，对所有权的保护仍然是现代法治体系的一项基本原则，各国在其民法典中莫不以专章规定所有权及其取得、丧失、变更和保护等制度。就我国而言，2007年我国《物权法》以第二编近八十个条文规定了所有权制度，这样的编排结构和篇幅规模，都说明了我国《物权法》凸显所有权是最重要、最典型和最完备的物权类型的立法考量。另外值得注意的是，2017年《民法总则》在其第五章“民事权利”中也规定了所有权。这些都充分说明，所有权将在未来中国的民法典中占据重要地位。这也正是前引中共中央、国务院的《意见》提出“加快推进民法典编纂工作，完善物权、合同、知识产权相关法律制度”的原因所在。

从比较法角度来看，在当代占主导地位的立法模式，是自由主义的所有权立宪主义模式。在这一模式下，国家所有权与私人所有权的界限是清晰的：前者是有限的，采取有限列举的模式（如自然资源和一些极为重要的财产形式），而后者则是无限制的。就征收而言，由于涉及对私人所有权的剥夺，法律必须做出详细的规定；而且，尤为重要的是，对政府的征收决定，个人有权向法院寻求司法救济。① 我国2007年《物权法》第五章“国家所有权和集体所有权、私人所有权”也采纳了这一所有权立法模式，其中，第45～52条关于国家所有权的规定采取的是有限列举的模式，其基本原则是“依照法律规定为国家所有的，属于国家所有”。而第64、65条关于私人所有权的规定，显然是不完全和开放式的列举。这样的立法模式有利于保护个人的所有权，为国家所有权的范围设定了边界，防止国家与民争利，符合民法所要求的方法论个人主义精神。

另外，还值得关注的是，完善的所有权制度不仅对于国内法秩序的完善具有重要意义，对于国际法秩序同样重要。以2016年备受关注的中国在反倾销和反补贴案件中的“市场经济地位”问题为例：中国根据2001

---

① Jeremy Webber & Kirsty Gover，“Proprietary Constitutionalism”，in Mark Tushnet，Thomas Fleiner & Cheryl Saunders，*Routledge Handbook of Constitutional Law*，Routledge，2013，pp. 364 - 365.

年中国加入世界贸易组织议定书第 15 条的规定，要求自 2016 年 12 月 11 日中国“入世”15 年之日起，在反倾销和反补贴的调查中承认中国的市场经济地位，以中国国内的实际成本为依据来确定中国出口商品的正常价值。中国并已经要求与欧盟和美国分别展开磋商，并将寻求由一个世界贸易组织的专家组就此进行裁决。然后，值得注意的是，很多国家根据其国内法来判断中国是否属于市场经济国家的重要标准之一，就是中国是否具有完善的所有权保护制度。以欧盟为例：根据其现行的 2009 年第 1225/2009 号反倾销条例第 2 条第 7 款（c）项①，判断生产商所在国是否属于市场经济基于五项标准：其一，企业关于价格、成本、投入等方面的决策系根据反映供求关系的市场信号所做出，没有过多的国家干预；其二，企业具有符合国际准则的会计体系；其三，企业的生产成本和财务状况没有被此前的非市场经济体系所严重扭曲；其四，企业受破产法、产权法等法律的调整，确保企业运营的法律制度的确定性和稳定性；其五，外汇兑换汇率根据市场汇率来确定。上述五项欧盟法律的标准中，第四项即为完善的所有权保护制度。而据欧盟的工作文件称，虽然中国 2004 年宪法修正案和 2007 年《物权法》明确承认了对私人所有权的保护，但是中国在对私有企业产权和私人所有权的保护、不动产所有权制度等方面仍然不够完善。② 当然，欧盟之前的这些认定无疑具有歧视性和主观性色彩，但是，由此也可以看出，中国进一步完善对所有权制度特别是私人所有权制度的保护，对于中国推动不公平国际秩序的变革、提升自身国际地位等，无疑具有积极意义。

二、财产征收制度的完善

如前所述，我国 2007 年《物权法》在 1986 年《民法通则》中“财产

① Council Regulation（EC）No 1225/2009 of 30 November 2009 on Protection Against Dumped Imports from Countries not Members of the European Community，Official Journal of the European Union，22 Dec. 2009，L 343，p. 51.

② European Parliament，*Granting Market economy Status to China*：*An Analysis of WTO Law and of Selected WTO Members' Policy*，European Union，2015，p. 13. European Commission，32nd Annual Report from the Commission to the Council and the European Parliament on the EU's Anti-Dumping，Anti-Subsidy and Safeguard Activities（2013），Commission Staff Working Document，2015，p. 15.

所有权”相关内容的基础上，规定了所有权制度。这无疑是我国民事立法的重要成就。但是，从今天的社会现实需要来看，《物权法》中的所有权制度有必要进行进一步的修订、完善。当前，尤其有必要就《意见》所提出的“使平等保护、全面保护、依法保护观念深入人心，营造公平、公正、透明、稳定的法治环境”的要求，在现有规定的基础上，完善财产征收征用制度。

征收相当于国家对所有权的强制性收购，征用是国家对所有权的强制性临时限制。它们无疑对所有权有着重大的影响。基于人权保护的理由，国际法和国内法对于征收制度都有严格的限制。例如，1950 年《欧洲人权公约》第一附属议定书第 1 条规定，“一切自然人和法人的财产均应得到尊重。任何人的财产只能基于公共利益被征收，并应据法律和一般国际法原则的条件进行”。法国民法典第 545 条规定，“如果非基于公共利益原因，并事先支付公平补偿，任何人不得被强迫转让其所有权”。我国《物权法》同样规定了征收制度。《物权法》第 42 条第 1 款规定：“为了公共利益的需要，依照法律规定的权限和程序可以征收集体所有的土地和单位、个人的房屋及其他不动产。”第 44 条还规定了征用制度——“因抢险、救灾等紧急需要，依照法律规定的权限和程序可以征用单位、个人的不动产或者动产”。

根据《物权法》的上述规定，2011 年国务院颁布了《国有土地上房屋征收与补偿条例》。相比 2001 年的《城市房屋拆迁管理条例》，2011 年条例有诸多的进步，例如，第 2 条规定了公平补偿原则；第 3 条规定，“房屋征收与补偿应当遵循决策民主、程序正当、结果公开的原则”；第 8 条以列举的方式说明了公共利益的范围，其中，第 6 项作为“兜底条款”规定，“法律、行政法规规定的其他公共利益的需要”；第 14 条和第 26 条分别规定了被征收人对征收决定和补偿决定不服的，可以依法申请行政复议，也可以依法提起行政诉讼；第 19 条规定补偿不得低于“类似房地产的市场价格”。2011 年条例强化了对个人所有权的保护，这些立法进步当然值得肯定。

从这些规定可以看出，“公共利益”是征收征用制度的首要标准，也是其合法性的来源所在；“依照法定权限和程序”是对征收在程序上的限制；“给予补偿”是支付的必要对价。针对征收及其要件，前引中共中央、国务院的《意见》明确要求，“完善土地、房屋等财产征收征用法律制度，合理界定征收征用适用的公共利益范围，不将公共利益扩大化，细化规范征收征用法定权限和程序。遵循及时合理补偿原则，完善国家补偿制度，进一步明确补偿的范围、形式和标准，给予被征收征用者公平合理补偿”。从《意见》的这些要求来看，现行法的有关规定仍然存在一些模糊的环节。例如，为了落实《意见》中“合理界定征收征用适用的公共利益范围”的要求，有必要参考比较法上的经验：对于征收是否基于公共利益，司法机构应当对行政机构提出的有关理由，进行充分性、必要性和比例性三个要素的审查。其中，充分性要求征收的公共利益考虑确实足够充分；必要性则强调对所征收财产的选择是必需的，无其他对象可以替代；而比例性则强调所采取的手段与所追求的目的之间是相称的，不存在其他可以给征收对象造成更小负担的方式。①

基于这样的考虑，对有关法律和行政法规中的公共利益范畴，应进行严格的解释，不将公共利益扩大化。例如，前引《国有土地上房屋征收与补偿条例》第 8 条对“保障国家安全、促进国民经济和社会发展等公共利益”进行了列举，其中第 4 项规定了“由政府组织实施的保障性安居工程建设的需要”。值得注意的是，当前我国很多大城市在住宅用地的土地使用权出让过程中，普遍要求开发商在建造商品房的同时，要配建一定比例的保障性住房。例如，北京市 2014 年所公布的《城镇基本住房保障条例（草案）》第 11 条第 3 款规定，“商品住房用地和多功能用地中应当按一定比例配建保障性住房，配建保障性住房类型、配建面积、建设标准、套型结构、销售（回购）价格等内容，应当作为取得建设用地的前置条件，纳入土地供应文件”。深圳市 2010 年所颁行的《城市更新项目保障性住房配建比例暂行规定》第 4 条更是针对不同区域的城市更新项目规定了明确的保障性住房配建比例。可以看出，目前在我国许多城市的商品房开发中，开发商取得商品房用地都以配建一定比例的保障性住房为前提，这就使商品房建设与保障性住房的建设难以完全区分。从这个角度看，根据前

---

① Hélène Pauliat，*L'expropriation pour cause d'utilité publique*，2013，Bruylant，p. 16.

引条例的第 8 条第 4 款，如果商品房开发附带有保障性住房的配建，就有可能被解释为符合公共利益。这显然存在被滥用的风险，于个人所有权保护十分不利。

基于对个人所有权的严格保护，对《国有土地上房屋征收与补偿条例》第 8 条的第 5 款规定，同样应作十分严格的解释。该款规定，“由政府依照城乡规划法有关规定组织实施的对危房集中、基础设施落后等地段进行旧城区改建的需要”。根据 2007 年《城乡规划法》第 31 条，对于旧城区的改建，“应当保护历史文化遗产和传统风貌，合理确定拆迁和建设规模，有计划地对危房集中、基础设施落后等地段进行改建”。这就是说，对危房集中、基础设施落后等地段进行旧城区改建的重要原则是“保护历史文化遗产和传统风貌”，以及“合理确定拆迁和建设规模”。只有符合这两个法定条件，旧城区改建项目才可被认为符合公共利益。另外，只有针对“危房集中、基础设施落后”的旧城区改建才符合前引条例所要求的公共利益。其中，必须严格区分旧城区的“旧房”和“危房”：仅仅是房龄较长的旧房不能被强行征收，只有对居住人或他人可能造成人身或财产危险、不适合居民居住的房屋才能被认定为“危房”。

此外，根据《意见》中提到的“给予被征收征用者公平合理补偿”的要求，必须对现行法中关于征收补偿的规定进行修改、完善。前引《国有土地上房屋征收与补偿条例》第 2 条仅强调公平补偿原则，而且其落实在很大程度上取决于有关规章的配套落实措施。这些配套规范中，最为重要的是住房和城乡建设部 2011 年所制定的《国有土地上房屋征收评估办法》，该办法第 5 条赋予了房屋评估机构在征收评估、鉴定工作等方面完全的垄断权限①，这样一来，尽管第 4 条规定了房屋评估机构的产生应征求被征收人的意见，房屋评估机构的独立性和公正性显然难以保证，难以抵挡政府的机会主义行为。从强化个人所有权保护的角度出发，必须对现行的征收评估体系进行改革：“健全第三方评估市场，赋予公民以自由选择评估方的权利，引入有效的竞争机制应该是完善征收补偿制度的一个必

① 2011 年住房和城乡建设部所颁布的《国有土地上房屋征收评估办法》第 5 条第 1 款规定：“同一征收项目的房屋征收评估工作，原则上由一家房地产价格评估机构承担。房屋征收范围较大的，可以由两家以上房地产价格评估机构共同承担。”

要进路”[1]。就此而言，《民法总则》第117条的规定相对于现行法来说，显然是一种进步。该条规定：“为了公共利益的需要，依照法律规定的权限和程序征收、征用不动产或者动产的，当给予公平、合理的补偿”。草案中的“公平、合理的补偿”的表述，与《意见》保持了一致，强调补偿不但必须公平，而且也必须合理；合理补偿的要求为引入市场化的机制预留了充分的余地。

三、所有权的宪法化与住宅权的构建

作为一项基本人权，所有权同样受到宪法保护。不过，与民法的所有权制度相比，宪法所有权存在一些不同的特点：作为公法制度，宪法所有权系为实现宪法目标服务，主要针对国家对私人所有权的任意性剥夺（例如禁止国家通过歧视性法律来侵害某一特定群体的所有权）；宪法所有权的概念是“系统性、动态、目的导向和目标明确的，而非以权利为基础、静态、概念性和理论性的”；宪法所有权概念超越了民法所有权狭隘的主体—客体—第三人的理论框架，关注所有权整体体系的关系性和社会性的层面，诸如“获取财产的平等、财产的安全、促进人格尊严的保护、个人和社会利益的平衡等”[2]，相比之下，民法所有权更多关注财产关系的稳定和对私人财富的有效利用。

“所有权的演进历史也通常是对所有权进行限制的历史”[3]，对所有权施加的这些限制，往往就是所有权的宪法化进程的表现形式。由于宪法所有权与民法所有权的价值目标存在差异，所以二者之间会发生冲突，其结果是宪法所有权对民法的所有权制度形成限制，表现为民法物权中所有权的传统权能受到了不同程度的限制，例如，环境权作为当代的一项新型基本权利，对所有权的使用和处分权能形成限制。[4] 我国《宪法》第26条

---

① 赵骏、范良聪：《补偿博弈与第三方评估》，载《法学研究》，2012（3），67页。

② AJ van der Walt, *Property and Constitution*, Pretoria University Law Press, 2012, p. 144.

③ Hélène Pauliat, *L'expropriation pour cause d'utilité publique*, p. 15.

④ 例如，南非宪法第24条规定：“任何人享有获得对其健康和福祉无害的环境的权利。任何人有权要求国家为了现在和未来的世代，采取合理的立法和其他手段，确保生态可持续的发展及对自然资源的使用，促进经济和社会的合理发展。”

也明确规定："国家保护和改善生活环境和生态环境，防治污染和其他公害"。由此，基于宪法上的环境保护义务，国家可以对私人所有权的行使进行必要的限制。此外，前述的财产征收制度，也是基于宪法的规定。就我国而言，《宪法》第13条规定：公民的合法的私有财产不受侵犯；国家依照法律规定保护公民的私有财产权。该条还规定，国家为了公共利益的需要，可以依照法律规定对公民的私有财产实行征收或者征用并给予补偿。据此，《物权法》前引第42条和第44条分别规定了私有财产的征收和征用制度。这显然是《物权法》对宪法要求的具体实施。①

而值得注意的是，宪法基于人格尊严、社会正义和社会平等等价值目标，可确立住宅权作为一项基本权利，并据此对私人（住宅）所有权进行限制。继联合国《世界人权宣言》第25条第1项做出规定后，《经济、社会、文化权利国际公约》第11条第1款规定，"本公约缔约各国承认人人有权为他自己和家庭获得相当的生活水准，包括足够的食物、衣着和住房，并能不断改进生活条件"。以此为依据，许多国家的宪法都规定：拥有合适和体面的住宅是公民的一项基本权利。② 例如，法国2007年的一项法律确认了"拥有体面和独立住宅的权利"是一项可以对抗国家的基本权利。③

所有权在当代已经发生了深刻的演进："拿破仑法典时代个人主义的所有权概念已经变成了社会性和集体性的概念；正是经济目的、经济体制决

---

① 参见王利明：《论征收制度中的公共利益》，载《政法论坛》，2009（2），22页。

② 譬如，西班牙宪法第47条、比利时宪法第23条、南非宪法第26条、葡萄牙宪法第65条第1款等。以意大利为例，该国宪法第42条第一款规定："法律承认和保护私人所有权，规定其取得和行使的方式及其限制，以确保所有权社会职能的实现及所有人均可取得"。据此，立法机构以专门立法对出租人的住宅所有权特别是处分权能进行限制，以保护承租人的利益，其目的在于"消除那些阻碍个人全面发展和有效参与国家的政治、经济和社会发展进程的经济与社会障碍"。Guido Alpa & Vincenzo Zeno-Zencovich，*Italian Private Law*，New York：Routledge-Cavendish，2007，p. 9.

③ 该法案全称为《2007年3月5日关于确立可对抗国家的住宅权及诸项有利于社会团结的措施的法律（Loi du 5 mars 2007 instituant le droit au logement opposable et portant diverses mesures en faveur de la cohésion sociale）》. 该立法宣称，确认住宅权这项基本权利的目标在于：通过保护承租人的权益，实现出租人与承租人之间法律关系的平衡；通过实施促进居者有其房的社会政策以及帮助低收入群体获得社会住宅的机制，强化对人格尊严的保护。

定着所有权的概念”①。所有权的社会化、对所有权设定社会职能，这正是所有权在当代的十分突出的发展趋势。从禁止权利滥用的角度出发，所有权不得以有害他人的方式行使；所有权人对物的使用应当符合社会利益。当代的很多国家实行住房政策，赋予住房的承租人以某些特权，并相应地限制了出租房屋的所有权人的某些权利，甚至许可在特定情况下对空置的住宅进行征用。② 作为一项“横空出世”的宪法性权利，住宅权对住宅所有人的所有权的具体限制有：确定租金水平和每年允许上涨的幅度；保护承租人的续租权；即使承租人未支付房租，亦禁止出租人在冬季解除租约驱离承租人；对于城市空置住宅，如果该市在住宅的供给和需求之间存在严重不平衡，则空置房屋的所有人须缴纳“空置税”；政府还可依法定程序征用所有人空置达一定期限的私人住宅。由此可见，所有人不使用其财产的行为甚至会引发不利的法律后果（征税、征用等），这显然颠覆了传统的所有权观念。住宅权作为基本权利被立法所承认，构成了对所有权的限制。

就我国而言，越来越多的人已经意识到：住宅不是一项简单的商品，它在很大程度上也构成了基本人权的基石，也是政府长期所强调的生存权和发展权的基础。③ 2016 年 12 月举行的中央经济工作会议也明确指出，“要坚持‘房子是用来住的、不是用来炒的’的定位”。这无疑是回归了对住房的正确认知；当然，这种回归显然是以经历了严重的失误和惨痛的教训为代价的。众所周知，近年来我国绝大多数城市的房价出现失控的疯涨，使购房者的购房成本大幅增加，“居者有其屋”愿望也越来越难以实现。④ 而房价上涨也带动房租水平的节节攀升，其上涨速度远远超出了租房者的收入增长速度。这使居住者的租房成本居高不下，严重影响了其生

---

① Marina Blanc，“Evolution du droit de propriété：droit de propriété et Code civil”，in Jean-Luc Chabot，Philippe Didier et Jérôme Ferrand（dir.），*Le Code civil et les droit de l'homme*，L'Harmattan，2005，p. 296.

② Philippe Chauriré，“Quel avenir pour la propriété ?”，in Romain Boffa（dir.），*L'avenir du droit des biens*，LGDJ，2016，pp. 80－81.

③ 参见许德风：《住房租赁合同的社会控制》，载《中国社会科学》，2009（3），139 页。

④ 根据某些媒体在 2016 年 6 月所做的一项测算，按 2015 年城镇居民人均可支配收入计算，城镇居民靠一人工作攒钱，在北京买 90 平方米的房子需工作 65 年，在上海要工作 71 年；而东京居民仅需 17 年。参见《买套房：北京要工作 65 年上海 71 年东京仅 17 年!》，见 http：//japan. fang. com/news/22490267. htm，2016－12－24。

活质量；同时，租金上涨也使许多租房者无力续租，被迫不断往城市边缘搬迁甚至居无定所。这些情况显然对其基本的生存权、人格尊严和人格自由发展构成了威胁。全国人大常委会已于 2001 年批准了《经济、社会、文化权利国际公约》，我国负有实施《公约》第 11 条规定的住宅权的义务，因此，应从公约的精神角度来保障居住者的权益。这方面尤其需要采取立法措施，依据宪法基于公共利益限制私人所有权的有关条款，对城市住宅出租人的所有权进行适当限制，对城市住宅租金的过度上涨进行控制，对出租人随意解除租约的行为予以限制等。① 对住宅所有权的这些限制措施，无疑将保障城市低收入者的权益，促进社会正义的实现。2016 年 12 月中央经济工作会议提出："要加快住房租赁市场立法，加强住房市场监管和整顿，规范开发、销售、中介等行为"。这些措施对于住宅权的构建，无疑具有积极意义。

与住宅权密切相关的另一个重要问题，显然是《物权法》第 149 条第 1 款中"住宅建设用地使用权期间届满的，自动续期"的解释问题。众所周知，围绕"自动续期"的解释问题，曾在公众中引发了巨大的争议和关注，这也充分说明了所有权制度所具有的高度政治敏感性。对于立法有意"留白"的"自动续期"，个别学者提出应严格根据当时的立法资料等历史文献来作历史解释，强调当时的起草者并无意愿给予免费的续期。必须指出，这样的解释显然是有局限的；一方面，这种解释未必符合历史的真实；另一方面，即便此种解释符合当时的历史事实，它充其量也只是众多解释方法中的一种，并不见得是唯一妥当的解释。反过来，对于这样具有重大社会影响的问题，采取面向今天的社会现实的演进性解释，显然具有更大的正当性和合理性，这种"旧瓶装新酒"的演进性解释方法更合乎今天的现实需要。就此，《意见》的表述显然代表了一种正确的方向："研究住宅建设用地等土地使用权到期后续期的法律安排，推动形成全社会对公民财产长久受保护的良好和稳定预期。"

正是根据《意见》的这一重要精神，2016 年 12 月下旬，国土资源部

① 参见许德风：《住房租赁合同的社会控制》，载《中国社会科学》，2009（3），139 页。

在商住房和城乡建设部同意后，提出了“两不一正常”的过渡性办法处理。[①] 这一过渡性办法，不仅解决了那些土地使用权即将到期的住宅的交易过户等燃眉之急，而且，对于探索未来的立法模式也具有十分宝贵的启发意义：其一，免费原则意味着此前部分人所提出的征收约相当于房屋价值 1/3 的土地使用权续期费用的主张，显然被摈弃，这充分贯彻了《意见》中增加居民的财产性收入的要求，避免房屋产权价值的大幅缩水[②]；其二，宅地续期的办法有利于形成全社会对公民财产长久受保护的良好和稳定预期，给公众吃下了“定心丸”[③]。

尤其需要看到，住宅建设用地使用权自动续期的问题，关系到房屋所有权的实质以及住宅权的构建。显而易见，由于我国实行土地公有制，个人不能取得土地所有权，只能取得土地使用权；而房屋可以成为个人交易的对象，个人可以取得地上房屋的所有权。在获取了房屋所有权之后，房屋所有人自动取得了房屋占用范围内的土地的使用权。然而，土地使用权是有期限的。于是这就造成了一种矛盾：房屋所有权是无期限的，而房屋所赖以立足的土地使用权却是有期限的。土地使用权的有期限，实际上使房屋所有权也变成了有期限的权利，因为若没有土地使用权，房屋显然失去了赖以存在的基础，也就成了无法存在的空中楼阁。正所谓“皮之不存，毛将焉附”。由于宪法体制的此种约束，房屋所有权尤其是住宅的所有权，在事实上成了一种有期限的权利，这也是不少外国学者认为中国的房屋所有权实际上只是一种有长期期限的租赁权而已的原因所在。显然，土地使用权期限的延续如果存在不确定性，会大大削弱甚至会架空房屋所有权的价值。然而，现代法制体系中的所有权是一种绝对的、排他的和无

---

① 国土资源部 2016 年 12 月 23 日所提出的“两不一正常”的过渡性办法的具体内容是：(1) 不需要提出续期申请。少数住宅建设用地使用权期间届满的，权利人不需要专门提出续期申请。(2) 不收取费用。市、县国土资源主管部门不收取相关费用。(3) 正常办理交易和登记手续。此类住房发生交易时，正常办理房地产交易和不动产登记手续，涉及“土地使用期限”仍填写该住宅建设用地使用权的原起始日期和到期日期，并注明：“根据《国土资源部办公厅关于妥善处理少数住宅建设用地使用权到期问题的复函》(国土资厅函〔2016〕1712 号) 办理相关手续”。

② 参见米强：《国土部表态缓解“土地使用权到期”疑虑》，见 http：//www.ftchinese.com/story/001070735，2016－12－26。

③ 潘洪其：《“两不一正常”传递宅地续期好消息》，载《嘉兴日报》，2016－12－26。

期限的权利，以区别于封建时代相对的、非排他和复数的、有期限的物权。[①] 从全面推进依法治国的角度，为落实完善产权保护制度和依法保护产权的要求，特别是保障《意见》所提出的“增强人民群众财产财富安全感，增强社会信心，形成良好预期，增强各类经济主体创业创新动力，维护社会公平正义，保持经济社会持续健康发展和国家长治久安”等目标的实现，应尽可能简化住宅建设用地自动续期的程序。国土资源部的过渡性办法中的“不需要提出续期申请”显然符合这一要求。随着中国经济的持续发展和国力的不断增强，住宅权在未来有可能成为一项基本的社会权利。从基本权利保障的角度来看，鉴于居民在购买房屋的时候，已经为住宅建设用地使用权支付了相应的费用（尤其是针对已支付 70 年土地使用权出让金的业主），其自动续期不应该成为政府牟利的契机，政府应当尽量减免相关的费用，借此也增加城乡居民的财产性收入。

---

① 正是基于这一原因，未来我国《民法典物权编》应增加关于所有权不受时效限制的规定。就此而言，法国亨利·卡比当（Henri Capitant）协会 2009 年所提出的《物权法改革草案》第 535 条的规定值得借鉴：“所有权不因其未行使而发生失权后果；所有物返还请求权是永久性的，不受时效限制。”该草案第 534 条规定：“所有权是使用、享有和处分物以及权利的绝对性和永久性权利。所有权授予其主体以绝对的权利，法律另有规定的除外。”Hugues Périnet-Marquet（dir.），*Propositions de l'Association Henri Capitant pour une réforme du droit des biens*，LexisNexis，2009，pp. 13 - 14.

第七章　社会转型与人格权保护

“人格”标志着某个特定的个人的个性和特征，是个人的个性特质的整体。因此，人格权中的人格不同于法律人格：前者是指每个个人所独有的特质，而后者是指主体享有权利和承担义务的资格；前者是个人所独有的个性，而后者是所有人所具有的共性。

在民法典的诸多制度中，人格权可能是最晚才出现的制度，因为近代民法典均是以财产法为中心而构建的。以 1804 年《法国民法典》为例，恰如有学者所评论，“民法典有 174 个条文规定了继承，194 个条文规定了婚姻，20 个条文规定共有不动产的分界，然而，法典对保护姓名的方式却未置一词，对作者和艺术家的非财产性权利亦是如此”①。

1907 年《瑞士民法典》是较早对人格权做出规定的法典。该法典第 28 条及以下条文规定了部分人格权（身体完整权、名誉权、隐私权等）。

在当代，民法典普遍规定了人格权。譬如，1994 年《魁北克民法典》第一编“人”中第二分编的标题即为“某些特定的人格权”，这些人格权包括：身体完整的权利、名誉权、隐私权、对遗体的尊重、姓名权等。

1994 年修订后的《法国民法典》也规定了尊严和身体完整权等人格权。该法典第 16 条规定：“法律确保人的优先性，禁止侵害人的尊严，确保人自其生命伊始即得到尊重”。第 16～1 条规定：“任何人均有权要求他人尊重其身体。人的身体不可侵犯，人体、其要素和产品不得成为财产权

---

① R. Lindon, *Les droits de la personnalité*, Dalloz, 1974, p. 3.

的标的。”由此，该民法典确立了人体不可侵犯以及禁止人体的商业化两项基本原则。①

2011年生效的《罗马尼亚民法典》第一编“人”之第二分编“自然人”之中，第二章标题为“对人及其固有权利的尊重”（第58～81条）。该章分别规定了生命权、健康权、身体和精神完整权、尊严、肖像、隐私以及其他的人格权。

就人格权与人权而言，人格权是由民法等私法规范所赋予的主观权利，属于私权性质，其义务主体为私法当事人，而人权是由宪法、国际人权公约等公法文件所规定的，其义务主体主要是国家，并在国家—个人的纵向关系中产生所谓纵向效力。在当代，基本权利本身也被承认具有横向效力，在个人之间也可以产生效力。如果在民事合同关系中，个人的基本权利遭受侵害，该当事人可以直接以此来对抗另一方当事人，主张合同无效。因此，人格权与人权的义务主体存在着交叉。就权利主体而言，二者也存在着相同之处，除了自然人之外，法人也可以成为权利主体：“法人的存在受到损害时，其精神损害就形成了；由此，它失去了其所有，法人的经济损失也由此产生。”这与我国一些保守学者的看法明显不同。② 从内容上看，人格权是非财产性权利，内容包括生命权、健康权、姓名权、名誉权、隐私权等，而人权既包括非财产性权利，也包括财产性和经济性权利，还包括政治权利、文化权利等。因此，人权的范围比人格权要宽泛得多。有学者认为，并非所有的人权都是人格权，而所有的人格权都属于人权。③

探讨人格权与人权之间的关系，其实质是探讨民法与宪法之间的关系。就此而言，如今得到广泛承认的是：民法典确实具有宪法功能，这是民法典在当代社会重要的功能“溢出效应”。二战后法国最伟大的民法学家、法国民法典在20世纪60～70年代修订的主要承担者卡尔波尼埃教授

---

① A. Marais, *Droits des personnes*, Dalloz, 2014, p. 133 et s.

② 例如，有学者夸张地声称：“将团体人格混同于自然人人格，进而推导出法人人格权……于法理无凭，于实践则有百害而无一利。”尹田：《论法人人格权》，载《法学研究》，2004（4），57页。

③ Jean-Michel Bruguière, Bérengère Gleize, *Droits de la personnalité*, Ellipses, 2015, p. 66.

在20世纪80年代曾提出一个广为引用的权威论断：民法典是“法国真正的宪法”，因为民法典“汇聚了法国社会所赖以立足的主要理念，这些理念经由大革命所形成，时至今日法国社会仍然在不断对其进行丰富和发展，但却从来没有否认过它们”。由此，法国民法典与凡尔赛宫、马赛曲一样，成为法兰西民族集体的“记忆之所”①。我国亦有民法学者主张民法典应当充分发挥限权和护权功能，起到“半部宪法”的功用。具体说来，“结合宪法文本和宪法解释，通过权利规范发挥民法典的宪法功能，不仅可以使宪法规范获得生命力，也可以使民法典的功能最大化”②。这样的主张显然是有道理的。结合我国宪法“尊重和保障人权”的规定，民事立法规定大量的民事权利是对宪法基本权利的实施和具体化，是国家履行保护义务的具体表现。因此，民事法官对基本权利（人格尊严、生命权、所有权等）的解释与适用，应以宪法基本权利规范作为参照。这也是宪法基本权利在民事关系中的所谓“横向效力”（或称水平效力）的必然要求。从这个意义上说，全面认识人权与人格权之间内在的密切关系，一方面有利于为提升人权保护注入新的动力源泉，开辟新的途径；另一方面也有利于为人格权的发展提供更为充足的合法性动因。

我国立法中首先规定人格权的当属1986年《民法通则》，该法设有多条关于人格权的规定。联想到该法在1982年《宪法》颁布后4年即出台的历史背景，我们必须承认的是，该法充分彰显了民事立法具体实施和保护宪法基本权利的宗旨与使命！《民法通则》在第五章规定了丰富的民事权利，其中的人格权部分在当时无疑具有划时代的历史意义。这也正是该法在当时被盛赞为“人权白皮书”的主要原因所在。

具体说来，《民法通则》包括了生命健康权、姓名权、名称权、肖像权、名誉权、荣誉权、婚姻自主权等。其中，第98条规定：“公民享有生命健康权”。第99条规定：“公民享有姓名权，有权决定、使用和依照规定改变自己的姓名，禁止他人干涉、盗用、假冒。法人、个体工商户、个

---

① Jean Carbonnier, “Le code civil”, in Pierre Nora (dir.), *Les lieux de mémoires*, tome 2, *La Nation*, Paris: Gallimard, 1986, p. 307.

② 谢鸿飞：《中国民法典的宪法功能——超越宪法施行法与民法帝国主义》，载《国家检察官学院学报》，2014（6），43页。

人合伙享有名称权。企业法人、个体工商户、个人合伙有权使用、依法转让自己的名称。”第100条规定：“公民享有肖像权，未经本人同意，不得以营利为目的使用公民的肖像。”第101条规定：“公民、法人享有名誉权，公民的人格尊严受法律保护，禁止用侮辱、诽谤等方式损害公民、法人的名誉。”第102条规定：“公民、法人享有荣誉权，禁止非法剥夺公民、法人的荣誉称号。”第103条规定：“公民享有婚姻自主权，禁止买卖、包办婚姻和其他干涉婚姻自由的行为。”第104条规定：“婚姻、家庭、老人、母亲和儿童受法律保护。”

2001年最高人民法院《关于确定民事侵权精神损害赔偿责任若干问题的解释》第1条第1款列举了部分人格权：“自然人因下列人格权利遭受非法侵害，向人民法院起诉请求赔偿精神损害的，人民法院应当依法予以受理：（一）生命权、健康权、身体权；（二）姓名权、肖像权、名誉权、荣誉权；（三）人格尊严权、人身自由权。”

2009年《侵权责任法》第2条也规定了部分具体人格权。依据该条，“侵害民事权益，应当依照本法承担侵权责任。本法所称民事权益，包括生命权、健康权、姓名权、名誉权、荣誉权、肖像权、隐私权、婚姻自主权、监护权、所有权、用益物权、担保物权、著作权、专利权、商标专用权、发现权、股权、继承权等人身、财产权益”。其中，隐私权是首次由该法明确规定为一项民事权利。

在1986年《民法通则》、2009年《侵权责任法》等法律和有关司法解释的基础上，2017年《民法总则》以第109～111条等条文规定了人格权制度。从人权与人格权的关系来看，其中部分内容仍然存在局限性；这也意味着民法典分则必须完善人格权保护的相关规则。

一、人权与人格权的互动关系

人格权依赖于侵权法的保护。但是，侵权法的功能，不仅在于保护法律已经确认的民事（主观）权利，还在于孵化、培育新的民事权利类型。我国2009年《侵权责任法》第2条强调，侵权法保护的“民事权益”既包括权利，也包括利益，从而突出侵权法具有创设新的民事权利的功能。

侵权法所保护的是人身权、财产权等基本权利，而基本权利的基础性功能之一就在于“为国家就公权力及某些特殊情况下的个人承担侵权责任提供基础”①。由此，作为对“私犯”行为的救济，侵权法是当代自由宪政主义治理结构的基础性组成部分；公民就他人的侵权行为所享有的救济权具有宪法性价值。从这个意义上说，侵权损害赔偿制度被认为具有宪法意义，对于宪法基本权利的保护十分关键；必要时民事法官在侵权法中可直接适用宪法规范。②

1. 国家保护义务

民事侵权法对宪法基本权利的保护，集中体现于基本权利（特别是自由权）在遭受侵害的时候，侵权法可提供有效的侵权赔偿救济手段。例如，如果认为国家负有保护生命权的积极义务，那么国家应于事前采取必要的积极预防措施，而政府如由于疏失未采取任何预防措施致受害人终被杀害，则违反了保护生命权的义务，法官可以宪法生命权为依据，判决政府对受害人家属承担侵权赔偿责任。③ 对于由于医疗机构产前检查过错而导致残障婴儿出生的所谓“错误出生”案件，以父母享有生育自主权这一基本权利为由，法院无须要求其另行证实精神损害的存在，即可直接判决准予损害赔偿救济。④

2. 适用宪法原则来完善侵权法

侵权法的宪法化的另一个表现是，法官可适用宪法原则对侵权责任制度进行发展和完善。

首先，侵权法中的完全赔偿原则，被认为是宪法“法治”原则的必然

---

① Siewert Lindenbergh, “The Constitutionalisation of Private Law in the Netherlands”, in Tom Barkhuysen & Siewert Lindenbergh (ed.), *Constitutionalisation of Private Law*, Martinus Nijhoff Publishers, 2006, p. 120.

② John C. P. Goldberg, “The Constitutional Status of Tort Law: Due Process and the Right to a Law for the Redress of Wrongs”, *The Yale Law Journal*, 2005, Vol. 115, p. 527. 在法国，宪法委员会依据作为宪法序言的《人权宣言》第4条（“自由是有权做一切对他人无害的事情”），宣告法国民法典第1382条关于过错责任原则的规定具有宪法性价值（Conseil constitutionnel, Décision n°82 - 144 DC, 22 oct. 1983, *D*. 1983, p. 189, note F. Luchaire）。

③ ECHR, Öneryildiz v. Turkey, No. 48939/99, 18June2002. 该案中，伊斯坦布尔市政府未能对原告住所附近的垃圾场采取预防措施，导致垃圾场所产生的甲烷废气发生爆炸致原告家属死亡。由此，法院判决土耳其国家未能履行保护公民生命权的义务。

④ Supreme Court of Netherlands, Decision dated 18 March 2005, RvdW 2005, 42 (wrongful life).

要求，因为一项法律秩序遭到破坏以后理应获得完全的恢复。由此，民事特别法上的限额赔偿制度的合理性不无疑问。① 就我国而言，对于在《侵权责任法》之外的某些民事特别法所确立的限额赔偿制度，必要时民事法官应可依据所涉及的宪法基本权利予以排除适用。②

其次，正当程序这一宪法基本权利要求对侵权法的诸多制度进行完善。例如，侵权时效制度对赔偿请求权的行使形成了直接限制，而侵权法所保护的都是财产权和人身权等宪法基本权利，因此，相对于合同时效而言，侵权时效对基本权利可产生更大的影响。如侵权时效构成了对基本权利的不合理限制，则法官可依据正当程序原则予以排除适用。就我国而言，《民法通则》为人身损害赔偿所设定的一年的特别诉讼时效显然过短，十分不利于受害人行使其救济权；应依据《民法总则》，适用三年的普通诉讼时效。

再次，法院可依据正当程序扩张精神损害赔偿的适用范围。③ 我国的精神损害赔偿制度也是由民事法官基于人权保护的需要而创立的④，随后得到了司法解释的确认，最终由《侵权责任法》第 22 条以立法形式固定下来。值得肯定的是，《侵权责任法》第 22 条采用“人身权益”作为被侵害客体的表述，显然比传统人格权保护范围更为宽泛；借此，针对某些新型人格利益受侵害的情形，基于受害人所享有的获得救济权，法官可创造性地做出精神损害赔偿。

---

① Siewert Lindenbergh，“The Constitutionalisation of Private Law in the Netherlands”，p. 122.

② 参见张新宝：《行政法规不宜规定具体侵权责任》，载《法学家》，2007（5），137 页。

③ 譬如，立陶宛最高法院依据《欧洲人权公约》第 6 条正当程序之“获得赔偿的救济权”，扩张该国民法典关于精神损害赔偿的适用范围。在侵害生命权的情况下，立陶宛民法典仅将精神赔偿的权利人限定为“与受害人生前形成了扶养关系的亲属”，而立陶宛最高法院将其扩张至一切“与受害人有亲近、紧密和真切的情感联系的家庭成员”。Supreme Court of Lithuania，26 September 2007，case No. 3K－3－351/2007.

④ 参见《贾国宇诉北京国际气雾剂有限公司、龙口市厨房配套设备用具厂、北京市海淀区春海餐厅人身损害赔偿案》，载《中华人民共和国最高人民法院公报》，1997（2），68－70 页。2012 年最高人民法院《关于审理道路交通事故损害赔偿案件适用法律若干问题的解释》第 14 条将道路交通事故受害者的精神损害、误工损失等列为“人身伤亡”，从而结束了过去司法实践中所存在的、其性质到底属于“人身伤亡”还是“财产损失”的争议，这无疑有助于强化对生命权和健康权这些基本权利的保护。

最后，民事法官可依据宪法平等权对侵权受害人给予平等保护。平等权意味着对于相同的情况应提供相同的待遇，由此，“对相同的情况给予不同待遇，或者对不同的情况给予相同待遇”都构成歧视。[①] 宪法平等权首要的约束对象是公权力机构包括立法机关和司法机关，如果国家以民事立法规定了某一歧视性待遇，则构成对宪法平等权的违反，因此基于国家保护义务，法院应对受害人给予救济。值得肯定的是，我国《侵权责任法》第17条规定回应了舆论对此前有关司法解释中所谓“同命不同价”规则的指责。[②] 然而，该条表述——“因同一侵权行为造成多人死亡的，可以以相同数额确定死亡赔偿金”——中的“可以”一词，似表明其具有倡导性规范的性质，对法官无硬性约束力，从而为其保留了自由裁量余地。此点似有违宪法平等原则之嫌。正因为如此，以宪法平等原则为依据，在尽可能的情况下，法官是“应当”而非“可以”以相同数额标准来确定死亡赔偿金。

3. 宪法基本权利与民法人格权的互动

与财产权关注人的“所有”不同，人格权关注的是人的“存在”[③]。传统的民法典基本上没有承认人格权为独立民事权利类型[④]，确立人格权制度是现代民法典的重要特征。由于人格权包含了人之所以成为人的、与人不可分离的全部要素，所以民法人格权中的部分要素同样成了宪法基本权利所保护的对象，如人格尊严、生命权、健康权、身体权、私生活保护等[⑤]；宪法人格权（核心为人格尊严和人格自由发展）是民法人格权制度

---

① ECJ，*Commission v. Italy*，C-13/63，Judgment of 17 July 1963.

② 参见张新宝：《侵权责任法死亡赔偿制度解读》，载《中国法学》，2010（3），23页。

③ Adrian Popovici，“Personality Rights-A Civil Law Concept”，*Loyola Law Review*，2004，Vol. 50，pp. 356-357. 以加拿大魁北克地区为例：由于1975年《魁北克人权宪章》规定了部分人格权，1994年《魁北克民法典》才以第3条等条文最终规定了民法人格权制度。当然，民法人格权与所谓的宪法人格权在内容上仍然存在一些差异，以隐私权为例，宪法上的隐私权实际上还包含了住宅自由、通信自由等基本权利的部分内容。

④ 以拿破仑法典为例，其“以174个条文规定继承制度，194个条文规定婚姻制度，20个条文规定共有不动产分界；然而，对诸如保护姓名权的方式等问题，法典却未置一词”。R. Lindon，*La creation prétorienne en matière des droits de la personnalité，une approche critique sur la notion de famille*，Dalloz，1974，p. 87.

⑤ H. Oberdorff & J. Robert，*Libertés fondamentales et droits de l'Homme：textes internationaux et nationaux*，Paris：Montchrestien，2007，p. 189 et s.

发展的基础①：一般人格权本身就是从宪法的人格尊严和人格自由发展所直接推导出来的，宪法人格权与民法人格权统一于对人的全面和自由发展的司法保护目标之下，“表面上，二者在一起的图景好像是一幅马赛克式的拼凑画，实际上，二者完整地组成同一幅画卷”②。以法国为例，在Perreau 教授于 20 世纪初提出系统的人格权理论的时候，作为其逻辑出发点和哲学渊源的是 1789 年法国《人权宣言》这一宪法文献。③

综上，民法人格权必然以某种特定的方式带有宪法基本权利的印记，这种内在的联系决定了二者必然存在着相互影响的互动关系。宪法基本权利与民法人格权的互动具体表现为如下几个方面。

一方面，人格权存在着基本化（fundamentalisation）的趋势。

首先，基本权利是法律秩序的“蓄水池”，基本权利为整个法律秩序提供概念、分类、推理等方面的参考和启示。④ 以私生活保护权为例：私生活保护通过 1950 年欧洲人权公约而获得了宪法权利的地位。欧洲人权法院认为，“私生活是一个十分宽泛的概念，无法给出一个详尽无遗的定义”，但私生活保护权至少包括自我决定的权利、个人行动自由、个人发展权、与他人和外界建立并维持关系的权利等。⑤ 这显然比民法隐私权的范围要更为广泛；法官基于宪法人格权可推导出许多新型的民法人格权：个人信息保护权、声音权、个人私密空间权等。作为基本权利的人格权成为推动民法人格权制度发展的“领军者”⑥。

以“知晓其身世的权利”为例：在瑞士民法上该权利如今已成为一项人格权，独立于父母与子女关系的亲权制度。⑦ 该权利实际上首先由国际

---

① 参见林来梵、骆正言：《宪法上的人格权》，载《法学家》，2008（5），63 页。

② Jean-Christophe Saint-Pau（dir.），*Droits de la personnalité*，LexisNexis，2013，p. 465.

③ M.-E.-H. Perreau，*Des droits de la personnalité*，in *RTD. civ.*，1909，p. 501.

④ M. Samson，*Droit civil et droit de la personne au Québc et en France：conflit et réconciliation*，in *Jurisdoctoria*，2009，n°2，p. 108.

⑤ ECHR，*Pretty v. The United Kingdom*，Application no. 2346/02，29 April 2002.

⑥ Jean-Christophe Saint-Pau，*L'article 9，matrice des droits de la personnalité*，in *Recueil Dalloz*，1999，n° 37，p. 541.

⑦ Philippe Meier，Estelle de Luze，*Droit civil suisse：Droit des personnes*，*Articles 11-89a CC*，Zürich：Schulthess，2014，p. 277.

人权公约所确立。1989年联合国《儿童权利公约》第3条设立了儿童利益最大化原则。公约第7条第1款规定："儿童出生后应立即登记，并有自出生起获得姓名的权利，有获得国籍的权利，以及尽可能知道谁是其父母并受其父母照料的权利。"1950年《欧洲人权公约》第8条规定了私生活和家庭生活受保护的权利。据此，学者普遍认为，知晓其身世的权利包括知晓其父母的权利，属于私生活的范畴。① 而尤为重要的是，欧洲人权法院就此做出了一系列判决，譬如，2002年2月7日Mikuli诉克罗地亚案、2003年2月13日Odievre诉法国案②、2006年7月13日Jaggi诉瑞士案、2012年9月25日Godelli诉意大利案等。这些判决对成员国的家庭法产生了深远的影响。2001年6月22日《关于收养和保护儿童的海牙公约》对儿童知晓其身世的权利做出了进一步规定，瑞士政府批准了该公约，该公约于2003年在瑞士发生效力。自此，知晓其身世的权利被瑞士法确定为一项基本人权。据此，瑞士相应地修订了其民法典，修订后的瑞士民法典第268c条第1款规定："儿童自18周岁起，有权获得关于其生父母的有关信息。在未满18岁之前，如果证明有合法利益，儿童亦有权获得此种信息。"由此，知晓其身世的权利正式被瑞士民法典确定为一项人格权。不仅如此，瑞士法院根据欧洲人权法院发展出的"积极义务"理论（国家不仅负有尊重人权的义务，而且应采取积极措施保护人权），认为知晓其身世的权利也可以产生积极义务。③

---

① Marie-Laure Papaux Van Delden, "Au nom des droits de la personnalité de l'enfant: facettes choisies", in *Facettes du droit de la personnalité*, Zurich: Schulthess, 2014, p. 97 ss.

② 该案中，原告生于1965年，诉讼时已38岁。她出生时被其生母抛弃，后被社会机构收养，4岁后为其养父母所收养。1990年起，她开始收集有关其身世的信息，但是她所掌握的信息均无法辨识。1998年，她在法院提起诉讼，后被驳回。2002年1月22日，法国通过了一项相关的法律，俗称为《匿名分娩法》(accouchement sous X)，该法设立了"个人身世信息全国理事会"(CNAOP)，以帮助申请人了解其身世。该机构可联系有关的医院和卫生组织、收养机构；在获得其生母和生父的明确同意后，还可以披露他们的有关信息。原告认为，这项法律为其了解身世造成了制度性障碍。欧洲人权法院认为，该案主要涉及两项基本权利：申请人了解其身世的权利和其生母以保护私生活为由要求匿名的权利。除此之外，该案还涉及其他人——其养父母的家庭、其生父母的家庭成员等的利益。欧洲人权法院认为，法国法律符合利益平衡和比例性原则，没有违反《欧洲人权公约》第8条。

③ Philippe Mmier, Martin Stettler, *Droit de la filiation*, 5e éd., Zürich: Schulthess, 2014, n° 416, p. 271.

其次，基本权利提供解释的依据与启示的源泉。宪法人格权比民法人格权的范围更为宽泛，由此，法官可直接以宪法人格权作为获取启示和动力的源泉，来发展民法人格权。

最后，法官在处理人格权与基本权利之间的冲突的时候，可借鉴比例性方法，来衡量对基本权利进行限制的必要性。这就是所谓的四步骤比例性测试（Four-prong proportionality test）：（1）目的是否合法（legitimate），法律规则的立法目的是否合法；（2）手段是否合适（suitable），立法所选择用以达到目的的手段是否合法；（3）手段是否必要（necessary），所采取的手段是否必要，对于达到目的而言必须对他人的基本权利造成最低限度的侵扰；（4）限制手段是否合理（reasonable），法官平衡考虑相互冲突的各项原则，以确定限制是否合理。中国的民事法官，在处理人格权与言论自由和新闻自由发生冲突的案件中，也使用了这种比例性方法。

另一方面，人格权本身也存在着民事化（civilisation）的趋势。

其一，人格权的很多内容是对宪法基本权利规范的具体实施。例如，宪法规定了生命权，民法人格权中规定，侵犯生命权将承担民事赔偿责任。人格权对宪法基本权利规范的具体实施，也是基本权利具有客观法和主观权利双重属性的具体体现，侵害基本权利，将引发与侵犯民事权利相同的法律后果。

其二，民事权利具有确定性的特点，其内涵明晰和确定，而基本权利规范一般是原则而非规则，具有不确定性，法官只有参照民法人格权才能完整地理解宪法人格权。

其三，人格权为人权规范的适用提供范式，例如，民法中的责任推定、时效、惩罚性赔偿、诚信与善意原则，都为宪法人权规范的适用提供了参考。

此外，尤其需要注意的是，宪法人格权在为民法人格权输送其价值的同时，并不满足于仅作为与后者有交叉重合的“高级法”，而是逐渐渗入其中。民法人格权“宪法化”的结果是民事规范被赋予以更高的效力；直接适用宪法人格权作为依据的结果是，民法人格权由此获得了更高层次的“通行证”，被擢升至一个更高的效力层级。这种效力层次的提升可以给受益人带来更大的保护力度；当某项民事权利的客体同样受到基本权利的保护时，该民事权利相对于其他权利的排他性效力会明显增强。① 正因为如此，法国最高法院在一项判决中指出，“考虑到欧洲人权公约第8条、第10条以及民法典第9条的规定，私生活保护权与表达自由具有同等的规范性价值，这要求法官在它们之间寻求平衡，必要时应对最具合法性的利益给予保护”②。

二、从人权与人格权关系看《民法总则》相关规定的欠缺

在私法关系中承认宪法基本权利的效力，并对其进行保护，这是当代治理模式的必然逻辑后果。从人权保障的角度出发，私法与公法一样，同样负有保护宪法基本权利的义务。③ 中国宪法于2004年引入了“国家尊重和保障人权”的重要条款，这是我国宪法在人权保护问题上取得的重大进步。“国家尊重和保障人权”的庄严承诺意味着国家既负有“尊重”人权、不干预个人行使基本权利的消极义务（防御性功能），也负有以立法等手段来“保护”人权、促进其实现的积极义务（保护性功能）。对于基本权利的侵害来源，我国宪法并没有区分国家侵犯和私人侵犯，因此，保护性功能和防御性功能应当处于同等重要的地位。这也是宪法修正案将“尊重”与“保障”人权并重的原因所在。④ 从人权和民法人格权的互动关系来看，《民法总则》有关人格权的规定存在诸多不足，主要有以下几点。

1.《民法总则》在立法目的部分未能援引宪法人权条款

民法典如果在其条文中直接规定对宪法基本权利的尊重和保护，则对于在民事司法中有效保护基本权利，十分有益。就此而言，《魁北克民法典》的模式尤其值得关注。1994年生效的《魁北克民法典》在其序言第1款中即开宗明义地宣告：“魁北克民法典与魁北克人权宪章和法律一般原

---

① Jean-Christophe Saint-Pau (dir.), *Droits de la personnalité*, Paris: LexisNexis, 2013, pp. 432 - 434.

② Cass. 1ère civ., 9 juillet 2003; *JCP Edition Générale*, 2003, Ⅱ, p. 10139, note J. Ravanas.

③ 参见石佳友：《治理体系的完善与民法典的时代精神》，载《法学研究》，2016 (1)，10页。

④ 参见陈征：《基本权利的国家保护义务功能》，载《法学研究》，2008 (1)，52页。

则保持和谐一致，调整人、人与人之间的关系以及物。”此条有重大意义，它揭示出魁北克民法典与魁北克人权宪章之间“和谐一致”的互动关系。而同样值得注意的是，2015年生效的《阿根廷民商法典》也有类似的条款。该法典第1条和第2条规定，宪法和国际人权公约中关于基本权利的条款，均为民商法的法律渊源；这些条款在民商法的解释中发挥重要作用。恰如有学者所指出的，在人权哲学的影响下，民法典对于基本权利的这种开放性是当代民法典的重要特征①；民法典与公法之间的这种互动关系被称为“法律渊源之间的对话”②。

第一，该条款宣示了民法与宪法基本权利的统一性。如同有学者所指出的，“民法与人权之间的和谐一致表现为，从宏观角度看二者在目标上存在着一致；从微观角度看，在两者领域中法律主体践行其‘法律’的实践也存在着一致性……就民法规范与人权的要求之间的关系而言，等级性、金字塔式或简单的凯尔森式的逻辑由此被淡化，取而代之的是在私法自治和规范等级化要求之间的新的折中”③，这种折中是宪法至上性和基本权利“客观价值”属性的必然要求。

第二，该条款蕴含了合宪性解释方法。也就是说，民法典条款的解释必须与魁北克人权宪章的规定相一致。“民法典与人权宪章的等级或冲突问题不会存在；立法者对这一点非常警惕。前述措辞清楚地表达了立法者‘协调’二者的意图；如果问题发生，立法者也指明了解决的途径。”④ 正因为如此，从这一条款出发，加拿大最高法院承认民事侵权责任必须从基本权利制度所保护的价值中寻求启示，只是在具体适用中仍然遵循民法的

---

① Mélanie Samson，*Les interactions de la Charte des droits et libertés de la personne avec le Code civil du Québec：uneharmonie à concrétiser*，Collection Minerve，Éditions YvonBlais，2013，p. 7.

② Rémy Cabrillac，“Le nouveau Code civil et commercial argentin：l'éclatante réussite d'un audacieux pari”，in *Recueil Dalloz*，2015，n°41，p. 2399.

③ Bjarne Melkevik，*Le nouveau Code civil du Québec et les droits de l'homme：le paradigme d'un nouveau “droit commun”*，in Jean-Luc chabot，Philippe Didier & Jérôme Ferrand (dir.)，*Le Code civil et les droits de l'homme*，L'Harmattant，2005，p. 409.

④ Monique Ouellette，“Livre premier：Des Personnes”，in *La réforme du Code civil：Personnes，successions，biens*，Presses de l'Université Laval，1993，p. 16.

方法和原则。[①] 尤为重要的是需要结合《魁北克民法典》“序言”第 2 款的规定：“民法典由调整相关事项的规则的整体所组成，这些条文的文字、精神或对象在其所调整事项的领域内，以明示或默示方式确立了其‘共同法’(*jus commune*)。在这些领域中，法典是其他单行法的基础，尽管单行法可以补充法典或者做出例外规定。”民法典作为私法的“共同法”，包括组织学和解释学两个层面的意义。结合该第 2 款的规定来看，在整个私法领域而不仅仅是民法典的范围内，都需要遵循合宪性解释方法。[②]

第三，侵犯基本权利将引发与侵害主观权利类似的侵权责任。《魁北克人权宪章》第 49 条规定，“如本宪章所承认的某项权利或自由受到侵害，受害人有权要求停止侵害，及赔偿由此所造成的精神或者物质损害。在故意侵害基本权利的情况下，法院还可以另外判处侵权人承担惩罚性赔偿责任”。受人权宪章这一条文的启发，《魁北克民法典》第 1457 条规定：“任何人均负有义务以不损害他人的方式，遵守依据情势、习惯或法律为其施加的义务。在其具有理智且未履行其义务之时，应对因过错致他人之损害负赔偿之责，无论此为身体、精神或物质上之损害。”[③]

从这个角度来看，中国的民事理论和立法就显得明显保守和落后了。2017 年《民法总则》第 1 条关于立法目的的规定，最终没有提及宪法“尊重和保障人权”的条款。这不能不说是一个很大的遗憾。未来，在对本条进行解释时，其中“保护民事主体的合法权益”及“根据

---

① L'honorable Louis Lebel, “La protection des droits fondamentaux et la responsabilité civile”, 49 *McGill Law Journal* 246 (2004). 例如，在魁北克上诉法院 2001 年审理的一起案件中，路易丝·奥蒂 (Louise Otis) 法官指出：“魁北克民法典作为一个结构化和等级化的立法整体，为了与人权宪章保持一致，将人的身体完整确立为民事权利享有与行使的基本原则之一……民法典的序言、第 3 条、第 10 条和魁北克人权宪章第 1 条都反复地强调了这一点。” Cour d'appel du Québec, l'affaire Montréal (Ville de) c. Tarquini, [2001] R. J. Q., 1405 (C. A.) paragraphe 174 (L. Otis).

② Ministère de la Justice du Québec, *Commentaires du ministre de la Justice, Le code civil du Québec*, Tome 1, Québec, Les Publications du Québec, 1993, p. 1.

③ Mariève Lacroix “La relativité aquilienne en droit de la responsabilité civile-Analyse comparée des systèmes germanique, canadien et québécois”, 59 *McGill Law Journal* 462 (2013).

宪法”的措辞可经由扩张解释，与宪法人权条款实现衔接。这样的重大意义在于：其一，民法典援引宪法人权条款，可以作为其立法的理由与根据之一；其二，民法典援引宪法人权条款，也要求法官在民事司法中必须尊重和保护宪法所规定的基本权利，必要时采取合宪性解释的方法来解释有关的民法规范或者合同，或者从宪法基本权利保护之必要性中获得解释民事规范或合同的启示或思想来源；其三，民法典援引宪法人权条款，也充分昭示了我国民法典作为21世纪的新型民法典具有明显不同于古典民法典的鲜明时代特征——维护社会公平正义，注重对人的全面保护。

就此而言，尤其值得注意的是，2016年6月最高人民法院《关于印发〈人民法院民事裁判文书制作规范〉〈民事诉讼文书样式〉的通知》（法〔2016〕221号），在“（七）裁判依据”部分，强调：“裁判文书不得引用宪法和各级人民法院关于审判工作的指导性文件、会议纪要、各审判业务庭的答复意见以及人民法院与有关部门联合下发的文件作为裁判依据，但其体现的原则和精神可以在说理部分予以阐述。”这就是说，在民事裁判文书中，不得引用宪法，但是，可以将宪法规范作为民事裁判说理的理由。从这样的理解来看，中国的最高司法机关似乎默许了“合宪性解释”的方法。也就是说，民事判决中不得直接援引宪法条文，但是，可以从宪法规范的原则和精神出发，来解释所具体适用的民事法律规范。这是否可以认为是一种宪法规范的“间接适用”方式？无疑，这在未来有待通过具体的判例进一步观察。但是，宪法中的基本权利规范作为民事权利特别是人格权的解释和适用的实质性渊源，此种地位和功用不应受到质疑。

2.《民法总则》未能将人的尊严确立为一项基本原则

人的尊严是宪法和国际人权公约所普遍承认的一项基本人权。为了对这一宪法基本权利进行有效保护，民法中也规定了人的尊严作为一项基本的民事权利。就我国而言，《宪法》第38条规定：“中华人民共和国公民的人格尊严不受侵犯。”《民法通则》《消费者权益保护法》等民事法律相应规定了人格尊严原则，有关司法解释甚至直接使用了“人格尊严权”这一富有争议的提法。[①] 人格尊严在民法上作为一项主观权利的属性由此得到承认和确立。在德国法上，人的尊严被制宪者有意置于《基本法》第一章“基本权利”的开篇，它不仅仅具有客观价值的意义，而且是一项主观权利，是个人的权利主体地位的切入点。[②]

在科技飞速发展的今天，强调人的尊严原则尤为必要：在当代，人工辅助生殖、代孕、胚胎干细胞研究、克隆等生物医学技术，以及语音识别、人脸识别、无人驾驶等人工智能技术的突飞猛进，对人的主体性地位带来了严重冲击，人被沦为法律关系客体的风险越来越大。为了应对这种“主体客体化”的威胁，有必要旗帜鲜明地重申人的尊严作为法律秩序的基础和最为基本的原则。

2017 年《民法总则》第 109 条规定：“自然人的人身自由、人格尊严受法律保护。”这被解读为所谓一般人格权条款。该条即使被置于第五章“民事权利”之首，也不能改变尊严在其中仅被赋予一项普通民事权利的地位之事实。然而，尊严在现代社会已成为一项文明的基石，是公法和私法制度的基础性原则。从这个角度来说，2017 年《民法总则》对尊严的认识比起 1986 年《民法通则》来说，并没有实质性的进步与深化。《民法总则》将尊严视为一般人格权的内容之一，实际上存在着贬低尊严价值的风险。

3. 个人信息权的规定有明显欠缺

在数字化环境下，由于技术的巨大进步，人们对于客体、对于主体间的关系和价值等的看法都发生了修正，人在虚拟社会中的行为可能映射到现实社会的行为模式上。数字化时代一个很大的危险在于人的自主性地位可能受到威胁，主体性地位被消解。数字人文主义强调人对自己所处的数字环境的主体性地位。由此出发，数字人文主义承认个人对互联网环境下的个人信息享有支配权：“如果个人无法确切地预见到个人的哪些信息为

---

① 关于人格尊严是否可以成为一项人格权，在国外学理上是存在争议的。反对者认为：尊严并不是民事主体的一项人格要素，因为尊严的主体并不是个人。尊严非为某个具有特定个体性的主体所有，而是全人类所共有的要素。人格权强调的是“个性”，而尊严属于“人道”的范畴，是人类的“共性”。Jean-Michel Bruguière，Bérengère Gleize，*Droits de la personnalité*，pp. 109 - 110.

② 参见宋新：《论德国宪法上的人的尊严及借鉴》，载《东方法学》，2016（6），128 页。

社会环境所知晓以及谁可以获得这些信息，个人不受任何压力地自主决定其行动的自由将受到损害”①。

正因为如此，2000年《欧盟基本权利宪章》在第7条“私生活保护”之外，以第8条单独将个人信息权列为基本权利。该条规定：“1. 任何人都有就其个人信息受到保护的权利。2. 此种信息必须根据指定的目的，或根据受影响的人的同意，或根据法律规定的其他合理基础，受到公平的处理。任何人均有权获得其本人被收集的信息及有权要求更正。3. 对上述规则的遵守必须由一个独立的机构负责”。2009年《欧盟运行条约》（TFEU）第16条第1款也规定：“每个人有权就其个人信息获得法律保护”。

还值得注意的是，欧盟2016年4月8日通过了《一般信息保护条例（GDPR）》（2016/679/EU号，以下简称《条例》），对1995年《个人信息保护指令》（95/46/EC号，以下简称《指令》）做出了不少修正和改革，并已于2018年5月25日取代《指令》。

2016年欧盟《条例》第5条规定了个人信息处理的原则，包括：（1）合法、公平和透明；（2）目的限制；（3）信息最少；（4）精确性；（5）存储期限限制；（6）信息完整和保密；（7）归责。《条例》第12～23条详细列举了信息主体所享有的各项权利，包括：禁止收集和处理敏感信息；获取信息的权利；屏蔽和阻止他人获得错误信息的权利；阻止对基于自动处理其个人信息而得出结论的权利（譬如平台对用户的信用进行评级）；信息存储期限限制；信息移动的权利；阻止他人对其个人信息的商业化利用等。

相比之下，2017年《民法总则》第111条的规定就要粗疏得多，未能体现任何“后发优势”。该条规定：“自然人的个人信息受法律保护。任何组织和个人需要获取他人个人信息的，应当依法取得并确保信息安全，不得非法收集、使用、加工、传输他人个人信息，不得非法买卖、提供或者公开他人个人信息。”这是我国民事基本法律首次确立个人信息权。该条甚至都不如之前的《消费者权益保护法》《网络安全法》的规定，其否

---

① Jean-Michel Bruguière, Bérengère Gleize, *Droits de la personnalité*, Ellipses, 2015, p. 178.

定性的措辞实际上是一种规范“错配”[①]。该条尤其没有明确个人对其信息的控制权，而这是个人信息权中最为核心的权利；离开信息主体的同意权，其他权利皆是枉然，成为空中楼阁。不仅如此，该条对于个人信息的处理原则（收集目的合法且明确、信息必要且相关、信息准确等），以及个人信息权的其他权能（信息获取权、信息更正权、信息存储期限限制权、信息泄露救济权、信息删除请求权等），也统统未加规定。[②] 此外，该条后半段两个“不得”，是对于信息收集和处理机构部分违法行为的禁止（非法收集、使用、加工、传输他人个人信息，非法买卖、提供或者公开他人个人信息），而其中“非法买卖”的措辞则令人质疑是否存在对他人个人信息的“合法买卖”——信息经处理后确实可以大数据的形式出让，但是，此种信息必须进行匿名化处理。这就是说，能指向特定主体身份的个人信息本身其实是不能交易的。正因为如此，前引 2016 年欧盟《条例》中明确规定信息主体具有阻止他人对其信息进行商业化利用的权利。

4. “健康权”的含义有待厘清

《民法总则》第 110 条所列举的具体人格权中，有“健康权”。该条源于 1986 年《民法通则》第 98 条的规定（“公民享有生命健康权”）。通说认为，所谓健康权是指人的身体健康不受不法侵害的权利。在此情况下，如何与“身体权”区分，避免人为的法条竞合，值得注意。身体权通常包含两层含义：其一是身体完整不受侵犯；其二是禁止人体及其组织部分的商业化。在侵害身体完整的情况下，一般都会同时损害身体健康；而且，身体完整在广义上也包括精神世界的完整。未来，司法解释或者典型性案例应对二者做出区分。

尤其要将人格权中的健康权与宪法中的健康权相区别。在比较法上，健康权（right to health）都是在后者意义上使用，它是指每个人有权获

---

① 石佳友：《民法典的立法技术——关于〈民法总则〉的批判性解读》，载《比较法研究》，2017（4），136 页。

② Agence des droits fondamentaux de l'Union européenne，*Manuel de droit européen en matière de protection des données*，Luxembourg：Office des publications de l'Union européenne，2014，p. 67 et s.

得身体和精神上最高的健康标准，包括对医疗服务、健康设施、充足和健康的食物、体面的住宅、健康的工作条件和清洁的环境的获得。此权利尤其强调卫生服务的可获得性、可接受性、良好的质量等。健康权是一项经多个国际人权公约或宣言所确立的基本人权。譬如，《世界人权宣言》第25条第1款规定："人人有权享受为维持他本人和家属的健康和福利所需的生活水准，包括食物、衣着、住房、医疗和必要的社会服务；在遭到失业、疾病、残废、守寡、衰老或在其他不能控制的情况下丧失谋生能力时，有权享受保障。"《经济、社会及文化权利国际公约》第12条规定："一、本公约缔约各国承认人人有权享有能达到的最高的身体和心理健康的标准。二、本公约缔约各国为充分实现这一权利而采取的步骤应包括为达到下列目标所需的步骤：（甲）减低死胎率和婴儿死亡率和使儿童得到健康的发育；（乙）改善环境卫生和工业卫生的各个方面；（丙）预防、治疗和控制传染病、风土病、职业病以及其他的疾病；（丁）创造保证人人在患病时能得到医疗照顾的条件。"显然，作为一项国际人权法上的基本人权，健康权指向的对象是国家，约束的义务主体是缔约国，而非作为私法主体的个人。这就是说，国际法和比较法上的健康权是一项公法上的基本人权，民法中如果使用健康权，应明确其含义，避免引发混淆。

三、从人权与人格权关系看侵权法传统救济模式的局限

鉴于《民法总则》上述条文列举了人格权的类型，民法典分则中是否有必要设立独立的人格权编就成为一个十分重要的问题。有些学者从比较法的经验出发，认为以侵权法的救济即可有效保护人格权。这一主张其实未能意识到国外侵权法救济模式的局限和引入我国后所可能造成的诸多负面效应。

1. 引入侵权法救济模式容易陷入"宪法司法化"的纠葛

在民法典缺乏人格权的详细规定的前提下，法官对人格权的保护必然援引宪法基本权利条款。

在法国，人格权保护的飞跃是在1970年代，其重要背景是：其一，1971年法国宪法委员会的里程碑判决确认了所谓"宪法整体"（bloc de constitutionalité）的效力，认定1789年《人权宣言》和1946年第四共和

国宪法序言中的经济和社会权利等内容同样构成宪法的组成部分。这一“宪法整体”是具有宪法价值位阶的所有原则与规则的集合，约束一切的立法、行政、司法机构和公权力机关及私法主体。自此，法国的普通法院可以直接援引宪法性原则作为裁判依据。其二，1974 年法国批准了《欧洲人权公约》。根据 1958 年法国宪法第 55 条，国际条约的效力居于宪法之下、普通法律之上。正是基于加入公约这一背景，法国民法典在 1971 年进行了修改，其中增加了第 9 条关于私生活的保护。此条款在 1999 年被法国宪法委员会确认具有宪法价值，与《欧洲人权公约》第 8 条、第 10 条和 1789 年《人权宣言》第 11 条具有同等的宪法价值。宪法委员会并认为：当这些原则之间存在冲突的时候，必须寻求它们之间的平衡。

在德国，其民法典仅在第 12 条规定了姓名权，因为当时的起草者认为人格权内容具有很大的不确定性，这是将其写入民法典的主要障碍。从 1899 年的俾斯麦案例开始，德国法院对肖像权给予保护，肖像权被写入 1907 年的《艺术家著作权保护法》之中。1919 年的魏玛宪法第一次比较系统地规定了公民的基本权利，然而，这些权利在司法上不具备可诉性，制宪者仅将其设定为立法者未来的政治目标。真正的变革发生于二战结束后特别是 1949 年《基本法》制定之后。《基本法》第 1 条关于尊严不可侵犯的规定、第 2 条关于人格自由发展的规定、第 13 条关于通信秘密的规定等条文，构成了民法人格权制度发展的基石。由于《基本法》对一切公权力机构均具有拘束力，因而老的民法典必须适应新的宪法的要求。在这样的背景下，所谓宪法基本权利的“第三人效力”理论等应运而生，并通过对《基本法》第 1 条和第 2 条等条文的解释，确立了一般人格权。①

在我国，为避免宪法司法化的争议，最高人民法院的多项文件反复强调：法官在判决中不得直接援引宪法。在这样的背景下，如果民法典分则部分对于各项人格权的构成要件、责任形式等没有做出规定，又不允许法官援引宪法，则将对人格权的司法保护造成很大的障碍。

---

① Gert Brüggermeier, Aurelia Colombi Ciacchi & Patrick O'Callaghan (ed.), *Personality Rights in European Tort Law*, Cambridge University Press, 2010, pp. 16 - 21.

2. 侵权法救济模式必须大量地依赖于判例或者司法解释

《民法总则》前引第109～111条仅列举了人格权的类型。第110条中的"等"字表明，列举是非封闭性的，未来法律可以根据实践的发展，承认新型的人格权。另外，囿于条文数量和篇幅，《民法总则》不可能对这些人格权的概念、构成要件、责任形式等做出具体规定。这一任务如果不能由民法典分则承担，则只能交由司法解释和判例去完成。但是，囿于其自身性质的局限，无论是司法解释还是典型性案例，都难以有效承担这样的使命，因二者均面临"合法性不足"的困境：司法解释只能用于解决"审判实践中具体适用法律的问题"，缺乏体系性，制定过程不透明，容易具有随意性等。①

3. 我国《侵权责任法》并非法国的"大侵权法"模式

我国2009年《侵权责任法》第6条规定了过错责任的一般条款是受到了法国民法典著名的第1382条所规定的过错责任一般条款的启示。诚然，一般条款本身就是以其开放性为特色，但值得注意的是，我国的侵权责任法并非完全为法国民法典第1382条那样的大侵权法的模式，其开放性并非不受限制。

一方面，《侵权责任法》第2条列举了所保护的18种民事权益类型。尽管这一列举最后使用了"等人身、财产权益"字样，表明其为非封闭式的列举，但是，立法者已经十分详细地列举了18种具体的权益类型，这对法官未来自由创设新的权益类型，显然构成一种潜在的约束和限制：法官在适用过错责任一般条款的时候，首先必定会顾及立法者在第2条已经进行的列举。

另一方面，从司法传统特别是法官的法律解释技术来看，我国法官在法律文本的解释上一般都比较谨慎和自谦。较之于国外法官来说，中国法官更多地采取"自我抑制"（self-constraint）的立场，很少完全脱离立法文本，完全自由地从法律的精神出发进行解释和裁判。法国法官依据民法典第1382条，根据宪法的基本权利条款，即可自由地解释和发展出一个

---

① 参见石佳友：《民法典的法律渊源体系——以〈民法总则〉第10条为例》，载《中国人民大学学报》，2017（4），17-18页。

完整的人格权体系。这显然不适合中国的国情。

21世纪的今天，科技发展深刻地改写了当今社会的面貌：互联网、生物医学、人工智能等领域的科技在给人类带来前所未有的极大便利的同时，也给人类造成了所从未遭遇过的风险。法律关系中传统的人/物的主体—客体架构遭遇到巨大的挑战：人有日益被异化为物的风险，由法律关系的主体蜕变为法律关系的客体。简言之，“主体客体化”是当代人格权制度所面临的主要挑战。恰如瑞士有学者在描述人格权制度的发展趋势的时候所表达出的忧虑：“在法律现实中可以看到，由于移动电话与因特网无处不在，人们尊重他人人格权的意愿在下降（尤其是在肖像权方面），甚至往往根本缺乏相应的问题意识。可以预见，社会对于人格保护的态度，长远看来恐怕会朝着弱化个人法律地位的方向变化”①。

有鉴于此，必须强化人权制度与人格权之间的互动。人权与人格权是分别由宪法和民法所规定的权利，虽然二者分属于公法与私法领域，但二者的使命都是相同的，即都是为了保护人的自由生存和发展。由此，二者之间绝不是泾渭分明、相互隔绝的孤立关系；反过来，二者之间存在着十分丰富和辩证的互动关系：“认为民法人格权与人权规范之间存在着断裂的想法是不正确的。两类规范相互诠释对方：人格权渗透到基本权利规范之中，基本权利规范承受人格权的影响”②。因此，某些学者强调，人格权“非为与物权、债权、知识产权以及身份权相同性质的民事权利，而是由基本法（宪法）赋予每个个人的基本权利”③。这样的论点确实揭示出人格权与人权之间的内在密切联系，但是，若以此来否认人格权的民事权利属性，则显然是片面和保守的，难以回应人格权制度在当代的新挑战。法律不仅是一种“地方性”知识，适用于特定地域的特定人权，也是一种“时代性”知识，必定打上特定历史时代的烙印，回应特定时代特定社会的需求。中国未来的民法典，必然是回应中国在迈向法治国家的转型过程中所面临的特殊挑战。以古典的法典化时期的经验来看待当代中国的法典

---

① ［瑞士］贝蒂娜·许莉蔓-高朴、狄安娜·奥斯瓦尔德：《瑞士民法上的人格权保护》，金可可译，载《东方法学》，2013（3），134页。

② Jean-Christophe Saint-Pau (dir.), *Droits de la personnalité*, p. 439.

③ 尹田：《人格权独立成编的再批评》，载《比较法研究》，2015（6），1页。

化，在方法论上是典型的“刻舟求剑式”的谬误，容易导致“不知今夕为何年”的时空错乱。

从这个意义上说，我们大可不必讳言人格权与人权存在内在的密切联系，去遮掩甚至否认人格权保护对人权进步的重要意义。毕竟，人权保护是我国宪法和《中共中央关于全面推进依法治国若干重大问题的决定》等纲领性文件所确认的基本目标之一，也是社会主义法治的基本价值之一。中国民法典以人格权的高水平保护推动中国人权保护水准的提升，这本身正是当代中国的法典化所应承载的重要历史使命，这也是真正落实“国家尊重和保障人权”、全面推进依法治国、实现社会进步的必由之路！

四、人格权立法的重要尝试与创新：评 2017 年《中华人民共和国民法人格权编（草案）》

人格权法是民法典中极其重要的制度。不过，民法典设立人格权编的构想，并非始于本次民法典编纂：2002 年《中华人民共和国民法（草案）》（以下简称《民法草案》）第四编即为人格权法。这是民法法典化领域的重要创新。2017 年《民法总则》规定了一般人格权，确立了隐私权和个人信息等权利。但是，《民法总则》仅有寥寥的三个条文（第 109、110、111 条）来调整人格权，条文数量甚至少于 1986 年《民法通则》。显而易见，这三个条文无法为人格权提供充分的保护。必须在充分总结现有单行法、行政法规和司法解释经验的基础上，增设新的条文。从立法技术的角度来看，考虑到《民法总则》无论是在民事主体部分还是在民事权利部分都难以完全容纳人格权规则，将有关条文设立为分则中的独立一编，显然具有现实的合理性。

基于这样的考虑，2017 年 11 月，全国人大常委会法工委民法室根据长期的立法与司法经验以及民法学界的部分研究成果、立法建议稿，起草了《中华人民共和国民法人格编（草案）》（以下简称《人格权编草案》），引起了学界的关注与讨论。总体说来，《人格权编草案》较好地总结了现行法（特别是单行法、行政法规和司法解释）的有关规定和经验，体现了稳妥的现实主义编纂思路；草案也吸收了比较法的一些最新发展趋势，对我国人格权制度进行了一些重要的发展和创新。当然，在有些领域，草案也略显拘谨和保守，建议未来可进行进一步的补充和完善。

（一）现有立法与司法经验的务实总结

《人格权编草案》比较全面和系统地总结了相关的特别法（如《消费者权益保护法》《精神卫生法》《反不正当竞争法》《网络安全法》等）、行政法规（如《人体器官移植条例》《征信业管理条例》等）和司法解释的经验，吸收了其中部分涉及人格权的条文内容。这一方面体现了立法机关稳妥推进的现实主义编纂思路，确保草案能最大限度地凝聚共识、减少争议；另一方面也体现了法典化这一理性化操作的价值：将分散于不同规范性文件中的法律规范，集中纳入法典，以具有内在一致性的方式加以统一规定，消弭它们之间可能存在的冲突。恰如德国著名比较法学者齐默曼（Zimmermann）所指出的，"（法典化）十分常见的情形是，就所纳入的法律规则的实质的角度而言，法典化并没有包含'新'的法律；它更多地只带有'重述'（restatement）的某些特征，因为法典化的使命是纳入和巩固'数个世纪以来的法律成就'"①。例如，在法国，20 世纪 90 年代以来对既有法典的修订基本都采取所谓"基于现行法的法典化"（codification à droit constant）方式，在整体上立足于现行法，在不进行大规模的实质性修订的前提下，对现行法的规范进行整合，从而实现所谓"再法典化"（recodification）。显而易见，这样的"重述性"工作仍然是有重要意义的，因为其可以有效地消除由于法律渊源的过度分散所导致的混乱，减少法律的复杂性，实现法律渊源的集中整合，便于人们方便地查找法律，而这些正是法典化所应完成的最为基础的使命之一。

从结构来看，《人格权编草案》的编排体例是合理的。该草案遵循了"一般规定—物质性人格权（人格的物质性要素）—彰显其身份的权利（right to identity）—外在的客观评价—内在的主观感受"的编排顺序。这样的分类在比较法上也可以找到印证，例如，瑞士法上人格权被区分为三类：第一类是物质性（physique）人格权，包括生命权、身体完整权、人身自由、性自由、遗体处置权。第二类是情感性（affective）人格权，

---

① Reinhard Zimmermann, "Codification—The Civilian Experience Reconsidered on the Eve of a Common European Sales Law", 8 *European Review of Contract Law* 372 - 374 (2012).

主要是指情感生活、家庭生活方面的权利，包括对已故亲属的遗物、名誉等的维护等。第三类是社会性（sociale）人格权，包括姓名权、名誉权、隐私权、肖像权、声音权、经济自由权等。[①] 在另一些国家，所谓社会性人格权即为“彰显其身份的权利”（right to identity），指向姓名、肖像、声音以及其他能彰显主体独特个性的要素等，它们具有身份识别的功能(identification function)。与彰显身份相关的另一个权利是个人信息权。虽然个人信息权也能直接或间接地指向主体的身份，但是个人信息往往具有私密性，是非公开的（或仅在特定范围内公开），而对他人个人信息的窃取和非法公开是侵害个人信息权的典型手段，而且个人信息权的核心是信息自决（informational self-determination）。因此，宜将个人信息与隐私权放在一起规定。《人格权编草案》正是采取了这一做法，将个人信息与隐私放在一起规定。此外，肖像权没有必要独立成章，而应与姓名权、名称权纳入同一章，因为它们都是彰显主体身份的权利，而且都可以成为许可使用的对象而被加以商业化利用。

《人格权编草案》(第一章“一般规定”）第2条明确规定了人格权的基本属性：不可放弃、转让、继承。这是确认人格权之非财产属性的必然逻辑后果。该条后半段“法律另有规定的除外”也为一些特殊的人格权益的继承预留了余地。同时,《人格权编草案》(第一章“一般规定”）第3条规定，权利人可以许可他人使用其人格权的某些要素（肖像、姓名、名称等)。这就是所谓的“人格要素的商业化利用”。

在权利主体方面,《人格权编草案》坚持了自《民法通则》以来的立法经验，承认法人具有人格权（尽管有学者对此始终持否定态度)。这符合当代比较法的发展趋势。持否定观点的学者的核心论点不外乎法人的属性使其无法像自然人那样，具有理性和感知能力，无法体验自然人所遭受的精神痛苦，而且法人人格权的本质其实是财产权，等等。然而，如同比较法学者所指出的，“应当承认，即使是在主体并未主观感受到人格损害的情况下（例如处于昏迷状态的植物人)，其所遭受的人格损害亦是客观

---

① Olivier Guillod, *Droit des personnes*, 4e édition, Basel: Helbing Lichtenhahn Verlag, 2015, pp. 13-19.

存在的；由此，对法人某些人格利益的保护仍然具有合法利益，例如名誉，这不仅在理论上可行，而且也具有现实性和公平性……当然，法人仅能享有那些与其属性相适应且能自然适用于它们的某些人格权，包括名誉权、隐私权和彰显其身份的权利，这些权利的客体可能被他人侵害，即使主体没有感知到”①。这就是说，法人不能享有尊严、人身自由、身体完整等专属于自然人的权利。

由此，不足为奇的是，越来越多的国家承认法人具有人格权。在瑞士法上，法人与自然人一样同为人格权的主体，法人的财产利益和一些知识产权利益（商标、商号等）都被视为人格的要素。② 而且，法人还可以请求精神损害（非财产损害）赔偿。③ 根据法人实在论，如果法人机关的某一人格要素受他人侵害，法人被认为遭受痛苦，可以以其名义主张精神损害赔偿；法人可以主张名誉权以及私密空间（sphère privée）受保护、获得良好的社会评价权以及经济自由发展的权利。由此，一家上市公司的广告如被他人指责为胡编乱造的吹嘘，该公司可以向侵权人主张精神损害赔偿。如果企业由于他人的不正当竞争行为，导致客户资源、信用、商誉、业务或者整体的经济利益等受到损害或有受损的威胁，则该企业可主张赔偿。④ 在法国法上，尽管不存在自然人那样的物质性人格，法人被认为存在社会性人格（personnalité sociale），在社会公众中同样具有其社会形象和身份，因此，法人有名称权和名誉权；法人同样享有内在人格（personnalité interne），可以享有隐私权保护，不过，与自然人的隐私权旨在保护心理上的感受不同，法人的隐私权旨在禁止第三人对法人的内在空间的不法干涉和侵入，并由此保护其从业自由。⑤ 在比利时法上，法人

---

①② Johann Neethling，“Personality Rights：A Comparative Overview”，*38（2）The Comparative and International Law Journal of Southern Africa 244（2005）*，p. 214.

③ Philippe Meier & Estelle de Luze，*Droit civil suisse：Droit des personnes*，Articles 11－89a CC，Zürich：Schulthess，2014，p. 273.

④ Stéphane Werly，“Le tort moral en cas d'atteinte *à* la personnalité par la voie des médias”，in Christine Chappuis，Bénédict Winiger，Arnaud Campi（dir.），*Le tort moral en question*，Genève：Schulthess，2013，pp. 93－94.

⑤ Hélène Martron，*Les droits de la personnalité des personnes morales de droit privé*，Paris：LGDJ，2011，p. 33 et s.

亦可请求精神损害赔偿。①

民法典对人体的法律地位做出规定是比较法上的重要发展趋势。1994年加拿大《魁北克民法典》第二分编“人格权”第一章即为“身体完整”(第10～25条)，其中涉及医学治疗、医学实验、知情同意、器官捐赠与移植等。1994年，法国修订其民法典，新增第16—1条规定：“每个人享有其身体获得尊重的权利。人体不得侵犯。人体、其组成要素及产品不得成为财产权的标的。”第16—7条规定代孕协议无效。由此身体完整、不可侵犯及不得商业化成为人体获得尊重和保护的“三位一体”概念。②2011年《罗马尼亚民法典》第64条规定了身体的不可侵犯，第66条禁止人体的商业化利用，第67条规定了器官的捐赠和移植。就我国而言，虽然此前有关部门制定了《人体器官移植条例》等法规、规章，但是，总体上来说，这些规范的效力层级比较低，而且内容零散、缺乏体系性；此外，由于制定时间较早，内容比较粗疏，不能有效应对相关领域的新科技发展所带来的挑战。在实践中，有关人体及其组成部分的诉讼不断出现，例如2014年9月江苏省无锡市中级人民法院审理的所谓“胚胎继承案”，2018年2月江苏省南京市玄武区人民法院审理的夫妻一方毁弃冷冻胚胎的案件，都说明民法典以基本法的形式对人体问题做出规定的紧迫性。在这样的背景下，以现有的有关法规、规章为基础，《人格权编草案》在第二章“身体权”的框架之内，整合了部分生命伦理法的规定，包括人体商业化利用的禁止、器官与遗体的捐赠、人体医学试验等内容。《人格权编草案》第13条规定：“禁止以任何形式买卖人体细胞、人体组织、人体器官、遗体。”这是对禁止人体商业化利用的确认。③另外，《人格权编草案》在身体权的框架之下也规定了性自主权，禁止性骚扰和性侵害。这同样是符合比较法发展趋势的安排：在比较法上，身体权广泛适用于“器官

---

① Johann Neethling, “Personality Rights: A Comparative Overview”, *38 (2) The Comparative and International Law Journal of Southern Affrica 244 (2005)*, p. 245.

② Jean-Christophe Saint-Pau (dir.), *Droits de la personnalité*, Paris: LexisNexis, 2013, p. 1309.

③ 关于禁止人体商业化利用，2000年《欧盟基本权利宪章》第2条规定：“禁止利用人体及其组成部分牟利。”

移植、血液捐赠、流产、医学手术、性行为、头发剪除以及其他类似行为”①。

《民法总则》(第111条)首次以民事基本法的形式规定了个人信息。《人格权编草案》根据这一重要规定，在《网络安全法》《消费者权益保护法》等特别法的相关内容的基础上，对个人信息做出了规定。民法典中规定个人信息权是20世纪后半期以来出现的新趋势，例如，2011年《罗马尼亚民法典》第77条即对个人信息的处理做出了规定。同样，《人格权编草案》还就其他的人格权制度，纳入和整合了相关的特别法。例如，以最高人民法院《关于确定民事侵权精神损害赔偿责任若干问题的解释》为基础，《人格权编草案》第4条规定了死者的人格利益保护问题②；在《反不正当竞争法》《企业名称登记管理规定》的相关规定的基础上，《人格权编草案》第20条和第21条对姓名权保护进行了扩展，包括自然人的笔名、艺名、网名等，法人等的名称中的字号、名称的简称等。这也符合当代比较法的发展，例如，根据《魁北克民法典》第56条的规定(“使用不同于自己姓名者，对由此所引发的混淆或损害承担责任”)，法院对于主体所特有的假名、笔名、网名等予以保护。③ 此外，以《征信业管理条例》等法规为基础，《人格权编草案》第35条规定了信用权。这些都充分说明了立法机关充分尊重现行法的务实精神。

(二) 人格权保护的重要创新

值得注意的是，尽管《人格权编草案》充分总结并立足于已有的立法和司法经验，对现有的立法、司法和学理成果进行了较为系统的吸收和巩固，但《人格权编草案》并不完全是对现行法的机械重复或汇编，相反，该草案在整体上做了多方面的创新，具有很多突破。这些创新对于未来人

---

① Johann Neethling, Personality Rights: A Comparative Overview, 38 (2) *The Comparative and International Law Journal of Southern Africa* 244 (2005), p. 228.

② 值得探讨的是，关于是否应为死者人格利益的保护设定期限，国外存有不同观点。有些学者认为，应设定与著作权保护期限类似的期限。例如，在德国，对作者的保护是死后70年。就我国而言，可参照我国著作权法制度，将对死者的一些财产性人格利益(例如肖像的许可使用)的保护期限设定为死后50年。

③ Nicolas W. Vermeys, *Droit codifié et Nouvelle Technologies: Le Code Civil*, Monréal: Edition Yvon Blais, 2015, pp. 32 - 33.

格权的司法保护实践无疑具有重要价值。如果这些规定未来能被纳入民法典之中，必将促进人格权保护水准的有效提升。

《人格权编草案》第29条规定了对许可使用协议的限制性解释原则。如果许可使用协议的授权范围不明，则应做对权利人有利的解释。由此可推定对肖像商业利用的控制权仍为权利人所保留。根据这一有利于权利人的原则，如果父母签订了许可他人使用未成年子女肖像的合同，则子女在成年后应可自由撤销。

《人格权编草案》第35条规定了信用权。信用权（right to creditworthiness）主要涉及主体的信用状况、盈利能力（earning capacity）等。它很早就被视为一项人格利益。其独特性并不在于其财产权属性——它被认为具有人格和（无形）财产双重属性，这与名誉权的非财产属性不同——而在于它并非始于出生（往往是成长到一定阶段后才具有），也并非终于死亡（也可能在此之前就已终止）。[①] 我国信用权立法，最早可追溯到2002年《民法草案》，该草案曾专门规定了信用权。[②] 与2002年《民法草案》相比，《人格权编草案》第35条的规定更为凝练，涵盖了查询、异议、更正、删除等权利；另外，该条对信用评价人设定了核查、采取必要措施、损害赔偿等义务。

虽然《民法总则》第111条首次在民事基本法上对个人信息作出规定，但是其规定存在明显的缺陷：该条没有明确个人对其信息的控制权，而这是个人信息权中最为核心的权利；离开信息主体的同意权，所有其他权利皆是枉然，成为无源之水、无本之木。不仅如此，该条对个人信息的处理原则（收集目的合法且明确、信息必要且相关、信息准确等），以及个人信息权的其他权能（信息获取权、信息更正权、信息存储期限限制

---

① Johann Neethling, Personality Rights: A Comparative Overview, 38 (2) *The Comparative and International Law Journal of Southern Africa* 244 (2005), p. 239.

② 2002年《民法草案》关于信用权的内容有：第一，自然人、法人享有信用权。禁止用诋毁等方式侵害自然人、法人的信用。第二，征信机构应当客观、公正地收集、记录、制作、保存自然人、法人的信用资料。征信机构应当合理使用并依法公开信用资料。第三，自然人、法人有权查阅、抄录或者复制征信机构涉及自身的信用资料，有权要求修改与事实不符合的信用资料。

权、信息泄露救济权、信息删除请求权等)，也都没有作出规定。[①] 令人欣慰的是，这些漏洞为《人格权编草案》第 44 条、第 46 条等条款所填补。这是对《民法总则》漏洞的有效补救。

《人格权编草案》第 52 条规定了禁令救济。根据该条，为了及时制止侵权行为，相关民事主体可申请法院颁发禁令，责令停止有关侵权行为。该制度是我国《民事诉讼法》第 100 条、第 101 条规定的诉讼中和诉前的行为保全在人格权领域的具体适用。禁令救济常常被用于人格侵害行为具有发生的危险，或者处于持续性状态。此类救济是各国普遍规定的救济方式。禁令救济是对不法行为的预防，而非对不法行为发生之前的状态的恢复；因此，通常禁令并不要求过错。除此之外，还有其他的救济措施，例如，撤回或者更正报道、刊载法院的判决、刊登道歉以及回应权。就这些救济措施而言，“重要的是，比起通常的返还性措施，对于恢复受害人的良好声誉来说，它们可能比金钱赔偿更为有效”[②]。

人格权经常容易与其他权利发生冲突，这是其独特性之一。就此而言，我国的司法解释和有关判例一直强调利益平衡保护的原则，这其实是对比例性原则的适用。《人格权编草案》总结了这些宝贵的经验，充分体现了平衡保护的精神，尤其在第 51 条规定了权利冲突情况下的比例性原则。该条第 2 项规定，法官应考虑“行为人和受害人的职业、社会身份、社会影响范围等”。据此，未来可望建立起公众人物的人格权保护制度。公众人物的人格权保护范围与限度，确实是比较法上一个十分复杂的问题。鉴于公众人物的身份与影响力，媒体和社会公众对他们的关注在很多时候具有公共利益属性，因此，在比较法上有所谓“真实恶意”(actual malice)等原则，要求公众人物对社会关注负担更高的容忍义务；只有在证实媒体存在实际的恶意等情况下，媒体才承担责任。该条第 3 项要求考虑“行为人的过错程度”。由此，行为人如果在主观上是善意和无过失的，尽管存在损害，亦可能被免除责任。这与比较法上的发展趋势

① 参见石佳友：《人权与人格权的关系——从人格权的独立成编出发》，载《法学评论》，2016 (6)，105 页。

② Johann Neethling, Personality Rights: A Comparative Overview, 38 (2) *The Comparative and International Law Journal of Southern Africa* 244 (2005), p. 221.

是一致的。例如，在德国法上，尽管媒体的报道存在不实，对受害人的名誉造成损害，但是如果媒体对不实报道的发生是无辜的，不存在过失，则媒体不承担责任。在荷兰，报道者如果进行了勤勉调查（diligent research），则对报道的不实亦不承担责任。[①] 该条第4项要求法官认定民事责任应考虑“行为的目的、方式、时间、后果等具体情节”，这对于司法实践也有重要的指导价值。如果新闻侵权纠纷中所报道的主题具有重要的公共利益价值，报道的目的是满足公众对公共事件真相的知情权，那么，即便报道出现部分失实或者某些稍微激烈的评论，对受害人也不构成侵权。[②]

不过，值得注意的是，尽管对公众人物的人格权确实有必要设定限制，他们对公众的关注理应负担更高程度的容忍义务，但是，这绝不是说公众人物就没有肖像权、隐私权可言。欧洲人权法院在2004年的“汉诺威公主案一”[③] 和2012年的“汉诺威公主案二”[④] 中，就肖像权、隐私权和媒体的新闻与表达自由之间的冲突，通过对比例性原则的适用来体现利益平衡保护的精神。根据比例性原则，如果媒体刊载公众人物的照片或者隐私与公共利益或公共话题有关，是为了满足公众的合法知情权，那么媒体免于承担责任；反之，如果媒体主要是出于娱乐目的，满足部分读者的窥探欲，吸引其眼球以提升刊物的发行量，则媒体应承担侵权责任。由此可见，《人格权编草案》第51条所确立的比例性原则对我国未来的司法实践有重要的价值。事实上，我国已有多起公众人物起诉媒体侵犯隐私权的案例，法院的判决和学界的意见并不完全一致。例如，就媒体报道名人情感出轨的行为是否涉嫌侵权而言，很多人认为只要报道的内容真实，媒体就不承担责任。从比例性原则来看，这样的观点是站不住脚的，毕竟公众

---

① Johann Neethling, Personality Rights: A Comparative Overview, 38 (2) *The Comparative and International Law Journal of Southern Africa* 244 (2005), p. 232.

② *Gatley on Libel and Slander* 451 (Patrick Milmo, W. V. H. Rogers, Richard Parkes, Clive Walker & Godwin Busuttil eds., 11th ed., Wildy & Sons Ltd. 2008).

③ CEDH, *Von Hannover c. Allemagne* - 593200/00, 24 juin 2012.

④ CEDH, *Von Hannover c. Allemagne* (n°2) [GC] - 40660/08 et 60641/08, 07 février 2012.

人物也享有人格权。基于比例性原则，对公众人物人格权的限制只能基于公共利益的目的（例如，行使舆论监督权、发起对公共议题的讨论等），满足公众的合法知情权，而且对其人格权的限制应当适度。如果媒体主要出于娱乐消遣的目的，追求轰动效应，吸引公众眼球，满足部分读者的窥探欲望，对公众人物的私生活采取跟踪、偷拍、偷听等恶意手段，那么，即便所报道的内容属实，媒体也可能要承担相应的侵权责任。

除了第51条之外，《人格权编草案》第31条规定了肖像的合理使用；第34条强调对正当批评、评论的保护；第48条规定，为维护他人利益或者社会公共利益，行为人对个人信息所采取的“适当行为”不承担责任；第53条规定侵权人应依法承担赔礼道歉、消除影响或者恢复名誉等责任形式的，“应当与侵权的具体方式和所造成的影响范围相当”。这些无疑都是比例性原则的体现。

《人格权编草案》第53条规定了发布公告或者刊载判决等责任形式。根据该条，侵权人应依法承担赔礼道歉、消除影响或者恢复名誉等责任形式的，应当与侵权的具体方式和所造成的影响范围相当；侵权人拒不履行的，可以采取在网络上发布公告或者公布生效裁判文书等合理形式执行，由此产生的费用由侵权人承担。就此可以对照的例子是，1983年修订后的《瑞士民法典》第28a条第2款规定，原告尤其可以请求被告采取消除影响的措施，或者将判决通知第三方或者进行刊载。

《人格权编草案》第54条规定了违约精神损害赔偿。关于这一问题在学理上确实存有争议。传统观点认为，合同作为交易手段，只能是一种财产安排，其仅仅涉及财产利益；基于可预见性规则，违约只能引发财产损害，精神损害是缔约时所无法预见的，因此，不应该予以赔偿。但是，一些国家的法律和实践已经开始突破这种传统立场，其原因在于：一方面，并非所有的合同都是交易手段，某些合同的目的并不在于做出某种财产性安排，而是获取某些精神上的利益，例如，旅游度假合同、美容服务合同等。对这些合同约定的违反，违约方显然可以预见到可能对受害方造成精神痛苦。另一方面，某些违约行为在直接损害合同的财产利益的同时，可能附带性地给受害人造成精神痛苦，例如损害其尊严，造成其严重的行动不便或者不舒服，侵害其身体完整等。[①] 从“有损害必赔偿”的角度来看，既然我们承认侵害人格权造成财产损失的情况下受害人有权主张财产利益损害的赔偿（我国《侵权责任法》第20条），那么在侵害财产权造成人格利益损害的情况下，就没有理由禁止受害人主张精神损害赔偿。

（三）建议进一步完善的制度

《人格权编草案》总体上是一部具有较高质量的立法草案，不过，其中也存在一些尚待完善的条文或制度。建议立法机关基于现实主义的务实精神，对相关的内容进行研究分析，从而制定出一部真正符合中国国情、满足中国现实需要的人格权编。

1. 厘清人格权中的侵权规则与侵权法的关系

众所周知，人格权与侵权法存在十分密切的内在关联，但侵权法并不具有替代人格权法独立存在的价值，因为在今天通过侵权法并不能完全有效地保护人格权。恰如一法国学者所指出的：“若没有侵权责任模式，人格权到今天可能都还没有诞生……侵权法的这种孵化功能会让人误以为侵权法似乎足以保护人格利益。然而，这种观点是站不住脚的。人格在今天的价值是如此的重要，以至于它不能满足于基于民法典第1382条侵权诉讼的零敲碎打（*coup par coup*）方式去保护。”[②]

由此，毫无疑问的是，人格权编中必然包含部分侵权责任规则，尤其是涉及人格权的保护领域。如何看待人格权侵权规则与侵权法的关系？在性质上，前者为侵权特别法，后者为侵权普通法，而根据特别法优于普通法的原理，前者有具体规定的时候应当优先予以适用。在这样一种十分清晰的逻辑关系框架下，一方面，并不存在一些学者所担忧的所谓“肢解”侵权普通法的问题，反之，人格权侵权的特殊规则如果大量植入侵权法，将会不可避免地破坏侵权法的一般性和内在一致性：毕竟，侵权法所保护的对象是所有类型的绝对权，其中如果单独为人格权设定某些特殊规范，必然会损害侵权法的内在逻辑性。因此，将人格权侵权规则单独成编，正

---

① Johann Neethling, Personality Rights: A Comparative Overview, 38 (2) *The Comparative and International Law Journal of Southern Africa* 244 (2005), p. 241.

② Jean-Michel Bruguière et Bérangère Gleize, *Droits de la personnalité*, Paris: Ellipses, 2015, p. 69.

好可以避免对侵权法逻辑结构的破坏。为避免立法重复，在移除人格权侵权特别规则后，侵权法将具有更强的内在一致性，凸显其侵权普通法的基础性地位。另一方面，将人格权的特别法规则单独规定，明显更有利于人格权法的发展，因为独立的人格权编为未来立法和司法的发展提供了完备的制度性框架；这些详细的裁判规则也可以对司法实践中可能出现的法官任意造法的偏差形成有效的制约。

从这样的逻辑关系出发，人格权编只应该保留那些为人格权所独有的侵权法规则，例如，人格权编应规定精神损害赔偿、赔礼道歉、消除影响、恢复名誉等责任形式。另外，须明确区分人格权请求权与侵权请求权。前者为人格权所独有，其功能主要在于预防，不要求过错要件（有时候甚至不要求损害）。显然，就侵权普通法规则在人格权保护领域的适用而言，如果没有特殊性，不需要另行规定特殊规则，也就不需要由人格权编来规定，这样就可以避免有些学者所担忧的“越界”现象。此外，侵权法中现有的人格权特别规则应该被集中纳入人格权编，以便于相关主体找法、用法，实现法律渊源的理性化，充分发挥法典化的效用。

2. 草案部分条文的完善

《人格权编草案》在第一章“一般规定”部分，规定了公序良俗原则。这确实有必要，因为当事人行使或处分人格权益的行为确实有可能违反公序良俗，例如对自己身体或组成部分的处分。但笔者建议另外增加人格尊严原则，将尊严提升为人格权行使的一项一般性原则，而不仅仅是《民法总则》第109条所规定的一项民事权利。这对于对身体及其组成部分的处分尤其重要，这些生命伦理法的规则的基础性原则正是人的尊严。

《人格权编草案》第11条第一句规定了人体细胞、人体组织、人体器官和遗体的捐献；该条第二句规定：“无民事行为能力人或者限制民事行为能力人所做的无偿捐献应当由其法定代理人同意。”此一问题涉及对未成年人或者缺乏行为能力的成年人这一特殊群体的保护，需要特别慎重。就此而言，1994年加拿大《魁北克民法典》第19条第2款规定：仅在人体组成部分可以再生并且其捐献不会对健康造成严重风险的前提下，未成年人或者无法表达同意的成年人在其监护人同意并获得法院的许可之后，方可捐献其身体组成部分。基于被监护人利益最大化的原则，笔者建议对

《人格权编草案》前述条文设定类似的限制，即该人体组成部分可以再生并且捐献不会对捐献人的健康造成严重损害。

关于肖像权许可使用的终止，《人格权编草案》第 30 条规定，对于肖像许可使用合同，如果对期限有明确约定的，肖像权人可以基于“重大理由”终止合同。在比较法上，基于合理的道德上的理由，法律赋予权利人以单方解约权。但瑞士法院在 2011 年的判例拒绝承认肖像权人享有单方的任意解约权。①

《人格权编草案》第六章将隐私权和个人信息集中加以规定。第 39 条第 2 款将隐私定义为“具有私密性的私人空间、私人活动和私人信息等”。第 42 条第 2 款对个人信息的定义是“以电子或其他方式记录的、能够单独或者与其他信息结合识别特定自然人或者反映特定自然人活动情况的各种信息”。在这样的定义框架下，隐私权中的“私人信息”容易与个人信息发生重叠。在法国，私人信息（information personnelle）与个人信息（donnée personnelle）也是很难区分的概念。前者重在其私密性，为第三人所不知；而后者重在能指明主体的身份。② 例如，某一特定的人定期出入某一特定私有住宅的信息，就既可能构成此处的可以识别其身份的个人信息，也可以构成其隐私权中的私人信息。这样的结果是容易造成不同法律条文适用范围的重叠与竞合。2000 年《欧洲联盟基本权利宪章》在于第 7 条规定私生活受保护之外，又单独以第 8 条规定了个人信息受保护的权利，理由在于二者的哲学基础并不相同。以德国为例：隐私权的哲学基础是人格尊严和人格的自由发展；而个人信息受保护则是立足于个人的信息自决权。对隐私的判断在很多时候采取的是主观标准，如果所涉事实不被当事人认为是隐私的，一般不被认定为隐私；而对个人信息的认定又采客观标准，并不完全遵照当事人的主观认知。③ 另外，公开的信息不

① Giorgio Resta, “The New Frontiers of Personality Rights and the Problem of Commodification: European and Comparative Perspectives”, 26 *Tulane European & Civil Law Forum* 64 (2011).

② Jean-Michel Bruguière et Bérangère Gleize, *Droits de la personnalité*, Ellipses, 2015, pp. 174 - 176.

③ 参见石佳友：《网络环境下的个人信息保护立法》，载《苏州大学学报》（哲学社会科学版），2012 (6)，86 - 87 页。

能构成隐私，但可能构成个人信息。因此，隐私和个人信息之间需确立更为清晰的区分标准。此外，应明确“个人信息权”的提法，将其确认为一项权利的本质在于，让信息主体知晓是谁、在何种环境下、基于何种目的、以什么手段使用其个人信息，并且有权阻止不法和不当的使用。

《人格权编草案》第45条规定，在发生或可能发生个人信息泄露、毁损、丢失的情况时，应当立即采取必要的救济措施。这无疑是非常必要的，不过，除此之外，还应规定信息的持有者应及时通知权利人，以保障信息主体的知情权。

《人格权编草案》第48条关于个人信息的某些收集、处理行为不承担责任的情形的规定，存在可商榷之处。首先，《民法总则》第111条、《人格权编草案》第44条都规定禁止“非法”买卖个人信息；《人格权编草案》第48条规定在特定情况下买卖个人信息（例如权利人自行公开或其他合法公开的信息）不承担责任。禁止“非法买卖”的措辞似乎意味着，在我国可以进行个人信息的“合法买卖”①。这一立场是非常值得商榷的。如果承认与特定主体身份相关联的个人信息可以成为交易对象，就必然意味着：个人信息属于一种财产，而且个人对这项财产享有所有权。这样的观念是存在问题的：一方面，个人信息并不是诸如肖像、姓名那样可以商业利用的“无形财产”（propriété incorporelle）。很难想象，一个人可以将其姓名、家庭住址、工作单位、固定电话和移动电话等信息作为商品拿去出卖（电信企业的电话黄页本是作为电话信息的汇编作品而享有著作权并受到保护的）。此外，姓名与肖像的价值往往在于主体的知名度，真正有商业价值的是其知名度而非其姓名或肖像本身；如果说个人信息有商业价值，其实有价值的是其背后的主体身份。而且，通常来说，单个主体的个人信息如果不经处理，与其他人的信息进行汇总分类，形成个人信息的数据库文档，本身也难以产生商业价值。因此，法律所规制的主要是对个人信息处理形成信息文档的进程。个人信息直接指向主体的身份，其与尊严权类似：“一个人可以选择以放弃尊严的方式生活，但他并不能从放弃

---

① 石佳友：《民法典的立法技术——关于〈民法总则〉的批判性解读》，载《比较法研究》，2017（4），136页。

尊严中获得任何经济利益；同样，一个人不能选择是否能被他人通过其个人信息而加以识别——因为别人必然可以通过其个人信息而加以识别，他不能从其中获得任何经济利益。如果没有知名度等其他因素，个人信息不能被定性为财产，不能成为财产性人格权的标的。”①

尤其需要注意的是，将与个人身份密切相关的个人信息视为商品并允许其进入市场交易这样极端自由主义的观点会带来伦理上的重大挑战：“个人信息的商业化将会创造出一个‘令人厌恶的市场’（marché répugnant）——这一术语常常被用来指人体器官买卖、证券市场对遭受恐怖袭击的押注；这个市场是很成问题的，而且从内在来看是非常轻率的。人有权出卖自己的一只胳膊或者一只眼睛吗？个人信息的出卖会存在同样的困境，因为个人信息的交易市场意味着个人对其信息拥有私人所有权。这是非常危险的，误入‘隐私私有化’的歧途……个人信息并不是个人的私有财产。”② 从人权保障的角度来说，如果个人信息进入市场交易，让公权力机构和企业方便地获得公民的个人信息，将会带来新的风险：公权力机构将能更容易地对个人进行分析、监控；而企业通过对公民个人信息的分析，将可以制造出新的社会歧视，基于个人的年龄、种族、籍贯、住址、消费水准和收入状况等，对他们享受社会公共服务设定不同的权限。③ 而且在我国已经出现了这样的实例，例如：知名的第三方征信机构——芝麻信用，根据用户的淘宝、支付宝、余额宝等的消费记录、消费偏好、财产状况、人脉关系等个人信息，自动为用户生成芝麻信用分。而很多商户，如酒店、汽车租赁公司、旅行社等，根据客户芝麻信用积分来授予其不同的权限，例如是否免除信用卡担保、免查验退房、延期退房等。④

---

① Jean-Christophe Saint-Pau (dir.), *Droits de la personnalité*, LexisNexis, 2013, p. 579.

② Dominique Cardon & Antonio Casilli (dir.), *Qu'est-ce que le digital labor?*, Paris: Editions de l'INA, 2015, p. 40

③ Paola Tubaro, Antonio Casilli, "Enjeux sociaux des Big Data", in Mokrane Bouzeghoub & Rémy Mosseri (dir.), *Les Big Data à découvert*, Paris: CNRS Editions, 2017, pp. 292 - 293.

④ 正是由于信用等级的评价对主体的行为自由和人格发展意义重大，而信用评价以收集个人信息作为前提，故该信息收集与处理行为理应同样受到个人信息规则的严格规制。《人格权编草案》第36条明确规定，征信机构的征信行为应受到个人信息有关规则的限制。这显然具有重要意义。

3. 建议增补的制度

《人格权编草案》还需要增设一些重要的制度，以确保未来民法典的逻辑一致性和完备性。

就人体而言，一个十分重要的问题是，从人体分离出去的器官、组织和其他组成部分，是可以成为人格权的客体还是应被视为普通的物？就此而言，荷兰法进行了区分，根据其未来的用途，将其区分为永久脱离人体的组成物以及未来仍然将回到人体之内的组成物。前者被视为普通的物，适用物权法的规则；后者则被视为人体的组成部分，应适用人格权的有关规则。对冷冻的他人的精子的毁弃，“可被视为侵害了其身体完整（或者一般人格权）”①。脱离人体的组织和器官的法律地位问题十分重要，司法实践中已经出现了一些案例。例如，在前引 2018 年 2 月江苏省南京市玄武区人民法院所审理的夫妻一方毁弃冷冻胚胎的案件中，法院特别指出，胚胎在性质上属“带有情感因素的特殊的物”②，由此对女方产生了精神上的损害。而在前引的 2014 年“胚胎继承案”中，江苏省无锡市中级人民法院也在判决中指出：“胚胎是介于人与物之间的过渡存在，具有孕育成生命的潜质，比非生命体具有更高的道德地位，应受到特殊尊重与

① J. Neethling, J. M. Potgieter & P. J. Visser, *Law of Personality*, Butterworth Publishers, 2005, p. 24.

② 在该案中，张先生与王女士于 2010 年登记结婚。2014 年年底，夫妻二人在美国某州立医院做了试管婴儿手术。医院从王女士身上提取了 13 个卵子，经人工授精存活了 6 个胚胎，王女士移植了一枚胚胎，后因体质等方面的原因流产。至于余下 5 个胚胎，双方委托该医院储存保管。2015 年 2 月，王女士回国工作，与张先生处于分居状态，关系也出现了裂痕。2016 年 7 月，张先生起诉要求离婚，但是法院没有准许双方离婚。与此同时，存放在美国某州立医院的 5 个胚胎，因为张先生拒绝续费，半年后被院方销毁。后张先生再次起诉要求离婚，此时，王女士才得知张先生一年前没有经过她的同意便废弃了胚胎。因为不能接受胚胎被废弃，王女士要求张先生支付抚慰金 5 万元。法院认为，由于男女生理上的差异，相较于取精，取卵过程伴有风险和痛苦，对身体有负面影响和损害：采取人工辅助生殖的方式，要求女方接受促排卵治疗。这种做法对其身体有损害，女方可能会出现更年期提前、早衰等生理机能的损害。法院还考虑到女方当时已经 36 岁，做母亲的愿望比较强烈；而男方的行为使其愿望落空。因此，法院认为，男方的行为侵害了女方的身体权、健康权、生育知情权。在判决中法官认为，男方侵害了女方的身体权确实有道理，但是，认为侵害了女方的健康权则值得商榷，因为进行促排卵治疗是征得女方同意的，男方后来单方面毁弃已经脱离女方身体而独立存在的冷冻胚胎，很难说是对女方健康的损害。参见《男方废弃冷冻胚胎 离婚时被判赔》，见法制网，http://www.legaldaily.com.cn/index/content/2018-02/28/content_7483294.htm，2018-03-12。

保护。”强调胚胎并非物权法上的普通物，无疑是正确的，因为胚胎在未来可能重新回到母体内继续发育为胎儿，成长为一个独立的个体。所以在比较法上胚胎一般享有特殊的法律地位，不能被视为简单的物，而是具有成长为人的潜能（potential）的特殊存在。①

在名誉权部分应增设回应权（right to reply）。回应权（droit de réponse）最早源自法国，由法国 1881 年 7 月 29 日的法律所规定，它一开始就被认为是一项人格权，甚至有法国学者认为这是最为典型的人格权。②《瑞士民法典》在 1983 年修订后，以第 28g～28l 条规定了“回应权”。回应权是指定期出版发行的媒体（包括报刊、电台、电视台等）如有涉及他人人格之报道，则被报道者有权做出回应。如果所报道的事实系公权力机构所组织的公共活动，则被报道者无回应权。回应必须简明扼要，直接针对系争报道所涉事实；若回应的事实显然不正确或违背公序良俗，则媒体有权拒绝刊发。回应须在知晓系争报道后 20 天之内做出，最迟应在该报道刊发后 3 个月之内做出。媒体收到回应后，应及时将刊发回应的日期或者拒绝刊发的理由告知被报道人。③

应增设对于特定敏感信息（sensitive data）收集的限制性规则，禁止一般机构（尤其是企业）对敏感信息的收集。敏感信息通常包括个人的种族、生物信息、健康状况、政治或宗教信仰、性取向、性生活等敏感领域的信息。欧盟 2016 年 4 月通过、2018 年 5 月生效的《一般数据保护条例》（General Data Protection Regulation）在其序言的第 51 段指出：由于敏感信息与主体的基本权利和自由的关系密切，对敏感信息的收集与处理有可能给人权保障带来特别的风险。敏感信息的收集和处理应由获得法定授权的机构来实施，基于公共利益（例如为履行法律设定的职责）并遵循法定程序；敏感信息的收集和处理应获得信息主体的明确同意。④

建议在人格侵权领域规定惩罚性赔偿。如同比较法学者所指出的，一

---

① Bernard Baertschi, “The Question of the Embryo's Moral Status”, 1 (2) *Bioethica Forum* 76 (2008).

② Jean-Christophe Saint-Pau (dir.), *Droits de la personnalité*, pp. 1001 - 1002.

③ Pierre Tercier, *Le nouveau droit de la personnalité*, Zurich: Schulthess, 1984, pp. 14 - 15.

④ Jean-Christophe Saint-Pau (dir.), *Droits de la personnalité*, pp. 587 - 589.

方面，在现代法治社会中，人们普遍认为民事侵权诉讼的主要目的在于对受害人所遭受的实际损害进行补偿，对不法行为的惩罚和阻吓主要由刑法承担。但是，另一方面，对于具有故意或者严重过失的人格侵害行为，惩罚性赔偿可以作为一个阻吓因素，增强侵权法的预防功能。就此而言，在欧洲司法实践中确实存在一种趋势，对于严重侵害人格权的行为在民法上恢复适用惩罚性措施。在如下案件的判决中，这一点尤其明显：报纸通过侵害他人人格权的丑闻性的报道来获取利润的，在评估损害赔偿数额的时候，不法获利显然应该被法院考虑。例如，在荷兰法上，故意侵害人格、故意侵害身体或者某些情况下对死者进行诋毁，都可能被判处惩罚性赔偿。① 在美国某些州法院对侵害人格权的某些情形有权判处惩罚性赔偿，但这些州也设定有某些控制机制②，例如，设定惩罚性赔偿的最高限额（欧洲通常在 5 万美元至 35 万美元之间，而个别州最高可达 500 万美元）③；设定惩罚性赔偿的最高比例（例如最高为损失的 5 倍）；将惩罚性赔偿支付给某些公益性机构（例如慈善机构、受害人救助基金会、医疗基金会、大学基金会、特殊教育学校等）。这些规则都值得参考和借鉴，笔者建议在侵权人故意和有明显牟利意图的情况下，允许受害人主张惩罚性赔偿。

（四）结语：民法典体系的新发展

从立法技术的角度来看，人格权编立法的关键要素是概念的清晰性（conceptual clarity）、教义学和实践中的可操作性（dogmatical and practical manageability）以及法律的确定性（legal certainty）。④ 总体来说，全国人大常委会法工委民法室草拟的《人格权编草案》较好地满足了这三个方面的要求，该草案的出台本身也证实了人格权独立成编在立法技术上的可行性。

---

① Johann Neethling, "Personality Rights: A Comparative Overview", 38 (2) *The Comparative and International Law Journal of Southern Africa* 244 (2005), p. 221.

② See the Opinion of Justice Ruth Bader Ginsburg, in US Supreme Court, BMW of North America, Inc. v. Gore, 517 U. S. 559 (1996).

③ 在德国，侵害隐私权最高可以被判处赔偿 40 万欧元。但这也被批评为可能损害侵权损害赔偿制度的一致性，因为在德国，对严重侵害身体权的行为（性侵害、致人瘫痪等），赔偿额一般为 2 万～5 万欧元。

④ Johann Neethling, "Personality Rights: A Comparative Overview", 38 (2) *The Comparative and International Law Journal of Southern Africa* 244 (2005), p. 234.

设立独立的人格权编无疑是对民法典体系的重大创新和发展。确实，这样的创新堪称“史无前例”[①]，以至于有学者质疑我国这一创新的合理性。其实，早在2004年，就有论者深刻地指出：“至于人格权独立成编是否有先例可循，笔者认为，无先例不应该成为一个反对理由。在笔者正在组织的意大利学者关于中国民法典的笔谈中，就已经收到的回答而言，均认为关于人格权的规定应该独立出来，没有必要放在主体制度中。有学者甚至认为，如果中国采取了这样的立法模式，在将来会成为欧洲国家仿效的对象。”[②] 在强调制度自信和文化自信的今天，笔者坚信：基于中国的国情所做的务实创新，一定会具有长久的生命力。

此外，人格权独立成编不会破坏民法典的体系性，恰恰相反，它是对民法典体系的完善。因为民法典分则是全部民事权利的逻辑展开，人格权在民法典分则中独立成编，恰恰弥补了分则只有财产权而没有人身权的重大缺漏，打破了民法典分则的“唯财产主义”。这无疑有重大意义。从立法技术的层面来看，如果我们承认《人格权编草案》所确立的诸多规则是有价值的——特别是对于审判实践的法律适用，那么，关于人格权是否独立成编的争议，在很大程度上其实可归结为这些规则到底是被纳入民法典还是留给法院去总结和发展。从中国的实际状况来看，很显然，与其将这些规则留给未来的司法解释或者指导性案例，还不如纳入民法典：显而易见，司法解释或指导性案例由于其零散性和碎片化，难以形成完整的体系，给相关主体的找法、用法造成很大的困难；不同时间、不同部门起草的司法解释之间甚至可能出现矛盾与抵触；较之于立法程序而言，司法解释的制定过程较为随意和不透明，事前就其草案往往也不公开征求意见。

---

① 乌克兰民法典已有人格权独立成编的先例。不过，由于笔者对此未有研究，不便妄加评判，更无法判定其人格权独立成编的社会效果如何，因为对一项法律制度的社会效果的评判，需要对该制度的有关司法判决、社会公众评价、国内外法学家的学理分析等多项因素进行深入的分析研究。我国曾有学者由乌克兰的政局动荡断言其民法典中人格权独立成编模式已经失败。这显然是一种典型的简约主义，并非基于严谨科学的分析和论证，因而欠缺说服力，因为造成乌克兰今天的政治局势的原因十分复杂，包括地缘政治、历史传统、民族、语言、文化、宗教等在内的诸多复杂因素。

② 薛军：《人格权的两种基本理论模式与中国的人格权立法》，载《法商研究》，2004(4)，74页。

另外，司法解释一直存在“合法性不足”的问题。[①] 法典化在立法技术层面的最大效果，就是实现法律渊源的理性化，方便相关主体找法。从这个意义上说，将有价值的规则纳入法典，比留给司法机关自身去总结和创造，显然是更优的选择！

包含独立的人格权编的中国民法典，在未来到底会是世界法律史中的中国贡献和创造，还是“另类奇葩”或丢人现眼的“败笔”？现在断言当然还太早，历史终会告诉我们答案。不过，历史被公认为是一部伟大的教科书，因为类似现象在历史上不胜枚举。1889年，为纪念法国大革命一百周年，法国决定举办世界博览会。政府经过公开招标，最终采纳了工程师古斯塔夫·埃菲尔所设计的、告别了传统的“土”和“木”的铁塔方案，这一方案一经公布立即遭到了很多人的激烈反对。批评者认为，铁塔是一个巨大和丑陋不堪的钢铁怪物，与塞纳河及周边的历史建筑完全不协调，将彻底摧毁巴黎的古典之美。在批评者中就包括左拉、莫泊桑等著名作家；而莫泊桑更是扬言：如果巴黎建成铁塔，他就永远离开这个城市和国家（有趣的是，在铁塔建成后他成为铁塔一层餐厅最经常光顾的客人之一，而他对此的解释是：“这里是巴黎唯一看不见铁塔的地方”）。类似的故事在近百年后再次上演：1981年，华裔建筑大师贝聿铭为卢浮宫设计的玻璃金字塔入口落成时，由于其紧邻杜伊勒里花园、拿破仑庭和塞纳河等充满历史美感的著名景点，源自埃及文化的法老金字塔造型设计引起了很多人的极大反感、抵制甚至诅咒，一些人抨击玻璃金字塔为令人窒息的“死人的宫殿”，为拿破仑18世纪末远征埃及的军国主义招魂。然而，历史的发展很快就超越了保守主义者们的偏见，如今，埃菲尔铁搭、卢浮宫的玻璃金字塔入口都深受法国和全世界民众的喜爱，它们已毫无争议地成为巴黎乃至法国的地标性建筑，而当年那些尖酸刻薄的讥讽和嘲笑已经沦为历史的笑谈。因此，如果我们具备足够的历史敏感性，懂得从历史经验中汲取智慧，就会摒弃一些不必要的误解或偏见，而代之以一种更为理性、成熟、开放和包容的心态去看待人格权的独立成编。

---

① 参见石佳友：《民法典的法律渊源体系——以〈民法总则〉第10条为例》，载《中国人民大学学报》，2017（4），17-18页。

第八章 社会转型与民法渊源的多元化

法律渊源问题是法律科学领域中“形而上学”层次的基本性问题，它揭示了法律规范的基础，使我们可以在众多的社会规范中识别出具有法律效力的规范。[①] 从语义角度来说，法律渊源一词并不容易定义，因为它常常在不同的语境下具有不同的含义。从法学方法论的角度看，它具有狭义和广义两重含义。狭义的法律渊源是指法律的效力形式，它所解决的问题是法律从哪里来，法律规范的存在形式、表现形式。它也被称为法学意义上的法源。狭义的法律渊源通常包含成文法、习惯等。而广义上的法律渊源是指外部对法律进行认识和识别的渊源，它所要解决的问题是法律如何表现。这被称为社会学意义上的法源。由此，社会学意义上的法律渊源不仅包括成文法和习惯，还包括司法判决、法律著述、民众的法意识等内容。它探讨的是在实践中的法律、法律在现实中如何实现，而并不限于法律的应然状态。在德国法学上它也被称为“法律认识意义上的法源”[②]。在法学论述中，法律渊源一般是在第一种意义上使用，本书亦是在这个意义上，以 2017 年《民法总则》的规定为例，探讨未来我国民法典的法律渊源体系。

---

① Pascal Deumier，“Sources du droit”，in Denis Alland & Stéphane Rials (dir.)，*Dictionnaire de la culture juridique*，Paris：PUF，2003，p. 1430.

② Karl Larenz，*Methodenlehre der Rechtswissenschaft*，Berlin：Springer-Verlag，1991，p. 430.

一、法典化与法律渊源体系

法律渊源与法典化之间存在着密切的内在关联，法律渊源的危机是推动法典化的直接动因。按照韦伯的法律社会学理论，法典化的本质是法律渊源的理性化（rationalization）。[①] 而引发这种理性化的根源，是法律渊源的“危机”。“一切法典化，究其根源而言，都是对法律安全需要的技术性回应；这种需要导源于法律渊源的危机，而法律危机产生的原因是法律渊源形式的混乱无序、民众了解法律规则的困难、立法的过度膨胀。”[②] 在实证主义者所描绘的范式中，国家所制定的成文法是法律唯一的渊源，立法权力为国家所垄断，立法进程也是一个被高度理性化的过程；国家与法律相互从对方那里找到合法性基础与权威的来源；法律与国家建立起本体论意义上的必然关联。然而，单一立法者和高度理性化的立法进程的这一图景在当代已不复存在，当代法律渊源体系最为突出的特点就是其多元主义。这一多元主义表现为产生法律规范的中心的多元化，除了立法机构之外，行政机构、司法机构、社会和法律职业共同体都可能以某种方式产生出具有不同表现形式的法律规范。出于对不同的特定群体利益诉求的回应，这些机构都在不停地产生规范，这种“规范产生的主要机构的危机”所导致的“立法膨胀”[③]，正是当代法律危机的主要表征。而这种法律危机也向法典化赋予了使命：法律渊源的理性化，其具体的目标是实现法律体系的内在一致性、清晰性、可预见性、简洁易懂。

法典化在立法技术层面所希冀实现的这些目标，其实同样具有宪法意义。根据法国宪法委员会的判决，法典化“符合法律应当容易被获取和被理解的宪法目标。如果公民对适用于他们的法律规范缺乏有效的理解，《人权宣言》第 6 条所规定的法律面前人人平等以及第 16 条所要求的保障公民权利等原则将无法实现。公民对法律的有效理解，对于《人权宣言》

---

① Max Weber, *Sociologie du droit*, traduit par Grosclaude, Paris: PUF, 2007, p. 225.

② Rémy Cabrillac, *Les codifications*, Paris: PUF, 2002, p. 68.

③ ［法］让-保罗·让、让-皮埃尔·鲁瓦耶：《民法典：从政治意志到社会需要——两个世纪以来的评估》，载《法学家》，2004（2），15 页。

第 4 条和第 5 条所规定的权利和自由的行使，也是必需的”①。

显而易见，法律渊源是民法典所要解决的核心问题之一。最为典型者，是 1907 年《瑞士民法典》开篇对法律渊源所做出的全面规定。该法典著名的第 1 条第 2 款即开宗明义地规定：“法律未规定者，法院得依习惯法；如无习惯法时，得依其作为立法者所提出的规则，为裁判。”第 3 款进一步规定：“在前款情形下，法院应遵从公认的学理和判例”。

受此影响，1911 年由日本法学家松冈义正所主持起草的《大清民律草案》第 1 条曾规定：“民事本律所未规定者依习惯法，无习惯法者依条理”。与之一脉相承的是，1930 年《中华民国民法典》第 1 条的规定：“民事，法律所未规定者，依习惯；无习惯者，依法理”。这一规定在我国台湾地区沿用至今。当然，《中华民国民法典》与《瑞士民法典》在各自的表述上仍略有差异，由此导致二者的法源体系也略有不同：《中华民国民法典》承认法律、习惯与法理皆为直接法源，学说判例为间接法源；而根据《瑞士民法典》的规定，学理和判例是作为法官在第 2 款规定情形下裁判的参考，二者均类似于间接法源。②《瑞士民法典》第 1 条对中国的影响，在中华人民共和国成立后持续存在，我国当代的各民法典草案学者建议稿中均有类似的内容，且在其立法理由中均明确指出以《瑞士民法典》为参照。③

当代一些最新的民法典也对法律渊源问题做出了规定。譬如，2011 年生效的《罗马尼亚民法典》第 1 条即为“民法的渊源”，该条规定：(1) 法律、习惯以及法律一般原则是民法的渊源。(2) 对于法律所没有规定的情况，可适用习惯；如无习惯，可适用类似情形的法律规则；如无此类规则，则应适用一般法律原则。(3) 对于法律所调整的事项，仅在法律有明确规定的情况下，方可适用习惯。(4) 仅符合公共秩序和善良风俗的

---

① Conseil constitutionnel, *Décision n°99 - 421 portant sur la Loi portant habilitation du Gouvernement à procéder, par ordonnances, à l'adoption de la partie législative de certains codes*, le 16 décembre 1999.

② 参见陈自强：《整合中之契约法》，197 页，北京，北京大学出版社，2012。

③ 参见李敏：《〈瑞士民法典〉“著名的”第一条——基于法思想、方法论和司法实务的研究》，载《比较法研究》，2015 (4)，26 页。

习惯方可被承认为法律渊源。(5) 当事人应证明习惯的存在及内容；某些领域获得授权的机构或实体所编纂的习惯汇编中所载明的习惯推定为存在，除非有相反证据。(6) 本法典中的习惯是指惯例和行业习俗。①

这些都充分说明，法律渊源问题是民法典应首先解决的最为基本的问题之一，因为它直接涉及民事司法中确定民事权利义务和实体裁判结果的依据。正因为如此，2017 年《民法总则》第 10 条规定："处理民事纠纷，应当依照法律；法律没有规定的，可以适用习惯，但是不得违背公序良俗。"该条首次以基本法的形式规定了习惯作为正式的法律渊源，认可在没有法律规定的情况下依据习惯来确认双方的民事权利和义务。这是我国民事立法的重大进步。

二、《民法总则》中的形式性渊源

根据《民法总则》前引第 10 条，对于民事法律关系而言，首要的法律渊源是法律，其次是习惯。

(一) 法律

此处的"法律"，首先当然是指立法机构通过的各类法律。除了《民法总则》之外，其他涉及民事权利义务关系的特别法、单行法，均在其范围之中。正因为如此，《民法总则》第 11 条规定："其他法律对民事关系有特别规定的，依照其规定。"一方面，这承认了其他法律对民事关系的调整效力。另一方面，"依照其规定"的措辞还强调了其他法律的优先适用地位。显然，这是"特别法优于普通法"的适用规则。

在《民法总则》之外的"其他法律"中，最为重要的当属 1986 年《民法通则》。立法机构有关负责人在《关于〈中华人民共和国民法总则(草案)〉的说明》中，特别指出："民法总则草案通过后暂不废止民法通则。民法总则与民法通则的规定不一致的，根据新法优于旧法的原则，适用民法总则的规定。"这意味着，其一，《民法总则》于 2017 年 10 月 1 日生效后，《民法通则》将继续有效，未来将出现"双法并行"的局面；其

---

① Daniela Borcan & Manuela Ciuruc, *Nouveau Code civil roumain*, traduction commentée, Paris: Dalloz, 2013, p. 37.

二，二者之间出现“规定不一致”时，根据新法优于旧法的原则，适用《民法总则》的规定。问题在于，何谓“规定不一致”。如果对于有的内容《民法通则》做出了规定而《民法总则》没有做出规定，是否属于“规定不一致”？从目的解释的角度来看，似乎这种情况不宜认定为“规定不一致”，而应认定为特别法有规定而普通法未规定，根据“特别法优于普通法”的规则应适用作为特别法的《民法通则》。然而，这样一概而论又有问题。譬如，《民法通则》第136条所规定的身体受到伤害要求赔偿的一年短期诉讼时效，《民法总则》并没有保留。如何看待这些规定？如何协调“新法优于旧法”与“特别法优于普通法”这两项解决不同法律效力冲突的原则？这是未来亟待立法机构和司法机构厘清的重大问题。无论如何，“在新法生效后，旧法如果仍然继续适用于相同的法律情势，会引发难以厘清的混乱状态”①。

另外，此处的“法律”应为广义，不仅包括由立法机构制定的法律，也应包括国务院所制定的行政法规。譬如，《民法总则》生效后，《物业管理条例》《国有土地上房屋征收与补偿条例》《医疗事故处理条例》等行政法规可能将继续生效。此外，还需要特别强调的是：从统一法律适用的角度出发，法规应该仅指国务院所颁布的行政法规，并不包括省、自治区、直辖市所制定的地方性法规，以避免民事主体的民事权利、义务由地方性法规确认而造成统一市场的分割和不必要的地区法律差异。正是基于这样的考虑，1999年最高人民法院《关于适用〈中华人民共和国合同法〉若干问题的解释（一）》第4条规定，人民法院确认合同无效，应当以法律和行政法规为依据，不得以地方性法规、行政规章为依据。

（二）习惯

法律渊源的多元主义和多中心主义主要表现为：法律规范与国家主权之间的对应关系逐渐被消解，一些非国家的法律渊源被承认具有法律效力。在非国家的法律渊源之中，习惯就是极为重要的渊源。习惯具有两个要素：客观要素和主观要素。其中，前者是指某一行为在一定时期内被不断重复。法谚有云：“一次不能算作习惯”。后者是指心理上的确信，即行

---

① Rémy Cabrillac，*Introduction générale au droit*，Paris：Dalloz，2011，p. 131.

为主体都确信其行为具有法律上的约束力。某种行为规则的不断重复，仅仅表明其属于某种社会规范，并不能说明此种社会规范必然产生法律上的约束力，比如礼仪方面的规范。

较之于具有强行法特点的公法而言，习惯在民法中显然具有更大的适用余地和价值；习惯尤其适用于家庭法、物权法和合同法等领域。由此，不难理解的是，习惯历来就是民法典极为重要的法律渊源，法国民法典和德国民法典就是极好的例证。波塔利斯承认法国民法典是“成文法和习惯法的折中”，习惯法几乎占据法国民法典的半壁江山。而在德国民法典起草的过程中，习惯同样深受起草者的重视。①

通说认为，习惯分为三种类型②：其一，法内（*secundum legem*）习惯。此类习惯由法律所援引（通常以明示方式），被赋予法律渊源地位，此类习惯系由法律本身所规定，主要发挥解释成文法本身的作用，因为立法者在法律中有意留下一些不确定的概念、范畴（“留白”），对这些概念的解释往往需要借助于习惯。

其二，法外（*praeter legem*）习惯。对于此类习惯，法律并没有做出明确的援引。此类习惯是在法律缺乏相关规定的情况下而加以适用的。这就是说，这些法律漏洞并非立法者故意遗留的。大量的商事习惯均属于此类，它旨在填补这些法律漏洞，故又被称为补充性习惯。法内习惯是根据法律的规定而加以援引，法外习惯则是在法律存在漏洞的情况下而被适用。

其三，反法（*contra legem*）习惯。此类习惯往往与成文法的规定相悖，因为成文法往往已经过时，或者明显不合理。此类习惯，或者是背离了法律的行文，或者是背离了其精神。因为严格适用法律的结果往往有失公正，因而，此类习惯的功用在于修正或者替代相关的成文法。

我国此前的民事立法对习惯的法律地位并没有给予应有的重视。1986年《民法通则》通篇未对习惯做出规定。这一局面直到1999年《合同法》

---

① 参见石佳友：《法典化的智慧——波塔利斯、法哲学与中国民法法典化》，载《中国人民大学学报》，2015（8），96页。

② Daniel Mainguy，*Introduction générale au droit*，6e édition，Paris：LexisNexis，2013，p. 222.

出台才有所改观：《合同法》中数个条款规定了“交易习惯”。2007年《物权法》延续了对习惯的边缘化立场。本来，在物权法领域，习惯应有广泛的适用余地，特别是对于动产的设立与交付、不动产的变动以及担保物权的权能等诸多内容，可以援引习惯来确定相应的规则。然而，《物权法》仅在相邻关系的处理（第85条）和法定孳息的取得（第116条第2款）两个条文中提到了习惯。

立法者对习惯采谨慎态度的原因，不外乎以下几点：其一，习惯是不成文的法源，所以，其内容有时候难以准确地确定。而且，习惯具有演进性，可能随着时间的推移而发生变化，因此，在诉讼中就某项特定的习惯是否存在以及其内容为何，在当事人之间容易引发争议。其二，习惯具有地域性，而立法的目的在于统一法律适用，因此习惯就其本身而言与成文法的目标之间存在张力，譬如物权法定原则的目的就在于允许法律创设物权，而禁止具有地域性特征的地方习惯创设物权。其三，习惯是在长期的历史发展中形成的，往往年代久远，不排除某些习惯是“陈年陋习”，而立法是最新的规则，从社会进化的角度来说，立法要确立新的法律秩序，甚至要彻底改造旧社会，实现“移风易俗”，因此，应尽量排斥习惯的适用。

立法者的上述担忧当然不无道理。但是，在法律渊源多元化的今天，成文法本身确实难以垄断全部的法律渊源，因为立法者的预见能力永远是有限的。所以，波塔利斯说：“要特别警惕规定一切和预见一切的危险企图”；法典“留下的空白由经验去相继填补，人民的法典随着时代的发展而逐渐成形，严格说来，它们并不是被制定出来的”①。要使法典能够随着时代的发展而不至于出现僵化和脱节，就需要借助其他的法律渊源，其中，习惯无疑占据极其重要的地位。习惯的优势在于：一方面，习惯诞生于长时间的反复实践，源于主体的自发性创造，属于所谓的“自发性秩序”，因此，对于所涉及的具体问题而言，习惯所代表的法律秩序可能更具有针对性，故习惯可以直接适用；另一方面，习惯具有长期性和自发性，较之于成文法制定的即时性、人为性和自上而下的强制推行等特性来

① Portalis, “Discours préliminaire sur le projet de Code civil”, p. 79.

说，习惯对所涉及的特定群体而言，可能具有更大的合法性，更易于为该群体所接受。恰如有学者所指出的："只有从习惯中汲取营养，以习惯作为法律渊源，民法典才能深深植根于社会生活之中，保持其旺盛的生命力和开放性。"①

正因为如此，《民法总则》前引第 10 条规定："处理民事纠纷，应当依照法律；法律没有规定的，可以适用习惯，但是不得违背公序良俗。"该条文明确规定了习惯作为民法的正式法源之一。由此，习惯适用的前提是：其一，法律没有规定。这就是说，法律仍然是占据主导地位的法律渊源，习惯只能是辅助性的法律渊源。其二，习惯不得违背公序良俗。这意味着习惯的内容不得与公共秩序和善良风俗相冲突。

三、民法的其他法律渊源

《民法总则》仅规定了法律和习惯这两类形式渊源，它们作为民法的正式渊源的地位得以确立，法官可以依据法律规定直接适用这些正式的法律渊源。在这些正式的形式性渊源之外，一些实质性的法源是否可以成为民事法官裁判案件、确定当事人权利或义务的依据？

（一）宪法

如前所说，《民法总则》前引第 10 条强调"法律"是第一位的法源。值得讨论的问题是，此处的"法律"是否包括宪法，或者说，宪法是否是民法的正式法律渊源。宪法是根本大法，是其他法律的基础，其他法律其实都是在不同程度上落实宪法所设定的要求，所以，宪法显然不同于一般法律。在通常语境下，"法律"一词并不包括宪法，故此经常有"宪法法律"的提法，将二者并列。

这就是说，宪法不构成民法的形式渊源。那么，它能否成为民法的实质性渊源？近年来，这一问题引发了宪法学界和民法学界的极大关注与热烈讨论。《民法总则》第 1 条明确规定"根据宪法，制定本法"。毫无疑问

---

① 王利明：《论习惯作为民法渊源》，载《法学杂志》，2016（11），12 页。

的是，“根据”一词表明，宪法是《民法总则》的制定根据，是其合法性来源。[①] 而更为重要的是，民法典确实具有宪法功能，这是民法典在当代社会重要的“溢出效应”。法国20世纪最伟大的民法学家、法国民法典在战后修订的主要承担者卡尔波尼埃教授在20世纪80年代曾提出一个广为引用的权威论断：民法典是“法国真正的宪法”，因为法国民法典“汇聚了法国社会所赖以立足的主要理念，这些理念经由大革命所形成，时至今日法国社会仍然在不断对其进行丰富和发展，但却从来没有否认过它们”。由此，民法典与凡尔赛宫、马赛曲一样，成为法兰西民族集体的“记忆之所”[②]。我国亦有民法学者主张民法典应当充分发挥限权和护权功能，起到“半部宪法”的功用，具体说来，“结合宪法文本和宪法解释，通过权利规范发挥民法典的宪法功能，不仅可以使宪法规范获得生命力，也可以使民法典的功能最大化”[③]。这样的主张显然是有道理的，特别是结合宪法“尊重和保障人权”的规定，民事立法规定大量的民事权利是对宪法基本权利的实施和具体化，是国家履行保护义务的具体表现。因此，民事法官对基本权利（人格尊严、生命权、所有权等）的解释与适用，应以宪法基本权利规范作为参照。这也是宪法基本权利在民事关系中的所谓“横向效力”（或称水平效力）的必然要求。

就此而言，尤其值得注意的是，2016年6月最高人民法院《关于印发〈人民法院民事裁判文书制作规范〉〈民事诉讼文书样式〉的通知》（法〔2016〕221号）。在“（七）裁判依据”部分强调：“裁判文书不得引用宪法和各级人民法院关于审判工作的指导性文件、会议纪要、各审判业务庭的答复意见以及人民法院与有关部门联合下发的文件作为裁判依据，但其体现的原则和精神可以在说理部分予以阐述。”这就是说，民事裁判文书中，不得引用宪法，但是，可以将宪法规范作为民事裁判说理的理由。从

---

① 参见叶海波：《“根据宪法，制定本法”的规范内涵》，载《法学家》，2013（5），32-33页。

② Jean Carbonnier，“Le code civil”，in Pierre Nora（dir.），*Les lieux de mémoires*，tome 2，*La Nation*，Paris：Gallimard，1986，p. 307.

③ 谢鸿飞：《中国民法典的宪法功能——超越宪法施行法与民法帝国主义》，载《国家检察官学院学报》，2014（6），45页。

这样的理解来看，中国的最高司法机关似乎默许了“合宪性解释”的方法。由此，宪法基本权利规范作为民事权利的解释和适用的实质性渊源的地位和功用不应受到质疑。

(二) 国家政策

1986 年《民法通则》第 6 条规定：“民事活动必须遵守法律，法律没有规定的，应当遵守国家政策。”由此，国家政策被正式视为民法的一项渊源。不过，虽然前引《民法通则》第 6 条规定了政策的法源地位，但是在实践中法官也不会仅依据政策来判决案件，因为 1986 年最高人民法院《关于人民法院制作法律文书如何引用法律规范性文件的批复》中所列举的法院可以援引的法律渊源形式中，并没有国家政策。所以，国家政策其实一直是作为实质性渊源而存在。

尽管如此，将国家政策列入民法的正式渊源中，此一做法仍然颇受学者诟病。批评者的主要理由有：其一，政策具备内生的缺陷，包括民事政策的稳定性欠缺、民事政策的公示性欠缺、民事政策的规范性欠缺等。[①] 其二，法律适用方面的困难。国家政策的内容难以准确地查明，法官进行裁判说理时面临依据混乱和说理困难的问题，导致出现“同案不同判”的状况。[②] 其三，违反法治的要求。将政策列为民法法源，缺乏形式正当性与实质正当性。政策的制定过程并不透明，而且往往并不公开。因而以政策作为规范民众权利、义务的依据，违反法治的要求。[③] 正是基于这样的考虑，2017 年《民法总则》将“国家政策”从民法渊源中予以删除，国家政策自此在形式上不能再成为民法的正式渊源。那么，政策能否成为民事法律关系的实质性渊源？

可以预见的是，在未来，国家政策仍然会影响民法的诸多领域。譬如，在物权法领域，在征收征用问题上，判断是否基于“公共利益”，必然要参照特定的政策。就对农村土地承包经营权、宅基地使用权、“小产权房”、物业管理等纠纷的审判而言，也都无一例外地要参考具体的政策。

---

① 参见齐恩平：《“民事政策”的困境与反思》，载《中国法学》，2009 (2)，76 页。

② 参见张红：《论国家政策作为民法法源》，载《中国社会科学》，2015 (2)，154 页。

③ 参见李敏：《民法上国家政策之反思——兼论〈民法通则〉第 6 条之存废》，载《法律科学》，2015 (3)，108 页。

在侵权法领域，对一些特殊领域的侵害行为，在确定行为人的义务违反或者过错时，需要参考这些领域的某些特定国家政策。而在婚姻、家庭、继承等领域，对于“军婚”、家庭价值观、子女生育、特殊财产利益的继承等问题，法院可能仍然需要参考这些领域里的特定政策。这就是说，尽管《民法总则》删除了“国家政策”作为民法的正式渊源，但是，“国家政策”并不会就此退出民法的舞台。

总之，对于国家政策能否作为民法的法律渊源的问题，我们需要持一种更为开放的态度。尽管《民法总则》将国家政策从正式渊源中删除，但在未来，政策仍然会继续作为民法的实质性渊源之一，对民事关系起到规范作用。应当承认，“将民事政策界定为民法非正式法源……能促进和规范民事审判中法官自由裁量权的适用，缩短民法由静态的法转变为‘活法’的历史进程”①。

（三）司法解释与指导性案例

长期以来，法典化所立足的前提之一是法典本身的完备性，法典以成文法的形式完备无遗地囊括了某一部门的所有法律渊源。然而在今天，大陆法系在法律渊源方面正日益远离这一图景。在法典和单行法之外出现了一个诞生于争端解决领域的司法性法律渊源。事实上，针对法律渊源的危机所能开出的“药方”，除了法典化之外，就是司法性渊源，“因为立法者通常满足于制定一般性的原则，而将实施的细节留给法官去处理”②。而司法性渊源还扮演“先行先试”的功用，一旦成熟即为以后的立法所吸收。所以，当代的法典化其实在很大程度上是司法性渊源的法典化。在中国，司法性渊源包括司法解释和指导性案例。

司法解释在中国的法律渊源体系中处于十分独特的地位。一方面，根据《立法法》第104条的规定，最高人民法院的司法解释属于“审判工作中具体应用法律的解释”，它“应当主要针对具体的法律条文，并符合立法的目的、原则和原意”。因此，司法解释是为了解决“审判工作中具体应用法律”的问题。既然司法解释仅仅是针对“审判工作中具体应用法律

---

① 齐恩平：《“民事政策”的困境与反思》，载《中国法学》，2009（2），75页。

② Rémy Cabrillac, *Introduction générale au droit*, Paris: Dalloz, 2011, p. 131.

的问题”，那么就无须在立法中对司法解释做出规定。这就是我国相关的程序法和实体法本身对司法解释的地位均未置一词的原因所在。

然而，另一方面的现实是：司法解释被明确列为法院判决可以直接援引的法律渊源，并在判决中得到非常广泛的引用。前引 1986 年最高人民法院《关于人民法院制作法律文书如何引用法律规范性文件的批复》是禁止援引司法性渊源的，因为该批复指出：“最高人民法院提出的贯彻执行各种法律的意见以及批复等，应当贯彻执行，但也不宜直接引用”。这一立场为 1997 年最高人民法院《关于司法解释工作的若干规定》（已失效）所改变，该规定第 14 条第 1 款明确指出，“司法解释与有关法律规定一并作为人民法院判决或者裁定的依据时，应当在司法文书中援引”。自此，司法解释经由自身的“授权”，堂而皇之地被列入判决所可以援引的正式渊源。2007 年最高人民法院《关于司法解释工作的规定》虽然废除了 1997 年的规定，却沿袭了上述条文。2009 年最高人民法院《关于裁判文书引用法律、法规等规范性法律文件的规定》、2016 年《人民法院民事裁判文书制作规范》等司法解释所列明的法院可以直接援引的法律渊源形式有：“法律及法律解释、行政法规、地方性法规、自治条例或者单行条例、司法解释”。因此，不管立法与学理上是否承认，尽管相关的实体法和程序法对司法解释未有任何规定，司法解释仍可以作为我国法院审理案件的裁判依据，而且可以由法官在判决中加以直接援引。由此，司法解释完全具备了正式的法律渊源的地位。毋庸置疑的是，司法解释的创制“从根本上讲是一种立法活动”①。

这种立法与实际情况的不同，至少折射出两个方面的问题：其一，司法解释自己赋予自己以正式法律渊源地位，显然存在着“合法性不足”的问题。毕竟，在我国，一项在判决中可以直接援引为裁判依据的形式性法律渊源的地位应由法律来规定，司法性渊源不宜创设自己为一项形式性的法源。其二，在法的解释方面，立法权与司法权的区分比较混乱。《立法法》前引第 104 条前半段规定，司法解释只应该针对“审判工作中具体应

① 李永升、张飞飞：《最高人民法院刑事司法解释法律渊源地位之证伪》，载《当代法学》，2013（4），35 页。

用法律的问题”。而该条的后半段又规定，如涉及该法第45条属于“法律解释”的事项，“应当向全国人民代表大会常务委员会提出法律解释的要求或者提出制定、修改有关法律的议案”，具体包括：(1)法律的规定需要进一步明确具体含义的；(2)法律制定后出现新的情况，需要明确适用法律依据的。二者之中，前者属于解释，后者实际上属于修改和制定新规则。然而，二者究竟如何与“审判工作中具体应用法律的问题”相区分？这本身恐怕就需要解释。

这种“词”与“物”之间的尴尬差异，当然有其深刻的现实根源。立法由于其严格的程序性和刚性，凝聚各方共识十分不易，而且往往耗时多年，故此，立法无法对于法律适用过程中的问题及时地做出回应。这一任务自然落到了司法机关的肩上，司法解释就是最为有效和最为直接的手段。较之于判例而言，司法解释更能起到统一司法适用效果的作用，实际上是一种“准法律”。从实践来看，司法解释确实起到了填补法律漏洞的功效，及时保护了当事人的合法权益。更为重要的是，司法解释还起到了立法试验的作用，司法解释所创设的许多制度，后来都为立法所吸收。在当代，法典化在相当程度上表现为司法性渊源的立法化进程。

然而，司法解释尽管具有诸多积极意义，但也具有一些严重的局限性：(1)十分零散、缺乏体系性。例如，《合同法》和《物权法》迄今为止都出台过多部司法解释，然而这些司法解释缺乏逻辑性和体系性，主要考虑实践需要、内容的成熟度等。(2)司法解释的制定程序缺乏透明度，很多具有政治敏感性的制度的司法解释，由于缺乏公开的讨论，其很多内容本身值得商榷，欠缺足够的科学性。而由司法解释涉及大量本属于法律解释的事项所引发的“合法性危机”，是其始终无法回避的“软肋”。(3)司法解释在制定程序上还存在着其他的瑕疵。例如，根据2007年最高人民法院《关于司法解释工作的规定》第25条第3款的规定，“司法解释自公告发布之日起施行”。由此，其发布与生效时间同步，一般不包含过渡期条款，没有给当事人留出必要的时间来调整其行为模式。而一项新的法律规则颁布时起生效，并不符合“保护合理期待”原则，不符合正当程序。这些都是司法解释在未来值得进一步改善的地方。

指导性案例是另一项重要的司法性渊源。如今在法国和德国都承认的是，司法判例具有某种形式的强制性约束力。在我国，最高人民法院于2010年发布了《关于案例指导工作的规定》，选取社会广泛关注、法律规定比较原则、具有典型性、疑难复杂或者新类型以及其他具有指导作用的案例。截至2017年3月，最高人民法院已经发布了16批共计87个指导性案例，其中约半数为民事案例。这些指导性案例，对于统一民事司法、防止司法裁判的任意性，无疑具有重要作用。根据某些学者的研究调查，“指导性案例是法官判案时的真正依据，法律条文反而是一种间接依据”①。

但是，与司法解释一样，指导性案例同样具有其内在的局限性。譬如，(1) 指导性案例难以形成体系，指导性案例的选取往往存在一定的随意性。(2) 指导性案例在论证过程方面通常比较简洁，难以充分展现其说理的逻辑，有时候欠缺足够的说服力。(3) 指导性案例的不稳定性是其最大的挑战，它可能随时出现调整，在某一个具体的司法判决中，可能突然出现对此前判决的调整和转向。然而，“一切的判例转向都相当于是适用了一项具有溯及力的法律”②，因为在当事人丝毫没有预见和准备的情况下，法官对他们过去所发生的事实适用了一项新的法律规则。从正当程序、基本人权的角度来看，这样的做法显然不无疑问。③

(四) 一般法律原则

一般法律原则是一个极其难以定义的范畴。通常来说，它并非由法律所规定，而是由法官在判例中去“发现”和提炼。法律原则的一般性使之区别于具体的法律规则：规则适用于其所针对的所有情形，原则有时候适用于一些千差万别的情形。譬如，诚实信用就是一项原则，而“对于动产，占有即推定所有”就是一项规则。④

一般法律原则在当代的民法典中被普遍采纳为一项法律渊源。譬如，

---

① 陆幸福：《最高人民法院指导性案例法律效力之证成》，载《法学》，2014 (9)，100页。

② H. Batiffol, “Les revirements de jurisprudence”, in *Archive de Philosphie du droit*, 1967 (12), p. 336.

③ Daniel Mainguy, *Introduction générale au droit*, p. 177.

④ J.-P. Gridel, “La Cour de cassaion française et les principes généraux du droit privé”, in *Recueil Dalloz*, n° 3, Chonique, 2002, p. 228.

1942年《意大利民法典》第12条规定了一般法律原则可以作为民法典的法律渊源而被加以适用。1994年《魁北克民法典》在其“序言”中即强调，魁北克民法典与魁北克人权宪章和一般法律原则保持和谐一致。2011年《罗马尼亚民法典》第1条也明确承认一般法律原则是民法典的法律渊源。

在国际法层面的法典化中，一般法律原则尤其被视为一项重要的法律渊源。1980年《联合国国际货物销售合同公约》第7条第2款规定：“凡本公约未明确解决的属于本公约范围的问题，应按照本公约所依据的一般原则来解决，在没有一般原则的情况下，则应按照国际私法规定适用的法律来解决”。国际统一私法协会（UNIDROIT）2010年《国际商事合同通则》第1.6条第2款也规定：“凡属于通则范围之内但通则又未做出明确规定的事项，应尽可能根据通则确定的一般原则来处理。”按照国际统一私法协会的解释，这里所说的“一般法律原则”，既包括通则本身所规定的部分基本原则，如合同自由、合同严守、合同的选择适用、诚实信用和公平原则、信赖保护等，也包括一些通则所未规定、需要根据具体情况进行提炼的一般原则。这种提炼往往通过对不同国家的法律进行比较和分析来完成。① 这些跨国性的一般法律原则奠定了“世界法”的法典化的主要轮廓，因此这些一般法律原则本身也可以被称为法典。不过，它们的权威明显不同于现代性语境中的国内法法典，它们更类似于中世纪的“共同法”(jus commune)，超越了国界，也无须主权者的肯认；它们成为某种“没有国家的法律”、某种依靠其权威性而非强制力得以存续的法律；它们能对各国的国内法产生主导性影响，并不是基于其等级——这一具有浓厚现代性的概念已为后现代所摒弃，而是基于其理性的权威。②

我国《民法总则》本身并未规定“一般法律原则”作为民法的形式渊源，但是，在其“基本规定”部分则以多个条文规定了民法的基本原则，包括：平等原则、自愿原则、公平原则、诚信原则、公序良俗原则、保护

---

① 参见张玉卿主编：《国际统一私法协会国际商事合同通则2010》，85页，北京，中国商务出版社，2012。

② Frédéric Zenati-Castaing，“L'avenir de la codification”，in Revue internationale de droit comparé，2011 (2)，p. 382.

环境原则等。这些原则，大多属于比较法上的一般法律原则。所不同的是，我国这些民法基本原则系由《民法总则》所直接规定，而非由法官经判例所“发现”，故它们属于成文法的内容。因此，这些基本原则可以直接为法官所援引，具有直接适用的效力。在缺乏法律具体规定和相应的习惯规则时，法官可以依据民法基本原则的精神来裁判案件。不过，也有相当一部分比较法上的一般法律原则，无法完全为我国《民法总则》中的基本原则所涵盖，譬如，共同的错误相当于法律、诈欺毁坏一切、任何人不得因主张其恶行而得利等。对于这些一般法律原则，应允许民事法官在没有其他法律渊源的情况下，将其作为权威法理或学说而加以引用。

法律渊源理论一直被视为法理学中最为核心和最为复杂的问题。其复杂性既缘于法律渊源的来源异常多样，也缘于其表征十分繁异。从法哲学上说，法律渊源问题在本质上是要确定那些能够产生法律规范的权力的来源；在古典主义模式下，产生法律规范的权力完全由国家垄断，制定法律规范的机构都由国家来予以确定。所以，在这个意义上说，法律渊源理论的核心在于研究如何控制规范的产生过程，这一理论在本质上是一种关于对法律进行控制的理论，一种关于政治权利如何控制那些影响社会成员的行为规范体系的产生进程的理论。①

在如今的“后现代”时代，治理模式的多层次、多中心、灵活性等特点，使法律渊源在其来源方面出现了多中心主义的特点，在其表现形式方面出现了多元主义趋势。国家对法律渊源的产生及形式进行垄断的局面已经难以为继。② 这正是法典化在当代最大的挑战！这使一些悲观主义者不禁哀叹：法典化似乎只有在威权主义模式下才有可能③，因为国家对法律渊源的专属性控制只有在古典式的威权主义模式下才有可能。而后现代模式则很难与古典主义法典化所要求的中央集权制精神相契合，后现代精神所注重的是多中心主义，而非一种单一集权式的立法中心主义，后现代治

① Christian Atias, *Philosophie du droit*, 3e édition, Paris: PUF, 2012, p. 197.

② 参见石佳友：《治理体系的完善与民法典的时代精神》，载《法学研究》，2016（1），12页。

③ Ulrich Spellenberg, “Les expériences allemandes du Code civil français”, in Bernard Saintourens (dir.), *Le Code civil: une leçon de légistique?*, Paris: Economica, 2006, p. 174.

理模式更青睐那些在事实上具有权威性的法源形式，而非某种威权式的法源。由此，在今天这个“由于外在于法学家们的政治、经济和社会变革节奏加快而变化越来越迅速”的后现代时代，法律渊源的多元主义与多中心主义使法律渊源体系异常复杂和混乱，从而使古典模式的法典化在今天几乎成为某种“不可能完成的使命”①。

由此，民法典的法律渊源体系必须保持开放性，对成文法之外的其他法律渊源保持开放；必须摒弃成文法（法典）中心主义，允许习惯、司法解释与指导性案例、一般法律原则等其他法律渊源进入民事关系的场域以发挥各自的功能。这样，在保证法的安定性价值的同时，保持法的演进性，使民法典真正成为与时俱进的“活法”。就此而言，2017年《民法总则》关于法律渊源的规定确实具有重大的进步意义，这突出表现为习惯从过去由《合同法》《物权法》等部门法中的零散规定，上升为总则中的一般性法律渊源。由此，习惯在民法中取得了正式的一般性渊源的地位。只要有必要，在法无规定和不违反公序良俗的情况下，法官就可以诉诸习惯来进行裁断，其适用范围自此不再限于物权和合同等具体领域。这是我国未来民法典的开放性的重要表现。不过，对于《民法总则》所未规定的法律渊源形式，包括国家政策、司法性渊源、一般法律原则等，不宜完全将其排斥在法律渊源体系之外，而应根据民事案件审判的具体需要，通过法律解释学的方法，将其作为实质性渊源加以参考，从而最终做出最适宜的判决结果。

---

① 石佳友：《民法法典化的方法论问题研究》，190页，北京，法律出版社，2006。

第九章　社会转型与民法典的回应机制：一般条款之变迁

法典是静态和凝滞的，而社会生活变动不居，人类种群生生不息地繁衍和发展。由此，法典的静态与社会变迁的动态之间，显然存在着张力。民法典如何使自己在颁布后能适应社会变迁，而不至于陷入僵化和过时？这是立法者所要解决的重要课题。

就此而言，有必要重温波塔利斯 1801 年在其著名的《关于民法典草案的说明》中富有哲理的告诫："社会的需要是如此的多变，人们之间的联系是如此的积极，他们的利益是如此的多样，他们的关系是如此的宽广，以至于立法者不可能预见一切……如何能够控制时间的流逝？如何能阻止事件的发展，或者风俗不知不觉的变迁？如何能够预先知晓和算计那些唯有经验可以告诉我们的东西？预见力的范围有可能扩展到思想所无法企及的地方吗？一部法典，无论看起来多么完备，自其制定完成伊始，无数未曾预料到的问题会出现在法官面前。因为，法律一经制定就不再变化。然而，人却一刻也不会停止活动，他们始终在行动，其行动始终不曾消停，随环境而变化，因此，时刻在产生新的情况、新的事实和新的结果。由此，大量的事务必然交由习俗、训练有素的专家们的研讨和法官的判断。"①

由此可见，法官对于延续法典的生命力而言扮演着极为重要的角色。

---

① Portalis, *Discours préliminaire du premier projet de Code civil*, p. 17.

“法官是法律的活的话语，是法律的臣仆”①，法官在整个法律体系中的重要职能远不止是适用法律。如果我们抛弃对法律的纯粹形式主义的狭义理解，毋庸置疑的是，法官对法律的创造是克服成文法内生性缺陷的最重要手段，而法官创造法律的活动显然以法官享有自由裁量权限为前提。在这个意义上，民法典如何看待法官的自由裁量权，对于民法典的前途具有重要影响。

一、民法典与一般条款

探讨民法典中法官的自由裁量权必然涉及民法典中的一般性条款。众所周知，民法典的许多条款都具有一般性和普遍性特点。这种“一般性”表现为表述上的抽象，省略掉具体化的细节性描述。所谓的一般条款（德文为 Generalklausel）是未规定具体的适用条件和固定的法律效果，而交由法官根据具体情势予以确定的规范。它通常显得“宽泛”、“抽象”和具有“一般性”，其开放性和延展性使法典可以适应社会生活的变化②；因而它是法典的开放性的重要保证。

大陆法系民法典中最有名的一般条款，当然应数法国民法典的第 1382 条（任何人因过错致人损害时应对他人负赔偿之责）和德国民法典的第 242 条（债务人有义务依照诚实信用并照顾交易习惯履行给付）。除此之外，法国和德国的两部民法典中还存在其他的一般条款，譬如，在法国民法典中，还有第 6 条（任何人均不得以特别约定违反有关公序良俗的法律）、第 1134 条（依法成立的契约在当事人之间有相当于法律的效力）、第 1135 条（契约，不仅对其中所表述的事项具有约束力，而且对公平原则、习惯以及法律依据债的性质而赋予的全部结果具有约束力）、第 1384 条第 1 款（任何人不仅因为自己的行为造成的损害而负赔偿之责，对于应由其负责的人的行为或者由其照管的物造成的损害，同样负赔偿责任），在德国民法典中，还有第 138 条（法律行为违背善良风俗无效）、第 812

---

① Pierre HÉBRAUD, “Le juge et la jurisprudence”, in *Mélanges Paul Couzinet*, Université des Sciences sociales de Toulouse, 1974, p. 333.

② Béatrice Jaluzot, *La bonne fois dans les contrats*, *Études comparatives de droit français*, *allemand et japonais*, Dalloz, Nouvelle bibliothèque de thèse, 2001, p. 75.

条（无法律原因，因他人给付或以其他方式由他人负担费用而获得利益的人，对他人负有返还义务）、第826条（以违反善良风俗的方式故意对他人造成损害者，应对他人负赔偿之责）等。这些一般性规范具有很大的灵活性，判例可以通过它们来实现对民法典的调适性解释，使之适应现实生活。譬如，从法国民法典第1384条出发，在19世纪末，法国最高法院发展出了“因物所生之责任”的一般性原则；在20世纪末，又从此发展出了“因他人行为所生之责任”的一般原则。① 同理，法国民法典第1134条第1款（将契约类比为当事人间生效的法律）从意思自治原则出发，强调合同的绝对性效力，因而在合同效力问题上坚持严格主义立场；其第3款要求在合同履行阶段秉持诚信原则，这一条款后来成为一系列判例革新的“温床”，尤其是诚信义务被法院扩展至合同的全部阶段，由此实现了合同关系的人性化。至于长期为人们所忽视的第1135条，后来被用来补充合同的内容，尤其是为合同增加那些由公平原则和合同惯例所衍生出的义务。

除了上述传统式一般条款之外，还存在着大量的“现代型”一般条款，这主要表现为大量使用一些内容不确定、富有延展性的术语，诸如“合理”“谨慎”“严重性”“（未成年）子女的利益”等。② 法律措辞的有意不确定反映出现代法的“模糊性”，这是“理解法律体系日益增长的复杂性的第一个阶段”，是保护社会的复杂性不至于被简约和保障法律生命力的“防护栏”（garde-fou）③。需要指出的是，“这并不是法律文本的漏洞或者缺陷。简单地说，以一般性和非个别性术语方式表述的法律、规范，通过其不确定性，使其在毫无任意性的前提下可以适用于无限多的个案。这里，法律的模糊出现的时候，并不是法律去适应事实；相反，法律以其很大灵活性为所应适用的内容建立了模型”④。

---

① François Terre, Philippe Simler et Yves Lequette, *Les obligations*, 8e éd., Dalloz, 2005, n°753 et s.

② Valérie Lasserre-Kiesow, *La technique législative*, *Étude sur les codes civils français et allemand*, LGDJ, Bibliothèque du droit privé, 2002, p. 376.

③ Mireille Delmas-Marty, *Le flou du droit*, 2e éd., PUF/Quadrige, 2004, Préface.

④ V. Fortier et J.-L. Bilon, *Acquisition et application des connaissances juridiques. Modélisation par l'intelligence artificielle*, Hermès, 1997, p. 126.

通常认为一般条款具有两重功能：补充功能（譬如从诚实信用原则所发展出的附随义务和禁止权利滥用等）和矫正功能（譬如从诚实信用原则出发所推导出的情势变更规则，授权法官对合同的内容进行修正）。事实上，这些极其重要的功能也使作为一般条款典范的诚实信用原则的适用范围远远超越了债法，它可以适用于物权法、家庭法、继承法乃至整个司法体系，由此被称为所谓“帝王条款”（由此有学者批评德国民法典将诚实信用原则置于债法之内是个错误，应该将其置于总则之中。这也反映出体系化建构所必然存在的局限性）。

从法哲学角度来看，一般条款现象反映出两个“悖论”，这也意味着它实现了两重意义上的辩证统一：首先，我们看到的是，一方面，一般条款本身反映出一种“一般化”的倾向，是抽象化和类型化理论建构的产物；另一方面，一般条款本身又具有“个别化”的倾向，它通过有意的不确定性，使它本身的使命就是针对千差万别的个案和变动不居的经济社会情势。其次，一般条款本身是指导司法的原则，其直接针对的对象是丰富的个性化事实。然而，它本身就天然蕴含了造法性功能，它实际上是把自己作为一个“母体”和“模子”（matrix），因为法官在适用一般条款的过程中，所要确定的不仅仅是案件事实的解决办法，还有所涉及的一般条款的概念的实质；由此，法官建构了“一个固定不变的结构性框架，一个真正的规范的微系统”①。法官也因此自觉或不自觉地向一般条款靠近，这可能会导致德国学者海德曼（Hedemann）于1933年提出的“向一般条款逃逸”（Die Flucht in die generalklauseln）的危险。②

究其实质，一般条款首先是对立法者自身的遗忘、疏忽甚至错误的可能性的承认；其次，一般条款也是法律对偶然性的确认。通过设定一般条款，法典为法官确立了某种参照标准，使法官可以将社会现实与其所处时代的某些社会价值相结合，调整法律规范的价值，由此实现判决的个别化效果。根据德国学者的意见，这一过程涉及的是“价值决定”，就是说，

---

① V. Fortier, “La fonction normative des notions floues”, in *RRJ*, 1991, p. 768.

② J. W. Hedemann, *Die Flucht in die Generalklauseln. Eine Gefahr für Recht und Staat*, J. C. B., Mohr, Türbingen, 1933; M. Pedamon, *Le contrat en droit allemand*, 2e éd., LGDJ, Collection Droit des affaires, 2004, p. 119.

法官应当确定规范所承载的价值，而后将其付诸实施。这些价值由法官以个别化的方式确定。显然，这些价值不能脱离特定的社会形态。拉伦茨曾指出，某一为某些价值所引导的思想在以下场合有其必要：法律诉诸某一价值标准，但是确定其实施条件和实施后果，则需要对之加以具体补充。譬如说诚实信用条款就是如此。这些标准并不是缺乏具体内容这般简单，它们包含了某一特定的法律原则，这一原则当然很难定义，但是可以通过一般认可的实例加以明确。这些标准的内容通过与法律共同体相关联的一般性法律意识（allgemeine Rechtsbewuβtsein）来予以补充，由此其内容具有传统的印记，并经过不断的创造而成形。①

值得特别注意的是，与普通的法律规范不同，一般条款无法由法官直接加以适用。法官必须根据其适用条件，决定其是否可以适用。由此，一般条款的适用模式是间接性的。这与普通的所谓“涵摄”（subsumption）模式（从法律规范出发直接为具体事实进行法律定性）形成对照，因为在涵摄模式下，法律规范具有特定和明确的适用条件，以及相应的法律后果；而一般条款的内容是不确定的，需要根据每一个个案的情形进行个别性评估。从这个意义来看，法官与一般性条款之间存在内在的逻辑联系。

对于一部民法典的起草人而言，不难发现的是：法典中的一般性条款与法官的自由裁量权有内在联系，甚至可以说二者存在某种“共生”关系，因为一般条款的本质特征就是赋予法官较大的自由裁量和法律解释的权力。因此，民法典的起草人在考虑一般性条款的设置的时候，都会考虑到相应的法官裁量权限——对后者的考虑有时候甚至直接决定对前者的取舍。这方面一个典型的例子是，在德国民法典起草的过程中有关设立如法国民法典第 1382 条那样的一般性条款的讨论（德国民法典第一稿草案第 704 条第 1 款就几乎是法国民法典第 1382 条的翻版②）。当时，德国学者最为担心的是，该一般性条款会给予法官过分的裁量“过错”行为的权力，也即法律授予法官确定保护的界限和确立主体的自由的权力——这在

---

① Karl Larenz，*Methodenlehre der Rechtswissrnachaft*，5e ed.，Springger，Berlin，Heidelberg，New York，Tokyo，1983，p. 214.

② Stoll，*Richterliche Fortbildung und gesetzliche Überarbeitung des Deliktsrechts*，Heidelberg，1984，p. 27.

当时的德国学者看来，应该是属于立法者的权力。[①] 这样的考量使德国民法典最终舍弃了这样的一般性条款。由此可以看出的是一般条款与法官自由裁量权之间存在本质上的联系。某种意义上说，承认在民法典中设置一般条款的必要性，就必然要承认法典赋予法官自由裁量权的合理性。

然而，在很长时期内，人们对法官权力的认识并非如此。在 18 世纪中期，出于对旧制度下司法专横的厌恶，孟德斯鸠曾断言：在“三权分立”制度下，“法官只应是法律之嘴（bouche de la loi）”，否则人民将面临暴政。受此影响，法国 1789 年《人权宣言》第 16 条明文规定，“在权利无保障和权力未分立的社会，无宪法可言”。1791 年 9 月 3 日法国宪法也严格遵循孟德斯鸠的“三权分立”思想，禁止司法权对立法权和行政权的干预：其第 3 条规定，“法院不得干预立法权的行使、中止法律的执行、干预行政职能的履行，或者因行政官员的职责而对其进行追究”。很显然，法官不得对立法活动进行合宪性监督，也无权对行政行为进行司法审查。最为典型的莫过于该宪法第 21 条所规定的“立法裁决”（référé législatif）制度：关于法律解释问题，法官必须提交立法会做出裁决，这一裁决对法院具有约束力。由此，法官被严格禁止进行造法活动。[②]

众所周知，法国民法典的起草人波塔利斯深受孟德斯鸠学说的影响。不过，值得注意的是，在法官的角色这一问题上，波塔利斯的态度似乎与孟德斯鸠的思想有所不同。在波塔利斯著名的《关于民法典草案的预备性说明》中，他明确宣称，“许多事项必然要交由习惯、有教养人士的讨论和法官的裁断去处理”[③]。在他看来，民法典必须具有开放的质地（texture ouverte）。波塔利斯在法律史上最有名的格言就是：“（我们所留下的空白由经验去相继填补），人民的法典随着时代的发展而形成：其实，

---

① Larenz/Canaris：*Lehrbuch des Schuldrechts*，t. Ⅱ，2，Besonderer Teil（2），13e ed.，München，1994，p. 354.

② 这一制度后来被 1837 年 4 月 1 日的法律所废除。事实上，这一制度在实践中也没有得以完全实施的可能，尤其是在 1804 年以后，法国最高法院的法律解释活动不但没有被禁止，反而受到法学界的欢迎。Raymond Martin，“Les cheminements des pouvoirs judiciaires depuis 1789”，in *RID civ.*，2004，p. 252.

③ Portalis，*Discours préliminaire sur le Projet de Code civil*，Centre de Philosophie politique et juridique，1989，p. 8.

严格说来，这些法典并不是被制定出来的”。他还指出，“只有很少的事情可以由一部有确定内容的法律来决定；大部分争端都是基于一般原则、学理和法律科学而去解决的；民法典不但不能离开这些知识，相反，民法典需要它们来作为补充”①。也就是说，一部法典不能被认为“以先知方式”为其民族预告了全部永恒的真理，法典体现的仅仅是最高的社会权威。法典还应规定一个社会在漫长演变过程中所形成的习俗和惯例，为此，要特别警惕“规定一切和预见一切的危险企图”②，必须为法官留下补充法典漏洞的可能性。如同后世有学者所诠释的，“民法典的精神也是对法官的信任，和对于判例有朝一日会成为几乎与法律同等地位的法律渊源的某种直觉”③。

波塔利斯还认为，民法典是历史立法者的杰作，它必然向社会力量的影响、环境的变迁、学者的讨论、法官的裁断以及原则和价值的修正等保持开放。④ 其实这也就是今天我们所说的“开放体系”。相对于与外界环境保持隔绝的“封闭体系”而言，“开放体系”与为其提供了相对独立性的环境之间，通过一些“交换极”保持着互动。其实，民法典的所谓“开放性”，实际上就是指法典对于社会、经济、政治、意识形态等环境的影响保持开放。⑤ 质言之，“法典确立了一个框架，这一框架允许从其规范、原则和价值出发，进而发展和更新”⑥。波塔利斯还特别强调，法典的职责是确立法律的基本价值，而不是规定事无巨细的技术性规范，而这些基本价值显然需要由法官去解释、实施和加以具体化。

这样的考虑与当时宪政制度的要求相结合的最后体现，就是法国民法

---

① François Ewald (sous la dir.), *La naissance du Code civil. La raison du législateur*, Flammarion, 1989, p. 119.

② Portalis, *Discours préliminaire*, p. 8.

③ Pierre-Yves Gautier, “L'esprit du Code civil”，参见“纪念法国民法典200周年诞辰的官方网站”的文章：*http://www.bicentenaireducodecivil.fr/leger/10questions.htm*。

④ V. Fenet, *Recueil complet des travaux préparatoires du Code civil*, t. Ⅰ, Paris, éd. 1827, réimpression Osnabrück, 1968, p. 463 et s.

⑤ Jean-Louis Bergel, *Méthodologie juridique*, PUF, Thémis, 2001, p. 25

⑥ Hans Jürgen Sonnenberger, “Code civil et *Bürgerliches Gesetzbuch*: leur fonction de pilier dans la construction de la société civile européenne”, in Université Panthéon-Assas, *1804—2004*, *Le Code civil*, *Un passé*, *un présent*, *un avenir*, Dalloz, 2004, p. 1013.

典著名的第 4 条和第 5 条。第 4 条规定，法官如借口法律有“空白”（silences）、“模糊”（obscurités）或者“缺陷”（insuffisance）而拒绝审判，可能会构成拒绝司法罪而被追究；第 5 条则禁止法官在审理案件过程中创造一般性的法律规则。对这两个条款进行仔细的分析和解读，似乎可以发现两者之间存在着某种张力甚至冲突：第 4 条要求法官即使在法律存在漏洞或者错误的情形下，也必须受理和审判案件——既然法无规定，法官只能进行创造性的法律适用；但是，第 5 条又明文禁止法官在审判中创制规则。如何理解二者之间的关系？

其实，这两条并不是针对法律所要适用的对象而做出的，其目的在于“保护”新的法律。① 具体说来，它们是要保护新法免受两重危险：一方面，法官可能抵制新法，或者宣称来自“人类理性”而非出自“时间的智慧”的新法没有可操作性；另一方面，法官完全可能通过积极的法律解释，以通过创造性的想象所产生的概念来替代法律的含义，通过这种司法能动主义，法官可以重新获得旧制度下的准立法权。也即第 4 条的规定是担心法官面对这部具有明显创新性的民法典会表现出消极抵抗心理，逃避其本应履行的审判职责。第 5 条则是担心法官会像旧制度下的法官那样制造出具有规范性效力的“造法性判决”（arrêt de règlement），从而享有司法外的权力。后来的历史发展证明了这些担忧都是徒然。

值得注意的是，这两个条文除了旨在保护新的法律之外，实际上也公开地承认新的法律包括法典也会有漏洞：“空白”、“模糊”或者“缺陷”。所以，这已经是缓和和理性的“立法中心主义”了。事实上，在波塔利斯等起草的 1800 年草案中的“序论卷”（而非后来所采用的“序编”）中，第四编的标题就是“法律的实施和解释”。其中，第 1 条要求法官凭智慧和诚实来实施法律；第 2 条则明确规定“经常有必要对法律进行解释”；第 11 条要求，在法律缺乏规定的时候，法官必须将自己视为公平的化身，依照自然法和习惯法来审判。其他 10 个条文所围绕的，基本都是法律的解释规则。另外，波塔利斯曾指出：“为了能使社会保持运转，法官必须

---

① Charley Hannoun, “Archaïsme et post-modernité du Titre préliminaire du Code civil”, in Georges Fauer et Geneviève Koubi（sous la dir.）, *Le Titre préliminaire du Code civil*, Economica, 2003, p. 10.

有权解释和替代法律……在赋予法官行使职责的适当权限的同时，我们必须提醒法官的是同样源于其权力性质的那些限制。法官必须具备立法者的精神，但是他不可以与后者分享立法权。”

因此，应该如此看待法国民法典第4条和第5条的关系：它们实际上是同时兼顾了两种需要。一方面，经常有必要进行法律解释（如同“序论卷”草案所言），法官在审理具体案件的时候，有必要进行创造性的法律解释活动；另一方面，法官不得将这些法律解释上升为规范性层面，不得创制具有一般性效力的规则。如果结合法国民法典第1351条的规定，就更容易理解法国民法典起草人的这个意图了，该条规定，“既判效力只能及于所审判的标的”，不具有一般性效力。

有意思的是，针对曾经有人提出的应将法官的裁量权问题放到诉讼法典之中比较合适的主张，波塔利斯如此回答：一方面，民事诉讼法典中当然也会涉及法官的职责，但是那只是以技术性的方式；而将这些规范置于民法典之中，将具有强烈的象征意义。另一方面，新的民法典所企望实现的法律秩序变革首先取决于法官角色的转化。在旧制度下，法官和法院（巴列门）曾是整个司法体系的核心；而新体制显然奉行“立法中心主义”①。作为新法代表的民法典所要传达的信息是：法律要逐渐“驯化”法官，为其指派被明确加以界定的使命。显而易见，在波塔利斯看来，法官的自由裁量权是一个民法典所无法回避的重要问题。毫无疑问，这同样应该是我们在起草民法典的过程中所必须予以重视的问题。

二、一般条款与法官造法

法国民法典的第4条和第5条以一般法律原则的形式出现于“序编”之中，并未能阻止一个庞大的判例法体系的出现。自19世纪末，法国法院发展出了一种与惹尼鼓吹的“自由的科学探索”（libre recherche scientifique）不同的“文本的灵活解释方法”，“继续将所有问题的解决方法与法律文本相联系，但是将这些文本与其制定者的意图相分离，以求发展出

---

① Rémy Libcharber, “Les articles 4 et 5 du Code civil ou les devoirs contradictoires du juge civil”, in *Le Titre préliminaire du Code civil*, pp. 148－150.

适当的法律生活，由此，在其框架中产生与时代的需要和愿望相符的解决途径，从而使其得以发展”①。在1904年纪念法国民法典百年诞辰的时候，著名学者普拉尼奥尔（M. Planiol）曾批评立法企图预见和规定一切的倾向，主张法律赋予法官的职能，不应当只是审查事实，还应当有法律解释。他以旧制度下的造法性判例为例，指出当时的巴黎法院其实作出了许多很有价值的创造。他认为，在当代，最高法院其实也在做同样的事情，尽管没有为大家所察觉和公认。他最后总结说："在造法性判例的时代（与现在相比）还有什么更多的东西呢？如果说如今我们没有"语词"，我们却有了物！"② 在同一时期，撒莱在为历史方法辩护的时候，也明确主张：在评估民法典的时候，不能仅仅将注意力集中于民法典的条文之上，而要关注整个"巨大的机器"的运行。在法典宽松的条文和灵活的措辞之外，还有公证人、商人、律师、法官等，这些构成这个机器的"主干"和"零件"，正是他们负责实施民法典沉默和静止不动的文本。③ 由此，早在1927年就曾有法国学者大胆宣称："现代立法终于倾向于将法官视为立法机构的合作者，与法官来分享法律的创造和革新职能；现代法的特征是采纳一些宽泛和灵活的指令，专门用来指导法官的自由裁量，法律将确定适合于不同情势的解决方案的权力，完全交给法官。"④

判例在民法领域特别是侵权责任法领域不断进行造法活动的局面一直持续到20世纪50年代，由此，1890—1950年这段期间被称为判例的"辉煌时期"⑤（période éclatante），到20世纪60年代判例的创造达到顶点：1965年，法国最高法院根据法国民法典第1645条关于瑕疵责任的规定，确定职业销售者事先应当知晓商品瑕疵的推定规则，并且认为此项推

---

① L. Husson, "Analyse critique de la méthode de l'exégèse", in *RTD civ.*, 1976, Vol. 1, p. 191.

② M. Planiol, "Inutilité d'une révision générale du Code civil", in *Le Code civil*: 1804—1904, *Livre du centenaire*, réimprimé en 2004, Dalloz, p. 963. 显然，这里的"词"（*mot*）是指公开承认的地位，"物"（*chose*）是指造法的现实。

③ R. Saleilles, "Le Code civil et la méthode historique", in *Le Code civil*: 1804—1904, *Livre du centenaire*, p. 106.

④ M. O. Stati, *Le standard juridique*, Thèse de doctorat, Paris, 1927, pp. 202－203.

⑤ Jacques Ghestin et Gilles Gouneaux, *Droit civil*, *Introduction générale*, 4e éd., LG-DJ, 1994, n°488, p. 453.

定不得被推倒（iirréfragable），由此，因其出于恶意，故其应对损害负完全的赔偿责任。这实际上是将一项事实推定上升为一项法律规则。①

法官对法国民法典条文进行造法性解释的最著名例子，当然是有关民法典第1384条第1款的判例。② 自19世纪末，法院从中发展出了一个庞大的“物所生之责任”的判例体系，以补偿因机器化大生产和汽车交通而遭受损害的受害人。另外，有些判决直接推动了立法活动，譬如Desmares案③中，法官认为对于民法典第1384条第1款所规定的、对所照管的物的责任，只有不可抗力才可以构成免责事由，从而明确排除了受害人的过错。这一判决直接导致法律改革的加速，最后催生了1985年7月5日关于改善交通事故受害者待遇以及加快赔偿程序的《巴丹戴尔法》（Loi Badinter）的诞生。另外，在合同法领域中，所谓“安全义务”也是法官通过法律解释手段而创造出来的。在相对沉寂一段时间以后，判例造法在20世纪90年代以来又开始活跃，譬如对“代孕母”合同、变性人的民事身份等新型社会问题，法官通过法律解释手段及时弥补了法律的空白。

从法律技术的角度来看，法国最高法院对民法典的许多解释，既表现出相当的实用主义精神，又不乏前瞻性和想象力。在初期，法国最高法院通过对部分条文的解释，赋予其立法者的意图之外的意义（譬如对第1384条第1款的解释）；后来，法国最高法院揭示出部分条文具有某些通常被忽视的意义。譬如，法国最高法院对民法典第1134条第3款的解释［第1134条第3款要求在合同的履行阶段必须秉持诚信（bonne fois），法国最高法院则扩大解释为在合同的所有阶段特别是缔结阶段，当事人负有诚信义务］，以及对第1135条的解释（该条为当事人课设了“根据其性质”、基于公平原则而产生的义务，据此法国最高法院推导出了当事人所负有的许多未曾明文约定的义务）。此外，法国最高法院还

---

① Cass. civ. 1re 19 janv. 1965, *Affaire du pain de pont Saint-Esprit*, in *D*. 1965, p. 389.

② V. Fabrice Leduc (et autres), *La responsabilité du fait des choses : réflexions autour d'un centenaire*, Economica, 1997.

③ *Affaire Desmares* du 21 juillet 1982, D. 1982, p. 449, concl. Charbonnier note Ch. Larroumet.

对一些过时条文进行解释，使之适应社会的发展和新的需要。譬如，法国民法典第 1121 条对于为他人所缔结的合同设定了一些条件，这对于人寿保险合同的发展明显不利；第 1129 条要求债的标的必须特定或者客观上可以确定，这对于承认单方面决定价格的供货合同或者服务合同在理论上造成了障碍；第 1142 条的规定引发了债务的强制实际履行是否能适用于不作为之债的争议。法国最高法院通过其解释，都圆满地消除了这些理论障碍，使法国民法典能够适应经济社会条件的变迁和需要。

不过，严格说来，这其中的许多创造性判决其实都是“违法”（contra legem）的。譬如，法官对法国民法典第 1384 条第 1 款的解释，在许多案件中，直接的目的就是限制第 1382 条过错原则的适用；法官在 19 世纪末所创造的相邻关系理论，其目的亦同。① 另外，自 1810 年起，法官直接引用“时效于无法行动者不得经过”（contra non valentem agree non currit praescriptio）的法谚，以限制法国民法典第 2251 条及以下各条的适用。这些条文都是严格限制时效中止的事由。不过，从严格意义上说，对法国民法典上述诸条文适用的限制其实并没有成文法上的依据。在另外一些判决中，法官的解释实际上是在成文法之外确立了一般性原则。譬如，在 1978 年的一个判例中，法官认为，“家庭纪念品不适用民法典继承法有关遗产移转和分割的规范”，这是“一般性规则的一项例外”②；在 1971 年的另一个判例中，法官直接适用了“诈欺使一切无效”（Fraus omnia corrumpit）原则，认为“欺诈构成对一切规则的例外”③。

回过头来看，我们惊讶地发现：颇为吊诡的是，法国民法典前述第 4 条和第 5 条也起到了某种“掩盖”事实的作用。由于有了这样两个始终在生效的条文，人们会始终认为不可能有“拒绝司法”现象，也不会有造法性的法律解释。在法国民法典颁布的昔日，成文法通过取代旧制度下的判

---

① Philippe Malaurie et Laurent Aynes, *Droit civil*, *Introduction générale*, Defrénois, 2003, p. 257.

② Cass. civ., 1re, 21 févr. 1978, in *D*. 1978, p. 505, note R. Lindon.

③ Cass. civ., 3e, 12 oct. 1971, in *Bull. civ.* Ⅲ, n°486.

例法成为法律体系的中心。而到如今，在这两个条文的“掩护”之下，法官发展的判例法的地位不断上升，而成文法的地位却日益衰落。在欧洲人权法院管辖权日益扩张的今天，这种趋势就更为明显。有学者如此指责法国民法典第 4 条和第 5 条的这种“掩盖现实”的效应：“我们生活在一个以立法为中心的完整体系之中，长期以来我们一直深信判例仅仅具有辅助性效力。不过，日后我们会迟钝地发现：其实我们一直所经历的，就是构成‘欧洲法之床’① 的造法性判例，可我们此前一直还坚信这在法国是不可能的事情。”② 由此可见，在某种程度上，这两个条文恰恰促成——或者说提前宣示了——一个判例法时代的到来。

另外，还必须指出的是，判例法对于民法典的重要性不断增加的现象并不限于法国。有德国学者就颇有意味地说，德国民法典的进步性，其实并不体现在其规定了物权合同等其他法典所没有的独特创造，而是表现为对立法者的诸多限制，尤其是它对于人们期待回答的许多问题都没有作出回答，没有做出决定，将解释工作留给学理界和实务界。“也就是说，民法典承认了法学是法典之外具有持续影响力、超出立法行为本身的力量。稍微夸张一点地说，德国法典编纂的特点不是它所规定的内容，而是它所欠缺的内容”③。毫无疑问，对这些“欠缺的内容”首先就是由法官根据时代的演进来作出具体回答。

由此，我们不难看出，大陆法系所形成的普遍共识是：法官在成文法之外，通过法律解释手段对成文法实行必要的改造，在必要的时候，法官甚至可以回避或者排除成文法某些条文的适用。这些都使刚性的民法典可以具有相当的灵活性，其漏洞及时得到补救。也正是由于法官和判例的突

---

① 这是法国民法学泰斗卡尔波尼埃的名言，喻指欧洲人权法（主体是欧洲人权法院所发展的判例法）越来越多地侵入各成员国的国内法中。他说，“斯特拉斯堡法院已经起床了，而麻烦在于不知道如何使它回到它自己的床上去”。Jean Carbonnier，*Droit et passion du droit sous la Ve République*，Forum Flammarion，1996，p. 56.

② Rémy LIBCHARBER，“Les articles 4 et 5 du Code civil ou les devoirs contradictoires du juge civil”，p. 156.

③ ［德］霍尔斯特·海因里希·雅科布斯：《十九世纪德国民法科学与立法》，王娜译，168 页，北京，法律出版社，2003。

出作用，在大陆法系国家，对司法判例的研究如今占有越来越重要的地位。①

显而易见，如今的问题已不再是法官造法是否具有合法性——法官对于民法典的生命力有极其重要的影响已是不争的事实。我们在今天真正要解决的问题是，法官这种造法的权力越来越遭受到新的威胁：随着法律的技术性色彩越来越强，越来越多的细节层面被规定，法官的解释、具体化和补充职能越来越被削弱。显而易见，法律规范越细致，法官作为法律解释主体推动法律发展的机会就越少。许多法律文本如今都包含了它们自己的解释——行政机关制定的法规尤其如此。由此，有德国学者指出："我们可以说得极端些：未来将不再是法官来继续立法者的工作，而是由行政权力来承担这一任务。它不仅侵入了立法者的领地，而且还侵犯到法官的专属范围中来。"② 如果说行政权在制定规范的过程中侵犯立法权会造成法律本身的合法性危机的话，那么，行政机关制定大量技术性规范、过分压缩法官的自由裁量余地，将直接损害的是法律的精神和生命力。

时至今日，判例已经被视为某种规范创制的现象，判决的整体也在某种程度上被认为是原则法律解释的源泉之一；或者，正如某些学者所宣称的，"判例一词的主要含义是：来源于司法机构的法律规则、前例"③。从这个基本前提出发，我们有理由认为：将法典的条文制定得过分详尽、严格控制法官的自由裁量权的做法，必然会损害法典的适应性，从而加速其衰老。只有承认判例作为法律的渊源，作为成文法的重要补充，才能保障

---

① 譬如，在法国，为重要判决写评论（*commentaire d'arrêts*）是许多法学名家的重要工作，具有相当权威的法学刊物《达罗兹评论周刊》（*Dalloz Recueil*）每期都刊载有这样的判例评析（*note*）；写判例评析也是法学专业学生必修的法学方法论。另外，由著名学者泰雷（François Terré）和勒盖特（Yves Lequette）所编写的《民事审判主要案例研究》（François Terré et Yves Lequette，*Les grands arrêts de la jurisprudence civile*，Tome 1 et 2，11e éd.，Dalloz，2000）广泛为法学理论界和实务界所引用，成为重要的法学参考书籍，截至目前该书已经连续出版了11版，深受好评。

② Hans Jürgen Sonnenberger，"Code civil et *Bürgerliches Gesetzbuch*：leur fonction de pilier dans la construction de la société civile européenne"，p. 1017.

③ Frédéric Zenati，*La jurisprudence*，Dalloz，1991，p. 82.

法典具有长久的生命力。[①] 另外，企图将法律条文制定得足够明确和详尽，从而尽可能缩减法官的自由裁量余地，其实是一个乌托邦式的幻想，因为“无论其编写如何明确，法律或者宪法的一切规范总是存在着多种意义，因此必然要由法官来确定文本的意义，也就是说，法官通过选择法律解释手段，使法律或者宪法条文具有规范性的意义，成为可以适用的规范”[②]。今天，无论就哪个层面的司法机构而言，“所有的判例都表明，任何法官都不可能仅仅充当‘法律之嘴’的角色”[③]！

然而，在当代中国，法学界似乎普遍弥漫着一股对法官和判例造法的不信任气氛。这使许多学者出现了某种矛盾的心结：一方面，学者对于民法典设置一般性条款持一致赞同意见；另一方面，学者对于民法典可能赋予法官以自由裁量权，却又保持高度警惕。梁慧星教授曾总结了《合同法》起草过程中情势变更原则被最后删除的经过。他非常中肯地指出，在当代特定的历史背景之下，中国法院的权威低下；而众所周知，情势变更原则的基本内容是法官在客观比较和评估合同缔结与合同履行的背景存在根本性差异之后，有权变更合同的内容。结果是，“大家（立法机构成员——引者注）一听说法院的权力如此之大，没有授权（法官）（都）还出现了那么多大家不满意的裁判不公的案件；（假若）给法院那么大的权力，这无疑是给司法腐败又一个‘尚方宝剑’”[④]！很明显的是，情势变更原则被进行了“政治化”解读，而这种“政治化”解读的诱因是法官在情势评估中的自由裁量权。情势变更原则的命运深刻地折射出当代中国的立法机构对法官权力的怀疑。基于对法官的这种不信任感，许多学者主张未来的中国民法典必须要尽可能地详尽，以保证法律适用的统一性和司法判决的公正性，限制法官的自由裁量权，从而遏制司法腐败。更有学者直接宣称，法律条文的数目与法律的确定性成正比，与法官的权力成反比，

---

① Denis Berthiau, “Un code pour l'éternité?”, in *Revue d'Histoire du Droit français et étranger*, 2003, Vol. 2, p. 226.

② Dominique Rousseau, “L'élaboration de la loi et l'action du juge”, in *Cahiers français*, n°288, *Le droit dans la société*, 1998, p. 14.

③ Dominique Rousseau, “L'élaboration de la loi et l'action du juge”, p. 14.

④ 梁慧星：《合同法的成功与不足》（下），载《中外法学》，2000（1），99页。

一部好的民法典必须对"所涉及的每个主题都作最细致的处理"[①]。然而，问题在于，法官中的司法腐败只是相对个别和局部性的现象，以此来作为民法典立法风格和制度取舍的关键性考虑未免有失偏颇。如果民法典企图剥夺或者严格限制法官的自由裁量范围，法典的命运只会是急速地老化和过时。为了应对社会越来越迅速的演进，立法者将被迫对法典进行频繁修改，然而这既损害法典本身的权威，也破坏当事人对法律的合法信赖，从而危害法律安全！由此，我们不能不同意部分学者富有远见的呼吁："我们应留有一些空隙让经验去陆续填补……与其绞尽脑汁地在法条的细化及类型的周延上下功夫，不如创建一套与法典并驾齐驱的'活的法律'"。

三、侵权法上损害概念的发展

按照法国法学理论的一般范式，侵权责任成立的条件是：损害（dommage）、因果联系（causalité）、致害行为（le fait générateur de la responsabilité，包括人的行为、物导致的事实、他人的行为等）。[②] 显而易见，损害的存在是侵权责任成立的第一个条件。就"损害"这个范畴而言，其核心是"受侵害的利益"[③]（intérêt lésé）。而在当代，法律所保护的利益的范围不断扩张，从而使侵权法的"损害"范畴出现了深刻的变化。巴黎第一大学卡迪耶（Loïc Cadiet）教授在一篇题为《损害的嬗变》的文章中，精辟地解释了侵权法所赔偿的范围不断扩大的原因所在。在他看来，这主要是源于"两项不同的逻辑的客观复杂性"：其一是人权逻辑，即所谓的第二代人权要求对于个人的情势给予更多的关注，不仅是对于个人的"需要"，而且是对于个人的"欲求"，由此，一切失望或挫折都要求得到补偿。其二是市场逻辑，由此，一切都具有价值，包括劳动、情感、健康甚至生命，于是，"侵权责任变成了一种商品，人们在保险市场上进

---

① 徐国栋：《认真地看待民法典》，5页，北京，中国人民大学出版社，2004。

② 参见侵权法方面的权威论著：Geneviève Viney & Patrice Jourdain，*Les conditions de la responsabilité*，3ᵉ éd.，LGDJ，2006，Plan Général。全书在写作结构上分为三编：损害、因果联系和引发责任的事实。

③ Xavier Pradel，Le préjudice dans le droit civil de la responsabilité，Préface de Patrice Jourdain，LGDJ，collection *Bibliothèque de Droit privé*，Tome 415，2004，p. 18.

行交易”①。

（一）损害概念的扩张及形式

在法国侵权法上，损害被区分为两大类别：一是财产性损害，包括纯粹对财产的损害，以及由于人身损害所造成的经济损害；二是非财产性损害，也就是所谓精神损害。②

1. 财产损害

（1）纯粹对财产的损害。

按照学理的通说，这里包括两个部分：所受损失（拉丁文为 *damnum emergens*，从字义上看是“产生的损失”）和所失利益（*lucrum cessans*，从字义上看是“被中止的利益”）。前者是指由于不法行为所导致的损失和花费；后者是指当事人本来有合法的期待（而非假想的情形）获得某些利益，但由于不法行为而失掉了此种可以得到的利益。③

（2）基于人身损害④的经济损失。

人身损害是对身体完整性的一切形式的侵害。在受害人死亡的情形下，对死者进行人身损害赔偿在理论上是一个十分微妙的问题。一些学者提出，死者的死亡事实和人身损害是同时发生的，然而法律无法补偿已死亡者的痛苦。但是，无论如何，对“间接受害人”（victime par ricochet）的赔偿显然是所有人的共识。法国最高法院的判例许可对死者继承人补偿丧葬费⑤，但是这很难被认为属于死者人身损害赔偿的范畴，因为严格说来，对法国法上的人身损害赔偿的确切理解是指对于受害者（死者）所遭受的损害的赔偿，而非对于间接受害人损害的补偿。

---

① Loïc Cadiet，“Les métamorphoses du préjudice”，in *Les métamorphoses de la responsabilité*，5e Journée Savatier，Publication de la Faculté de Poitiers，PUF，1997，p. 51.

② Geneviève Viney，Patrice Jourdain，*Les conditions de la responsabilité*，3e éd.，LGDJ，2006，p. 30 et s.

③ Jean Carbonnier，*Droit civil*，*Les obligations*，PUF，2000，n°210.

④ 也有部分法国学者认为，人身损害并不能算是一类独立的损害类型，它最后必定要表现为经济性的损害（譬如劳动能力的丧失导致收入的减少）或者精神损害（譬如伤势所造成的痛苦）；因此，对人身损害的赔偿也必然表现为经济补偿和精神损害赔偿两类形式。

⑤ Cass. soc. 8 janvier 1981，bull.，n°22.

在人身损害的情况下，可以补偿的费用有①：暂时性残疾（ITT）、永久残疾、乐趣损失（无法从事某些体育活动或者趣味活动）、美感损失等。人身损害赔偿必然是货币性的赔偿，因此，这一赔偿具有补偿性和满足性特点，性质上是对于受害人生活中的乐趣和能力的丧失或减少给予货币性的补偿。当然，也有学者认为，这一补偿在性质上是对应于对受害人人格尊严的尊重，承认其具有身体完整不受侵犯的基本价值。

对人身损害的补偿原则上是进行具体（*in concreto*）的个案性评估，因此，建立某种"一揽子评估"（*évaluation forfaitaire*）的方法是不合适的。不过，在法国，有些上诉法院对于人身损害建立了某些参考性的评估公式（*barèmes*），这具有很强的实用性，但是其主观性有时也受到一些学者的批评。为了不泄露其计算方法，某些上诉法院通常在判决中使用这样的模糊措辞："法院拥有足够的评估因素来确定……损害。"对此，法国最高法院往往表现出某种消极性态度，拒绝对上诉法院的评估方法进行审查，认为后者对于这样的事实问题具有最高的权力。②

2. 非财产损害

法国法上的非财产损害（préjudices extra-patrimoniaux）是一个逐步发展的概念，有时又被称为精神损害（dommage moral）。必须指出，关于精神损害赔偿的争论在法国法上由来已久，自20世纪30年代起，大量作者都曾论及这一问题。③ 争论的关键在于：是否应将"眼泪货币化"（*monnayer les larmes*）？精神损害的证据如何认定？如何对精神损害进行评估？对于非财产损害给予货币补偿是否足够和充分？另有学者提出：在侵害名誉权、侮辱宗教信仰等情形下，要求不法行为者承担赔偿责任，这种责任似乎是惩罚性（punitif）的而非补偿性（réparateur）的；这种责

---

① 2003年学者和实务界人士所组成的工作组向法国司法部提交了一份题为《人身损害赔偿》（L'indemnisation du dommage corporel）的研究报告。

② Cass. ass. plén.，26 mars 1999.

③ Jean Carbonnier，*Droit civil*，*Tome 4*，*Les obligations*，PUF，1999；n°89 - 90. François Terré，*Philippe Simler et Yves Lequette*，*Droit civil*，*Les obligations*，8e éd.，Dalloz，2002，n°673.

任由此具有了“私法上的刑罚”（peine privée）的属性。[①] 精神损害赔偿的存在也为许多的任意性诉讼打开了方便之门，这些诉讼的目的十分值得怀疑。不过，到后来，法国学理界比较一致地认为：精神损害的难以量化评估不能成为放纵不法行为人的理由；而且，从性质上看，民事责任除了补偿功能之外，确实也具有制裁的“私法上的刑罚”功能。[②]

在司法实务层面，法国最高法院很早就对精神损害的赔偿表现出赞成态度，早在1833年的一个判决中法国最高法院就确立了对精神损害予以赔偿的原则。[③] 但是，法国行政法院在很长时期内对这一原则拒绝接受，这一局面直到20世纪60年代才宣告结束：在1961年的*Tisserand*案判决中，法国行政法院终于采取了与最高法院相一致的立场。[④] 这两个最高司法机构认为，损害的非财产性不应该对给予责任人以民事制裁构成障碍，而且就此没有必要区分是侵权责任还是违约责任。[⑤]

众所周知，就法国侵权法而言，法院的判例发挥了关键性的作用，大量判例对于确定非财产损害赔偿的原则、类型、限制等，发挥了填补空白的创造性作用。此外，多项单行立法也确立了精神损害赔偿的原则。例如，法国刑事诉讼法典第3条第2款规定：“就由于所追究的犯罪行为所导致的一切损失——包括物质损失、人身损害或者精神损害——所提起的民事诉讼，都是可以受理的”。此外，法国最高法院在1976年的一项判决中认为，精神损害赔偿的请求权可以由继承人提起。[⑥]

从法国的司法实践来看，发生精神损害赔偿的主要情形有以下

---

① Boris Starck, La responsabilité civile dans sa double fonction de garantie et de peine privée, 1947, P. 400 et s.; S. Carval, La responsabilité civile dans sa fonction de peine privée, LGDJ, n°21 et s.

② Philippe Delebecque, Frédréric-Jérôme Pansier, Droit des obligations, Responsabilité civile, délit et quasi-délit, 2e éd., Litec, 2003, p. 77.

③ Cass. Ch. Réunies, 15 juin 1833: S., 1833, 1, 458, concl. Dupin.

④ CE, 24 nov. 1961, Tisserand, D., 1962, p. 34.

⑤ V. A. de Laubadère, J.-C. Venezia et Y. Gaudemet, Droit administratif, tome Ⅰ, n°1310; G. Vedel et P. Delvolvé, Droit administratif, tome Ⅰ, p. 616.

⑥ Cass. Ch. Mixte, 30, avril 1976, Dalloz, 1977, p. 185, note M. Contamine-Raynaud, obs. G. Durry, RTD civ., 1976, p. 556, n°12.

几种。[①]

（1）侵害人格权。

人格权的发展是当代民法学所经历的最深刻变化之一。在法国，人格权的发展在相当程度上应归功于判例，判例在不断丰富和完善人格权这一新范畴的内容。当代学理比较一致地认为，很难就人格权列出一个完整的清单[②]；判例在这方面的创新有时候显得过分超前，譬如说，巴黎大审法庭曾认为，人对于其声音也享有人格权。[③] 这些趋势也使部分学者提出了尖锐的抨击：奥塞尔（J. Hausser）不无夸张地指出，人格权种类的不断增加，预示着“人由于主观权利不断膨胀所导致的自我毁灭（*autodestruction*）”[④]。也有学者声称，侵权法最终会由此蜕变为一个“赔偿的机器”。

目前，法国法所承认的人格权种类繁多，侵犯这些权利都可能引发精神损害赔偿责任。

——私生活不受侵犯的权利（droit au respect de la vieprivée）。法国民法典第 9 条规定：每个人都享有私生活受到他人尊重的权利。这是 1970 年 1 月 17 日法国民法典修正的时候插入的一个条文。判例认为，尊重私生活意味着对于通信秘密和电话联系等的尊重。

——肖像权（droit *à* l'image）。任何人有权禁止他人在未经自己同意的情况下发表和使用其照片或者肖像。肖像权具有精神性和财产性二重属性。[⑤]

——姓名权（droit au nom）。法国法院认为，擅自盗用他人姓名，让他人产生混淆或者误认——无论是出于商业还是非商业目的，都必须承担

① Patrice Jourdain，Les principes de la responsabilité civile，6e éd.，Dalloz，2003，pp. 121-122.

② Geneviève Viney，Patrice Jourdain，Les conditions de la responsabilité，p. 43.

③ TGI Paris，3 décembre 1975，D.，1977，p. 211，note R. Lindon；TGI Paris，19 mai 1982，JCP，1983，Ⅱ，p. 19955，note A. Gobin；D.，1983，p. 147，note R. Lindon.

④ J. Hausser，“Observations”，Cass Civ. 1ère，26 mars 1996，RTD. civ.，1996，p. 871.

⑤ E. Gaillard，“La double nature du droit *à* l'image et ses conséquences en droit positif français”，D.，1984，p. 161. D. Acquarone，*L'ambiguïté du droit à l'image*，D.，1985，p. 129.

赔偿责任。这样的诉讼并不要求证明行为人在主观上具有过失。①

——名誉权（droit *à* l'honneur ou *à* la réputation）。这里的损失也不一定完全是精神损害，名誉的受损同样有可能带来经济上的损失。②

——家庭法上有关人格要素（attributs familiaux de la personnalité）。譬如，夫妻一方违反忠诚义务，另一方有权得到精神损害赔偿。再如，父母一方行使亲权、探视权等受到不法阻碍，祖父母与孙子女之间的亲属关系受到障碍等，都有可能引发精神损害赔偿责任。③

——侵犯民事自由，譬如，侵害表达自由，侵犯科学研究或学术创作自由等。如果雇员因为发表了某种意见而被雇主解雇，则雇主可能被判罚支付精神损害赔偿金。④

通常说来，人格权只由自然人所享有。但是，社会团体也可以依循人格权保护的机制，来要求保护其商号，保护其良好的商誉，保护其商业形象，以及保护其商业秘密。在对方构成商业诽谤罪行的时候，法人可以提起附带民事诉讼，要求对方承担精神损害赔偿。⑤ 不过，法人显然不能主张自然人独有的一些精神损害类型，譬如说情感损害（*préjudice d'agrément*）⑥。

另外，如果法人是追求公共利益的协会，它就某人针对某一群体进行侮辱提起所谓公益诉讼，尤其是以刑事附带民事诉讼的方式提起，则应当认为法人也可以主张精神损害赔偿。⑦

（2）人身损害。

比较法分析表明，在人身损害赔偿方面，法国被认为是世界上最为“慷慨”的国家之一。⑧

---

① G. Loiseau，Le nom，objet d'un contrat，LGDJ，1997，n°127 et 364.

② Cass. Civ. 1ère，5 mars 1991，Bull. civ.，Ⅰ.，n°85.

③ Cour d'Appel de Colmar，9 février 1961，D.，1961，p. 691，note P. Esmin.

④ Cass. Soc.，10 janvier 1971，Lancien，JCP，1971，Ⅳ，p. 191.

⑤ V. Crim.，18 décembre 1996，Bull. crim.，n°474.

⑥ Cass. Crim.，22 mai 1999，Bull. crim.，n°180；JCP，1979，Ⅳ，p. 243.

⑦ Jean Carbonnier；Droit civil，Tome 4，Les Obligations，op. cit.，n°206.

⑧ H. Mc Gregor，International Encyclopedia of Comparative Law，Vol. Ⅺ，Torts，chapter Ⅸ，Personal injury and death，n°35 et s.，pp. 146－217. 该作者认为法国和比利时的模式是世界上独一无二的。另可参见 G. Viney et B. Markesinis，La réparation du dommage corporel，Essai de comparaison des droits anglais et français，Economica，1985。

1）身体损害（*pretium doloris*）。

这是指受害人身体所遭受的痛苦的“代价”，例如，肉体上所经受的痛苦、身体残疾（包括暂时性残疾 ITT、永久性残疾 IPP），以及精神上的痛苦（恐惧、紧张、沮丧、绝望，各种心理后遗症）。值得注意的是，1985 年 7 月 5 日的法律第 31 条明确提到了对人身伤害中的精神痛苦应予以赔偿。

另外，在理论上也有学者将这种损害进一步分为“生理学损害”（préjudice psysiologique）、“功能性损害”（préjudice fontionnel）、“生物学损害”（préjudice biologique）和“功能性缺失”（déficit fontionnel）①。

损害是一个“事实问题”，因此由上诉法院法官独立进行评估。从司法实践来看，这部分损害的赔偿额并不会很高，通常在 1 000～15 000 欧元。在特殊情况下，赔偿金额有可能突破这一幅度。②

2）乐趣损失（*préjudice d'agrément*）。

这一损害类型最初形成于 20 世纪 50 年代的法院判例。在早期它只是针对一小部分人，是指受害人在事故发生前曾经从事体育或者艺术活动，但是由于侵权事故受害人从此无法再进行这些活动。③ 但是，自 20 世纪 70 年代起，这一规则的适用对象在判例中出现了扩张的趋势，这一趋势并得到了 1973 年 12 月 27 日法律的肯定。根据该法，“乐趣损失”针对的是“具有个别性特点”（*à caractère personnel*）的损害。另外通过社会保险所获得的赔偿被禁止计入该损失的赔偿之内。部分法院也常常将受害人无法继续从事非营利活动的损失，都计入这一损失的范围之内。

巴黎上诉法院在 1977 年的一个判例中指出，“乐趣损失”的赔偿旨在补偿“由于从事正常的乐趣活动方面的不可能或者困难所导致的生活乐趣的减少”④，可以囊括由于残疾、身体或者精神失衡引起的一切不便，或

---

① R. Barrot, Le dommage corporel et sa compensation, Pratique médioco-légale et judiciaire, 1988, Litec, n°118, 122, 123 et 145.

② Yvonne Lambert-Faivre, Droit du dommage coporel. Systèmes d'indemnisation, 4e éd., Dalloz, 2000, n°140, p. 214.

③ CA Paris, 9 avril 1965, Gaz. Pal., 1965, Ⅰ, p. 394; CA Paris, 22 février 1967, Gaz. Pal., 1967, 1, p. 211.

④ CA Paris, 2 décembre 1977, D., 1978, p. 285.

者由此所历经的挫折感（frustration）。[①] 这一定义很快为法国最高法院第二民事审判庭所采纳[②]，随后并得到了法国最高法院刑事审判庭[③]以及社会审判庭[④]的认同。在 2003 年 12 月 19 日最高法院做出的一项重要判决中，“乐趣损失”被解释为“由于生存条件中的障碍所导致的、个人性的主观损失”[⑤]。这一判决并未在实质上修正“乐趣损失”的含义。如今，法国法院一般以“剥夺正常生活的乐趣（agréments）”作为其判断的标准。[⑥]

“乐趣损失”这一范畴不断扩张，法国法院也越来越倾向于从广义角度去解释它。由此，曾有人建议这一范畴还可以涵盖“身体损害”中的“功能性损害”；有些法院在判决中采取了这样的主张。[⑦] 法国最高法院第二民事审判庭曾一度认同了这一趋向[⑧]，但是在后来出现了转向。[⑨] 法国最高法院刑事审判庭[⑩]和社会事务审判庭[⑪]一直维持了两种损害相互独立的区分传统。法国最高法院以全院审判全会的形式于 2003 年 12 月 19 日做出了一项判决，继续延续了“身体损害”和“乐趣损失”的区分，前者被界定为“对于身体完整的客观损害”，而后者被定性为“具有个人化特

---

① Geneviève Viney，Patrice Jourdain，Les conditions de la responsabilité，p. 53.

② Cass. Civ.，2e，20 mai 1978，JCP，1978，Ⅳ，p. 221. Cass. Civ.，2e，25 février 1981，JCP，1981，Ⅳ，p. 169.

③ Cass. Crim.，26 mai 1992，Bull. crim.，n° 210；obs. G. Viney，JCP，1992，Ⅰ，p. 625，n°27.

④ Cass. Soc.，5 janvier 1995，Bull. Civ.，Ⅰ，n°10；RTD civ.，1995，p. 892.

⑤ Cass. Ass. Plén.，19 déc. 2003，Bull. Civ.，ass. plén.，n°8；JCP，2004，Ⅱ，10088，note P. Jourdain et I，163，n°32 et s.，obs. G. Viney.

⑥ Cass. Civ.，2e，19 avril 2005，Bull. Civ.，Ⅱ，n°99.

⑦ Loïc Cadiet，Le préjudice d'agrément，thèse de Poitiers，1983，n°80 et s.

⑧ Cass. Civ.，2e，25 février 1981，Bull. Civ.，Ⅱ，n° 43. Cass. Civ.，2e，23 octobre 1985. Bull. Civ.，Ⅱ，n°163.

⑨ Cass. Civ.，2e，19 mars 21997，Roisse，Bull. Civ.，Ⅱ，n° 79，D.，1998，p. 59，note Y. Lambert-Faivre.

⑩ Cass. Crim.，5 mars 1985，Bull. crim.，1985，n° 105. D.，1986，p. 445，note H. Groutel.

⑪ Cass. Soc.，9 novembre 1976，Bull. Civ.，Ⅰ，n° 573；Cass. Soc.，13 décembre 1979，Bull. Civ.，n°997.

征的主观损害”①。

从司法实践来看，对于赔偿“乐趣损失”情形，如果失去了一项运动或者休闲活动的能力，赔偿金额一般在1 500～7 500欧元；如果完全丧失所有的乐趣活动能力，则可能赔偿15 000欧元甚至更多。②

3）性功能损害（*préjudice sexuel*）。

这是指侵权行为对受害人造成性功能方面的损害（譬如说性无能），或者对生殖能力所造成的损害（譬如不育）。对此种损害的赔偿，需要根据器官性损害和功能性损害的特殊性、受害人的年龄和家庭状况等予以确定。过去，性功能方面的损害或者被归入身体损害（譬如永久性残疾）所致的经济损失，或者被归入“具有个人性特征的”的“功能性乐趣损失”③。

4）美感损害（*préjudice esthétique*）。

在法国法上，“美感损害”被分为1～7级，而不论年龄和性别。当然，法官在评估具体的“美感损害”赔偿的时候，会考虑性别、年龄、损害的具体情节和后果等。另外，如果“美感损害”对于受害人的职业活动具有直接的影响（如时装模特等），则还应赔偿由此造成的经济损失。

5）青春损失（*préjudice juvénile*）。

如果受害人是未成年人，法国法院有时候会判决侵权人赔偿因剥夺了受害人从事他/她所处年龄可以参加的游戏和各种生活乐趣活动所致的损失。据说这样是为了在成年的受害人和未成年的受害人之间建立起一种平衡。④

6）情感损害（*pretium affectionis*）。

在受害人遭受身体损害或者精神创伤，或者发生死亡的情况下，其近

---

① Cass. Ass. plén.，19 décembre 2003，Bull. cv. as. plén.，n° 8；JCP，2004，Ⅱ，p. 10008，note P. Jourdain et Ⅰ，163，n°32 et s.，obs.，G. Viney.

② Yvonne Lambert-Faivre，Droit du dommage coporel. Systèmes d'indemnisation，n°141－2，p. 216.

③ Yvonne Lambert-Faivre，Droit du dommage coporel. Systèmes d'indemnisation，n°142，p. 220.

④ Yvonne Lambert-Faivre，Droit du dommage coporel. Systèmes d'indemnisation，n°143，p. 221.

亲属会遭受情感或者精神上的痛苦，这就是所谓的“情感损害”。这是欧洲其他国家（譬如德国）多不具有的制度。

（二）损害概念扩张所引发的争议

对部分非财产损害的赔偿曾引起激烈争议，尤其是针对所谓“情感损害”的赔偿，它被一些人批评为“感情的商业化”。有法国学者尖刻地抨击说：“为眼泪的金钱价值进行斗争，这是最为奇特的怪论!”① 时至今日，侵权法方面的权威学者热内维也芙·维纳（Geneviève Viney）和帕特里斯·儒丹（Patrice Jourdain）仍然认为：所谓的情感损害赔偿，其中所反映的并不是对于情感上真正遭受伤害的人的货币补偿，它表现的其实是一种“荒谬甚至有时是可鄙的商业逻辑”，因为它“据所感受到的精神痛苦的强度去衡量损害赔偿的金额多寡”②。

值得注意的是，欧洲理事会1975年3月14日通过了题为《身体损害或者死亡情形下的损害赔偿》的第75—7号决议。该决议第13条规定：“受害人的父亲、母亲和配偶由于受害人遭受的身体或者精神痛苦而经历了心理上的苦痛，仅在此种苦痛具有例外性特征的时候，方可请求赔偿。其他人不得主张此种赔偿”。第19条并补充规定道：“如果成员国的法律体系尚未许可在受害人死亡后第三人可以主张赔偿，则该国法律今后不得将此种损害赔偿请求权授予给除受害人父亲、母亲、配偶、未婚妻或者未婚夫、子女外的其他人。即使对于这些人的赔偿，也必须以死亡发生时与受害人有密切的情感联系为条件。对于那些立法已经承认此种损害赔偿请求权的国家，未来不得将此种赔偿的对象扩张至其权利继受者，赔偿范围也不得扩大。”很显然，欧洲理事会的决议在近亲属的所谓“情感损害”赔偿方面，是采取限制态度的，这表现在赔偿对象和赔偿范围都被加以严格限定。

不过，法国法院在“情感损害”的赔偿方面表现出了十分宽松的态度。③ 并且这一态度并得到了立法者的认同。法国法院以“生存条件中的

---

① G. Morange，“A propos d'un revirement de jurisprudence：la réparation de la douleur morale par le Conseil d'Etat”，D.，1962，chr. p. 15.

② Geneviève Viney，Patrice Jourdain，Les conditions de la responsabilité，p. 60.

③ Yvonne Lambert-Faivre，“Le droit et la morale dans l'indemnisaion des dommages corporels”，D.，1992，chr.，p. 165.

困扰”(*trouble dans les conditions d'existence*)为标准来衡量“情感损害”是否成立。判例一直在扩张有权主张情感损害赔偿的权利主体。在1930年代，法院要求权利人必须是“具有血缘或者婚姻联系”的近亲属。[①] 到了1960年代，法院表现出更为自由主义的倾向，将赔偿对象扩大到更为遥远的亲属或者未婚夫（妻）[②]，甚至包括亲属以外但是具有明显情感联系的人。

值得关注的是对于同居者的“情感损害”赔偿问题。法国法院在很长时期内对于这种自由结合持敌视态度，认为所援引的利益“不合法”。因此，在1937年7月27日的一项判决中，法国最高法院指出，同居一方无权就同居另一方的死亡主张间接损害（*dommage par ricoche*）的赔偿，同居关系本身由于其不稳定和不合法性（*irrégularité*），使当事方无法主张存在法律所保护的合法利益。[③] 到了1950年代，法国法院例外地对于某些稳定和非通奸关系的同居者予以保护。[④] 这一问题的发展并未到此结束：在1970年2月27日的*Dangereux*判例中，法国最高法院以联席审判庭的方式做出裁决，同居关系中的一方因侵权行为而死亡，同居另一方有权就因此所遭受的经济损失和精神损害主张赔偿[⑤]；法院并不考虑同居关系本身的合法性（该案中双方为通奸关系）。法国最高法院由此实现了一个大的转变。尽管引起争议，*Dangereux*判例在刑事诉讼中似乎也得到了遵从，譬如在贝尔福地区大审法庭1995年7月25日的一项刑事判决中，同居一方对于刑事被告人导致同居另一方的死亡主张经济损失和精神损害赔偿的请求得到了支持。[⑥] 另外，法国行政法院在1978年的一个判

---

① Req.，2 février 1931，DH，1931，p. 113；JCP，1931，Ⅱ，41.

② Crim.，5 janvier 1956，D.，1856，p. 216；JCP，1956，Ⅱ，p. 9146. CA Paris，14 janvier 1966，Gaz. Pal.，1966，Ⅰ，p. 234.

③ Cass. civ.，27 juillet 1937，DP，1938，1，p. 5. 而随着法国1975年7月15日法律实现了通奸的非罪化，同居本身成了一项合法的情势，这使同居另一方就同居一方的死亡而主张赔偿的要求合法化，无论他们之间是否构成通奸关系。

④ Crim.，24 février 1959，JCP，1959，Ⅱ，p. 11095.

⑤ Ch. Mixte，27 février 1970：Dalloz，1970，p. 201，note Combaldieu；JCP 1970，Ⅱ，16305，concl. Lindon；note Parlange.

⑥ TGI de Belfort，25 juillet 1995，JCP 1996，Ⅱ. 22724，note C. Paulin.

决中，也支持对于同居者的情感损害赔偿。①

如今，在法国，同居一方如因侵权行为而死亡或者受到伤害，另一方主张“情感损害”赔偿是完全可以被受理的。不过，也有学者对于*Dangereux*判例以后的自由主义趋势提出了尖刻的批评，认为法院走得太远，合理的做法应当是将赔偿的对象“限于受害人的近亲属范围之内”，因为只有他们才会因为“共同生活的中断而导致生存条件方面存在困扰”②。

就可以主张“情感损害”的事由方面，法国法院最初只许可在发生受害人死亡的情形下，近亲属才有权主张。如果受害人只是受到伤害，则其近亲属无权主张。到后来，法国法院认为，如果受害人的损害具有“特别严重”的特点，则其近亲属可以主张情感损害的赔偿。③ 而再后来，“特别严重”这一标准也最终被法国法院所抛弃。④

但是，法国最高法院刑事审判庭一直拒绝在受害人未死亡的情况下，允许其近亲属主张“情感损害”赔偿，因为它认为追究犯罪者的责任是专属于受害人本人的权利，拒绝近亲属的请求可以防止“一罪两罚”现象的发生。⑤ 民事审判机构和刑事审判机构的立场差异使法国最高法院于1979年以全院审判全会的方式做出判决，支持了刑事审判机构的立场，认为仅“直接因为不法行为而个别地遭受了痛苦”的人才能主张情感损害的赔偿⑥，从而在刑事附带民事诉讼中排除了近亲属的赔偿请求。但是，在1989年2月6日的*Latil Janet*判例中，刑事审判庭最终依据刑事诉讼法典第2、3条，接受了在受害人仍然生存的情况下其近亲属的赔偿请求。⑦由此，刑事审判机构和民事审判机构在这个问题上最终实现了立场的统一。

二战后，法国法院在所谓“情感损害”赔偿方面越走越远，最为离奇

---

① CE，Ass.，3 mars 1978，Dame Muesser，AJDA，1978，p. 232.

② G. Viney et P. Jourdain，Les conditions de la responsabilité，p. 63.

③ Civ.，22 octobre 1946，JCP，1946，Ⅱ，n°3365.

④ Cass. Civ.，2e，23 mai 1977，Bull. Civ.，Ⅱ，n°139.

⑤ J. Dupichot，Les préjudice réfléchis nés de l'atteinte *à* la vie et *à* l'intégrité corporelle，LGDJ，1969，p. 226.

⑥ Cass. Ass. plén.，12 janvier 1979，RTD. civ.，1979，p. 141，obs. Durry.

⑦ Cass. crim.，Bull. crim. no 63；D. 1989，p. 614，note Bruneau.

的是就动物因侵权行为死亡而判决支持其主人的“情感损害”赔偿要求。在著名的Lunus判例中，原告拥有一匹叫作Lunus的赛马，原告将其租给一教练参加比赛。比赛组织者Hippique协会的主席将赛马关在笼子里，后赛马不幸触电死亡。波尔多上诉法院判决Hippique协会主席及该协会赔偿原告及教练50万法郎（约合75 000欧元）的精神损害赔偿。① 在1983年的一起判决中，原告的狗被被告的狗咬瞎了一只眼，由此原告的狗后来在行走过程中无法正确判断线路而撞上围墙。原告由此主张，这种情景给他带来了精神上的痛苦。法院判决被告支付1 000法郎（约合150欧元）的精神损害赔偿。② 另外，兽医在未获得动物主人明确同意的情况下，为其患病的宠物实施安乐死，也会被判决支付精神损害赔偿。

由此，有法国学者指出，如今的判例越来越具有“将动物类比为人”的拟人化趋势。③ 因此主张就动物的死亡而获得精神损害赔偿就显得越来越司空见惯：在里尔法院1999年审理的一起诉讼中，原告是一个盲人，他就其导盲犬的死亡主张精神损害赔偿。法院在判决中认为死去的小狗是“服务于失明者的视力替代犬（*chien prothèse*）”④。

另外，物的毁损灭失也可能引发“情感损害”而获得赔偿。例如，原告主张与其具有“情感联系”（*lien d'affection*）的汽车的损坏为其带来了精神损害。⑤ 而如果遵循同一逻辑，就不难理解有当事人声称具有特殊感情的祖屋的毁损，或者其他物件的毁坏，会给其带来精神痛苦，因而主张精神损害赔偿。⑥

这些判例都引起了法国学理界的争议。一些法国学者批判判例在情感

---

① Arrêt Lunus，Cass. 1ère Civ. 16 janv 1962，D. 62，jur. p. 199；JCP 62，Ⅱ，n° 12557.

② TGI Moutiers，16 fév. 1983，Gaz. Pal. 1984，2，somm. 290.

③ Xavier Pradel，Le préjudice dans le droit civil de la responsabilité，op. cit.，p. 125，note 407.

④ TGI，Lille，23 mars 1999，Defrénois，art. 37048.

⑤ TGI Le Mans，14 oct. 1966，Gaz. Pal.，1967，Ⅰ，p. 29.

⑥ A. Coudeyville，"Le pretium affectionis；un piège pour le juge administratif"，D.，1979，chr.，p. 177.

损害赔偿问题上所表现的自由主义趋势过于离谱，情感损害这一诉由已被滥用。①

就“情感损害”的具体评估问题，法国法官会考虑当事人与受害人之间的情感联系的程度。例如，法国法官可能判决支付象征性的1欧元给祖父母、外父母或者旁系亲属；如果受害人死亡，法国法官有可能判决侵权人支付12 000欧元给受害人的配偶，支付7 500欧元给其子女，支付10 500欧元给其父母。总之，赔偿额度变化比较大，完全由法官视案件的具体情况而定。

恰如有些法国学者所指出的，“精神损害打开侵权责任法的潘多拉魔盒。法官不得不对其无限扩张的能力进行限制，对于某些精神损害予以一般水准的补偿，这自然激起了许多人的失望”②。除了在赔偿数额方面的限制以外，在程序上还存在着诸多的限制。譬如，在刑事犯罪案件中，虽然 *Latil Janet* 判例许可近亲属主张精神损害赔偿，但是在实践中法官在受理近亲属提起的附带民事诉讼方面仍然采取十分严格的限制性态度。③另外，就受害人在受伤后到死亡前所经历的痛苦，在其死后能否由其继承人“继承”赔偿请求权的问题④，法国法院昔日的自由主义态度也遭受了越来越多人的批评，如今比较一致的意见是，法院许可继承人就受害人死亡前所遭受的痛苦主张精神损害赔偿，实际上是将精神损害赔偿与其他性质的损害混为一谈，忽视了精神损害本身的个别性和人身性特点。⑤ 更有

---

① Philippe le Tourneau et Loïc Cadiet，Droit de la responsabilité et des contrats，Dalloz Action 2002/2003，n° 1565. Geneviève Viney，Patrice Jourdain，Les conditions de la responsabilité，pp. 63 - 64.

② Philippe Malaurie，Laurent Aynès，Philippe Stoffel-Munch，Droit civil，Les Obligations，Defrénois，2003，p. 133.

③ Ass. plén.，12 janvier 1979，affaire Salva，JCP 1980. Ⅱ. 19335，rapport Ponsard et note M. -E. Cartier. See Philippe Malaurie，Laurent Aynès，Philippe Stoffel-Munch，Droit civil，Les Obligations，p. 121.

④ Cass. ch. Mixte，30 avril 1976，Watelet，Bull. cass ch. Mixte，n° 3，D.，1977，p. 185.

⑤ Philippe Malaurie，Laurent Aynès，Philippe Stoffel-Munch，Droit civil，Les Obligations，p. 113.

法国学者斥责此种做法是“法律上毫无理由的无耻”① (*indéfendable impudence juridique*)。总之，可以预计，法国法院未来对于近亲属主张所谓“情感损害”的赔偿，应该会采取更为严格的限制性态度。

四、过错责任一般条款的历史演变

1804年法国民法典第1382条可谓一般条款的杰出代表，是民法典中最负盛名的一般条款。其发展演变历程极为典型地说明了民法典如何适应社会转型所带来的剧烈变化。诞生于两百多年前的这一条款规定：“因过错致人损害者，应对他人负赔偿之责”。该条以其简明和一般性而著称，它也蕴含了现代侵权法的基本目标：惩罚、补偿以及预防。② 该条的简约使人难以看出其本身的丰富意蕴，以及其所包含的基本要素的发展历史。自法国民法典于1804年颁行以后，第1382条的法律适用在初期并未遭遇太大的困难。半个世纪多以后，它便开始遭遇双重危机：一方面，新型损害类型的大量增加，迫使法官和立法者不断介入，以实现侵权法的首要目的——补偿。但是，为了实现救济目的，必须确定受保护的利益类型、责任人以及赔偿的具体方式，这导致了大量的侵权单行法的出现。而保险制度特别是直接责任和间接责任所导致的责任的社会化，则打破了第1382条在救济功能上的垄断格局；客观责任的出现削弱了过错责任一般条款的地位。另一方面，新的损害类型的出现，凸显传统侵权法的局限性，使侵权法的功能从救济逐渐转向预防，此种预防性功能表现为面向未来可能发生的风险，具有预示和阻吓作用。在当代，尽管历经两个世纪的考验，法国民法典第1382条得以保留并继续发挥着重要的作用，其作为法律规范的价值也从未被质疑：它的“道德价值”体现于对不法行为的制裁，其“社会价值”则体现于对社会成员行为方式的调整。由此，它仍然被视为侵权法的基础性原则。

---

① Yvonne Lambert-Faivre, Droit du dommage coporel. Systèmes d'indemnisation, op. cit., n°201, p. 297.

② Olivier Descamps, “Le destin de l'article 1382 ou: de la fable du chêne et du roseau en matière de responsabilité civile”, in *Droits*, *Revue française de théorie*, *de philosophie et de culture juridique*, 2008, Vol. 47, p. 24.

正是鉴于法国民法典第 1382 条作为一般条款的高度灵活性和出色的适应能力，我国 1986 年《民法通则》也借鉴了这一模式，其第 106 条第 2 款规定，“公民、法人由于过错侵害国家的、集体的财产，侵害他人财产、人身的，应当承担民事责任”。2009 年《侵权责任法》继续沿用了这一一般条款，于第 6 条第 1 款规定：“行为人因过错侵害他人民事权益，应当承担侵权责任。”而在中国民法典的编纂工程已进入关键阶段的背景下，深入研究法国民法典第 1382 条在两个多世纪里所经受的挑战以及其成功回应的经验，无疑有助于加深我们对一般条款及民法典生命力的思考，促使我们思考未来的中国民法典如何做出更优的立法技术选择。

（一）中世纪—1804 年：过错责任一般条款的确立以及其精神

历史地看，法国民法典第 1382 条所涉及的侵权责任的基本要素——过错、损害和赔偿，可追溯至罗马法时代。公元前 3 世纪的阿奎利亚法就已有对侵权行为进行制裁的规定。后来，侵权法的适用范围逐渐扩大，而刑法的适用范围则不断缩小。中世纪教会法关注道德上的责任，尤其是可归责性及过错，教会法学者倾向于从道德神学的角度来衡量行为人主观上的可责难性。受到基督教教义的启发，教会法于 13 世纪前后创立了不当得利返还法律制度，强调不得以损害他人的方式使自己获利的义务。基于宗教上的悔罪教义，教会法认为，如致他人以损害，则对受害者负有绝对的道德义务给予补偿。不过，源自罗马法时代的决疑论（casuistique）色彩在教会法的相关制度中始终存在，侵权法仍然表现为对一些致害情形的具体答问形式，教会法时代的侵权法也并未摆脱这一特征。而一般化倾向的出现，首先是在损害的概念之上，即企望将尽可能多的损害类型包含于侵权法的损害概念之中。[①]

从词源学的角度考证，现代法上的“责任”（responsabilité）一词来源于拉丁文“respons”及“respondere”，而这些语词又源于罗马法的法律概念“sponsio”，该词是指庄严的承诺，“responsor”是指对经过允诺交换后对他人的主债务负责的人。这些概念看似与今天的“责任”没有任

① Olivier Descamps, *Les origines de la responsabilité pour faute personnelle dans le Code civil de* 1804, LGDJ, 2005, pp. 131 - 133.

何联系，但是它们已经包含了“担保”的含义。13 世纪，“有责”（responsable）一词有三层含义：“回应”“诉讼上可成立”及“抵御”。此后，该词的意义逐渐固定为“负有回应义务”。另外，11 世纪欧洲迎来了罗马法的复兴，研究罗马法的学者从“对物的不当损害”（damnum iniuria datum）制度中提炼出过错（culpa）这一要件；教会法学家进一步强调了主观过错在责任中的重要性，他们认为，如果没有过错存在，则阿奎利亚法不能适用；但仅有过错是不够的，还需要有损害（damnum）的存在；二者之间的连接就是包含于“datum”（不当地）一词中的因果关系。教会法学家区分了近因和远因，最接近损害的原因才被认为是损害发生的原因。

一般认为，一般条款在法学上的诞生应归功于自然法学派的代表人物、荷兰法学家格劳秀斯在 17 世纪中期的论述。在其 1631 年所出版的《荷兰法导论》中，格劳秀斯提出了如下论述：“一切由于过错致使他人受伤或者死亡或致他人财产受损者，均应负赔偿之责”。该论述将“过错”与“损害”相联系。格劳秀斯使用了“害意”的概念，他指出：“我们用害意一词指称一切过错，它或者是作为，或者是不作为，与所有人或者基于某一特定身份而所应当做的事情相反。这样的过错，如果导致了他人的损害，则自然产生一项债务，其目的在于补偿受害者。”① 格劳秀斯的论述后来在德国和荷兰得到广泛的传播，产生了很大的影响。但由于格氏的著作以拉丁文写作，所以在法国后来虽有译本出现，但其影响力仍然有限。

法国著名法学家让·多马（Jean Domat）在 17 世纪后半期的研究中对侵权法的一般原则作了系统论述。他扩大了损害的类型并对损害进行了一般化提炼。但是，多马的表述仍带有决疑论的色彩，类似于对罗马法具体答问式做法的扩大适用。② 因此，他的研究难以说是完全的创新，而像

---

① Robert Feenstra，“Zum Ursprung der deliktischen Generalklausel in den mordernen europaïschen Kodifikation”，in *Zeitschrift für europaïsches Privatrecht*，2001，tome 9，pp. 585 - 594.

② Jean Gaudemet，“Les tendance *à* l'unification du droit en France dans les derniers siiècles de l'Ancien Régime（XVIe - XIIIe）”，in *La formazione strorica del diritto moderno in Europa*，Firenzi，1977，p. 171.

是一种法学发展史上的过渡阶段。1750 年前后，奥尔良大学的德拉雅内（Prévot de la Janés）教授引用了多马的论述，并将其作为损害范畴的重要发展。而同在奥尔良大学任教，后来被称为“法国民法典之父”的波蒂埃在其《债法研究》中总结了多马关于侵权和准侵权的定义。在法国大革命期间所产生的几部民法典草案，都曾受到多马和波蒂埃学说的影响，但这些草案曾在主观责任和客观责任之间摇摆。最后，1804 年法国民法典的起草人采纳了过错责任。[①]

1804 年法国民法典第 1382 条最终以高度凝练和简洁的一般条款的形式确认了过错责任。该条总结了罗马法以来侵权责任的诸要素：过错、损害和因果关系。在表述上，该条文以过错开始，继之以损害，最后以赔偿义务结束。但是，该条是第一次真正地在现代法意义上使用“责任”这一法律范畴，并使过错责任成为现代侵权法最为重要的归责原则。[②] 从精神气质上看，1804 年法国民法典第 1382 条体现出普遍主义、个人主义和道德主义三重价值取向。[③]

就普遍主义而言，该条表现出法典起草人希冀确立具有普适性和永恒性的一般性规则的强烈倾向。在民法典颁布之前，法国的地方习惯众多，规则林立，因此法典化的首要使命是统一法律适用。为此，法典起草人希望制定多马所称的“为社会秩序所必需的、永恒和自然的法律”，而避免“主观臆断的法律”。在“无约定之债”部分的立法说明中，特雷雅（Treihard）曾指出：“此种债务立足于深深植根于所有人心中的基本道德原则，应该对其他人做我们希望他们在相同环境下为我们所做的，我们应当赔偿我们所造成的损害；这些规则来自……永恒的真理”。德格莱耶（Betrand de Greuille）在其提交给参议院的报告中指出，“每个人都是其

---

① Martin Xavier，“L'individualisme libéral en France autour de 1800：essai de spectroscope”，in *Revue d'Histoire des Facultés de Droit et de la Science juridique*，1987，Vol. 4，p. 87 et s..

② Olivier Descamps，“L'esprit de l'article 1382 du Code civil ou de la consécration du principe générale de responsabilité pour faute personnelle”，in *Droits*，*Revue française de théorie*，*de philosophie et de culture juridique*，2005，Vol. 41，p. 91.

③ Genevïevé Viney，*Traité de droit civil-Introduction à la responsabilité civile*，3e éd.，LGDJ，2008，pp. 21－24.

行为的担保人。这是一个社会最为基本的公理之一”。他后来在国民议会中进一步指出，“这些规则来自理性、智慧、自然衡平和最为健康的道德原则，这些是一项良好和持久的立法的基础”。法案评议委员会（Tribunat）委员塔里伯（Tarrible）更为精辟地指出：“这个条文以其广阔的余地囊括了所有的损害形态，使之服从于一项统一的赔偿制度，依据所遭受损害的具体价值来确定其数额。从杀人到轻微的伤害，从宏伟大楼的起火到破旧房屋的倒塌，这一切都适用同一个法律：一切损害都可以进行评估，以补偿无论经历了何种损害的受害人。”由此可以看出：起草人希望告别罗马法时期的决疑论模式，确立一项具有普适性的一般原则来适用于所有的侵权情形。

就个人主义而言，法国民法典第1382条完全贯彻了个人责任原则，没有任何的团体责任或组织机构的责任（此时的法国民法典中尚没有法人制度）。这主要是由于民法典起草人面对的是19世纪初的法国农业社会：这一时期的法国尚未迎来工业革命和机器大生产活动，其主要的经济活动基本都是手工式的作坊，因此，他们之间的法律关系基本上都是个人之间的法律关系；如发生纠纷，也是个人之间的争端。另外，民法典强调个人责任，也与物权法的所有权、合同法的契约自由等自由主义原则保持了方法论上的一致性。

就道德主义而言，法国民法典第1382条的表述将“过错”置于整个民事责任制度的中心。而关于过错的概念，民法典起草人无疑受到了多马等法学家的影响，而后者又受到了教会法学家的启发。教会法强调了不法行为在道德上的可非难性、道义上的应受谴责性。特雷雅在介绍民法典中侵权法部分的规定时指出，“如此规定之后，责任就代表正义。责任所适用的对象至少要么是判断力脆弱，要么是选择措施不当，这些人都存在过失：如果他们自己的良心没有谴责他们奉行了错误的原则或者做出糟糕的示例，这些规定的存在就尤其令人感到庆幸”。显然，过错责任具有强烈的道德教化色彩。法国民法典不仅规定了为自己之（过错）责任，还规定了为他人之责任，因为这些人应该对侵权的直接行为人负有监督管理之责，所以，关于“准侵权”（为他人之责任）的这些规定被视为过错责任的具体适用。因此，“毫无疑问的是，1804年民法典起草人的意图在于，对民事责任制度赋予某些道德上的根源”①。正是基于这样的考虑，起草人要求：对行为人施加侵权责任制裁，必须以行为人主观上具有过错为前提，过错成为责任的正当性要件。

（二）1804年—1880年代：过错责任的严格适用

在法国民法典颁行以后至1880年代的半个多世纪里，第1382条过错原则条款一直得到严格的适用。这一时期的法国民法理论沿用了波蒂埃的学说，分析了侵权和准侵权的概念：侵权指包含致害意图（害意）的不法行为，而准侵权则是指没有致害意图的不法行为。Duranton则使用了非常宽泛的侵权概念，甚至将刑事犯罪行为包含于其中。他引用了1801年雾月3日的法令：侵权是“人所实施的一切包含危害社会或者个人的意图的不法行为”。这一定义也引起了其他学者的批驳，譬如Marcadé就认为这一定义过于宽泛，否认了侵权并不总是刑事犯罪的观点。这一时期的学说也逐渐区分了民事侵权和刑事犯罪；不过，长期以来，民事侵权责任由于起源于刑事责任而一直处于其附庸地位。

这一时期的民法学说详细阐释了法国民法典第1382条的各项要件。就过错（faute）而言，这涉及对这一责任之基础的确切定义这一复杂问题。一些法国学者通过历史分析后指出，教会法对过错的定义具有重要影响，尤其是对过错中的道德层面的内容②；过错被认为是致害行为与行为人之间的可归责性。另一些法国学者则试图超越这一简单的描述。譬如，雷恩大学法学院Toullier院长认为，过错是“做了没有权利做的某件事情，或者忽视了应该做的某件事情”。还有部分学者援引罗马法特别是阿奎利亚法中的阿奎利亚法之诉（actio legis Aquiliae）制度要求有轻过失的规定，来说明过错本身存在着不同的种类，由此，学说应该建立过错的不同类别和等级。

就过错的类型化努力而言，存在三种分类。第一种是根据损害的客体种类，区分对于人身和对于财产（物权）的侵害；第二种在此前的古代法

① Genevïèvé Viney, *Traité de droit civil-Introduction à la responsabilité civile*, p. 24.

② J.-L. Garraniga, “Note sur l'histoire de la faute”, in *Droits*, *Revue française de théorie*, *de philosophie et de culture juridique*, 1987, Vol. 5, p. 17.

中即已存在，是根据过错的程度来分类；第三种是分为“作为侵权”（commission）的过错和“不作为侵权”（omission）的过错。譬如，法国民法典第1382条被认为是对作为侵权的规定，而第1383条则被认为是对不作为侵权的规定。不过这也引起学理上的争议，譬如，马尔卡德（Marcadé）就坚持认为第1383条毫无用处。他强调，上述对两个条文适用范围的区分是令人无法接受的，因为第1382条本身并未将疏失（imprudence）与过错相对立，而此种对立的后果是将后者仅限定于重大过错和欺诈（故意）的情形；第1382条仅仅是将过错与致害行为相对立；从其措辞来看，该条中的过错针对“一切行为”；由此，主张第1382条针对积极事实而第1383条针对消极事实的观点是值得商榷的①；这一区分也否认了在“作为侵权”中也存在过失侵权的类型这一事实。但也有学者不同意其观点，认为第1383条的内容对于第1382条缺乏过错的定义是一种缓和。

法国民法学界也对“损害”这一范畴进行了深入的分析。其时，民法学说对于精神损害问题一直存在分歧。赞成者认为，民法典第1382条和第1383条本身非常宽泛和概括性的措辞表明，精神损害也应该被纳入其中所称的损害；而反对者则强调，无法对精神痛苦进行精确的衡量，而且，精神痛苦也是非常主观化的感受。不过，法国法院的司法判例在很早就成功超越了理论上的争论，自1833年起，法国法院即开始承认精神损害赔偿。② 这在当时是非常罕见的——这比作为其邻居的德国早了近一个世纪。③ 显然，法国民法典第1382条措辞上的一般性特征，有利于法国法院将新型的损害形态纳入其中；同理，自1840年代起，判例开始适用法国民法典第1382条来应对不正当竞争等商业侵权行为。从这一时期开始，一般条款的优势开始逐步显现；这种状况一直持续到19世纪80年代。

---

① V. Marcadé, Cours élémentaire de droit civil français, Tome Ⅴ, Paris: 1850, p. 280.

② Chambres Réunies, le 15 juin 1833, *Sirey*, 1833, 1, 458.

③ 参见张新宝主编：《精神损害赔偿制度研究》，407－409页，北京，法律出版社，2012。韩赤风：《精神损害赔偿制度的划时代变革——〈德国民法典〉抚慰金条款的调整及其意义与启示》，载《比较法研究》，2007（2），85页。

（三）1880年代—1950年代：责任基础的多元化

19世纪后半期的工业革命给法国民法典第1382条的适用带来了诸多挑战。机械的广泛使用导致侵权事故大量发生，特别是使劳动事故频发，因而对受害的机械工人的救济问题成为当务之急。雇员显然很难举证证实其雇主存在过错，这就必然涉及对过错在整个侵权责任中的地位这一基本问题的反思。判例倾向于严格适用法国民法典第1382条，要求受害人证明过错的存在。这迫使民法学理界寻求新的解决之道，以救济受害的工人。譬如，1884年，圣特雷特（Sainctelette）主张扩展合同责任的适用范围，并在合同之中纳入雇主的安全义务（obligation de sécurité）。1898年4月9日，法国通过一项法律，引入了"风险"的思想。这一思想似乎来源于奥地利和意大利。[①] 这一思想很快在民法学界引发共鸣。司法实务则走得更快，1896年对Teffaine案的判决[②]是一个标志性判例。

在Teffaine案中，被告所有的牵引锅炉发生爆炸，导致操作机械的工人Teffaine重伤，后来因伤重而去世。受害人的配偶向锅炉所有人提起诉讼（后者又对锅炉的建筑人追加诉讼，因为锅炉存在建筑缺陷）。受害人配偶的起诉最初被一审法院驳回，但是得到了上诉法院的支持。上诉法院认为，一方面，受害人和被告之间存在合同关系，其中包含了默示的安全义务。法院为此援引了法国民法典第1160条："合同须依惯例补充其条款，无论其是否在合同中表述。"这就是说，法官可以依照惯例对合同条款进行补充，无论其是否出现于合同之中。另一方面，法官对建筑瑕疵进行了考虑，依照法国民法典第1386条确立了被告的责任。该条规定，"建筑物所有人如未能对其进行维护，或者存在建筑瑕疵，对由此造成的损害负责"。被告由于是带来危险的建筑物的所有人，因而应承担侵权责任。这一案件后又被上诉至法国最高法院。法国最高法院最终依照法国民法典第1384条（人不仅应对其自己的致害行为负责，而且应对其监管下的人的行为以及所照管的物所生之损害负责）确立了所有人的侵权责任。尽管

---

① E. Gaudemet, "Une évolution nouvelle dans la théorie de la responsabilité civile", in *Revue trimestrielle de Droit civil*, 1927, Vol. 26, p. 839.

② Cass. Civ., 16 juin 1896.

所有人证明了建筑人存在建筑瑕疵和过错。这一判决引发了对传统侵权法上的赔偿尤其是过错问题的探讨。撒莱认为，应该对有关工伤事故的判例进行整理，对风险思想进行系统化，将此推广至所有的工业损害。约瑟朗（Josserand）赞成这一主张，建议将此思想应用于一切的物所生之责任。但这也引发很多传统过错责任赞成者的批评。例如：艾斯曼（Esmein）认为这种论调令人无法接受；普拉尼奥尔（Planiol）认为，无过错责任是一种社会的不正义，在他看来，风险理论根本就是一种不作为主义和墨守成规，因为人的任何行为都有可能对他人带来风险。

由此，法国民法学界的争论集中表现为过错之外是否存在其他的责任基础。著名的亨利·马佐（Henri Mazeaud）和列昂·马佐（Léon Mazeaud）兄弟俩（均为巴黎大学私法学教授）在1920—1930年代对民事过错的概念进行深入的分析，剔除其中的道德要素而将其限定为客观的层面。十多年之后，斯塔克（Starck）提出了一种新的思想：保障（garantie）论。这一理论不再关注过错和风险，而是关注受害人；并认为，并不存在多种责任基础，而仅有一个责任基础，这就是保障个人的权益。从这一基础出发，斯塔克推导出针对人身损害和侵害物权的无过错责任与针对经济损失和精神损害的过错责任的双轨制。

由此，颇为有趣的是：法国民法典第1382条在侵权法的许多领域的适用遭遇了不少困难，引发了不少争议；与此同时，它在另一些领域的适用却取得了很大的成功，这包括不正当竞争行为的商业侵权，以及侵犯新型人格权领域。法国法院根据法国民法典第1382条，对侵害名誉权和姓名权的行为进行制裁。而从这些判例出发，法国民法学界逐渐发展出一套作为主观权利、具有可对抗性的人格权理论；对某些侵害人格权的情形可直接推定行为人存在过错，以及受害人存在精神上的损害。另外，值得注意的是，由于法国民法典第1382条在过错要件上的严苛，第1384条的物所生之责任的适用范围逐渐得到扩张。

在1930年对Jan d'heur案的判决①中，原告为一位成年人，被一辆移动中的卡车所撞伤，遂对该车辆的管理人提起诉讼。如前所述，法国民

① Cass.，Ch. Réunies，13 février 1930.

法典第 1384 条第 1 款规定："人……对其照管下的物所生之损害负责。"据此，法国上诉法院认为，该条不能适用于本案，因为本案的事实更类似于卡车驾驶人（也是车辆所有人）的行为所致损害：当时卡车处于移动之中，处于人的控制之下。因此，原告应证明控制人存在过错及可归责性。由于原告无法证明其存在过错，因而后者免于承担责任。法国最高法院撤销了上诉法院的判决，确立了物所生之责任的一般性规则：法国民法典第 1384 条第 1 款并未区分静止之物与移动之物，该条将责任归于对物的照管，而非归于物本身；该条推定物的管理人对损害发生负有责任（不是简单地推定过错），其不得通过举证证明其没有过错而免于承担责任，仅有意外事件方可免责。据此，法国法院确立了无过错原则，过错的沉重举证不再被要求，受害人仅需证明物处于被照管的状态即可要求照管人承担责任，无论受害人是否与物发生实际接触，无论物本身是处于静止还是运动状态（如物处于运动状态，甚至可以推定其为受害人发生损害的原因）。这使工业事故的受害人不难获得赔偿，"客观责任"（responsabilité objective）也就由此诞生。

1941 年的 Franck 案①是另一个重要判例。该案中，被告的车辆被盗，盗贼驾驶其车辆致一人死亡后逃逸，死者家属对被告提起诉讼。法国上诉法院驳回了原告的起诉，认为被告在车辆被盗后无法对车辆进行监管。法国最高法院认为，被告"丧失了对车辆的使用、指挥和控制，因此不再是车辆的管理人"，故法国民法典第 1384 条第 1 款规定的管理人责任不能适用。这一判决具有重要的意义，因为它打破了"管理"和"所有"之间的联系，将"管理"变成了一个纯粹的事实概念（如同过错和因果关系一样），一种三部曲式的事实："使用—指挥—控制"。"所有"也变成了一种事实，可以成为一种对"管理"的推定因素。当然，这一判决也显得过分严格，有法国学者批评认为：考虑到本案中直接侵权人肇事后逃逸的事实，受害人无法得到任何补偿（此时尚无交强险和受害人赔偿基金），这未免显得不公平。从这个角度来看，将"管理"与"所有"相联系的做法，其实仍然还是具有优点的。

---

① Cass., Ch. Réunies, 2 décembre 1941.

(四) 1950年代—2005年：责任的社会化与过错的客观化

1941年对Franck案的判决凸显了保险制度和责任社会化的必要性。由此，自二战后起，社会保险等制度得到广泛的发展。其实，责任的社会化始于二战之前，1930年的保险合同法标志着这一趋势的开始。后来，1951年的补偿基金法、1958年的道路交通强制保险法等特别法，都对法国民法典第1382条这一过错责任条款产生了深远的影响。

在1950年代，过错责任一方面得到一定程度的发展，但因为不作为过错的种类不断扩展，它在另一方面却开始出现衰落，责任保险制度使主观过错的地位受到很大的冲击，对受害人的救济依赖于保险制度，侵权责任的分担往往取决于投保的事实。1960年代，坦科（Tunc）教授发起了对保险制度在侵权法体系中的地位的探讨。他以交通事故侵权的大量判决为例，严厉批评了传统侵权法的过错原则。不过，这些判例依据法国民法典第1382条或者第1384条，有时候也拒绝对受害人给予赔偿。坦科教授并未主张彻底取消过错的概念，他只是建议应对致害行为进行分类：故意侵权和由于人性弱点所导致的错误。1960年代，他起草了有关的立法草案，但是立法者一直未做出反应。

1982年对Desmares案①的判决是一个刺激立法者做出反应的判例。该案中，某晚被告在郊区驾驶汽车，撞伤了通过路口的一对行人（但行人在穿过马路时存在过错，因为其当时未走夜间受到特别保护的人行通道）。受害人对侵权人及其保险人提出赔偿请求，但遭到后者的拒绝。根据法国最高法院此前的判例，法国民法典第1384条第1款中的管理人如果要想免责，必须证明受害人存在过错或者发生不可抗力事件。该案中，一审法院支持了被告的请求，拒绝给予原告赔偿。二审法院撤销了一审判决，认为被告应承担赔偿责任。该案被上诉至法国最高法院。该案中核心的问题是：法国民法典第1384条第1款中的管理人能否通过证明受害人存在过错而主张免除责任？法国最高法院在判决中指出：受害人的过错不能免除侵权人的责任，除非其构成不可抗力事件（但这一做法后来被法国最高法院摈弃，因为它后来也认为，如果受害人过错是损害发生的原因的话，那

---

① Cass. Civ.，2^{e}，21 juillet 1982.

么侵权人也可以免除责任）。法国最高法院强调："仅有在某一事件构成不可抗力的情形下，基于民法典第 1384 条第 1 款，作为致害工具的物之管理人的责任方可被免除；由此，受害人的行为如果对管理人而言不是不可预见和不可阻止的，就不能使其免责，即便是部分免责。"这就是所谓的"全部或无"（tout ou rien）的归责方式。Desmares 案的判决直接刺激了立法者的立法介入。[①] 1985 年 7 月 5 日，法国通过了《道路交通事故法》，该法旨在使受害人更容易获得救济，过错由此从主观变为了客观：机动车"牵涉"（implication）到交通事故。

另外，法国民法学界在 1960 年代也对"过错"和"可归责性"进行了反思。[②] 学理认为，过错包含客观层面和主观层面。就客观层面而言，过错表现为人的某种行为和某种态度违反了某一法律规范（欠缺对法律的尊重），也表现为对习惯、行业管理、职业纪律或者游戏规则、诚实信用原则的违反。过错在客观上通常会表现为对他人的妨害，而法律上存在着"勿害他人"的一般性义务。法国最高法院在一个判决中指出："法律或行政法规授权行为人在基于对第三人的利益考虑所设定的某些条件下，可从事某一行为，这并不意味着可免除行为人根据民法典第 1382 条所负有的谨慎和勤勉的一般性义务"[③]。就主观层面而言，过错意味着损害必须可归责于行为人，为此，行为人必须具有意识并且具有行动自由。因此，受胁迫者不具有可归责性。可归责性问题对于未成年人和行为能力欠缺的成年人尤其具有意义：在很长时期内，精神病人被认为不应负有民事责任，因为其不具有意思能力，因而不可能具有过错；未成年人亦然。这是刑法上（刑事责任年龄）的做法。然而，这会造成不公平的局面：无论受害人的损失多大，不具有行为能力和判断能力（discernement）的加害人都可以不负责任。判例也努力做出了一些纠正，譬如让负有监督责任的人承担侵权责任。

---

① J.-L. Aubert，"L'arrêt Desmares，une provocation... *à* d'autres réformes"，in *Recueil Dalloz*，1983，chron. 1.

② Christophe Guettier，"Faute civile et faute administrative"，in *Responsabilité civile et assurances*，n° 6，juin 2003，(Colloque)，n° 19，pp. 66－74.

③ Civ. 2e，14 juin 1972，D. 1973. 423，civ. 2e，14 juin 1972，D. 1973. 423.

最终，1968年1月3日的法律为法国民法典引入了一个新的第489－2条："处于精神障碍状态下的人对他人造成损害，仍应负赔偿之责。"对于完全没有行为能力的未成年人而言，其无法意识到其行为的后果，就其侵权责任问题最高法院在1980年代先后做出了一系列判决①，1990年代的判例在评估过错程度的时候对此前的做法进行了一些缓和。② 判例认为，未成年人也可以基于法国民法典第1382条承担责任。在某一个案件中，一个电工在安装插座的过程中犯下错误，而一个13岁的未成年人在拧紧灯泡的过程中因此受伤。法国上诉法院认为，双方都具有过错，因而都应承担相应的责任。受害人随后上诉称：由于欠缺判断能力，因而其不可能具有过错。但这一上诉理由最后被法国最高法院驳回。由此，过错逐渐出现了客观化的趋势。为了证实过错的存在，受害人无须再证明行为人存在判断能力。

保险制度也促进了"损害"概念的进一步扩张。③ 其典型例子如精神损害的范围扩大，甚至可以纳入因为心爱的动物的死亡所导致的精神痛苦：最高法院在1962年的一个判例中，承认原告因为其心爱的赛马死亡而遭受了精神痛苦，可以获得精神损害赔偿。④ 保险制度也对损害赔偿制度带来了影响，法国民法典中所规定的完全赔偿原则（réparation intégrale）在不法行为人本身财产有限的情况下很难得到落实，而保险制度可以弥补侵权人赔偿能力不足的缺陷，使受害人可以得到尽可能多的赔偿。

责任的社会化也会引发争议，导致侵权法的"受害人化"和不负责任。⑤ 对于侵权法的这一演进，萨瓦提埃（Savatier）曾经深刻地指出："侵权法不再追溯损害的原因，它仅关注结果；它不再注意责任人，而是

---

① Ass. Plén. 9 mai 1984，(5 arrêts) D. 1984. 525，Concl. Cabannes et note F. Chabas.，JCP 1984. II. 20255，obs. Dejean de la Bâtie.，20256，obs. Jourdain.

② Civ. 1re，7 mars 1989，J. C. P. 1990，Ⅱ. 21403，note Dejean de la Bâtie. Civ. 2e 4 juillet 1990，bull. civ. II. No 167，Rtdc 1991. 123，obs. Jourdain.

③ RAFFI Rémy，Vers la disparition de l'anormalité dans la responsabilité civile délictuelle? in *Les Petites Affiches*，17 novembre 2004，n° 230.

④ Civ. 1re，16 janvier 1962，Dalloz，1962.，199，note R. Rodière.

⑤ Georges Durry，"La responsabilité pour faute"，in *Responsabilité civile et assurances*，n° 6，juin 2003，(Colloque-Note de synthèse)，n° 22，pp. 84－90.

关注受害人。”[1] 侵权普通法的地位由此出现下降，而侵权特别法大量衍生。这些特别法都旨在为受害人提供更为有利的救济，以规避普通法对他们不利的规定。当然，侵权特别法的大量衍生也带来新的问题：使侵权法的体系被破坏；其零散性和规则的特殊性对于民众而言变得无法理解和适用。这理所当然地招致许多批评。有批评者认为有必要对这些侵权特别法进行理性化和重述，重新赋予法国民法典第 1382 条和第 1383 条以活力。当然，对于侵权普通法来说，它并未因为侵权特别法的激增而消亡。归根结底，如果侵权特别法因不具备适用条件而无法适用的时候，侵权普通法仍然应得到适用。

过错责任的“宪法化”（constitutionalisation）为法国民法典第 1382 条赋予了新的活力。[2] 1982 年，法国宪法委员会在一项涉及对因行使罢工权而造成损害的工人代表给予免责的法律草案的决定中指出，根据作为法国 1958 年宪法序言的 1789 年《人权宣言》第 4 条关于“任何人无权损害他人”的规定，法国民法典第 1382 条过错原则具有宪法价值；“任何人都无权损害他人，原则上人的一切致他人损害的行为，应使有过错的行为人负赔偿之责”。法国宪法委员会显然直接援引了法国民法典第 1382 条。尽管立法者基于各种理由规定了对这一原则的例外情形，使行为人可以在一些情形下免于承担责任，但是，“法国法在任何领域中，对可归责于私法上的自然人或者法人的损害，并不存在无论过错的严重程度，行为人均可以免责的制度”[3]。1999 年，法国宪法委员会在对《民事互助契约（PACs）法案》进行审议的时候，针对签署民事互助契约的一方随时中断关系而另一方可请求损害赔偿的规定，援引了《人权宣言》第 4 条和法国民法典第 1382 条，肯定了法案的这一法律规定。[4]

法国民法典第 1382 条关于过错责任的一般条款具有很强的灵活性，使法典能够充分应对立法者所完全没有预料到的新形势和新问题。这正是

---

[1] Savatiers，Dalloz，1966，chronique，p. 149.

[2] Philippe Brun，“La constitutionnalisation de la responsabilité pour faute”，in *Responsabilité civile et assurances*，juin 2003，n° 6，pp. 37 - 42.

[3] DC，n°82 - 144，22 octobre 1982.

[4] DC，n°99 - 419，19 décembre 1999.

民法典开放性的集中体现和重要保障。该一般条款在适用范围上不断扩大："过错"被广泛地应用于商业侵权领域，例如违反诚实信用原则的不正当竞争行为就被认为具有"过错"，商业合同中恶意中断谈判的缔约过失行为也具有"过错"；过错责任也应用于一些新技术领域，没有尽到谨慎、勤勉和安全保障义务，同样具有"过错"①。

法国民法典第1382条的演进还表现于民事过错（侵权过错）与刑事过错关系的发展上。在最初，法国法是奉行刑事过错与民事过错独立的原则的。但是，法国最高法院1912年对Brochet et Deschanps案的判决改变了这一做法，确立了刑事过错与民事过错的同一性原则。② 由此，对于刑事案件，民事法官必须根据"先刑后民"（le penal tient le civil en l'état）的原则，暂时中止对民事案件的审理，等待刑事案件的判决结果，刑事判决结果对于民事侵权案件的审理具有约束力。这一做法的理由在于防止民事判决与刑事判决之间的冲突，意味着民事判决对刑事判决既判力的承认。刑事判决的优先性使民事法官对民事过错的审查要受制于刑事法官，如刑事判决有罪，认定刑事过错成立，则民事过错自动存在；反之，如果刑事判决认为被告人不存在刑事过错而宣告其无罪，则也不认为其存在民事过错，受害人无法提起侵权赔偿诉讼。③

这一原则显然会导致一些不合理的结果，因此它在后来逐渐出现了一些发展和变化。由于意识到民事程序对刑事程序的此种依附关系，有时候刑事法官会对一些过错相对轻微的刑事案件给予制裁，以便于随后民事法官为受害人开启民事侵权赔偿诉讼［这被形象地称为寻找"过错的尘埃"（poussières de faute）］。刑事法官的这一态度被一些人称为"某种意义上民事对刑事的优先性"。但这实际上是对刑事诉讼程序的一种扭曲。④

---

① F. Arhab，"Les nouveaux territoires de la faute"，in *Responsabilité civile et assurance*，janvier 2003，pp. 43－55.

② Tapia，Mauricio，Décadence et fin éventuelle du principe d'identité des fautes pénale et civile，in *La Gazette du Palais*，n° 66，07/03/2003，pp. 2－24.

③ Patrice Jourdain，"Faute civile et faute pénale"，in *Responsabilité civile et assurances*，n° 6，juin 2003，(Colloque)，n° 20，pp. 74－77.

④ P. Le Tourneau，L. Cadiet，Droit de la responsabilité et des contrats，Paris：2001，n° 689.

判例也逐步认为，刑事审判之被告人因为欠缺刑事过错而无罪释放，并不意味着其不承担民事责任。后来，法国 1983 年 7 月 8 日的法律对于刑事过错与民事过错的同一性原则设置了限制；而 2000 年 7 月 10 日的法律关于非故意犯罪的有关界定宣告了过错同一性原则的终结①：该法为法国刑事诉讼法典增加了一个第 4－1 条，根据这一规定，即便在不存在刑法典第 121－3 条所称的刑事过错的情况下，受害人仍然能够根据民法典第 1383 条之规定提起民事侵权赔偿之诉。这就是刑事过错与民事过错的二元性原则，它是立法者考虑到“非故意的刑事过错与民事过错的区分”②。由此，民事法官在同时涉及刑事过错与民事过错的情况下可以较为自由地对民事过错做出裁量。对于非故意的违法行为，如果刑事法官认定不存在刑事过错而释放行为人，民事法官仍然可以依照民法典第 1383 条的规定认定成立民事过错，判定行为人承担侵权责任，此时刑事过错与民事过错发生分离。如果刑事法官认定行为人构成刑事过错，应负刑事责任，那么，对同一行为进行审判的民事法官应尊重刑事判决的既判力，同样认定民事过错的成立，因为刑事犯罪行为是民事侵权损害发生的直接原因，二者之间成立因果关系。③

另一个问题是侵权责任与合同责任的关系问题。1990 年代起，一些法国学者［如菲利普·雷米（Philippe Rémy）、菲利普·勒杜诺（Philippe Le Tourneau）］开始质疑“合同责任”这一概念。④ 在他们看来，大陆法中所谓的“合同责任”，就其实质而言，其实是合同的“替代性履行”（exécution par équivalent）。在英国法中，合同不履行的后果与“责任”之间的区分十分清晰，前者与后者全然无涉；并不存在所谓的合同“过错”，义务的违反即可引发法律后果的产生；通过诉讼方式获得赔偿是所

① Petit，Serge，Décideurs publics：infraction pénale d'imprudence，faute personnelle et faute de service（Cour de cassation，Chambre criminelle，4 juin 2002），in *Recueil Dalloz Sirey*，n° 2，09/01/2003，pp. 95－98.

② J. Pradel，*Procédure pénale*，11e éd.，2002/2003，Cujas，p. 845.

③ G. Viney et P. Jourdain，*Traité de droit civil*，*Les conditions de la responsabilité*，LGDJ，2006，p. 770.

④ Philippe Rémy，“la responsabilité contractuelle，histoire d'un faux concept”，in *Revue trimestrielle de Droit civil*，1997，p. 323.

谓“争端性的合同履行”，即通过争端解决方式实现的合同履行，以区别于合同的正常履行。这些学者还进行了历史考证，他们认为，“合同责任”这一误导性概念的出现源于注释法学者普拉尼奥尔（Planiol）在1880—1900年前后的论述，他认为，过错是“对某一先在义务的违反”（manquement *à* une obligation préexistante），由此合同救济规则履行了“补偿不当损害的功能”，而这其实与波蒂埃的思想是不符的，波蒂埃认为整个救济制度的实质是履行合同中所约定的义务，是“替代性履行的职能”；批评“合同责任”这一概念的学者认为“合同责任”并不要求有损害的存在，它包含一切补偿债不履行的损害性后果的措施，并没有损害赔偿属性。

不过，法国民法界的主流学者并不同意上述看法。① 在他们看来，对于履行标的是金钱给付的合同，责任措施与合同履行在外观上很难相区别，合同责任与替代履行很难区分；对于除此之外的其他合同类型，二者的区分其实很清楚；在许多违约的情况下，受害人所获得的赔偿本身无法被视为所谓的合同被“替代性履行”。另外，司法判例也不支持前述否定性看法，根据许多判例，债权人除了要求实际履行或解除合同之外，还可以主张损害赔偿。此外，如根据前述所谓“替代履行”说，那么，法院应允许一方当事人选择英美法上所谓的“有效违约”（efficient breach of contract），即后者在提供了所谓的“替代履行”的情况下，即可主动选择违约，而不应再承担任何“合同责任”。这显然与“合同的不可触动性”原则相矛盾。合同责任是合同当事人对其做出的承诺“承担责任”，而主张合同损害赔偿，必须证实有实际“损害”的存在，此点与侵权责任相同。违约损害是指债务人不履行约定义务而剥夺了债权人所期望的东西，由此给后者造成“受挫”；这种“受挫”源于违约方对约定义务的不履行。由此，合同责任同样是“义务的违反＋损害的补偿”。由此可以看出，合

---

① G. Durry, “Responsabilité délictuelle et responsabilité contractuelle”, in *La responsabilité civile à l'aube du XXIe siècle. Bilan prospectif*. in *Responsabilité et assurance*, juin 2001, n° 9, p. 21.

同责任与侵权责任二者存在统一性。[1] 对于合同未得到正确履行的情况，可以区分为不同类型分别加以分析：

——如果一方违约，另一方选择维持合同的效力。此时受害方将获得"积极性"的损害赔偿，合同将被置于正确履行的状态。合同未消灭，债权人被置于与履行"同等"的状态。此时，"责任"的色彩淡化。

——如果债权人主张宣告合同解除或者被撤销。债权人未被满足（他曾要求过合同的实际履行），这里不存在所谓"替代性履行"的问题。由于是债务人不履行而引发合同的消灭，所以债务人承担的后果是"责任"。

——责任竞合。如果合同的不履行同时构成一项侵权行为（特别是人身侵权），则对侵权行为的赔偿义务应当被视为侵权责任的内容，而不是合同责任范围的不当扩张，因为这里不是所谓不履行行为导致预期利益的被"剥夺"或"受挫"。

（五）2005—2017年：债法的现代化努力

2004年3月，法国政府隆重纪念法国民法典诞生二百周年；同时，法国政府宣布开启民法典现代化的进程。随后，法国先后通过了担保法（2006年3月23日第2006－346政令）、继承与遗赠法（2006年6月23日第2006－728号法律）、成年人法律保护法（2007年3月5日第2007－308号法律），完成了对法国民法典相应部分的修改。

法国债法的现代化努力正是在这一背景下开展的。2005年，巴黎第二大学的著名学者皮埃尔·卡塔拉（Pierre Catala）教授召集了法国37名知名专家，主持起草了《法国债法与时效制度改革草案》（通称为Catala草案）。[2] 2008年，法兰西道德与政治科学院院士、原巴黎第二大学教授弗朗索瓦·泰雷（François Terré）教授也主持完成了另一部债法修订草

---

① G. Viney, "Rapport de synthèse", in *La responsabilité civile à l'aube du XXIe siècle*; "Bilan prospectif", in *Responsabilité et assurance*, juin 2001, n° 6, p. 83.

② Pierre Catala, *Avant-projet de réforme du droit des obligations et de la prescription*, La documentation française, 2005.

案（通称为 Terré 草案）。[①] 基于这两部专家建议稿，尤其是《欧洲合同法原则》和《共同参考框架（DCFR）》，法国司法部也于 2008 年和 2011 年先后公布了两份债法改革草案，都只针对合同法。较之于侵权法，合同法的改革进展要快得多：2013 年 10 月，法国司法部公布了一份新的合同法改革官方草案。[②] 同年 11 月，法国司法部向法国国会提交了一份名为《在司法和内务领域实现法律和程序的现代化和简化》的法律草案。法国国会于 2014 年 4 月通过了这项法律草案。[③] 该法案第 3 条授权政府以“政令”（Ordonnance）而非国会修法的方式来修正法国合同法[④]；但这一方式曾遭到参议院的反对，后者认为如此重要的民法制度改革应由国会来进行，政令修法的方式是违反民主的，会导致技术官僚主宰法律改革。不过，也有学者［如巴黎第一大学菲利普·斯托菲尔-曼克（Philippe Stoffel-Munck 教授）］为此辩护，他们认为：让法案交由非理性的国会政治辩论是危险的；如果不采取政府政令的方式，本届政府和国会在 5 年任期内将无法完成此一任务。

就 Catala 草案和 Terré 草案两部涉及侵权法的内容而言，它们都大幅增加了侵权法的条文数量，前者有 37 条，后者则多达 69 条；前者尽量保留法国民法典的现有风格，在条文编号上都尽量沿袭法国民法典的现有编号（第 1340～1386 条）；后者则较大程度地纳入了欧洲私法统一的成果，

---

① François Terré, *Pour une réforme du droit des contrats*, Dalloz, 2009. D. Mazeaud, “Une nouvelle rhapsodie doctrinale pour une réforme du droit des contrats”, in *Dalloz Recueil*, 2009, chron., p. 1364.

② Ministre de la justice, *L'avant-projet de réforme du droit des obligation*, Document de travail, le 23 octobre 2013.

③ Assemblée nationale, *Projet de loi relatif à la modernisation et à la simplification du droit et des procédures dans le domaine de la justice et des affaires intérieures*, texte adopté n° 324, 16 avril 2014.

④ 2014 年 4 月 16 日法案第 3 条设定了此次合同法改革的目标是“使合同法、债法制度、证据法的易懂性得以现代化、简化和进一步完善，使法律主体可以更好地利用这些法律制度”。为此，该法案要求政府对法国合同法做出如下修正：确立诚实信用和合同自由等基本原则，对合同订立的规定做出完善；增加对格式条款的规制以及利用另一方弱势的规定；确立合同成立的意思主义原则及其例外；完善合同无效的规定；完善合同解释特别是标准合同的解释规则；增加情势变更制度；完善合同期限的规定；增加单方以通知解除合同的规定；完善无因管理、非债清偿和不当得利的制度；完善债法总则的有关规定，尤其是债的态样、债的消灭等制度；完善债的转让和合同转让的规定；简化债法中的证据制度。

在编号上另起炉灶。

1. Catala（卡塔拉）草案

Catala 草案中的侵权责任法部分是由巴黎第一大学的著名学者、侵权法权威热内维也芙·维内（Geneviève Viney）教授所起草（因此侵权法部分又被人称为 Catala-Viney 草案）。草案总结了两个世纪以来法国司法判例的诸多经验，强化了对人身利益的保护。此侵权法草案的目的是，建立一部统一的民事责任法，以更好地补偿受害人。在体例上，该草案以第三分编"民事责任法"共计 37 个条文（第 1340～1386 条）来规定民事责任法，这显然比现行法国民法典的条文数量增加了许多。其中，第一章是"预备性规定"，第二章是"责任要件"，第三章是"责任效果"。显而易见，该草案在结构上的最大创新之处在于，建立一部统合合同责任与侵权责任的统一民事责任法，规定同时适用于这两种民事责任基本制度的一般性条款。由此，在草案第一章"预备性规定"中，第 1340 条规定："行为人就一切致人损害的不法（illicite）或异常（anormal）行为负赔偿责任。同理，债务人对于致债权人损害的一切合同债务不履行行为负赔偿之责。"这里显然同时包含了侵权责任和合同责任，二者统一于行为的不法性（或异常性）。

Catala 草案第 1341 条涉及侵权责任与合同责任的竞合问题。众所周知，法国法历来以"禁止竞合"（non-cumul）的立场而著称。这一原则认为，合同关系中当事人的联系比侵权法中当事人的联系更为密切，因此，合同法在某种意义上可以视为被侵权法的特别法；二者发生竞合的时候，根据"特别法优于一般法"（*specialia generalibus derogant*）的原理，应当适用合同法，禁止当事人规避合同法的适用而选择侵权法。由于受害人不得选择民事责任的性质，关于责任性质的规定必须强制适用。这也被称为责任的"禁止选择"（non-option）原则。这一原则由法国最高法院于 19 世纪末期以判例所确立，后来又得到大量判例确认①；最近的判例是 2012 年 6 月 28 日的一起判决。② 该案中，父母带着一名男童去一家餐厅

---

① Cass. Chambre des requêtes，21 janvier 1890，DP 1891，1，p. 380. Cass. 1ère civ.，9 mars 1970：Bull. civ. Ⅰ，n° 87.

② Cass. Civ.，1ère 28 juin 2012. Pourvoi，n° 10－28492.

用餐，餐厅出口外附设有一儿童游乐场。当时有一名成年人在现场看护，并有其他儿童在场。男童在玩耍过程中，其佩戴的手镯被防护网勾住，致其严重受伤，后甚至失去手指。男童父母根据法国民法典第 1384 条关于“物所生之责任”的规定起诉餐厅及看护人。法国上诉法院认为，男童父母和游乐场之间并无合同关系，因为游乐场在空间上是独立于餐厅的，游乐场不是就餐合同的当事方；因此，男童父母只能基于民法典第 1384 条起诉。法国最高法院撤销了这一判决，它认为：上诉法院适用民法典第 1384 条是错误的。男童在父母用餐过程中，“使用了只保留给餐厅客人所使用的游乐场”；其间还有一名成年人和其他儿童在场。因此，男童与游乐场的经营者之间存在合同关系，受到合同关系的约束。根据法国民法典第389－3 条，未成年人亦可缔结一些日常生活中的简单合同，这一合同关系的成立使游乐场的经营者（即餐厅）负有履行合同的义务，而这些义务中，重要的就是“安全义务”。本案中的损害故应属于餐厅未履行安全义务所致，该责任只能是合同责任。因此，本案不应该适用民法典关于侵权责任的第 1384 条，而应适用关于合同责任的第 1147 条。由此，法国最高法院判决餐厅对男童的人身损害承担合同责任。其实这一判决存在值得商榷的地方，它充分凸显了局限性。譬如，这一判决意味着：男童与游乐场之间存在以行为缔结的“默示”的合同。为了推导出在受害人和加害人之间存在合同关系，这一推理过程未免显得牵强附会。此外，根据法国最高法院此前的一系列判例（如 2006 年的 Bootshop 判例），男童作为第三人，可以基于餐厅未履行合同中的安全义务，也可以基于侵权法，主张追究餐厅责任。另外，本案中，被告方违反的是安全义务，这一义务显然超越了某一具体的合同类型，具有普遍性而非相对性。对这一普遍性义务的违反也说明了主张侵权责任的合理性。在人身伤害的情形下，法国最高法院顽固坚持适用合同责任，充分凸显了禁止竞合立场的局限性。

鉴于这一问题的复杂性，Catala 草案第 1341 条坚持了禁止合同责任与侵权责任竞合，禁止当事人选择侵权责任来规避违约责任的条文。但是，针对人身损害，该草案做出了例外规定：受害人可以选择对其最为有利的制度。显然，相比法国最高法院上述僵硬的做法，Catala 草案的这一立场更为开明，能够更好地保护受害人。

Catala 草案第 1351 条规定了过失相抵制度，如被害人具有过错可导致加害人部分免责；但是，在人身损害的情况下，仅受害人存在严重过错方可导致加害人部分免责。这无疑强化了对受害人人身利益的保护。针对人身利益的特殊保护的类似规定还有：第 1382—1 条规定人身损害责任不得被约定排除或减轻；第 1379 条至第 1379—8 条针对人身损害的具体赔偿做出了特别规定，其中，第 1379 条规定，“在身体完整受到侵害的情况下，受害人可主张：经济损失、误工费、未来的治疗费用和收入损失、所失的收益、非经济性和个人性的损失、功能性损失、遭受的痛苦、美感损失、特殊的乐趣损失、性损失及由于严重伤残导致丧失实现家庭计划的机会的损失（préjudice d'établissement)。间接受害人有权主张赔偿其经济损失、收入减少、个人的情感损失以及陪护损失等。法官在其裁决中应逐一区分所授予的经济或个人性损害赔偿”。

合同对第三方的效力历来是一个十分复杂的问题，必然涉及“合同相对性”原则，这一原则意味着合同仅对当事人具有效力，于第三方既无损亦无益，第三方既不负担合同义务，也不能享受合同权利。但是，各国法律都承认，合同在某些情形下，确实可以对第三方产生某些效力。就法国法而言，法国民法典第 1165 条规定了合同的相对性原则，由此，判例推导出“合同过错与侵权过错的独立（autonomie des fautes）”原则。然而，自 1990 年代以来，法国最高法院民一庭出于减轻受害人举证责任负担的考虑，发展出合同过错与侵权过错的“类推原则”（assimilationdes fautes)（或称“同一性原则”）：当合同的不履行同时构成一项侵权行为的时候，第三方作为受害人可主张侵权损害赔偿（这与“禁止竞合”原则并不冲突，因为“禁止竞合”只针对合同当事人）；但该第三方无须另行证实侵权人过错的存在，而只需证明违约的发生。[①] 司法判例的不一致[②]，导致民法学界内部也产生分歧：赞成“过错独立性”原则的学者有泰雷、希姆勒（Simler)、拉格特（Lequette)、儒丹（Jourdain）等人，

---

① 1ère civ.，13 février 2001，n°99 - 13.589；2ème civ. 23 octobre 2003，n°01 - 15.391；1ère civ. 18 mai 2004，n°01 - 13.944.

② Tchendjou，Marius，La faute extra contractuelle，in *La Gazette du Palais*，n° 96 - 97，06 avril 2000，p. 33.

而赞成“过错同一性”的学者有维纳（Viney）、奥伯尔（Aubert）等。这一分歧集中表现为：当合同当事人一方的违约行为对合同之外的第三人造成损害的时候，该第三方作为受害人可主张何种责任？是否需要另行举证证明违约方存在独立的过错？主张“过错独立性”原则的论者认为，由于受害人与加害人之间不存在合同关系，因此，当然应适用法国民法典第1382条规定的侵权责任。而根据法国第1382条的构成要件，受害人须证明加害人的违约行为也构成了一项侵权过错。而主张“过错同一性”观点的论者则认为，要求作为第三方的受害人单独证明违约方的违约行为也构成第1382条所称的侵权过错，会使许多当事人因无法举证而不能获得赔偿，因而并不公平。

显然，“过错独立性”原则立足于法国民法典第1165条的“合同相对性”，毕竟，合同的权利义务只能由合同当事人承受，第三方无权主张。由合同的相对性原则也推导出“合同过错的相对性原则”（relativité de la faute contractuelle），这种过错只在合同当事人之间具有相对性意义；如第三方向合同的违约方主张侵权责任，则自当证明存在侵权过错，此种举证责任不能以对方已存在合同过错来免除。正因为如此，法国最高法院商事庭坚持认为：在上述情况下，第三方必须举证证实合同当事人的违约也构成一项侵权法上的过错；如果行为人的行为纯粹是违约性质，对第三方受害人并不构成侵权法上的过错，则法院拒绝为后者授予侵权法赔偿。最高法院商事庭指出：“第三方只有在违约行为构成了对勿害他人的一般性义务的违反时，才可以基于侵权责任法的规定对违约方主张侵权赔偿”①。

而主张“过错同一性”的论者则以“合同对抗力”理论为基础。这一理论认为，合同在当事人之间创造了一种“法律情势”，第三方不得加以忽视；并且第三方应将其作为法律事实加以尊重。而合同所创造的情势既可以由当事人主张来对抗第三方（例如，如第三方对当事人之间的合同构成侵害，合同当事人就可认为第三方构成侵权过错），也可以为第三方所援引来对抗当事人。如果合同的违反对某一第三方构成了损害之源，那

① Com. 17 juin 1997，n°95－14.535；Com. 8 octobre 2002，n°98－22.858；Com. 5 avril 2005，n°03－19.370.

么，该第三方作为受害人所获得的赔偿请求权，显然不能基于合同而只能基于侵权，因违约方构成了对“勿害他人”这一一般性义务的违反。对于合同的一方当事人而言，如果第三方的侵权是引起对方当事人违约的原因，那么其可以向第三方主张侵权责任，而违约行为的存在就自动说明了侵权的存在，因为加害行为引起的违约行为同时也违反了“勿害他人”这一侵权法一般性义务。这一论断的依据在于：法国民法典第 1382 条以其一般性著称，并未严格区分两种过错，其规定的侵权过错概念本身就具有延展性，为将违约行为纳入其中预留了余地。因此，债不履行的违约行为可被视为同样自动构成一项侵权过错。这样导致的结果必然是“过错独立性的消解”以及对“过错同一性（过错类推）”的承认。

根据这样的“过错同一性”理论，第三方如因合同当事人的违约行为遭受损害，可向该当事人主张侵权赔偿责任，而无须举证证实行为人存在独立的侵权过错。这正是进入 21 世纪以来法国最高法院的立场。在 2006 年的 Bootshop 判例中，法国最高法院以全院联席会议形式做出判决，支持了“过错同一性”的立场。[①] 该案中，被告将其所有的商业地产出租给一家公司，后者又将其作为营业资产交由原告管理使用。但被告在出租期间，未对租赁物进行维修和保养，致使其入口被堵死，电梯也无法正常使用。这些最后导致原告无法对租赁物进行正常使用，原告遂直接将被告诉至法院。一审和二审法院均认为，原告与被告之间不存在直接的法律关系，因此驳回了起诉。根据法国民法典第 1165 条的合同相对性原则，原告无法基于合同提起诉讼。但是，由于被告的违约行为使原告直接受有损失，原告是否可基于法国民法典第 1382 条关于侵权责任的规定起诉？法国最高法院指出：“如违约行为给某一合同关系的第三方造成损害，该第三方可以基于侵权责任，援引合同当事人的违约行为而主张赔偿。”由此可见，在第三方因违约行为遭受损害的情况下，法国法院并不要求该第三方另行证实违约方存在独立的侵权过错。这被认为是宣告了“过错独立性原则”的终结。

---

① *aff. Boot shop*, Assemblée plénière, 6 octobre 2006; *Dalloz*, 2006, 2825, note G. Vinet; *JCP*, 2006, Ⅱ, 10181, note M. Billiau; *RTD. civ.*, 2007, observation P. Jourdain, pp. 123 - 127.

对于“过错同一性”的这一新趋势，也有不少论者提出批评。[①] 一些批评者认为：“过错同一性”理论允许作为受害方的第三人基于法国民法典第1382条之过错侵权责任一般条款，主张获得与合同履行利益相类似的赔偿，而履行利益本来只应保留给合同当事人。“过错同一性”做法实际上混淆了两种责任的性质。而赋权第三方向违约方主张合同的履行利益，后者却无法以合同来对抗和约束该第三方，无疑会赋予该第三方以不公平的优势地位，使其可以不当获利。[②] 另有一些批评者指出，法国最高法院的判决的缺陷之一在于：对于所违反的合同义务，判决并未区分合同的内在义务与基于民法典第1382条之勿害他人的普遍性义务。合同内在的义务只涉及合同当事人，与第三人无涉。违约这样的纯粹的合同内在义务，原则上根本不应该允许由第三方来主张。如第三人要主张，则必须举证证实存在独立的侵权行为。准此以解，“过错同一性”理论充其量只能适用于违约行为违反合同中某种一般性义务的情形，在违约方违反了纯粹的合同内在义务的情形，违约行为显然具有相对性，不具有普遍性，不能由第三方援引；第三方如要主张侵权责任，必须证实第1382条意义上的独立的侵权行为的存在。而这正是Bootshop判例的情形。尤其值得注意的是，这一判例会产生深远的影响，因为它所涉及的类似情形有很多，譬如，建筑物所有人对分包商的直接诉讼、次承租人对出租人的直接诉讼等。自此合同当事人要尽到更大的注意义务，不仅应考虑其相对人，而且要考虑可能受合同影响的第三人。有意思的是，在此问题上，其他很多国家的做法并没有如此激进，例如，同属法国法系的比利时，在这一问题上就比较慎重，要求合同关系外的第三人必须证明违约行为不仅违反了合同中的相对义务，而且违反了一项一般性的绝对义务，构成一项侵权行为，此时方可援引关于比利时民法典的规定。[③]

---

① Christian Larroumet, *Droit civil-Les obligations-Le contrat*, Tome Ⅲ, 5e éd., Economica, 2003, spéc. n° 751.

② Claude Ophèle, “Faute délictuelle et faute contractuelle”, in *Responsabilité civile et assurances*, n° 6, juin 2003, Colloque, n° 21, pp. 78 - 83.

③ X. Dieux, *Le respect dû aux anticipations légitimes d'autrui. Essai sur la genèse d'un principe général de droit*, Bruylant, Bruxelles, 1995, p. 112.

Catala 草案对法国法院 2005 年之前的有关判例和学说进行了总结。草案第 1342 条规定：如果合同不履行是第三方损失的直接原因，该第三方可以基于第 1361～1366 条（合同责任）的规定请求赔偿。由此，就第三方请求赔偿自身损害的权利而言，对债权人权利的限制和条件，对该第三方同样适用。该第三方同样可基于侵权责任而主张赔偿，但其应举证证明第 1352～1362 条所针对的责任要件（人的行为、物、他人、相邻关系、危险行为等）的存在。这是对“合同的对抗力”理论的部分确认，就是说第三方可主张获得合同的替代履行，但是，其不能处于比债权人更为有利的地位，因此同样应受到合同免责条款的约束。Catala 草案这一新规定的后半段要求第三方证明独立的侵权要件的存在，显然是采纳了“过错独立性”的观点，而没有遵循“过错同一性”的趋势。由此，不足为奇的是：Catala 草案的这一规定也引发一些法国学者的批评，后者认为：第三方系独立以自己的名义就自己所遭受的损害对不法行为人主张赔偿，而非以合同当事人的名义提出请求，因此他不应当受到合同中设定的免责条款的约束；“合同情势的对抗力”（opposabilité de la situation contractuelle）与“免责条款的对抗力”（opposabilité des clauses limitatives）并不相同，前者允许第三方作为受害人援引合同来对抗当事人，而后者则推导出第三方作为受害人应受到合同免责条款的约束。Catala 草案混淆了这两者。

关于免责条款，Catala 草案第 1382 条规定：排除或限制赔偿责任的合同条款原则上有效，无论是在合同领域还是在侵权领域。第 1382－1 条规定：任何人不得排除或限制人身侵权的责任。这显然是基于对人身利益的特殊保护。第 1382－2 条规定：合同当事人不得排除或限制其欺诈或重大过失或违反其实质性义务的责任。如欠缺真实、严肃和清晰规定的对价，职业经营者不得排除或限制其对非职业经营者或消费者的合同责任。第 1382－3 条规定：在合同领域，排除或限制责任条款所针对的相对人在合同订立前应当能够了解条款的含义。第 1382－4 条规定：在侵权领域，不得排除或限制由其过错所致的损害赔偿责任；在其他情形下，免责约定仅在有证据证明受害人事先以明确方式接受时方有效。该条前半段无疑是对前引第 1382 条的适用范围进行了限制；后半段则旨在保护相对人的知情权。

关于侵权责任，Catala 草案第 1352 条沿用了法国民法典第 1382 条的一般条款模式。该条规定："一切过错都要求其行为人赔偿其所导致的损害。违反法律或者法规所设定的行为规范及违反谨慎或勤勉的一般性义务，均构成过错。在刑法第 122—4 条至第 122—7 条规定的情形下，不存在过错。"由此，违反法律法规所设定的行为规范，以及违反谨慎或勤勉的一般性义务，都是过错的范围。这显然扩张了过错的适用领域，因为"违反谨慎或勤勉的一般性义务"可以囊括竞争、互联网等领域的新型不法行为。

Catala 草案第二章"责任要件"第一节是"合同责任与侵权责任的共同规定"。其中，第 1343 条规定："侵害某一合法利益的一切确定的损害均可得到补偿，无论其为财产性或非财产性、个别性或集体性"。对损害的这一定义的特点在于，突出了其确定性、财产性和非财产性、个别性和集体性。由此，显然可将对环境的生态损害纳入其中，从而凸显其前瞻性。第 1344 条规定，为预防损失扩大所支出的费用属于可赔偿的损害(减损义务)。第 1345 条规定，作为现有状态确定的和直接的延伸的未来损失应得到赔偿。第 1346 条规定，机会丧失是可赔偿的损害。

第三章规定了"责任效果"。其中，第 1368 条规定，根据法官的选择，赔偿可采取行为形式或者货币赔偿形式；如为完全赔偿损害需要，两种形式可以并用。第 1369 条规定，如法官采取行为赔偿方式，此种赔偿应能消除、减轻或补偿损害。第 1370 条规定，除法律或者合同另有规定，损害赔偿应尽可能将受害人置于损害事实没有发生的状况下，受害人不得由此受损或得利。第 1371 条规定了惩罚性赔偿。该条规定："对于显而易见的故意，尤其是基于获利目的的故意侵权，除了补偿性损害赔偿之外，法官可判决行为人承担惩罚性赔偿；法官可将部分赔偿收缴国库。法官必须对惩罚性赔偿进行特别的论证，说明其区别于其他损害赔偿的金额。惩罚性赔偿不得承保。"这就是说，惩罚性赔偿责任的适用要求行为人出于故意和营利目的，法官必须在判决中进行说明和论证；另外，惩罚性赔偿不可由保险报销，这突出了其"私刑"的色彩，法律的重心从责任重新转向过错。

2. Terré（泰雷）草案

就2011年Terré草案[①]而言，与Catala草案侵权法部分由维纳教授一人完成不同，Terré草案由多名专家合作完成：菲利普·雷米（Philippe Rémy，普瓦提埃大学）、让-塞巴斯蒂安·勃格蒂（Jean-Sébastien Borghetti，巴黎二大）、西里尔·布洛希（Cyril Bloch，土伦大学）、菲利普·斯托菲尔-曼克（Philippe Stoffel-Munck，巴黎一大）、丹尼·马佐（Denis Mazeaud，巴黎二大）、克罗蒂德·格拉尔-迪迪埃（Clothilde Grare-Didier，巴黎五大）、保丽娜·雷米-科雷（Pauline Rémy-Corlay，巴黎十一大）、安娜·吴丹-亚当（Anne Outin-Adam，巴黎工商会）等。从体例上看，Terré草案结构简洁明晰，总共包含四节：一般性规定、特殊侵权、免责事由及损害赔偿。“一般性规定”包括：过错、损害、因果关系及为他人责任；“特殊侵权”包括：物之责任、动物致损责任、建筑物责任、高度危险责任、侵害相邻关系、交通事故责任、产品责任及医疗责任。从结构上看，较之于Catala草案将合同责任与侵权责任统合于统一的民事责任的革新而言，Terré草案显然保持了两种责任独立的传统二元格局。Terré草案也参考了《欧洲侵权法原则》（PETL）及《共同参考框架》（DCFR）等比较法的经验。

2011年Terré草案第1条开宗明义地给出了侵权行为的定义：“一切不法致他人损害的行为为民事侵权行为。”“因过错致他人损害者，应负赔偿之责。”“在无错过的情况下，仅在法律有规定时行为人才负赔偿责任。”显然，该条第2款即为法国民法典第1382条；但该条第1款为侵权行为增加了一个“不法”要件，这是一个重要的变革。第2款授权立法者以特别法的形式创设新的特殊侵权，这也说明法国侵权法要从过去的判例法时代迈向成文法时代。另外，第3款规定无过错责任仅得由立法加以规定，而在过去这些新型责任形式基本上都是由司法判例所创造的。第2条规定的是法官采取的预防性措施，该条规定：“对可能发生的损害，除采取救济措施之外，法官可采取一切合理措施来预防或者停止受害人遭受的不法侵害”。这是侵权法救济功能的扩张。针对未来损害的预防和停止侵害，

---

① F. Terré (dir.), *Pour une réforme du droit de la responsabilité civile*, Dalloz, 2011.

对于打击市场竞争、知识产权、人格权、相邻关系等领域内的侵权行为，尤有必要。另外，这也是侵权责任的必然要求。法国最高法院曾在多个判例中指出："侵权责任的本质在于尽可能地恢复为侵害所破坏的平衡，将受害人置于侵权行为没有发生的状态之下"①。

Terré 草案第 3 条和第 4 条也对责任竞合问题做出了规定。第 3 条规定，"除另有规定外，对人身和精神的侵害应适用本章之规定，即使损害是在合同履行过程中发生的"。它强调对人身和精神损害的救济只能适用侵权法，这是为了突出对人身和精神利益的保护，从而将它们置于受保护法益体系的顶端。它明显受到了《欧洲侵权法原则》（PETL）的影响。第 4 条又进一步明确规定："合同不履行所引发的损害赔偿，仅得依据合同法有关的规则"。这就是说，原则上禁止责任竞合和当事人选择请求权，适用合同法；但是，如果发生人身损害，则必须适用侵权法。这既与法国法长期的僵化立场不同，也与 Catala 草案在人身侵害的情况下任由当事人选择的立场有所区别。

Terré 草案对"过错"和"不法行为"这两个关键概念做出定义。其第 5 条规定："过错是故意或者过失地实施某一不法行为。行为如违反法律所设定的某一行为规则或者谨慎与勤勉的一般性义务，即为不法。"这里，违反"谨慎与勤勉的一般性义务"即为不法，构成过错，显然是总结了长期以来的判例经验，大大扩张了传统过错的适用范围。第 6 条沿袭了现行民法典第 414－3 条关于客观过错的做法："不法行为人在缺乏判断力的情况下致他人损害，仍应负赔偿之责"。但是，草案此条中"缺乏判断力"（dépourvu de discernement）的措辞，比民法典第 414－3 条"精神障碍"（trouble mental）的用词，范围更为宽泛，因为前者包含了无民事行为能力的未成年人。

Terré 草案第 7 条规定了法人的过错及其责任："法人的过错表现于其机关的过错行为，或组织与运行上的缺陷。""一企业对其控制或施加显著影响的另一企业的致害行为，仅在以下情况才承担责任：由于其参与后

---

① Civ. 2e，9 mai 1972，Bull n° 132；Civ. 2e，23 juin 1976，Bull n° 210；Civ. 2e，9 juillet 1981，Bull n° 156.

者的机关、对后者做出指示、干预或者放任后者的管理，从而极大地促成了损害发生。在一企业纯粹基于自身利益，创立或者利用另一企业，而后者致人损害的情形，亦是同理”。其中，第 1 款的规定与司法判例的立场相一致，法国最高法院曾判决：“除第 1384 条第 5 款规定的雇主对雇员行为承担责任的情形外，法人对其机关的过错负责，应对受害人给予赔偿”①。第 2 款和第 3 款将一企业对其施加控制或影响的另一企业的致害行为承担责任区分为两种情形：其一是前者“参与后者的机关、对后者做出指示、干预或者放任后者的管理，从而极大地促成了损害发生”；其二是前者“创立或利用”后者，达成自己的目的，致他人损害。在第二种情形下，涉及“公司人格否认（刺破公司面纱）”这一复杂问题。法国法院的判例认为，母公司并不能仅因为其出资行为而承担责任；母公司在对子公司施加影响的过程中，只有具有过错才对后者的行为负责，如抽逃出资，直接控制，财产混同，子公司完全缺乏财务、管理上的独立性，子公司是纯粹的“影子公司”（société fictive），等等。② 总之，一法人对其他法人承担责任的基础是其在法律上或事实上的控制行为有过错。这是过错责任的具体实施，这与 Catala 草案中的无过错责任明显不同，后者在其第 1360 条第 2 款规定：“基于自己的利益，对其他处于依赖地位的经营者的经济或财产活动实施控制者，如在其实施控制活动过程中，后者致他人受损，则控制者应对受害人承担赔偿责任。就母公司对子公司的致害行为，或者特许权出让人对于受让人的致害行为，尤其是如此。”

因果关系是众所周知的侵权法疑难问题。就侵权法中的因果关系，历来存在不同的学说流派。

(1) 必要条件（condition sine qua non）论。

这一学说认为，条件是损害发生的必要因素，缺乏条件则损害不可能发生。但是，构成条件的要素很多，显然，它们不可能都与损害结果之间存在因果关系。有鉴于此，有学者提出所谓“近因说”，强调与损害最为

---

① Civ. 2e, 17 juillet 1967, Bull n° 261; Civ. 2, 27 avril 1977, Bull n°108.

② Com., 26 mars 2008, pourvoi n° 07 - 11. 619; Com., 19 avril 2005, pourvoi n° 05 - 10. 094; Com., 21 novembre 1995, pourvoi n° 93 - 20. 054; Com., 27 octobre 1998, Bull n° 265; Com., 18 décembre 2007, pourvoi n° 06 - 14. 093.

接近的那个条件构成损害的原因；另一些学者根据条件的重要性，提出所谓“有效原因”或者“直接原因”说。

这一理论的缺点在于：必要条件并不见得同时也是充分条件；只有所有必要条件的联合叠加，才能够导致损害的最终发生。单个的必要条件本身其实不足以促成损害。因此，对必要条件的考察，也必然涉及对条件的甄别。具体来说，这往往涉及限制“原因”的范围，排除一些过于遥远的原因，保留“正常可预见的”原因，否则会导致“原因”的泛滥。

（2）充分因果关系（adéquate causalité）论。

法国学界也深受这一学说的影响，强调“结果在客观上的可能性”，从客观角度评估该因素对于结果的“可预见性”。瑞士和德国的主流观点也是如此：“根据事务的普通进程以及生活的经历，该事实就其本身而言即可引发与损害相类似的结果，或者从通常角度看，该事实促成了损害的发生”，则存在因果关系。

这一学说的缺点在于：对“概率”的评估是基于生活经验，以及现有科学技术的认知。但是，这一评估其实未必准确；通常是充分的原因可能并不符合具体案件的真相。在某些情况下，所谓的“小概率事件”可能才是损害发生的真正原因。

另外，在对因果关系的考察中强调“可预见性”和“可能性”，有可能导致将因果关系与过错混同，因为探寻损害后果是否可能为行为人在特定的场合下所预见到，这实际上意味着试图揭示出在当时的情况下行为人所应当采取的正确行为方式，而这不可避免地牵涉到过错的评判问题。有鉴于此，一些论者强调探寻“客观上的可预见性”，而不考虑“主观上的可预见性”，但是实践中很难截然区分二者。

（3）结合说。

鉴于上述两种学说各自的缺点，一些学者提出，将两种学说加以结合，相互补充。具体说来，一方面，以必要条件论作为重构案件“事实”的方法，以此作为“法律上的因果关系”，以发现致害行为与损害之间应当存在的联系。在必要条件中，强调其中必须能够“解释”损害后果的那些条件，而排除纯粹偶然的偶发因素，因为它们与后果没有必然关联，换言之，“引发责任的事实”才能是原因。从这个角度来说，往往只有行为人的过错状态，或者事物的某种瑕疵状态，才能真正“解释”损害后果的发生。另一方面，以充分因果关系论来解决“证据”问题。具体地说，在事实链无法以确定的方式加以构建的时候，借助这一理论，法官可以从可能性的大小来判断因果关系的充分程度。毫无疑问，在很多情况下，行为与损害之间无法建立起确定的联系。此时这一理论就可用来帮助确定受害人举证的充分程度。例如，医生有过失，而患者病情加重，但是不知道二者之间是否有必然联系；车主停车后忘记锁车，窃贼得以盗窃车辆后肇事，车主的过失与受害人受伤之间不知道是否存在必然联系；核电站发生核泄漏事故，而附近居民生病，但不清楚二者之间是否有因果关系。对于这些情况，借助充分因果关系论，可以确定事件发生的“概率”“客观性的可预见性”，从而推定是否存在因果关系。这就是说，“充分因果关系论”可用以界定受害人举证的限度，以减轻其举证负担。①

另外，对于输血过程中发生的艾滋病、肝炎等病毒感染，法国2002年3月4日的《患者权利法案》第102条规定：“原告举证证明可以推定感染可能归因于输血或注射血液制品的有关事实，被告必须证明输血或者注射并非感染的原因。法官必要时可采取一切必要措施取证，形成自己的内心确信。如果证据存疑，则有利于原告”。此处被认为是明显采取了因果关系推定的做法，而且举证不能的后果有利于原告。与通常做法明显相反，这显然有利于受害人。②

鉴于因果关系问题的复杂性，Catala草案没有采取做出明确规定的做法，而是采取了比较模糊的措辞。其第1347条规定，“侵权责任的成立要求在加害人的行为和受害人的损害之间存在因果联系”。然而，值得注意的是，Terré草案却直接表明了其态度，其第10条规定：“根据事物发展的正常进程，一切足以引发损害的事实构成原因，无此则损害不可能发生。”“致人损害者仅对即时和直接的后果承担责任。因果关系可以一切方式加以确定。”显然，这里是采纳了客观意义上的充分因果关系论，强调

① Geneviève Viney, *Traité de droit civil-Les conditions de la responsabilité*, 3e éd, LGDJ, 2006, pp. 192 - 194.

② Anne Laude, Bertrand Mathieu et Didier Tabuteau, Droit de la santé, 2e éd., Thémis Droit, PUF, 2007, p. 496.

从客观角度来看，实施某一致害行为足以引发损害的发生，即具有可预见性，构成原因。当然，立法直接采纳某一理论学说，是一种有风险的举动。而充分因果关系论与部分免责的制度（例如，与有过失制度）之间其实存在冲突，因为后者只有在必要条件论的框架下才能得到圆满解释。另外，第 2 款中“即时和直接的后果”（suites immédiates et directes）的措辞也表明，这里强调的是直接因果关系，间接因果关系（特别是所谓“原因的原因”）并不引发侵权责任。这与法国最高法院的做法也是一致的。①

Terré 草案第 48 条规定：“过错侵权责任不得通过合同加以限制或者免除。除另有规定以外，无过错侵权责任可以为合同所限制或者免除。但此种限制或免除不得适用于对身体或者精神完整的侵害。”这就是说，免除过错责任的条款无效；免除侵害身体和精神的责任的条款亦无效；但是，免除除此之外的无过错侵权责任的条款可以有效。此第三点可能与法国最高法院的立场不一致，后者倾向于认为：免除或者加重侵权责任的条款无效，因为侵权责任在性质上属于公共秩序的范畴，不得由当事人预先以合同方式加以排除适用。② 另外，当事人预先以合同排除其无过错侵权责任的情形，实践中也极少发生。

Terré 草案第 53 条受到了《欧洲侵权法原则》（PETL）与《共同参考框架》（DCFR）的启发。该条规定，“除非涉及侵害身体或者精神完整的情形，如受害人未采取安全和合理的措施以限制其损害，法官得裁定减少其赔偿额”。这就是说，在侵害财产利益的情况下，受害人负有减少损失的义务。此点与合同法上的减损义务相同，这无疑是一个创新。

Terré 草案第 54 条的规定与惩罚性赔偿比较类似，它同样是受到了欧洲侵权法的影响。该条规定：“如不法行为人故意以营利为目的，法官在判决中加以特别说明后，得以判决侵权人返还其得利，而非仅赔偿受害人的损失。超过受害人所获的补偿性救济的部分，不得由保险人承保。”

---

① 2e Civ.，9 décembre 2010，n° 09-69，819；2e Civ.，12 mai 2010，n° 09-66，998；2e Civ.，2 juin 2005，Bull，Ⅱ，n° 146；1ère Civ.，22 mai 2008，D. 2008，1544；JCP（G）2008，Ⅱ，10131；1ère Civ.，28 avril 2011，n° 10-15289.

② Cass. Civ. 2ème，28 novembre 1962，Bull n° 755.

当然，严格说来，此处仅是强调赔偿不以受害人的损失为依据，而是根据侵权人的不当获利来确定，因此，在性质上属于不当得利的返还责任，与惩罚性赔偿并不相同。事实上，不以损害而以不当获利为赔偿依据，在法国法中已有先例。例如，针对假冒行为，2007 年 10 月 29 日法律转化了 2004 年 4 月 29 日欧洲共同体关于知识产权的指令；该法律对严格适用完全赔偿原则的弊端进行了纠正，规定，在决定损害赔偿的时候，应当不仅考虑假冒行为所造成的负面经济后果包括所失利益以及精神损害，而且应考虑假冒行为人所获得的不法利益。

仅要求侵权人返还不当得利，而未规定对其施加惩罚性赔偿，在此点上 Terré 草案与 Catala 草案显然不同，这是因为 Terré 草案的起草人认为惩罚性赔偿与“完全赔偿”原则不符。但无论如何，这两个草案在惩罚营利性的故意侵权这一立法意图上显然是相同的。此种具有营利故意的侵权行为，多为侵害人格权、侵犯知识产权、不正当竞争等行为如果不对此施加制裁，而机械地适用“完全赔偿”原则，则可能导致受害人在法律上赢了官司、在经济上亏了本的不合理现象，1993 年著名的“香槟”（Champagne）牌香水案就是如此。① 此外，这两个草案也均强调超出正常赔偿的部分不得经由保险制度报销，而必须由侵权人自己承担。

3. 法国司法部草案

2017 年 3 月，法国司法部公布了官方的侵权责任法改革草案。② 该草

① Cour d'appel de Paris，1ère chambre，section A，15 décembre 1993，*Société Yves Saint-Laurent et autres c/ Institut National des Appellations d'origine*（*INAO*）*et autres*. D. 1994，p. 145. 该案中，著名的伊夫-圣罗兰（YSL）集团于 1992 年推出一款名为“香槟”牌的豪华香水。这立刻引起香槟酒生产商的反对，因为“香槟”是一种全世界闻名的葡萄酒原产地标记。它们指定 INAO 和 CIVC 作为代表发起诉讼。巴黎上诉法院认为，被告“以‘香槟’为名推出一款新的豪华香水，其推介方式令人自然想起香槟酒的特征性瓶塞；其促销中也使用了香槟酒所代表的欢乐与节庆氛围的图片。它企图利用‘香槟’这一富有争议的名称所具有的卓著声誉来获取吸引力……它盗用了只属于其生产商和销售商的知名度”，这一行为构成搭便车式的“寄生行为”。依据法国民法典第 1382 条，法院判决 YSL 集团赔偿受害人 225 000 法郎（约合 37 750 欧元），该香水的商标无效，并退出市场流通。而实际上 YSL 集团从这一豪华品牌的商标中最后获利高达两亿法郎（约合 3 000 万欧元）。

② Jean-Jacques Urvoas (Garde des sceaux，ministre de la justice)，*Projet de Reforme de la Responsabilite Civile*，at http：//www. justice. gouv. fr/publication/Projet _ de _ reforme _ de _ la _ responsabilite _ civile _ 13032017. pdf，Le 13 mars 2017.

案第1241条规定："人对其过错所致之损害负赔偿责任"。显然，这仍然是第1382条的延续，而且表述更为精炼。事实上，立法用语的简练和清晰易懂是此次改革的主要内容之一。除此之外，该草案还基于判例在相邻关系、物所生之责任等领域的经验，对"为他人之责任"制度进行总结和发展。该草案对责任要件之损害和因果关系的表述也进行了一些调整，强调对一切合法的财产和非财产利益的损害均应获得赔偿。该草案也强调了侵权责任的惩戒和预防功能，授权法官采取一切必要措施来预防侵权损害的发生。受Terré草案影响，法国司法部草案还朝着惩罚性赔偿的方向迈进了重要的一步。该草案第1266－1条第1款规定："在侵权领域，如果侵权行为人故意以获取收益或经济利益为目的，法官根据受害人或者检察官的请求，经判决中特别说明和论证，可对行为人处以民事罚款（amende civile）。"第2款规定："这一罚款应与行为的过错程度，与侵权人和受害人的过错比例以及与侵权人的获利等成比例。"并且第3款规定："民事罚款不得超过所获利益总额的十倍。"第4款规定："如果侵权人是法人，民事罚款可为该法人在法国境内自侵权行为以来营利最多的会计年度的税前营业额的5%。"

从前述法国侵权法改革的最新成果来看，过错责任仍然在今天具有十分重要的地位。这突出表现在：法国民法典第1382条之过错原则一般条款在整体上得以保留；一般条款的立法模式得以延续，因为其优点在于具有极强的适应性——正如巴黎工商会在对此的评述中所言，"过错责任一般条款模式的保留反映出深深植根于我们文化中的一项基本道德要求，从伦理角度看这是必需的。由于其延展性，它可以适应一切经济和社会的变迁"①；过错概念的含义和适用范围出现了扩张；对人身利益给予特别保护；法人的过错及其责任范围；惩罚性赔偿被引入；强调对故意过错的惩戒；对故意和重大过失免责予以禁止；等等。

以"危机四伏"来形容当代侵权法，并不为过。事实上，早在半个世纪以前，就有学者深刻地揭示出这些危机的症状：个人责任的衰落和集体

---

① Dominique Norguet, *Vers une réforme d'ensemble du droit de la responsabilité civile*, Présenté au nom de la Commission du droit de l'entreprise, Chambre de commerce et d'industrie de Paris, 12 janvier 2012.

责任的兴起；主观责任越来越多地让位于客观责任；保险制度逐步使过错的意义降低；立法者的重心从过错转移到损害；对受害人补偿的过分强调导致侵权法出现“受害人化”（victimisation）和“刑法化”（pénalisation）趋势……①在这样的背景下，过错责任一般条款在民法典中的地位是否也日趋式微？

然而，令人瞩目的是：侵权法的危机并没有从根本上动摇第 1382 条之过错责任一般条款在整个法国民法体系中的基础性地位。由于一般条款的属性，它具有高度的适应力和包容性。这使它适应了两个多世纪以来法国经济与社会情势所发生的深刻变化，不断扩展新的适用领域：“过错责任”被广泛地应用于商业侵权领域，例如违反诚实信用原则的不正当竞争行为就被认为具有“过错”，商业合同中恶意中断谈判的缔约过失行为也具有“过错”；过错责任还应用于一些新技术领域，没有尽到谨慎、勤勉和安全保障义务，同样也具有“过错”②。与此同时，第 1382 条的重要性也得到提升，自身也被赋予宪法价值。恰如法国权威学者维纳教授所指出的，第 1382 条这一著名的一般条款“不但没有衰落，晚近以来反而还征服了新的领域，它尤其用来作为纯化商业道德以及规制互联网的手段；其地位为卫生法、环境法等法律所进一步巩固；在预防原则前提下，过错责任条款可以扮演越来越重要的角色，因为是否采取了合理预防措施是判断过错的关键标准……这一切都充分说明，尽管在一些领域里无过错原则得到承认，这却并未导致过错概念的消亡；在今天，它仍然保持着旺盛的生命力”③。

从第 1382 条过错责任一般条款的漫长演进历程中，我们可以总结出以下三点经验。

其一，一般条款具有高度的灵活性和延展性，使法官可以通过对其中具有高度包容性的一般概念的解释，将时代的新要求纳入其中。这就是

---

① Geneviëvé Viney，*Le déclin de la responsabilité individuelle*，LGDJ，Bibliothèque de droit privé，tome 53，1965.

② F. Arhab，“Les nouveaux territoires de la faute”，in *Responsabilité civile et assurance*，janvier 2003，pp. 43 - 55.

③ Geneviëvé Viney，*Traité de droit civil-Introduction à la responsabilité civile*，p. 122.

说，一般条款天然包含允许法官做出演进性解释的可能性，作为成文法条款，它本身自诞生伊始就向法官造法保持开放性，法官甚至可以在其法律解释中将习俗与惯例所要求的内容纳入其中。这就是说，一般条款天然地具有向其他法律渊源开放的特性，这正是民法典开放性的重要表现和保障。法国法官和学界正是通过对第1382条所包含的“过错”“损害”“可归责性”这几个基本概念的解释，才使该条能应对两个多世纪来法国极为复杂的经济与社会变迁。

其二，一般条款的生命力是由立法者、法官和学界所共同赋予的，三者之间形成相互支持的良性互动关系。立法者必须保证一般条款措辞的高质量，尽可能选择富有延展性和一般性的概念，给法律解释预留充分的余地；而法律颁行之后，其解释就交由法官和学界来完成。法官是延续一般条款生命力的关键，其解释必须考虑到时代发展的要求，使民法典相对于时代精神而言不至于僵化；而学界一方面为法官的法律解释提供智力支持，另一方面也监督法官的法律解释的质量，使其不至于危害法律的可预见性和安定性价值。在法官的法律解释日趋显露出局限性的时候，立法者就有必要重新介入，及时制定单行法或者修订民法典。

其三，过错侵权的一般条款立法模式是一种十分有利于保护民事权利的立法模式。法国民法典在制定之初，由于其时代的局限性，不可能规定人格权。然后，法官通过对第1382条的解释与适用，发展出体系十分完备的人格权体系。另外，法官在人权哲学的启示下，通过对一般条款中“损害”范畴的解释，逐渐实现保护法益的等级化，从而将人身侵权与财产侵权加以区分，由此为受害人建立了完备的人身损害赔偿请求权制度。①

正因为这些原因，在时隔两个多世纪之后，当我们回头来审视法国民法典第1382条关于过错责任的一般条款的时候，颇为有趣的发现是：最初使该条饱受诟病的简洁性和一般性，如今被公认为正是其优势所在，这些特性使该一般条款具有极强的灵活性，使民法典能够充分应对立法者所

---

① Séverin JEAN, *La protection des droits subjectifs par la responsabilité civile*, thèse de droit soutenue le 29 juin 2012 à l'Université de Toulouse I Capitole, pp. 124－128.

完全没有预料到的新形势和新问题（譬如互联网和信息时代）。对于这一内涵丰富的历史演进过程，有学者曾形象地借用了法国著名文学家拉·封丹关于“橡树与芦苇”的寓言来予以说明。橡树对芦苇炫耀称，自己高大直挺，能抵御风雨，而芦苇羸弱，微风即可使其折腰。然而，言犹在耳，狂风骤至，任凭橡树如何坚挺也无法抵御，最终橡树被大风折断，甚至被连根拔起。与之形成对照的是：面临飓风，芦苇虽然被吹弯了腰身，却由于其极其富有韧性，质地灵巧，弯而不折，最终成功保全自身。从此中我们获得的启示是：法国民法典第 1382 条的命运正像是芦苇的结局，弯而不折。① 以第 1382 条为代表的一般条款的存在，也正是法国民法典在诞生两个多世纪以后仍然具有旺盛生命力的奥秘之一。这些条款在质地上富有极强的韧性和灵活性，允许法官对一般性的法律概念做出与时俱进的解释，故而能适应各种环境的考验，存活于各种不同的社会形态。由此可见，采纳一般条款模式注定也是未来中国民法典的明智选择。

---

① Olivier Descamps，“Le destin de l'article 1382 ou：de la fable du chêne et du roseau en matière de responsabilité civile”，in *Droits*，*Revue française de théorie*，*de philosophie et de culture juridique*，2008，Vol. 47，p. 43.

第十章　法律行为的完善与私法自治

法律行为制度是民法典立法技术的杰出成就，它意味着民事主体可以自由地以其意志来创设、发展、变更或者消灭法律关系，是意思自治的集中体现。法律行为制度自其诞生伊始，一直受到过于抽象的批评，但该制度的整体实践“显示确实大大地提高了民法响应社会生活需要的能力”①。法律行为制度也是民法总则的核心内容之一，与总则其他制度一起构成了主体—权利—行为—时效的有机整体。

值得注意的是，2017年《民法总则》第六章“民事法律行为”部分，较之于此前的《民法通则》和《合同法》及相关司法解释，具有为数不少的创新和完善。民法典分则合同编相关内容的编订必须与总则的这些创新保持一致。在避免简单重复的前提下，分则条文应尽量吸收和反映总则中这些创新内容。

一、关于意思表示及合意瑕疵

《民法总则》对于意思表示及合意瑕疵方面的规则进行了比较多的修订、创新和细化，总体来说，这些修订有利于司法实践中的实务操作。

1. 关于沉默的意思表示

最高人民法院1988年《关于贯彻执行〈中华人民共和国民法通则〉

---

① 苏永钦：《体系为纲，总分相宜——从民法典理论看大陆新制定的〈民法总则〉》，载《中国法律评论》，2017（3），74页。

若干问题的意见（试行）》（以下简称《民通意见》）第 66 条规定："一方当事人向对方当事人提出民事权利的要求，对方未用语言或者文字明确表示意见，但其行为表明已接受的，可以认定为默示。不作为的默示只有在法律有规定或者当事人双方有约定的情况下，才可以视为意思表示。"按照这一司法解释，"不作为的默示"只有在法律有规定或者当事人双方有约定的情况下，才可以被视为其意思表示。

1999 年《合同法》第 22 条规定："承诺应当以通知的方式做出，但根据交易习惯或者要约表明可以通过行为做出承诺的除外。"这里，以行为做出承诺必须符合交易习惯或者要约本身有此类规定。但是，关于交易习惯的规定仍然存在不周延之处：交易习惯可能是一般人之间的习惯，特定的合同当事人可能并不知晓或者并不认同。

正因为如此，《民法总则》第 140 条规定："行为人可以明示或者默示做出意思表示。沉默只有在有法律规定、当事人约定或者符合当事人之间的交易习惯时，才可以视为意思表示。"这里，将沉默作为意思表示，限定于三种情形：法律规定、当事人约定以及符合当事人之间的交易习惯。该条明确交易习惯必须为当事人之间的交易习惯，并非一般的行业交易习惯。此一规定较之于《合同法》第 22 条更为严谨。

2. 关于意思表示的解释

《民法总则》第 142 条第 1 款规定："有相对人的意思表示的解释，应当按照所使用的词句，结合相关条款、行为的性质和目的、习惯以及诚信原则，确定意思表示的含义。"较之于《合同法》第 125 条关于合同的解释来说，增加了"行为的性质"这一重要的参考指标。合同的解释仍然立足于探求当事人的真实意思，也就是双方所共有的缔约目的。为此，确有必要参考合同的性质，譬如，合同的有偿与无偿对于正确理解合同某些条款的含义来说意义重大。《民法总则》将"行为的性质"列为解释意思表示含义的一项重要参考因素，显然有道理。总体上，《民法总则》沿袭了《合同法》的规定，强调合同解释的目的在于探求当事人的真意。在此前提下，《民法总则》强调了合同词句和条款、行为性质和目的、习惯和诚实信用原则等客观主义的参考要素。按照传统理论，意思主义（主观主义）主张以表意人的主观意思为解释的基准，表示主义（客观主义）主张以受领人对表示的客观理解为解释的基准。① 我国《民法总则》可视为采取了一种主观主义和客观主义的折中立场。

《民法总则》第142条第2款规定同样值得注意："无相对人的意思表示的解释，不能完全拘泥于所使用的词句，而应当结合相关条款、行为的性质和目的、习惯以及诚信原则，确定行为人的真实意思。"该款针对的是单方法律行为。"不能完全拘泥于所使用的词句"的措辞表明，对于单方法律行为中的意思表示，更偏向意思主义的立场。以比较法的经验来看，2016年改革后的法国新债法第1188条规定："合同解释应根据当事人的共同意图，而不应拘泥于合同文本的字面意思。如当事人的意图无法探求，则合同应根据一个合理的人处于相同情况下所理解的含义进行。"显然，法国法是以主观主义为主，以客观主义为辅。《德国民法典》第133条规定，"解释意思表示应探求其真意，不得拘泥于文辞"。第157条又规定，"解释合同应按照诚实信用的原则及一般交易上的习惯解释"。《德国民法典》采取的也是主观主义为主、客观主义为辅的立场。受德国民法影响，我国台湾地区"民法"第98条规定，"解释意思表示，应探求当事人真意，不得拘泥于所用之词句"。

《民法总则》第142条第2款采取的是意思主义的立场，其合理性在于单方法律行为中没有相对人，不存在相对人的信赖保护问题，因此，在意思表示的解释上，应当在更大程度上尊重表意人的真实意思。如果未来民法典分则部分不设立债法总则，合同编将不得不在相当程度上代行债法总则的功能。② 在此情况下，合同编将可能对单方法律行为（如悬赏广告）等其他债的渊源形式做出规定。果如此，则应遵照《民法总则》第142条第2款来规定单方法律行为的解释。

3. 虚假表示与隐藏行为

我国1986年《民法通则》第58条和1999年《合同法》第52条均规定了"以合法形式掩盖非法目的"作为认定民事法律行为无效的理由。"以合法形式掩盖非法目的"这一表述确实不严谨。通说认为，这一规定

---

① 参见叶金强：《合同解释理论的一元模式》，载《法制与社会发展》，2013（2），102页。

② 参见王利明：《民法分则合同编立法研究》，载《中国法学》，2017（2），28页。

是受到比较法上通谋虚假表示制度的启发。譬如，德国民法典第117条第1款规定，“对相对人所做出的意思表示，如果系通谋所做出的虚伪表示，则无效”。日本民法典第94条第1款规定，“与相对人通谋而为虚伪意思表示者，其意思表示无效”。我国台湾地区“民法”第87条也规定，“表意人与相对人通谋而为意思表示者，其意思表示无效”。但是，“以合法形式掩盖非法目的”与“通谋虚假表示”显然存在差别：一方面，“通谋虚假表示”适用范围更广，既可能是出于非法目的，也可能是出于合法目的；另一方面，“以合法形式掩盖非法目的”中对“非法目的”的判断留给法官以很大的自由裁量余地，容易引发争议。此外，这一立法表述极不准确：“‘目的’为行为的动机，其本身并无‘掩盖’的可能和必要，需要掩盖的只能是意欲达到特定目的的具体行为。”①

正因为如此，《民法总则》第146条规定：“行为人与相对人以虚假的意思表示实施的民事法律行为无效。以虚假的意思表示隐藏的民事法律行为的效力，依照有关法律规定处理。”由此，“虚假意思表示”将涵盖“以合法形式掩盖非法目的”的情形，而且其包容性更强，包括了其他通谋虚假表示的情形。此外，该条还对隐藏行为的效力进行了规定：表面的虚假行为无效，并不必然导致被隐藏的行为无效，后者的效力“依照有关法律规定处理”。如果被隐藏的是合法行为，譬如，名为买卖实为赠与，则只要标的物合法，赠与行为即有效。反之，被隐藏的行为如果违法，则无效。这是借鉴了德国民法典第117条第2款的规定：“另一法律行为被虚伪行为所隐藏的，适用关于被隐藏的法律行为的规定。”

关于隐藏行为，2016年改革后的法国新债法第1202条规定得更为具体：“若当事人签订了一份表面合同用以隐藏一份隐匿合同，该隐匿合同也被称为密约，仅在当事人之间发生效力，其不得对抗第三人；但是第三人得主张之。”该条的意思包含几个方面：首先，密约（阴合同）如需有效，必须合法。第1203条规定了密约在一些情况下无效，而且表面合同（阳合同）也无效，譬如合同的目的是隐瞒不动产、营业资产或者客户资

① 尹田：《〈民法总则（草案）〉中法律行为制度的创新点之评价》，载《法学杂志》，2016（11），14页。

源、租赁权转让价款等。其次，密约仅对当事人具有约束力，不能对抗第三人。由于合同的相对性，合同只能约束双方当事人。另外，被隐藏的行为并不当然无效。在此点上法国法与德国法及我国民法是一致的。最后，具有特色的是，该条规定，密约不能对抗第三人，但第三人可以主张之。当然，其前提是第三人知晓其存在。在一些情况下，第三人可能主张表面合同，譬如，对于亲属之间发生的、名为买卖实为赠与的合同，受让人的债权人可以援引买卖合同，主张受让人是由于买卖合同而获得了一项财产，从而避免由于遗产归扣规则的适用受赠财产要回归到整体遗产的范围内。但是，反过来，对于享有法定特留份的其他继承人来说，他们显然愿意主张赠与密约的存在，要求对受赠财产适用遗产归扣规则，对受赠人的继承份额作相应的扣减。而赠与人的债权人也可以援引赠与的存在而行使撤销权。[①] 法国法关于隐藏行为对第三人效力的规定，确实更为细致，值得关注。

4. 关于乘人之危与显失公平的合并

《民法总则》第 151 条规定："一方利用对方处于危困状态、缺乏判断能力等情形，致使民事法律行为成立时显失公平的，受损害方有权请求人民法院或者仲裁机构予以撤销。"这是对《合同法》的相关条款进行了发展和修订。《合同法》第 54 条规定："下列合同，当事人一方有权请求人民法院或者仲裁机构变更或者撤销：（一）因重大误解订立的；（二）在订立合同时显失公平的。一方以欺诈、胁迫的手段或者乘人之危，使对方在违背真实意思的情况下订立的合同，受损害方有权请求人民法院或者仲裁机构变更或者撤销。当事人请求变更的，人民法院或者仲裁机构不得撤销。"《合同法》的此条规定源于《民法通则》第 59 条的规定，后者将重大误解与显失公平并列为予以变更或者撤销合同的事由。

较之于《民法通则》与《合同法》的上述条款，《民法总则》的发展在于：第一，将重大误解与显失公平进行分拆，对二者分别在第 147 条和第 151 条予以规定。这一体例更为科学。尽管二者都导致合意存在瑕疵，

---

① Muriel Fabre-Magnan, *Droit des obligations*, 1-*Contrat et engagement unilateral*, 4e edition, PUF, 2016, p. 592.

但是重大误解往往是误解者基于对现实情况的错误认知而得出错误的判断（但误解者并不一定对此存在过错），而显失公平多是由于一方滥用了对方的某种特殊状态，譬如缺乏经验与判断力、对自己的特殊依赖关系、穷困等。就此而言，显失公平与胁迫而非与重大误解更为接近。例如，法国法上将胁迫与利用依赖状态而获取明显不公平利益的情况，规定在同一个条文（法国新债法第 1143 条），就是基于这样的考虑。①

第二，就《民法总则》第 151 条关于显失公平的规定而言，该条吸收了《民法通则》第 59 条、《合同法》第 54 条的“乘人之危”。按照最高人民法院 1988 年《民通意见》第 70 条的规定，“一方当事人乘对方处于危难之机，为牟取不正当利益，迫使对方做出不真实的意思表示，严重损害对方利益的，可以认定为乘人之危”。而该意见第 72 条又规定：“一方当事人利用优势或者利用对方没有经验，致使双方的权利与义务明显违反公平、等价有偿原则的，可以认定为显失公平。”可见，乘人之危重在强调利用对方处于危难之机，而显失公平则强调利用优势或对方缺乏经验；但二者的后果都是双方利益的严重失衡，双方的权利、义务出现严重的不对等。

有必要将《民法通则》《合同法》和司法解释的上述规定与德国民法典进行比较分析。德国民法典第 138 条第 2 款规定，“某人利用他人处于急迫情势、缺乏经验、欠缺判断能力或心神耗弱，以法律行为使得该人就某项给付向自己或第三人约定，或给予与该项给付明显不相当的财产利益的，该法律行为无效”。此条是所谓“暴利”条款。有学者认为，《民法通则》和《合同法》“实际上将德国法上的暴利行为一分为二：以客观要件为基础，确立了显失公平规则；以主观要件为基础，确立了乘人之危规则”②。而这种做法的后果是，在构成要件和适用范围上可能出现重叠或竞合。正是基于这样的考虑，《民法总则》第 151 条对二者进行了合并，以显失公平吸收了乘人之危，将乘人之危作为一种手段，与其他手段并列，其所导致的后果是“法律行为成立时显失公平”。这一做法理顺了二

---

① Christophe Lachièze，*Droit des contrats*，4e édition，Ellipses，2016，p. 116.

② 冉克平：《显失公平与乘人之危的现实困境与立法重构》，载《比较法研究》，2015（5），39 页。

者的关系，显然在逻辑上更为周延。

第三，在显失公平的构成要件方面，《民法总则》吸收了司法解释的经验。前引最高人民法院《民通意见》第 70 条规定，“一方当事人乘对方处于危难之机”；第 72 条规定，“一方当事人利用优势或者利用对方没有经验”。在这些规定的基础上，《民法总则》第 151 条规定，“一方利用对方处于危困状态、缺乏判断能力等情形”，可构成显失公平。而且，“危困状态”和“缺乏判断能力”较之于《民通意见》的措辞更为严谨。“危困”比“危难”的外延要广泛，因为“危困”还包括其他的困境、困难和急迫需要。“缺乏判断能力”较之于“没有经验”也更严谨，因为没有经验并不必然导致缺乏判断能力，从而签订显失公平的合同；缺乏判断能力则很容易导致轻信和接受对方当事人的缔约条件。

《民法总则》第 151 条中“一方利用对方处于危困状态、缺乏判断能力等情形，致使民事法律行为成立时显失公平”的措辞，更接近比较法上的“经济暴力”。在法国，“经济暴力”（violence économique）制度系由判例所创立。根据法国最高法院在判例中的解释，经济暴力是“对一方经济依赖性的过分滥用，受害人由于担忧其合法利益受到威胁而产生恐惧因而接受，使行为人获取利益”。在这种情况下，合意具有瑕疵。① 基于判例的经验，2016 年改革后的法国新债法第 1143 条规定：“如果合同一方当事人通过滥用对方所处的依赖状态，迫使对方承受在没有强迫状态下本来不会接受的债务约束，从而使自己从中获取明显过分的利益，则此种情况同样视为胁迫。”其立法说明中明确提到，该条针对滥用依赖地位的一切“经济暴力”②。根据法国学者的解释，新法使用了滥用“依赖状态”（état de dépendance），典型者如经济上具有依赖性的合同关系，譬如特许经营合同、分包合同、独家代理合同、独家供货合同等。在判断一方是否滥用对方对其的“依赖状态”时，一个重要的标准是要看是否能找到替代措施，是否能找到其他客户、其他供应商。是否能找到替代措施的评估，一般从客观角度进行；在某些情况下，法院也可以结合受害人的具体情

---

① Cour de Cassation，1ère Chambre civile，arrêt du 3 avril 2002.

② François Terré，*La réforme du droit des obligations*，Dalloz，2016，p. 23.

况，从主观角度进行。立法最后所采用的“依赖状态”的措辞表明：如果没有相对人滥用受害人的依赖状态，受害人本不会订立合同；但相对人并不一定是导致这种依赖状态存在的人。① 《民法总则》第151条中的“一方利用对方处于危困状态、缺乏判断能力等情形”与2016年改革后的法国新债法第1143条所规定的“滥用对方所处的依赖状态”，在含义上已经比较接近；二者的功能都在于打击所谓的“经济暴力”现象，维系契约公平。

第四，在时间标准上，《民法总则》第151条明确为“法律行为成立时”显失公平。这就是说，判断合同约定是否构成显失公平，应当置于合同缔结的时候去检视，而不应从合同履行后或者争议发生时的情况去衡量。这一规定的合理性在于：只有在合同成立时存在显失公平，才能说明合意的瑕疵是自始即存在的，因此，当事人可以主张撤销合同，溯及既往地消灭交易，视同交易从来未发生。而如果显失公平是在合同履行的过程中才发生的，如果非当事人的原因所致，则应主张适用情势变更，请求法官变更或者解除合同，而非溯及既往地撤销合同。

二、关于第三人欺诈与胁迫的问题

关于第三人的欺诈与胁迫，比较法上有较多的经验。传统大陆法对第三人欺诈与第三人胁迫，采取不同的处理模式。尽管我们经常将欺诈与胁迫相提并论，但二者之间其实还是有差别的。在罗马法上就有如下理论：欺诈之诉具有对人性特点，只针对诈欺者提出；而胁迫诉讼具有对物性特点，受胁迫而失去物品的人可针对该物品的任何占有人提起诉讼。在当代法上，“通常认为，相对于欺诈，胁迫对受害人私人自治的侵犯更加严重。胁迫的受害人在被胁迫之下做出的意思表示，根本不能归于他自主自愿的

---

① 值得注意的是，法国债法改革的最初草案曾写入一方处于“脆弱状态”（faiblesse）的措辞，但最后被删除，因为立法者认为“依赖状态”的要求更为严格，譬如精神或宗教上的依赖关系导致受害人难以独立做出判断。另外，草案中原有的“急迫”（nécessité）措辞也被立法者删除，因为这一语词被认为过分含糊，在实践中，大量的合同都是因为有急迫需要而订立的。Olivier Deshayes，Thomas Genicon & Yves-Marie Laithier，*Réforme du droit des contrats，du régime général et de la preuve des obligations，Commentair article par article*，p. 224.

选择。而欺诈的受害人之所以会受到欺诈，往往是过于轻信对方的说辞或者是贪图对方虚构出来的好处，因此可以认为受欺诈人存在某种意义上的过失或过于轻信。这些差别导致法律对受胁迫人提供的保护更加周全，而对受欺诈人提供的保护相对有限。另外，从立法政策的角度看，胁迫行为对社会的危害性更大，也应该受到更严厉的制裁”①。由此可见，尽管欺诈与胁迫之间的差别更多的是程度的差别而非质的差别，但是，一旦发生胁迫，“交易安全应当让位于契约正义”②。

区分模式的典型立法如德国民法典，该法典第 123 条第 2 款规定，“如欺诈系第三方所为，则仅在相对人知道或应当知道欺诈时，表意人方可撤销其意思表示”。显然，在德国法上，对于第三人欺诈，仅在相对人知道或者应当知道欺诈的情况下，表意人方可撤销其意思表示。而对于第三人胁迫，则没有这样的要求，只要存在胁迫，无论是来自相对人还是来自第三人，表意人均可撤销其意思表示。这是所谓“区分模式”，对欺诈与胁迫进行区别对待。具体说来，在欺诈的情况下，如果相对人是善意的，不知也不应当知道欺诈的存在，则其合理信赖应当受到保护，表意人不得撤销其意思表示。而就胁迫而言，由于是对表意人的人身和财产安全的重大威胁，因而只要存在胁迫，无论是来自相对人还是来自第三人，表意人均可撤销其意思表示。此时，不再考虑相对人是否为善意，因为，“在受害者与产生合理信赖的第三人之间，更为重要的应该是保护前者”③。

而 2016 年改革后的法国新债法也采取了这种区分模式。新债法第 1138 条第 1 款规定，“欺诈可由下列人所为：代理人、事务管理人、一方的雇员或担保人”。第 2 款规定，“欺诈还可以源自有默契关系的任何第三人”。对于实施欺诈的第三人，该条第 1 款所列举的情形，均证实二者之间存在利益关联。而第 2 款中“默契”（connivence）一词的含义更为广泛，这意味着并不需要相对人与第三人有明示的合谋。立法者刻意避免了

---

① 薛军：《第三人欺诈与第三人胁迫》，载《法学研究》，2011（1），62 页。

② Gaël Chapentepie & Mathias Latina，*La réforme du droit des obligations*，*commentaire théorique et pratique dans l'ordre du Code civil*，Dalloz，2016，p. 273.

③ Olivier Deshayes，Thomas Genicon & Yves-Marie Laithier，*Réforme du droit des contrats*，*du régime général et de la preuve des obligations*，*Commentair article par article*，LexisNexis，2016，p. 208.

“通谋”（complicité）的措辞，以免对法官的认定形成过于严苛的负担，限制了其适用范围。反过来，相对人对欺诈事实的知情，足以认定“默契”的成立。如果相对人知道由于第三人欺诈了表意人，表意人才与自己订立合同的，则相对人对于第三人实施诈欺的事实故意隐瞒，其实也可能符合新债法第 1137 条规定的故意隐瞒真实情况的欺诈的适用条件。新债法第 1138 条第 2 款实际上类似于“兜底条款”，避免第 1 款的列举挂一漏万。总之，在第三人欺诈的情况下，如果相对人对欺诈之事实并不知情，而且他对此不知情并不存在过失，那么他有理由主张其对表意人的意思表示产生了合理信赖，此种合理信赖应当予以保护。反之，如果相对人存在过失，譬如，对其引入的第三人在选任、监督方面存在疏失，那么，相对人就不能主张对表意人的意思表示具有合理信赖。

关于第三人胁迫，法国新债法第 1142 条规定，“胁迫无论系合同当事人所为或第三方所为，均构成相对无效之理由”。这与对第三人欺诈的处理方法显然不同。在第三人欺诈的情况下，原则上应保护相对人的信赖，不能允许表意人撤销其意思表示，除非相对人存在过失；而在第三人胁迫的情况下，无论相对人是否有过失，表意人均可撤销其意思表示，相对人的信赖不能受到保护。[①] 这一“区分模式”源自法国以前的司法传统，在 1920 年代曾受到著名法学家路易·约瑟朗（Louis Josserand）的激烈批评，他认为这种区分并没有正当性。[②] 在当代，法国立法机构选择维持这种传统的区分模式：第三人欺诈情形下原则上不允许受害人撤销合同，除非相对人有过错；而第三人胁迫情形下则应允许撤销合同，无论相对人是否有过错。

与之相对的是所谓“统一模式”，即对第三人欺诈与第三人胁迫，采取统一的处理方式。譬如，《欧洲合同法原则》（PECL）第 4：111 条规定：“（一）在一方当事人对第三人的行为负责之场合，或者经一方当事人同意该第三人介入了合同的缔结，如果该第三人：1. 因给出信息而造成了错误，或者知道或本应知道某一错误；2. 给出了不正确的信息；3. 犯

① Olivier Deshayes, *Thomas Genicon & Yves-Marie Laithier*, p. 217.

② Louis Josserand, *Les mobiles dans les actes juridiques du droit privé*, Dalloz, 1928, p. 122 et s.

有欺诈；4. 进行了胁迫；5. 获取过分的利益或不公平的好处，则受害人在与恰如该方当事人自己的行为或知晓相同的条件下，可以获取本章中的救济。（二）在其他第三人从事下列行为场合：1. 给出了不正确的信息；2. 犯有欺诈；3. 进行了胁迫；4. 获取了过分的利益或不公平的好处，如果该方当事人知道或应当知道相关的事实，或者在合同宣告无效时尚未因信赖该合同而行事，则受害人可以获取本章的救济。”而《国际商事合同通则》第3.2.8条也有类似规定：“（1）如果欺诈、胁迫、重大失衡或一方当事人的错误可归因于某第三人，或者该第三人知道或应当知道这些情况，而该第三人的行为由另一方当事人负责，则可按照如同该另一方当事人本身之行为或知悉的相同条件，宣告该合同无效；（2）如果欺诈、胁迫或重大失衡可归因于第三人，而该第三人不由另一方当事人负责，若该另一方当事人知道或应当知道此欺诈、胁迫或重大失衡，或在宣告合同无效时尚未信赖该合同而合理行事，则该合同可被宣告无效。”可以看出，两个具有重要国际影响力的示范法版本采取的都是如下的模式：（1）在第三人的行为由一方当事人负责的情形下，第三人的行为均归因于该合同当事人，不论其是否对第三人的行为知情；（2）在第三人的行为不由合同一方当事人负责的情形下，只有在该当事人知道或者应当知道第三人的行为时，受害人方可主张宣告合同无效。当然，一个例外的规则是：如果合同当事人虽然不知情，但在宣告合同无效时尚未信赖该合同而合理行事，没有合理依赖可言，则受害人亦可主张宣告合同无效。“这一例外的合理之处在于，在这种情形下另一方当事人不需要保护”①。总之，在统一模式下，如果第三人的行为不由合同当事人负责，则仅在该方当事人知道或者应当知道第三人的行为的情况下，受害人方可主张撤销合同。

显而易见，统一模式对第三人欺诈与第三人胁迫均要求合同相对人的知情，而区分模式仅对第三人欺诈有此要求，对第三人胁迫没有这样的要求。可以说，统一模式下采取的是原则有效、例外无效的逻辑，这明显将限制受害人主张撤销合同，保护产生合理信赖的合同相对人，从而尽量保

---

① 张玉卿主编：《国际统一私法协会国际商事合同通则2010》，271页，北京，中国商务出版社，2012。

护契约自由，鼓励交易；而区分模式更多考虑的是对受害人的保护，更多考虑的是契约正义。在契约自由和契约正义二者之间，不同的立法者有不同的立法考虑，很难说哪种模式更优。在这个意义上，我们并不同意一些学者对区分模式的如下批评："区分模式的最大问题，是在利益权衡上，对于交易安全和善意第三人信赖利益的保护存在重大欠缺。"① 在统一模式中，只有在相对人"不知道并且不应当知道"存在欺诈或胁迫的情况下，其利益才受到保护。而赞成统一模式的论者也承认："这里的'不知道并且不应当知道'是一个有着相当大的弹性解释和适用空间的概念。"② 在我们看来，在第三人胁迫的情况下，应同样要求受害人举证证明相对人知道或应当知道第三人的行为方可允许其主张撤销合同存在如下弊端：一方面，这样对受害人未免不公；另一方面，由法官来裁判相对人是否"知道或者应当知道"第三人胁迫，容易增加裁判的任意性，损害法律的可预见性价值。

正是基于上述原因，在仔细研究了比较法上的各种模式之后，《民法总则》仍然采取了区分模式。其第149条规定："第三人实施欺诈行为，使一方在违背真实意思的情况下实施的民事法律行为，对方知道或者应当知道该欺诈行为的，受欺诈方有权请求人民法院或者仲裁机构予以撤销。"这里，立法要求证明相对人"知道或者应当知道该欺诈行为"，受害人方可主张撤销合同。其第150条规定："一方或者第三人以胁迫手段，使对方在违背真实意思的情况下实施的民事法律行为，受胁迫方有权请求人民法院或者仲裁机构予以撤销。"这就是说，在第三人胁迫的情况下，无论合同相对人是否知情，受害人均可主张撤销合同。应当说，这一立场是有道理的，也与法国新债法等的最新趋势相一致。

三、关于撤销权的行使

《民法总则》对法律行为的撤销制度的修订，主要表现为变更权的取消和撤销权时效制度的改革。

---

① 薛军：《第三人欺诈与第三人胁迫》，载《法学研究》，2011（1），62页。

② 薛军：《第三人欺诈与第三人胁迫》，载《法学研究》，2011（1），65页。

1. 取消合同的“变更权”

《民法总则》第 136 条规定：“民事法律行为自成立时生效，但是法律另有规定或者当事人另有约定的除外。行为人非依法律规定或者未经对方同意，不得擅自变更或者解除民事法律行为。”自此，变更合同与解除合同一样，须依照法律规定或经对方当事人同意。

然而，此前的相关规定并未采取此做法。《民法通则》第 59 条规定：对于重大误解和显失公平，受害的一方当事人“有权请求人民法院或者仲裁机关予以变更或者撤销”合同。《合同法》第 54 条在这两种情形之外，又增加了一方以欺诈、胁迫的手段或者乘人之危的情况。在这些情况下，受损害方均有权请求法院或者仲裁机构变更或者撤销合同。最高人民法院《民通意见》第 73 条规定，“对于重大误解或者显失公平的民事行为，当事人请求变更的，人民法院应当予以变更；当事人请求撤销的，人民法院可以酌情予以变更或者撤销”。可见，在符合上述意思表示瑕疵的情形下，如果受害方请求变更合同的，法院必须予以变更；而如果其请求撤销的，法院可以自由裁量，决定是变更还是撤销合同。赋予合同一方当事人单方请求变更合同的形成权，原因可能在于尽可能维持交易：以较低的成本来将合同的瑕疵消除，将其“转化”为一个无瑕疵的合同，从而避免通过撤销来消灭交易。

但是，合同变更在性质上是成立了一个新的合同。在法律上，情势变更是法定的变更事由。情势变更是在合同履行后、终止前，发生了非可归责于当事人的客观情况，基于维系当事人之间的利益平衡，由法官来裁定对当事人的权利、义务进行重新安排。而就缔约阶段的意思表示瑕疵而言，意思表示存在重大瑕疵导致双方的合意欠缺，合同本来就不成立；因而，如果受害人主张撤销合同，法院应准予撤销。但是，在此情况下，如果受害人主张变更合同，实际上是其单方发出了一个新的要约，是否接受此项要约而成立新合同，应属于对方当事人的权利。所谓变更权实际上赋予了该方以单方意思表示变更合同的权利，对方只有接受新要约的义务，这显然违背意思自治原则。[①] 而在受害方仅申请撤销合同的情况下，允许法院自由裁量来变更合同，更是离谱："这就意味着，当事人的形成意思在此等诉讼中并非决定性的，法院完全可以主动积极地通过变更等方式形成新的法律关系"，这显然是法院对当事人私法自治的不当干预。[②] 由此可见，《民法总则》取消合同变更权，无疑是一个进步，更加符合私法自治的要求，防止对当事人意志的过度干预。

2. 撤销权之时效期间的规定

《民法总则》第152条规定："有下列情形之一的，撤销权消灭：（一）当事人自知道或者应当知道撤销事由之日起一年内、重大误解的当事人自知道或者应当知道撤销事由之日起三个月内没有行使撤销权；（二）当事人受胁迫，自胁迫行为终止之日起一年内没有行使撤销权；（三）当事人知道撤销事由后明确表示或者以自己的行为表明放弃撤销权。当事人自民事法律行为发生之日起五年内没有行使撤销权的，撤销权消灭。"较之于此前的立法，该条包含了一些不可忽视的变化。

最高人民法院《民通意见》第73条曾规定，可变更或者可撤销的民事行为，自行为成立时起超过1年当事人才请求变更或者撤销的，人民法院不予保护。在此基础上，《合同法》第55条规定："有下列情形之一的，撤销权消灭：（一）具有撤销权的当事人自知道或者应当知道撤销事由之日起一年内没有行使撤销权；（二）具有撤销权的当事人知道撤销事由后明确表示或者以自己的行为放弃撤销权。"第75条规定："撤销权自债权人知道或者应当知道撤销事由之日起一年内行使。自债务人的行为发生之日起五年内没有行使撤销权的，该撤销权消灭。"

较之于上述条文，《民法总则》第152条有以下变化：

首先，对于胁迫，明确其除斥期间自胁迫期间终止之日起计算。此点更为公平，因为法谚有云："时效于无法行动者不得经过"（Contra non valentem agree non currit praescriptio）。这一条文也与比较法的一般经验

---

① 参见尹田：《〈民法总则（草案）〉中法律行为制度的创新点之评价》，载《法学杂志》，2016（11），16页。

② 参见徐涤宇：《论法律行为变更权的期间限制——基于解释论的立场》，载《中国法学》，2009（6），61页。

相吻合。例如，2016 年改革后的法国新债法第 1144 条规定，“撤销之诉的期间，在错误或欺诈的情况下，自错误或欺诈被发现之日起开始计算；对于胁迫，自胁迫停止之日起开始计算”。

其次，对于重大误解，其除斥期间为 3 个月，自知道或应当知道撤销事由之日起计算。该条可能受到德国民法典的影响，该法典第 121 条第 1 款规定：错误人在知悉撤销原因后，必须在“没有过错的迟延的情况下行使撤销权”。这里所谓的不存在有过错的迟延，就是指撤销权人必须尽快地撤销其意思表示，不允许存在可归责于其自身的拖延。根据一些学者的意见，在意思表示错误的情形中，仍然赋予表意人的撤销权以 1 年的除斥期间“显然是过于宽厚的待遇了，这无异于鼓励当事人基于一个可归因于自己的原因去利用除斥期间进一步使自己的利益最大化，而毫无可归责性的对方当事人却不得不忍受这一段时间处于法律上的不确定状态”，这非常不利于对市场交易中的善意相对方的利益的保护。① 这一观点的前提是，假定重大误解的受害人通常对于误解的发生存有过错，相对人却“毫无可归责性”，因此，赋予前者以 1 年的除斥期间对后者明显不公。然而，这一假定并不见得符合事实：在意思表示的形成、表达、传递和受领等环节中，误解人对于误解的形成并不见得必然存在过错；而相对人也不见得是“毫无可归责性”的无辜者。而 3 个月的超短期间，对于重大误解的受害人显然不公。自知道或者应当知道重大误解之日起，受害人必须在 3 个月的期限内采取行动，保留并收集好相关证据材料，对一些复杂合同的当事人来说，这将构成一个十分严峻的挑战。

3. 关于合同无效的判断标准

《民法总则》第 153 条第 1 款规定，“违反法律、行政法规的强制性规定的民事法律行为无效，但是该强制性规定不导致该民事法律行为无效的除外。”此条的经历可谓一波三折，由于部分学者的呼吁最后终被写入立法之中。但是，立法最后的措辞明显偏离了 2009 年《关于适用〈中华人民共和国合同法〉若干问题的解释（二）》第 14 条和《民法总则》之前

① 参见薛军：《论意思表示错误的撤销权存续期间——以中国民法典编纂为背景的分析》，载《比较法研究》，2016 (3)，176 页。

的几次审议稿草案。由此，随之而来的问题是：立法明显抛弃了司法解释中“效力性强制性规定”的表述，背后蕴含什么深意？按照立法的表述，似乎是“无效为原则，有效为例外”。这样对司法实践会不会带来重大的变化？

首先，有关司法解释将强制性规范区分为“效力性强制性规范”和“管理性强制性规范”，笔者一直认为存在很多的可商榷之处，这大约也是立法最终没有采纳该表述的原因之一。实际上，效力性强制性规范与管理性强制性规范的区分，涉及公法规范的识别定性，而公法规范的识别本身是一个公法行为，若由民事法官对公法规范的性质进行判断和区分，则存在合法性不足的问题。特别是若位居最低层级的民事法官都可以对中央立法和行政机关的法律法规进行定性，这对宪法秩序无疑是一种挑战。

其次，法律和法规中存在无以计数的强制性规范，如何确保对这些规范的定性准确以及标准统一，显然是一个巨大的挑战。很多时候，区分到底是效力性强制性规范还是管理性强制性规范，类似于一个经院哲学式的难题。一方面，“效力性规范”和“管理性规范”的二分不构成对与任意性规范相对之强制性规范的封闭式分类。① 另一方面，“效力性规范”和“管理性规范”本身均欠缺严谨的界定。按照通说，所谓效力性规范是指法律及行政法规明确规定违反该类规定将导致合同无效的规范，或者虽未明确规定违反之后将导致合同无效，但若使合同继续有效将损害国家利益和社会公共利益的规范。这一定义存在明显的同义反复和循环论证的缺陷。

有鉴于此，笔者认为，针对不得已需要进行识别区分的情况，司法解释应当做出指引。

一方面，应对区分标准做出规定。现有的利益识别法、对象识别法、责任识别法、原因识别法等理论，都具有一定合理性②，但由于缺乏具体的分类指引，因而在不同程度上存在欠缺操作性的问题。这些标准之中，

---

① 参见姚明斌：《“效力性”强制规范裁判之考察与检讨——以〈合同法解释二〉第14条的实务进展为中心》，载《中外法学》，2016（5），1268页。

② 参见徐干忠：《识别效力性强制性规定的方法》，载《人民司法》，2011（12），81-82页。

以保护利益说相对较为合理，因为其更符合合同无效制度的宗旨。就此而言，2016 年改革后的法国新债法值得借鉴。其第 1179 条规定，“因违反以保护公共利益为目的之规范所导致的无效为绝对无效；因为违反仅以保护私人利益为目的之规范而导致的无效为相对无效”。这被认为是吸收了现代的合同无效理论以及最新判例的成果。根据新的“保护利益”原则，如果所违反的规范仅保护某些特定当事人的利益（例如，行为能力规范、保护性规范、保护某些出让人利益的规范），则合同一般不能被认定为绝对无效。①

另一方面，还应对识别程序做出规范。譬如，借鉴情势变更的适用程序和比较法上的“先决裁判”机理，如果法官必须对某一法律或法规的强制性规范进行定性，应当请示各省、自治区、直辖市的高级人民法院。因为如果每个基层法官都有权自行判断规范的性质，将加剧“同案不同判”现象，危害裁判结果的统一和法律规则的统一。

《民法总则》第 153 条第 2 款还规定：“违背公序良俗的民事法律行为无效。”该法第 8 条正式确认了公序良俗原则（“民事主体从事民事活动，不得违反法律，不得违背公序良俗”）；第 143 条在强调民事法律行为的要件时，强调其不得违反法律、行政法规的强制性规定，不违背公序良俗。公序良俗原则源于《民法通则》《合同法》等法律中的“社会公德”“社会经济秩序”等原则，但其外延更为广泛，可使民法典具备更强的应对变动中的经济社会形势的能力；采纳公序良俗原则也与比较法的经验更为吻合。

值得注意的是，公序良俗是公共秩序与善良风俗二者的合称，二者经常被一起使用，使它们之间很难做出区分。实际上，公共秩序与善良风俗是存在差别的。公共秩序是被某一特定国家在某一特定时期认为最为核心的社会要素，它涉及公共利益和社会的稳定；而善良风俗首先属于私人秩序层面，当然也会涉及社会的公共道德。公共秩序包括限制个人自由的一系列规范，其目的在于促进社会以可以生存的方式组织起来。公共秩序通

---

① Muriel Fabre-Magnan, *Droit des obligations*, *I-Contrat et engagement unilateral*, pp. 506 - 507.

过对社会关系的规范，来实现每个人权利和义务的平衡。这种规范既可以表现于个人与国家的关系层面，也可以表现于个人的层面，譬如个人对其身体的处置。在相当程度上，公共秩序覆盖了决定个人在社会中的地位的那些条款：亲子关系、婚姻、家庭等。例如，禁止重婚主要并非出于道德方面的考虑，而是出于对婚姻这一基本制度的正确界定，属于公共秩序的范畴。而善良风俗是从“善”的角度去界定的，也就是说与“恶”相对；因此善良风俗与道德问题密切相关。善良风俗更多地指向羞耻、得体、性道德等范畴。因此，善良风俗在法律具体适用中的合法性会引发更多的争议。通过积极的方式去定义善良风俗十分困难，因为在民主社会中对“善”和对道德的援引范围是有限的。所以，与之所不同的是，公共秩序并非从善的角度去界定，而仅仅是根据形式上的标准——公正，具体地说，就是从社会的角度看是否可以存续，通常这种公正是位于两极之间。因此，尽管公共秩序和善良风俗可能会被同时适用，但是两个制度的功能并不相同。① 另外，“严格说来，没有一条法律规范会明确规定其涉及善良风俗，但是很多法律会明确规定本条属于公共秩序的范围”②。就适用范围而言，公共秩序要比善良风俗广泛得多，除了民法，前者还适用于刑法、行政法等领域。而后者的范围要有限得多；善良风俗更多地涉及社会所公认的一些禁忌、习俗，特别是在两性关系领域。

就公序良俗在合同法领域的适用而言，有几点尤其需要注意。

首先，宪法基本权利规范属于公共秩序的范围，侵害宪法基本权利的合同可被视为违反公共秩序而应宣告无效。譬如，侵害一方当事人的婚姻自由、宗教信仰自由或人格尊严的合同条款应被宣告无效。以代孕合同为例：《法国民法典》第16—7条、《魁北克民法典》第541条均以违反公共秩序的理由规定其无效。法国最高法院还曾判决：房屋租赁合同中禁止承租人在房屋内容留任何其他人包括其近亲属，侵害了承租人的私生活和家庭生活受保护的权利（《欧洲人权公约》第8条），此条款无效。③

---

①② Bénédicte Lavaud-Legendre, *Où son passées les bonnes moeurs*?, PUF, 2005, pp. 8, 10-11.

③ Cass. Civ. 3e, 6 mars 1996, n°93-11113; RTD civ., 1996, p. 580, obs. J. Hauser.

其次，合同不应构成对他人的不合理歧视，因为禁止歧视属于公共秩序的范畴。譬如，欧盟《共同参考框架》（DCFR）第 2：101 条规定："如果一个合同或其他法律行为是关于向公众提供或供应商品及其他公众可以获得的财产或服务，在其实施过程中，任何人均有权不因性别、民族或种族而受到歧视。"第 2：102 条规定，歧视包括：(a) 比起其他人正在接受、已经接受或即将接受的对待，一个人受到了不友好的对待；或者 (b) 一个表面上中性的规定、标准或惯例，其实际效果会使一群人与另一群人比较时处于特别不利的地位。①

最后，在合同中应慎重适用善良风俗原则。对于民事合同，如给付原因或目的存在不法或者违反公德，构成违反善良风俗。譬如，对于存在婚外性关系的当事人之间的赠与，比较法上的普遍趋势是：仅在赠与的目的是鼓励或维系婚外性关系的存在时，赠与行为方可被撤销。② 而对于纯粹的商事交易合同，则应尽量排除善良风俗原则的适用。总体上，善良风俗在合同领域中逐渐隐退，其含义逐渐出现空泛化的趋势，或逐渐为公共秩序所覆盖。法国民法典原第 1133 条曾规定："原因如违反法律、善良风俗或者公共秩序，即为不法"。而 2016 年改革后的法国新债法第 1162 条则规定，"合同的条款及其目的均不得违背公共秩序，无论后者是否为各方当事人所知悉"。显然，新法的此条取消了对善良风俗的援引，仅保留了公共秩序。③

四、结语

《民法总则》将作为未来中国民法典的开篇，统率整个法典的分则。所谓"纲举目张"，在民法典中，《民法总则》就是这样的"纲"，总领民法典各个不同的"目"（分编）。因此，《民法总则》对于民法典分则部分具有重要的指导意义。从逻辑一致性的角度来说，分则应当与总则保持逻

① 参见［德］克里斯蒂安·冯·巴尔、［英］埃里克·克莱夫主编：《欧洲私法的原则、定义与示范规则：欧洲示范民法典草案》，高圣平等译，卷 1－3，169、178 页，北京，法律出版社，2014。

② Cass. Ass. Plén.，29 oct. 2004，n°03－11238.

③ Muriel Fabre-Magnan，*Droit des obligations*，*I-Contrat et engagement unilateral*，p. 480.

辑一致，避免体系内的矛盾。为此，“需要妥当处理合同编与民法总则之间的关系，尽量消除二者之间的冲突”①。当然，分则可以对《民法总则》做进一步的细化、明确和补充，这也正是民法典合同编的编订过程中所要遵循的基本工作方法。

从以上的分析可以看出：2017 年《民法总则》以 28 个条文规定了“民事法律行为”，较之于 1986 年《民法通则》中的 9 个条文来说，无论在量上还是在质上均有了重大的改进与突破。这些修订的绝大部分内容，一方面来源于对《合同法》等立法和司法解释［特别是《民通意见》《合同法司法解释（二）》］中的合理内容的总结与吸收；另一方面也源自对比较法经验的分析与总结。这些内容都是在立法质量方面的明显改善，因此，它们应当为民法典分则的合同编所吸收。当然，《民法总则》关于民事法律行为部分的少部分增补，譬如关于重大误解撤销权的 3 个月超短期时效以及违反强行法的效果，反映了中国立法者的一些独特立法政策考虑，但从契约公平或契约效率的角度来看也不无争议。其适用效果，有待在未来的司法实践中进一步检验。

① 王利明：《民法分则合同编立法研究》，载《中国法学》，2017（2），25 页。

第十一章　民法典的立法技术

在私法领域，法典化在当代仍然被认为是立法理性化的首要手段。这显然与启蒙运动的理性主义思潮有密切关系。“自近代以来，简化和明晰法律的愿望越来越明显，处于世俗化进程中、不断发展的国家将其作为实现立法进程理性化的手段。为此，法典化方法很快作为达到目标的必要条件被加以采用。”① 法典化的目标主要在于尽可能完整地将所涉部门的法律渊源都囊括其中，实现法律安全和法律的可达性（accessibility），并兼顾法律的稳定性。②

立法者为达到上述目标的法典化行动，属于立法学的范畴。立法学致力于研究立法者不同形态的立法行为，更具体地说，“立法学是关于构建公共行动及其法律表达的方法论，其致力于确定阐述、编纂、颁行规范的最佳的方式”③。立法学旨在实现法律规范产生进程的理性化，它以社会科学为支撑，以求准确反映社会现实，以传播科学和语言科学为基础来编

① Jean-Pierre Duprat，“Genèse et développement de la légistique”，in Roland Drago (dir.)，*La confection de la loi*，Paris，PUF，2005，p. 11.

② Jean-Philippe Dunand，“Entre tradition et innovation：analyse historique du concept de code”，in Bénédict Winiger & Jean-Philippe Dunand (éd.)，*Le Code civil français dans le droit européen：actes du colloque sur le bicentenaire du Code civil français*，Bruxelles：Bruylant，2005，p. 10 ss.

③ Morand，Charles-Albert，“Elémentsde légistique formelle et matérielle”，in Charles-Albert Morand (dir.)，*Légistique formelle etmatérielle*，Aix-en-Provence：Presses universitaires d'Aix-Marseille，1999，p. 18 ss.

制规范。① 在狭义上，立法学从技术的角度分析法律规范的产生，关注编纂有关的技术。② 而在广义上，立法学还关注法律的适用，因为法律本身的技术特点（譬如其易懂性）也直接制约着其适用的效果。③

我国《立法法》第6条规定："立法应当从实际出发，适应经济社会发展和全面深化改革的要求，科学合理地规定公民、法人和其他组织的权利与义务、国家机关的权力与责任。法律规范应当明确、具体，具有针对性和可执行性。"此一条文对立法设定了几个不同层次的要求：其一，就立法的必要性和目的而言，立法应当从实际出发，适应经济社会发展和全面深化改革的要求；不能制定脱离实际情况或者与经济社会发展和改革需要相背离的法律。其二，从立法的内容来看，立法应当科学、合理地规定公民、法人和其他组织的权利与义务、国家机关的权力与责任。就此而言，立法对权利、义务的配置应遵循正义、公平等要求。其三，从立法的行文和措辞特点来看，法律规范应当明确、具体，具有针对性和可执行性。这是对立法技术方面的主要要求。

2017年《民法总则》的颁行，是我国当前民法典编纂工程的重大成果，标志着立法机关所制定的"两步走"战略的第一个步骤已顺利完成。因此，《民法总则》在相当程度上也昭示着未来中国民法典的特色。从这个意义上说，有必要从比较法的角度，对2017年《民法总则》的立法技术进行全面检视。

---

① Alexandre Flückiger et Jean-Daniel Delley, "L'élaboration rationnelle du droit privé: de la codification *à* la légistique", in Christine CHAPPUIS, Bénédict Foëx& Luc Thévenoz (dir.), *Le législateur et ledroit privé: Colloque en l'honneur du professeur Gilles Petitpierre*, Genève: Schulthess, 2006, p. 125.

② Chevallier, Jacques, "L'évaluation législative: un enjeu politique", in in Alain Delcamp, Jean-Louis Bergel & Alain Dupas, *Contrôle parlementaire et évaluation*, La Documentation française, 1995, p. 15.

③ Charles-Albert Morand, "Eléments de légistique formelle et matérielle", in Morand, Charles-Albert (dir.), *Légistique formelle et matérielle-Formal and Material Legistic*, Aix-en-Provence: Presses universitaires d'Aix-Marseille, 1999, p. 17.

一、惹尼论民法典的立法技术

立法学到底是一门艺术，还是一门科学？这的确是个问题。① 如果立法学是一门艺术，则立法者应该具备艺术家的素质：本能、品位、天赋、冲动。如果立法学是一门科学，则立法者要采取一种富有条理、充满理性的方法。② 在法律史上，曾经有法学家对这样的问题进行过思考。

从历史上看，较早对法典化的立法技术进行研究的是英国著名法学家边沁。在18世纪晚期他形成了比较系统的法典化思想。③ 边沁始终认为，清晰和简洁，这是立法语言最为重要的两个特点。因此，边沁对法律的简化有着近乎极端的要求："根本不需要法学院去解释，不需要学者去评注，不需要借助词典去理解，不需要决疑者们去揭开其中的玄机。"④ 即使这样极端的理想在现实生活中难以完全实现（即便法律再简单，法学家的评注和词典的帮助在一定程度上对于理解法律仍然是必要和有益的），他所倡导的法律简化也应该作为立法者始终追求的基本价值之一。

几乎与边沁在同一时期，意大利学者盖塔诺·费朗基里（Gaetano Filangieri）出版了《立法学》一书。他认为，在三权之外应设立第四种权力机关——"法规审查者"，负责审查法案的质量，评估法律的效果，纠正法律的错误，并让法律进行与时俱进的发展。⑤

在法律史上，首先对民法典的立法技术进行系统性比较研究的，应属法国著名学者惹尼。1904年为纪念法国民法典百年诞辰。由比较立法学会所组织的研讨会上，"自由的科学研究"（libre recherche scientifique）

---

① Charles-Albert Morand, "La croissance normative: comment faire face *à* une masse de droit considérable ?", SchweizerischesZentralblattfürStaatsundGemeindeverwaltung, 1986, n° 8, p. 3 et s.

② Alexandre Flückiger & Jean-Daniel Delley, "L'élaboration rationnelle du droit privé: de la codification *à* la légistique", p. 128.

③ François Ost, "Codification et temporalité dans la pensée de J. Bentham", in Philippe Gérard, François Ost et Van de Kerchove (dir.), *Actualité de la pensée de Jeremy Bentham*, Bruxelles: Bruylant, 1987, p. 163.

④ Daniel Gutman, "L'objectif de simplification du langage législatif", in Nicolas Molfesis (dir.), *Les mots de la loi*, Paris: Economica, 1999, p. 73.

⑤ Gaetano Filangieri, *CEuvre*, Vol. 1, Paris, 1822, p. 89.

学派的创始者之一、南希大学的惹尼教授发表了《当代民法法典化中的立法技术》一文①，对民法典的立法技术进行了深入和系统的探讨。这是民法史上较早对民法典编纂的立法技术进行系统研究的重要文献。

（一）法国民法典的立法技术

惹尼指出，立法技术（technique législative）“在本质上是一些立法的方法（procédés），通过这些方法，作为当代实定法最主要渊源的成文法适应其所赋予的特殊角色，即实现对人的行为向一切法律组织的终极目的的指引。对立法者而言，立法技术要求其制定出确定的、强制性和明确无误的规范，以求对不同群体之间处于冲突状态的利益做出清楚的界分，建立起为社会发展所必需的秩序”②。在惹尼看来，立法技术既包含“实质性和内在的方面”，涉及一些基本价值，与立法作品的内容相关；也包含一些形式性的方面，使立法尽可能涵盖所针对的法律部门的全部渊源，有效调整相应的法律关系，回应社会生活的实际需要。惹尼更多的是在形式意义上适用法律渊源的概念。这也与今天我们的理解相同。③

惹尼认为，首先需要探讨的是，立法者到底是应该意识到存在某种立法方法，并忠实地加以遵循，还是简单地依赖本能所给出的宽泛建议或依据传统所得出的不确定指示，以从中找出最能到达其目的的途径？就法国民法典的经验来看，让人不免犹疑：因为法国民法典的起草人并没有对立法技术问题进行特别多的考虑，但却从自己过去的经验中成功地找到了让其作品的成功所不可或缺的那些要素。不过，惹尼指出，对于采取经过深思熟虑的立法技术的优越性，人们应该没有什么理由来加以反对。④

惹尼对法国民法典的立法技术进行了回顾和总结。就法国民法典，惹尼认为其起草者体现了一种典型的“古典主义”（classicisme）——统一、简洁和明晰；起草者展现出他们作为法律实务家的丰富经验，采取了一种尽可能让大众理解的平实语言，并且丝毫没有去规定一切和预见一切的企图心。在他看来，1804 年法国民法典在立法技术上最为杰出的成就是：在没有预先设计好章法的前提下，起草者以其精妙的手法，采取了一种平

①②③④　François Gény，“La technique législative dans la codification civile moderne dans le code civil”，in *Livre du centenaire*，1804—1904，Dalloz，2004，pp. 989 - 1038.

实和人性化的立法语言，深受民众和法学家们的喜爱；民法典向他们传递了最为朴实和最为丰富的法律理念。①

（二）当代民法典的立法技术

惹尼还对当时诞生不久的两部重要民法典文本——1896 年德国民法典和 1902 年的瑞士民法典草案——进行了深入的比较分析。关于德国民法典，惹尼认为：其众多规范之间具有逻辑一致性、同质性和精确性。德国民法典的起草者刻意避免“使用数个不同的语词来指称同一概念，或者使用同一语词来指称数个不同的概念”。因此，“1896 年德国民法典为我们呈现了一种法律语言专门化方面的特别精心的尝试，其目的在于在最大限度上保障人们基于法典化的立法对安全的实际生活的期待”。由此，德国民法典具有高度抽象的趋势，其条文具有严格逻辑化的构造，概念具有精确性，句法具有同质性，法典的术语概念体系显得十分单调。总之，德国民法典是一个严格规范的作品，除了它为法律解释所做的贡献外，其整体的立法技术产生了一种独特的方法论，因此，它给人以僵化、刻板和高度逻辑性的印象。由此，一些人为之所强烈吸引，而另一些人则不以为然。②

对于瑞士民法典草案，惹尼这样形象地说，“如果说德国民法典代表着一种艰涩、精密和教义化的立法技术，希冀将全部的实定法置于普罗克鲁斯特之床，那么胡贝尔教授的瑞士民法典草案则正好相反，采取了一种灵活、富于变化、富有弹性的方法，其用语更宽泛、更人性化。这也展现出起草者对立法能力的某种保留”③。胡贝尔教授曾经表示，若立法者取消司法者全部的自由裁量权，将没有任何好处。根据法律条文的宽泛特点和社会公德的要求，法官的裁量权在法律执行期间可以随时代的发展而相应地发生变化。在立法者制定一部法律后，在不修改法律的情况下，法官无法根据时代观念的发展而对法律做出与时俱进的适用，显然是一个错误。④

---

①②③④ François Gény，“La technique législative dans la codification civile moderne dans le code civil”，*in Livre du centenaire*，1804—1904，Dalloz，2004，pp. 1014，1025-1027，1031-1032，1031-1032，1037.

惹尼在其长文的结尾，对法典化的立法技术问题提出了以下六点建议。

第一，当代的立法者应该避免在立法中确立某些理论思想，或者对学理上的某些概念之争做出裁断。立法者的任务只应是制定具有实际效果的法律规范。

第二，尽管立法者应该避免过度抽象——这在大多数情况下基本上没有什么用处，立法还是应该保留一定程度的一般性。立法者的角色不是引入纯粹的决疑论，它应该规定一些具有足够灵活性的规范，以囊括具有共性的各种具体情形。

第三，立法只有以清晰的和体现时代精神的语言，深刻地反映社会现实，才可能真正受到民众的欢迎。

第四，法律术语的界定不能一味地以追求教义学意义上的准确作为目的，立法应该具有确立法律概念的外延的能力，以明确法律规范的适用范围。

第五，立法应采取最为合适的语法形式，确保同一术语在法典中具有相同的含义，即使这样做会使法律措辞在形式上显得单调，因为要避免法官基于不同的具体环境而具有不同的理解。

第六，立法技术正是通过术语的确定和明晰才得以发展；当然，术语到底应明确到何种程度，还有可讨论的余地。如果立法者希望为某一特定的法律概念赋予区别于其他概念的特殊含义，它必须采取对该概念进行特别界定的方式，而且在使用中必须确保其始终具有相同的含义。①

惹尼所提出的上述结论，在总体上继承了孟德斯鸠和波塔利斯关于立法技术的思想，尤其是区分立法与法学研究、立法的简洁易懂等主张。②在此基础上，他结合20世纪初民法法典化的最新发展，提出了一些新的思考和分析，譬如，法典概念和术语的准确性，反对无用的过分抽象。惹尼在一个多世纪前所给出的这些建议，在今天仍然具有很强的现实意义，

---

① François Gény，“La technique législative dans la codification civile moderne dans le code civil”，in Livre du centenaire，1804—1904，Dalloz，2004，p. 1037.

② 参见石佳友：《法典化的智慧——波塔利斯、法哲学与中国民法法典化》，载《中国人民大学学报》，2015（6），96页。

对于我们的当代民法典编纂仍然具有某些启示价值。

二、民法典的语体与行文

薏尼关于法典化立法技术的上述分析与结论，与当代的理论和实践并无二致：法律所要求的安全、可预见性和具有内在一致性，要求法律文本必须具有清晰、简洁和明确等特点。例如，当代的各类立法指引都明确要求："法律草案应当清晰、简洁、语法正确……必须严格遵守断句的规则。这些规则在法律上具有非常重要的意义"①。

（一）写给谁看的民法典

要真正落实这些要求，首先必须回答一个问题：法典到底是写给谁看的？这是立法的一个根本性的方向问题。② 胡贝尔教授对此有着十分精深的理解，他所发展出的瑞士民法典的起草原则成为现代立法学的渊源。十分难得的是，其时1896年德国民法典刚刚诞生并赢得了诸多好评，而胡贝尔教授选择了明显不同于德国民法典的风格。因为在他看来，瑞士民法典应该是一部"人民的立法"，不是为法官或法学家所写，而是为所有公民所写，因此，民法典应该具有简单易懂的特点。"当代的法律的目的并不只是为了告知法官在未来如何断案。法律针对它管辖范围内的所有人。由此，只要情况允许，立法者的命令就应当让每个人明白；或者，至少应让所涉及行业的相关人士未来易于熟悉法律。法律应当让普通人明白其含义，当然这并不妨碍专家可以得出比普通人更为宽广或更为深入的理解。这就是我们所说的人民立法的含义。"③

其实，早在18世纪中期孟德斯鸠就已在其名著《论法的精神》中对立法者进行了谆谆教导："法律的文风应该简约。法律的文风应该朴实，平铺直叙永远比拐弯抹角好……在一部法律之中，如果已经详细确定事物

① Circulaire du 30 janvier 1997 relative aux règles d'élaboration de signature et de publication des textes au Journal Officiel et *à* la mise en œuvre de procédures particulières incombant au Premier Ministre.

② 参见石宏、郭锋、王轶、石佳友：《〈民法总则〉立法纵览与适用前瞻》，载《中国法律评论》，2017（3），7页。

③ Eugène Huber, *Code civil suisse: exposé des motifs*, Berne, 1901, p. 10.

的相关概念，那么就不要诉诸一些空泛的表述。在法律中，应该采取从现实到现实的推理方式，而非从现实到想象或者从想象到现实。法律的用词要做到让所有的人都理解为相同的概念。法律不能让人难以捉摸，而应该能为普通人所理解。法律不是高深的逻辑艺术，而是一位良家父的简单道理。在一部法律中，如果不需要设定例外、限制或者修正，那么最好就不要设置。同样的规定应该适用于同样的情况。”① 这就是说，法典中必须区分“那些有可能和必要向一切人解释清楚的东西和那些必须使用严谨用语的东西”。法律措辞“是某种特殊语言的独特应用”，它要使“公民和法学家喜欢最为平实和最为丰富的法律思想”②。

有鉴于此，法律简化应该是法典化的主要目标之一，法国民法典就是这方面的典范。法国民法典被公认为行文简洁自然、措辞明晰，很多条款具有哲学命题式的美感：优雅、准确和简明。③ 按照阿尔贝·索黑尔（Albert Sorel）的论断，法国民法典“避免了一切超验式的用语：它丝毫不追求崇高；它是针对普通的法国人以及他们普通的社会生活。这是一个充满乡土气息的产物，这就是为什么它从法兰西的大树上发芽、自法兰西土地上汲取养分，并在法兰西大地上开花结果”④。正因为如此，司汤达曾这样写道：在创作小说《夏尔特修道院》的过程中，“每天早上起床后都要读两到三页的民法典条文，以使小说的行文保持自然化”⑤。这也是法律史上的佳话，是法律与文学之间存在密切联系的经典实例。不过，法国民法典在其诞生后，屡经不同时期的立法者增删修订，很多条文后来也

---

① ［法］孟德斯鸠：《论法的精神》，许明龙译，693－695页，北京，商务印书馆，2014。令人不感觉意外的是，惹尼在其《当代民法法典化的立法技术》一文中也详细引用了孟德斯鸠的这些告诫。François Gény，“La technique législative dans la codification civile moderne”，p. 1006.

② Stéphanie Guy，“La codification：une utopie?”，in *Revue française de droit constitutionnel*，1996，Vol. 26，p. 308.

③ V. Lassere-Kiesow，“Les éditions du Code civil”，in *Le Code civil*，1804—2004：*Un passé*，*un présent*，*un avenir*，Dalloz，2004，p. 139.

④ Albert Sorel，“Introduction”，in *Le Code civil*，1804—1904：*Livre du Centenaire*，p. 32.

⑤ A. Teissier-Ensminger，*La fortune esthétique du Code civil des Français*，Paris：Le Mémoire du Droit，2004，p. 85.

变得面目全非。由此，1917年法国著名法学家亨利·卡比当（Henri Capitant）曾这样感慨："民法典以一种简单、明确的语言写就，每一个标点都精心设计，部分条文分成很短和数量很少的款，容易阅读和理解，即便对于非法律人士也是如此。清晰、明确、简洁、节制，这些正是法国民法典的杰出成就，且从未被超越。然而，我们民法典这些优点正在消失，这主要归咎于当代的立法者。自二十多年来，议会在民法的许多领域尤其是家庭法制定了不少立法，这些法律均被纳入民法典之中，而它们未经充分的准备与论证。这些法律是如此的不完善，以至于它们损害了民法典这座立法丰碑，如同未考虑主体建筑的美观与和谐而擅自增加的拙劣的附属建筑物一样。"①

这些充分说明，要让民法典保持"接地气"和"乡土气息"，需要立法者持之以恒地在立法的语体上下功夫。"关于语体（langage）类型，古典分析常常将其区分为大众语体（包括行话）、俗语、刻意修饰的语体和文学语体。显而易见，法律行文的语体既非大众语体，亦非俗语或者文学语体（即便是对法律文本的研究会得出具有文学价值的研究成果）。它更接近于一种刻意讲究的通用性语体（langage courant），当然它也具有一些自身的独特性。"② 按照科尔纽（Cornu）教授的论断，法律语体来自自然语言并受其滋养。法律语体并不是一种语言，而只是某些习惯性用语的特殊用法。"如果说其中引入了词汇和表述方式上的一些特殊印记，那是因为其从日常语言之中汲取了源泉、表述的微妙、论述的方式、意群的网络甚至沉默——因为其沉默立足于其所暗指的言下之意（如果我们可以说书写的艺术也是沉默的艺术）"③。

（二）《民法总则》的措辞与行文

基于同样的考虑，我国《立法法》第6条第2款规定："法律规范应当明确、具体，具有针对性和可执行性。"其中，"明确"是指立法用语本身应当清晰、不含糊；"具体"是指法律规范的内容明晰，所规定的权利、

① Henri Capitant, "Comment on fait les lois aujour d'hui", in *Revue politique et parlementaire*, 1917, Vol. 91, p. 305.

② Gérard Cornu, *Linguistique juridique*, 3e édition, Montchrestien, 2005, p. 317.

③ Gérard Cornu, "L'art d'écrire la loi", p. 7.

义务清楚；而具有可针对性和可执行性是指立法具有明确的指向和可操作性。我国立法也向来具有简洁易懂的特点。然而，就此而言，《民法总则》某些条款的行文风格，确实值得商榷。

我们不妨以《民法总则》第153条第1款规定为例，“违反法律、行政法规的强制性规定的民事法律行为无效，但是该强制性规定不导致该民事法律行为无效的除外”。从字面来看，立法明显抛弃了司法解释中的“效力性强制性规定”的表述，其文义似乎是“无效为原则，有效为例外”。究竟应如何看待这一重大变化？

在我们看来，必须承认的是：司法解释将强制性规范区分为“效力性强制性规范”和“管理性强制性规范”，的确引发不少问题。这些问题包括以下两个。

其一，效力性强制性规范与管理性强制性规范的区分，涉及公法规范的识别定性，而公法规范的识别本身是一个公法行为。若由民事法官对公法规范的性质进行判断和区分，则存在合法性不足的问题。特别是位居最低层级的民事法官都可以对中央立法和行政机关的法律法规进行定性，这对宪法秩序无疑是一种挑战。从比较法的经验来看，基层法官和上诉法官负责审理“事实”问题，而最高法院的法官负责审理“法律”问题。对强制性公法规范进行定性，无疑属于法律问题，将此问题交给负责审理事实问题的基层法官去处理，显然不妥。

其二，法律和法规中存在无以计数的强制性规范，要确保对这些规范的定性准确以及标准统一，显然是一个巨大的挑战。很多时候，区分到底是效力性规范还是管理性规范，类似于一个经院哲学式的难题。事实上，“效力性规范”和“管理性规范”的二分并不构成对与任意性规范相对之强制性规范的封闭式分类①，有一些强制性规范难以硬性归入效力性规范或者管理性规范。

有鉴于此，立法对司法解释中的“效力性强制性规范”表述进行调

① 参见姚明斌：《“效力性”强制规范裁判之考察与检讨——以〈合同法解释二〉第14条的实务进展为中心》，载《中外法学》，2016（5），1268页。

整，确有必要。[①] 但是，前引《民法总则》第153条第1款规定的措辞显然不理想。

其一，该条前半段首先宣告："违反法律、行政法规的强制性规定的民事法律行为无效"。这给人的感觉是：所有违反法律、行政法规的强制性规定的民事法律行为，均统统无效。然后，后半段的但书条款马上又宣称："该强制性规定不导致该民事法律行为无效的除外"。这样的表述对于没有法律知识的一般人而言，明显有点自相矛盾，不知所云：前边说了违反强行法的行为无效，后边又说强行法不导致无效的，行为可以有效。这种措辞显然令人费解。

此外，这种原则无效、例外有效的措辞，与民法的私法属性和私法自治精神难以契合，更为合适的措辞应该是原则有效、例外无效。照此逻辑，该条更合适的表述是："违反法律、行政法规的强制性规定的民事法律行为，仅在该强制性规定导致其违反后果为无效时，方为无效。"

其二，该条最大的缺陷是意义含混，缺乏可操作性。该条的但书条款宣称，如"强制性规定不导致民事法律行为无效的"，则行为有效。然而，该条就何种"强制性规定不导致民事法律行为无效"，并没有做出任何的标准。法官和民众自始至终都无法了解：究竟是哪些强制性规定"不导致"民事法律行为无效。就此而言，2016年改革后的法国新债法的规定明显比《民法总则》第153条的模糊处理要好得多。改革后的法国民法典第1179条规定："因违反保护公共利益为目的之规范所导致的无效为绝对无效；因违反仅以保护私人利益为目的之规范而导致的无效为相对无效。"这被认为是吸收了现代的合同无效理论以及最新判例的成果。根据新的"保护利益"原则，如果所违反的规范仅保护某些特定当事人的利益（例如，行为能力规范、保护性规范、保护某些出让人利益的规范），合同一般不能被认定为绝对无效。[②] 未来在将《民法总则》纳入民法典之中时，应对第153条的措辞进行修订。

---

① 参见石佳友：《我国〈民法总则〉的颁行与民法典合同编的编订——从民事法律行为制度看我国〈合同法〉相关规则的完善》，载《政治与法律》，2017（7），11页。

② Muriel Fabre-Magnan, *Droit des obligations*, *I-Contrat et engagement unilateral*, Paris: PUF, 2017, pp. 506 - 507.

另外，《民法总则》第122条关于不当得利的规定在行文上也值得推敲。该条规定："因他人没有法律根据，取得不当利益，受损失的人有权请求其返还不当利益。"该条来源于1986年《民法通则》第92条（没有合法根据，取得不当利益，造成他人损失的，应当将取得的不当利益返还受损失的人)。《民法总则》在措辞上的一个重大变化是明确了"因他人没有法律根据"而取得不当利益。然而，此处"他人"的用法颇为突兀和诧异：在没有"本人"的语境下，该条上来就直接提到"他人"，一般人确实难以理解此"他人"系何人？从体系解释的角度来看，该"他人"是指得利者，是相对于后文的"受损失的人"而言，也是后文代词"其"的指代对象。由于得利有可能源自本人的行为、受损失者的行为、第三人的行为或自然力，所以对得利者确实不能用一概的"行为人"一词来指代。然而，在汉语中，"他人"是相对于本人、相对于自我而言的概念，与后文的"受损失的人"并不能形成逻辑对应关系，因此上述行文表述难免显得不自然，甚至令人费解。建议将"他人"改为"民事主体（因没有法律根据)"。

三、民法典的简约原则与节制精神

波塔利斯曾说："法律并不是纯粹充斥着强制力的律令，它浸透着智慧、正义和理性。"这是受到孟德斯鸠思想的启发。孟德斯鸠在《论法的精神》中写道：法律并不是纯粹只充斥着公权力的律令。波塔利斯所说的三者之中，"智慧"是对经验的尊重，表现为一种务实主义的态度，不能盲目革新，必须反对教条主义；民法典不可能是与旧的法律传统完全决裂的革命性作品，所以波塔利斯说，民法典是成文法与习惯法两种法律传统相互折中和妥协的产物。此外，立法者的智慧也表现为对简约与复杂辩证性关系的精妙掌握，法律应该尽可能地简单、清晰和精练；对简单与复杂辩证关系的处理本身也体现出立法者的务实主义精神。法典的"正义"则表现为对于源自自然法的正义、公平等基本价值的永恒追求。而法典化的"理性"表现为对过度立法的避免和立法的谦卑与节制。孟德斯鸠在《论法的精神》中写下了广为引用的著名论断："我这么认为——而且在我看来，我写这本书的目的就是为了证明：节制精神应当是立法者的精神……道德上的善和政治上的善一样，始终处于两极之间。"波塔利斯显然对此深为认同，他在关于民法典草案的说明中直接引用了这一论断。在他看来，立法者的理性应该是避免过度行为。法典不能是抽象的理性建构，而是要适用于所有人的具体的规则。从这个意义上说，法典的起草者如果意识到其所立法的作为空间和限制，就必然遵循某种节制精神。①

这就是说，民法典的起草者应该遵循立法的简约精神，保持立法节制。胡贝尔教授曾十分精辟地指出："没有什么比将法律的格言浓缩为一些清晰和简洁的原则的艺术，对于法律的简化更有意义。"② 从这个角度来看，《民法总则》中有相当的条文，与这一精神其实并不相契合。

（一）大量的定义

中国立法者明显偏好定义，《民法总则》中有大量的定义条款，譬如，第 57 条关于法人的定义，第 76 条关于营利法人的定义，第 87 条关于非营利法人的定义，第 96 条关于特别法人的定义，第 102 条关于非法人组织的定义，第 114 条关于物权的定义，第 118 条关于债权的定义，第 123 条关于知识产权的定义，第 133 条关于民事法律行为的定义……这使立法具有浓厚的教科书色彩。立法中充斥着大量的定义，这样的做法可能引发一些问题。

首先，这会混淆立法与学理之间的界限，定义在本质上属于法学教育和研究的范畴。波塔利斯曾经说："我们认为，区分法学和立法是明智的……一切定义、教育、学说等，都属于法律科学的范畴；一切严格意义上的命令，都属于法律的范畴。"正是基于对立法和学理的区分，1800 年法国民法典"序编"草案曾规定："立法的第一效果是终结一切理论推演，就其所规定的事项提供确定性"③。立法是主权者的命令，其关键要求在于提供确定性；而定义属于学理研究的范畴，在一些情况下，某些定义还容易引发理论争议，导致不确定性，损害法律的安全。在奥地利民法典起草的时候，玛利亚·泰勒莎女皇指示起草人不可混淆立法与法学教科书：

---

① 参见石佳友：《法典化的智慧——波塔利斯、法哲学与中国民法法典化》，载《中国人民大学学报》，2015（6），98 页。

② Eugène Huber, *Code civil suisse: exposé des motifs*, Berne, 1901, p. 8.

③ 石佳友：《法典化的智慧——波塔利斯、法哲学与中国民法法典化》，载《中国人民大学学报》，2015（6），96 页。

“定义和分类以及其他类似事项，应该留给阅览室而不是议会去讨论，这些应该移除到法典之外。”①

其次，在一般情况下，定义有助于明确概念的内涵和外延；但是，在一些情况下，立法对关键概念的定义过于明确和具体，反而可能限制法律的发展，阻碍法官对这些概念进行与时俱进的演进性解释和适用。惹尼强调，一方面，民法典的用语需要明确具体，不能使用过于抽象的概念体系，影响法律主体对法律的理解；另一方面，民法典需要保持不确定性和开放性，譬如，对第三人、物、过错等概念应保持开放性，而不应设定封闭式的定义限制。这种立法技术也被惹尼称为“放任式技术”（laisser-aller technique）②。

最后，某些法律范畴和概念是法律历经数个世纪甚至数千年的发展而形成的常识。对这些范畴和概念的本质要素与适用范围等，法学界已经有共识。对这些概念进行定义并无必要性，这些定义条款会成为法典中“正确的废话”。

（二）列举与决疑论倾向

中国立法者也偏好列举。2009 年《侵权责任法》第 2 条对侵权法保护的客体一口气列举了 18 种“民事权益”。在该法第十章“饲养动物损害责任”中，立法者又不厌其烦地将“动物”区分为“禁止饲养的烈性犬等危险动物”（第 80 条）、“动物园的动物”（第 81 条）、“遗弃、逃逸的动物”（第 82 条）等。

2017 年《民法总则》延续了立法者一贯的耐心细致的列举风格。譬如，第 2 条规定：“民法调整平等主体的自然人、法人和非法人组织之间的人身关系和财产关系。”该条是关于调整对象的规定，确实意义重大；但该条没有采纳后文中多次使用的“民事主体”的概念，而是将其具体展

---

① Reinhard Zimmermann，“Codification：history and present significance of an idea：A propos the recodification of private law in the Czech Republic”，in *European Review of Private Law*，1995，Vol. 3，p. 113.

② François Gény，p. 1017. Portalis，“Discours préliminaire sur le projet de Code civil”，in J. -E. -M. Portalis，*Discours et rapports sur le Code civil*，Centre de Philosophie politique et juridique，1989，p. 42.

开列举为“自然人、法人和非法人组织”三种类型。此种列举，并无必要。而且，展开后“非法人组织之间的人身关系”的表述，让人难免诧异：“非法人组织”的提法本来就不无争议，而“非法人组织之间的人身关系”的措辞更容易引人误解——尽管“非法人组织”可以享有部分人格权。

再如，《民法总则》第128条规定：“法律对未成年人、老年人、残疾人、妇女、消费者等的民事权利保护有特别规定的，依照其规定。”该条的意图很清楚：如果其他单行法对于特定群体的民事权利设有特殊规定，应该适用这些特别法的规则。但是，立法详细列举了这些特别群体的类型：未成年人、老年人、残疾人、妇女、消费者等。列举到底有无必要不免令人生疑。一方面，既然“等”字表明是非封闭式列举，那么之前详细的列举到底有多大必要？另一方面，民法典作为整个私法部门的基础性法典，其普通法的统一适用地位毋庸置疑，而当代法律基于特定的立法政策，对未成年人、老年人、残疾人、妇女、消费者等特殊群体给予特殊的法律地位和法律保护，固然有其必要性和合理性；然而，此类基于特定身份的立法，也是典型的“社群主义模式”，极易损害民法典的基本法地位，助长对民法典的“点菜式”适用，导致一个“四分五裂的民法典”①。显然，从维护民法典作为私法部门的基本法的角度来看，应在民法典中尽量减少对此类特殊群体的特别法的列举和援引。

《民法总则》中还存在其他的详尽列举条款。譬如，第123条第2款对知识产权的客体进行了列举：“知识产权是权利人依法就下列客体享有的专有的权利：（一）作品；（二）发明、实用新型、外观设计；（三）商标；（四）地理标志；（五）商业秘密；（六）集成电路布图设计；（七）植物新品种；（八）法律规定的其他客体。”民事权利体系包括知识产权，因此，《民法总则》应该对作为民事权利一种类型的知识产权做出规定，此点并无争议。但是，《民法总则》是否有必要如此详细地一一列举知识产权的权利客体，颇值得商榷。此种列举的风险在于：一方面，立法列举无

---

① ［法］让-保罗·让、让-皮埃尔·鲁瓦耶：《民法典：从政治意志到社会需要——两个世纪以来的评估》，石佳友译，载《法学家》，2004（2），14页。

论如何详尽，都难免挂一漏万，毕竟立法者的预见能力是有限的，不可能在立法的当时完备无遗地精准预见到未来的一切情况。另一方面，知识产权富有演进性，随时代和科学技术的发展而不断出现变化，因此，上述基于现有知识产权单行法的规定而做出的列举，很可能在民法典颁布之后不久就变得过时，不再具有现实价值。譬如，关于集成电路布图设计，由于科技的飞速进步，美国等发达国家已经开始改变立法和实践，不再给予过去那样的法律保护。这对我们的立法前瞻性显然是一个警示。实际上，一些新的领域，本身就应交由特别法去规定；民法典只适合对那些成熟的和经历了时间考验的制度做出规定，以避免民法典未来经常发生修订，保持民法典的稳定性和严肃性。这就是说，法典化只适合那些稳定的规范，也就是那些未来发生变动的可能性比较小的规范。①

正因为如此，胡贝尔教授在解释为何瑞士民法典没有将知识产权纳入其中的理由时这样说："一项人为的制度如果在我们的国土上已经得到适应，并被实践证实是良好的，那么就应该在未来的民法典中给予它以应有的地位，除非有重大的理由必须排除它……一部民法典原则上应该覆盖整个私法。但是，也必须承认这个原则也有例外。民法典草案就有很多这方面的例子。这些例外首先涉及民法领域目前尚在生效的诸多联邦单行法……譬如，著作权、商标、专利、保险合同等均被排除在民法典草案之外；对瑞士债法典所排除的领域亦是如此。这主要涉及一些相对新的领域，其中具有稳定性价值的方案尚不存在，仍然处于不断的发展变化之中。这些领域更适合交由单行法去调整，而非置于一部完整的法典之中。此外，这些领域的规范无法按照私法的相同方法去加以厘清，后者历经数个世纪的经验积累，其规则已经具有确定的终极形式。"②

当然，列举模式有其功用：通过详细列举，可以明确法律规范的适用范围；经由法官的解释，将法律规定从列举的情形类推至其他未列举的情形。但是，过度的详细列举则并无必要，甚至有害处。

---

① Alexandre Flückiger& Jean-Daniel Delley, "L'élaboration rationnelle du droit privé: de la codification *à* la légistique", p. 131.

② Conseil fédéral suisse, "Message *à* l'Assemblée fédérale concernant le projet de code civil suisse", in *Feuille fédérale*, 1904, Vol. Ⅳ, n°24, p. 10 s.

首先，如前所述，列举无论多么详尽细致，都难免挂一漏万，因为立法者在某一特定时刻的预见能力毕竟是有限的。法典化的艺术在很大程度上取决于起草者的“综合”能力和判断力所能达到的高度。按照Cornu教授的论断，立法意味着“构想的艺术、摄取本质的能力、涵盖其他的冲动，恰如立法的天赋会产生法律的特殊语体，法律的高度使其能以很少的语词表达许多的内容。由此，立法如同格言，简约原则既是智慧的产物，也是书写的规则”①。

其次，过分详尽的列举，对法官的解释可能不但没有帮助，反而会产生负面影响。譬如，前引《侵权责任法》第2条对18种保护客体的列举，可能会抑制法官以侵权责任制度来创设主观权利的积极性，因为法官会顾虑到立法已经作了如此详尽的列举。尽管这样的立法列举不是封闭式列举，法官也不敢轻易在此之外创设新的主观权利类型。这样最终会减损侵权法对社会转型的积极调整和促进功能。

再次，民法典中过分详尽的列举，是混淆了立法与司法的不同职能，侵害了法官的法律解释权限，也损害了民法典本身的基本法形象和地位。波塔利斯说，立法有其科学，法官的司法行为同样有其科学，二者并不相同。立法科学的目的是在于在每个法律部门中，寻找最有利于公共利益的原则；而司法科学的目的则在于通过法官明智和理性的适用，将这些原则付诸实施，对其进行区分、扩展，适用于私人的不同情形。当法律没有规定的时候，应该研究法律的精神；不能冒着这样的风险：时而如奴隶般对法律进行机械适用，时而背离法律，时而以服从的精神来背叛法律。②

最后，过分的列举是典型的决疑论技术，是法律技术不发达时期为防止司法恣意性的产物。其存在只能说明法律解释技术的落后。波塔利斯曾意味深长地指出，法律的使命是“高瞻远瞩地确定法律的一般公理，确定由此导出的、具有丰富内涵的原则，而不能降格为去规定每一事项所可能产生的问题的细节”。萨尼也强调，立法者应该在“贫乏的抽象”和“令

---

① Gérard Cornu，“L'art d'écrire la loi”，p. 8.

② Portalis，“Discours préliminaire sur le projet de Code civil”，in Jean-Etienne-Marie Portalis，*Discours et rapports sur le Code civil*，Centre de Philosophie politique et juridique，1989，p. 42.

人失望的决疑论”之间进行折中。[①] 一部高质量的法典不应该包含大量的决疑论式的列举。

（三）冗余性条款

如前所说，法典化的智慧很大程度上在于其具有节制精神，对过度立法的避免和立法的谦卑与节制。这种立法的节制精神的重要表现是立法者的自我谦抑与克制，避免立法的过度行为。民法典在整体上的条文简洁，就是这方面的重要表现。以瑞士民法典为例，胡贝尔教授就十分精辟地指出，“如果我们看一眼我们的民法典草案，最富有原创性的外在特点是：它什么都说了，却十分简洁。这种简洁并不是一种陷阱。对于条文较少的情况，我们并没有采取使条文变长的方式，如同其他民法典的做法那样。瑞士民法典的草案很简短，相对来说和绝对来说都是如此。很容易预期：对法律的学习和适用将会比较容易。”[②] 为了保持条文的简洁，瑞士民法典避免写入过于冗长的条文。胡贝尔教授曾说：“对于每个条文，我们从来不会设置三款以上的规定。每一款通常只有一个句子；它们的行文都很简洁，以使一个即便很少查询法律的人在第一眼也能明白法律的内容。条文进行次级分类的情况极为罕见，任何条文都不会细分为数个句子。由此，我们获得了一种简便的指引，我们得以简化了引用。”[③]

这种条文的简约尤其要求立法者删除法典中的冗余性条款。很多人认为，民法典中保留一些“无害条款”，其实并无关系。孟德斯鸠说：“如同无用的法律削弱了必要的法律的效果一样，那些应该避免的法律会损害立法的价值。”受此启发，波塔利斯说，“不可制定无用的法律，它们会损害那些必要的法律”；不可忘记的是，“管得太多就会管得太糟”[④]。

如同以往的立法一样，《民法总则》中不乏这样的“无害条款”。譬

---

① François Gény，p. 1014.

② Eugène Huber，*Code civil suisse*：*Exposé des motifs*，Berne，1901，p. 12.

③ Eugène Huber，*Code civil suisse*：*Exposé des motifs*，Berne，1901，p. 12.

④ 石佳友：《法典化的智慧——波塔利斯、法哲学与中国民法法典化》，载《中国人民大学学报》，2015（6），98-99页。

如，第 3 条规定了民事权益保护原则[①]，此类所谓“保护原则”是中国立法的一大特色：2007 年《物权法》第 4 条设定了所谓“物权保护”原则；2009 年《侵权责任法》第 2 条设定了所谓“侵害民事权益应承担责任原则”。让人疑惑的是，此类“保护条款”除了形式上的宣示意义之外，到底有多大实益，值得讨论；至少，此类规范在裁判上没有太大的意义，法官很难直接援引该条款单独作为裁判依据来裁断案件。另外，从必要性来说，此类条款似乎也存在问题：如果不加以规定，是否就会导致“民事主体的人身权利、财产权利以及其他合法权益”不能受到法律保护，他人或组织就可以随意加以侵犯的结果？显然不是！

同理，《民法总则》第 4 条规定了民事主体地位平等原则；法律地位的平等本身也意味着法律待遇的平等，禁止给予差别性歧视待遇。在这样的背景下，第 113 条的规定（民事主体的财产权利受法律平等保护）显然属于画蛇添足。第 5 条规定了民事主体从事民事活动的自愿原则，并强调其“按照自己的意思设立、变更、终止民事法律关系”。而第 130 条又规定：“民事主体按照自己的意愿依法行使民事权利，不受干涉。”这让人费解：“按照自己的意思”与“按照自己的意愿”“不受干涉”之间，到底存在什么差别？类似的情形还有：第 7 条规定了诚信原则，第 132 条规定了禁止权利滥用原则；而第 131 条又特别规定：“民事主体行使权利时，应当履行法律规定的和当事人约定的义务。”这是否意味着中国立法者认为诚信原则不能涵盖“享有权利必须履行义务”这一内涵，所以需要对后者特别做出规定？

这类冗余性的“无害条款”其实并非真的完全“无害”。如同波塔利斯所言，“它们会损害那些必要的法律”。一方面，立法条文本身是一种宝贵的资源，这种资源应该留给最具有必要性、必须由民法典加以规定的那

---

① 部分学者将第 3 条解释为所谓的“私权神圣原则”，其实并不妥当；如果立法真要确定所谓私权神圣原则，应当以宪法性文件来确认。譬如，所有权被确认为不可侵犯和神圣（inviolable et sacré）的权利，是由 1789 年法国《人权宣言》第 17 条所宣告的。因为保护和侵害私权的主体都是国家公权力机构，而民事法律本身并没有这样的效力，不适宜直接给国家设定义务，因而难以承载这样的“宏大使命”。第 3 条后半段所称的“任何组织或者个人”显然更多的是指私法主体（自然人、法人、非法人组织等），而不包含政治国家。

些条文；法典中随意罗列一些仅具有政治宣示意义的冗余条文，本质上是对立法资源的一种浪费。另一方面，“过多的宣示性条款充斥于民法典文本之中，无疑会影响民法典的典雅、科学以及持久”①。

四、民法典的规范设置

民法典作为私法领域的基本法，要求其具有普通法的地位。也就是说，在原则上，私法关系都应适用民法典的规范。在特别法规定有例外性规范的情况下，应优先适用特别法的规范。在民法典中，对特别法的这种指引与协调，是通过援引这一立法技术实现的。另外，民法典的规范的主体是肯定性陈述规范；但是，在例外情况下，民法典的某些规范应采取否定性、禁止性的命令模式。

（一）关于对特别法规范的援引与纳入

民法典是私法体系的“共同法”。1994 年《魁北克民法典》“序言”第 2 款规定：“民法典由调整相关事项的规则的整体所组成，这些条文的文字、精神或对象在其所调整事项的领域内，以明示或默示方式确立了其‘共同法’（jus commune）……”② 这就是说，在某一法律关系领域具备了完备性和内在一致性的法律文本，才可以称得上是法典。然而，这种完备性并不意味着民法典必须规定汇集的私法规范。在许多情况下，民法典可将许多事项交由特别法去加以规定，然后民法典就所涉事项直接指向和适用特别法。这就涉及援引（renvoi）技术。援引是一项重要的立法技术，往往是以既有规范来解释一项新的规范；其本质目的是通过其他规范来确定某一规范的适用范围。在大多数情况下，援引是不可避免的，也是合乎需要的。从类型上看，援引可分为所谓内部援引和外部援引：前者是指同一法律文本之间不同条文的援引；而后者是指某一法律的条文援引了另一法律的条文。

援引这一立法技术可以通过参考其他的规范，来确定新规范的适用领

① 薛军：《民法总则：背景、问题与展望》，载《华东政法大学学报》，2017（3），12 页。

② Baudouin & Renaud, *Code civil du Québec* 2008/2009, Wilson & Lafleur, 2008, p. 2.

域和内容，减少法律的不确定性；针对同类情况的法律规范的并列，它可以避免法律进行无用的重复。援引意味着规范的联合、不同领域法条的结合和文本之间的连接。援引现象的存在，本身也表明法律规范之间存在内在的有机联系，解读和解释时都应该将相关的规范结合起来。大多数情况下，援引都反映出某种程度的具体化，说明了规范之间的补充性关系。"援引是一种保持立法协调的技术，具有积极和消极作用，它排除了本该适用的一些规范，转而指向了其他规范。它调整了具有相互补充关系之间的规范的适用问题……它经常用于解决普通法和特别法之间的关系，其存在表明了特别法优于普通法"①。这就是说，援引本身通常表明援引规范和被援引规范之间的普通法和特别法关系。"法律对例外性规范的援引，是以一种方式说明了法典本身的基本地位……例外的艺术在于突出原则。"②

既然援引具有消极效应，并非只有百利而无一害，那么它必然要遵循一定的限制性规则。"援引的功能是清晰的，但是，只有它本身是简短、指向清晰和具有实质内容的时候，它才能发挥这样的功能。如果援引过分冗长，仅仅标注条文数字、抽象（没有指明事项），就蜕变为一种滥用，这时候它就仅仅沦为一种补充。援引是一种有用的权宜之计，但是必须要谨慎和以清晰方式加以适用。"③ 为了充分发挥援引技术的积极功用，援引应遵循以下规则。

一是原则上援引只能指向同一层次的法律文本。这意味着，法律应尽量避免去援引行政法规的具体规定。

二是在形式上必须避免以下援引：被援引的规范再次指向了其他规范；在同一条文内部存在多次援引；"法律另有规定"式的一般性援引。④这样规定的理由显然在于保持法律的简洁、清晰和易懂。胡贝尔教授这样解释道："我们希望使法典保持易懂性，至少每个条文单独拿出来也是易

① Gérard Cornu，*Linguistique juridique*，3e édition，Montchrestien，2005，p. 304.

② Gérard Cornu，"L'art d'écrire la loi"，p. 8.

③ Gérard Cornu，*Linguistique juridique*，p. 305.

④ C. Bergeal，*Rédiger un texte normatif*：*Loi*，*décret*，*arrêté*，*circulaire*，Berger-Levrault，2009，p. 135 et s.

于理解的。为此，有必要尽可能地避免援引其他法律。如果援引是不可避免的，我们也不仅仅是指示条文的编号，而是通过一个清楚的句子说明援引的内容……经验表明，援引如果仅指明其他条文的编号常常会给实践造成困难，因为这经常会给法官造成令人尴尬的法律漏洞或者错误。”①

三是援引技术的使用必须要有节制。对其他法律规范的援引如果没有分寸，或者以过于系统化的方式进行大量援引，就有可能带来法律规范的易懂性和清晰性方面的问题。恰如某立法专家所指出的：“如果缺乏足够的注意，一部法典中的援引的结构、内在一致性和准确性很快就会发生变化，其可读性会大幅降低……法典化所有的工作都可能付诸东流。”②

就此而言，《民法总则》存在着援引泛滥、缺乏节制的倾向。立法者在其中设定了大量的援引条款，这些援引中，内部援引规范不多（如第47条、第108条、第204条等）；大量的援引是对其他法律规范的援引，即所谓外部援引。从形式上看，在这些外部援引之中，条文中直接注明援引特别法规范（“依照其规定”）的“显性援引”规范为数众多（共有22处）。譬如，第127条（法律对数据、网络虚拟财产的保护有规定的，依照其规定）、第128条（法律对未成年人、老年人、残疾人、妇女、消费者等的民事权利保护有特别规定的，依照其规定）、第138条（无相对人的意思表示，表示完成时生效。法律另有规定的，依照其规定）、第146条第2款（以虚假的意思表示隐藏的民事法律行为的效力，依照有关法律规定处理）、第179条第2款（法律规定惩罚性赔偿的，依照其规定）、第188条第1款（向人民法院请求保护民事权利的诉讼时效期间为3年。法律另有规定的，依照其规定）、第198条（法律对仲裁时效有规定的，依照其规定；没有规定的，适用诉讼时效的规定）等。

而在条文中没有直接注明援引其他法律规范，但其内容直接来源于其他法律规范的“隐性援引”也不在少数。譬如，《民法总则》关于老年监护的第33条，其实就直接来源于2015年修订后的《老年人权益保障法》第26条第1款，唯一的差别是前者明确“以书面形式”来确定监护。此

---

① Eugène Huber, *Code civil suisse: Exposé des motifs*, Berne, 1901, p. 13.

② Jean-Luc Warsmann, *Rapport sur la qualité et la simplification du droit*, La documentation française, 2009, p. 102.

外，《民法总则》中被许多学者誉为创新程度最高的第三章“法人”，其实在相当程度上只是对其他特别法规范的大量援引和纳入。据统计，第一节“一般规定”的 19 个条款中，有 13 个条款来源于《公司法》；第二节“营利法人”共 11 个条款，分别对应于《公司法》的 16 个条文。在整体上可以认为，《民法总则》中“营利法人”部分的条款基本上是对《公司法》的援引和纳入。譬如，《民法总则》第 83 条关于“刺破法人面纱”的规定，显然来自《公司法》第 20 条；《民法总则》第 84 条关于关联关系的规定，来自《公司法》第 21 条；《民法总则》第 85 条关于申请法院撤销决议的规定，源自《公司法》第 22 条；《民法总则》第 86 条关于社会责任的规定，则源于《公司法》第 5 条……《民法总则》还直接纳入了属于民法典分则的保留条文。譬如，《民法总则》第 114 条关于物权的定义和类型的规定、第 115 条关于物权客体的规定，就直接取自《物权法》第 2 条；《民法总则》第 116 条规定的物权法定原则，无疑是《物权法》第 5 条的翻版。

《民法总则》对其他法律的大量援引，在立法技术上至少会带来以下问题：大量的“依照其规定”式的“显性援引”，几乎无一例外地都没有交代清楚具体依照哪部法律的规定；在一些情况下，“依照其规定”“依照有关法律规定”的笼统措辞指向不明，使法律主体不知所云（例如，第 71 条规定：“法人的清算程序和清算组职权，依照有关法律的规定……”第 146 条第 2 款规定：“以虚假的意思表示隐藏的民事法律行为的效力，依照有关法律规定处理。”）。而更为严重的是，在某些情况下，所援引的“（依照其）规定”根本就不存在。例如，《民法总则》第 127 条规定：“法律对数据、网络虚拟财产的保护有规定的，依照其规定。”实际上，目前并没有哪一部法律对数据、网络虚拟财产做出具体规定。这就使这些援引成为没有具体规范指向的空洞援引。

而对《公司法》等民商事单行法大量的“隐性援引”，固然是将特别法中的某些制度上升为普通法的一般性制度（例如刺破法人面纱、法人的社会责任等），是特别法制度的一般化（generalization），然而，从另一个侧面观察，也可以认为这是作为民法典这一基本法的“特别化”（specialization），说明民法典作为基本法的“射程”在缩小，其适用范围在变窄：

《民法总则》中的"营利法人"，确实基本上只能适用于公司这一形态，因为现实中，公司以外的其他营利法人类型极为罕有。这也从另一个角度促使我们反思：《民法总则》作为民法典的开篇部分，专门规定"营利法人"以及"营利法人"和"非营利法人"基本分类的意义到底何在？如果某一项制度基本上只能适用于某一特别法上的情形，它是否有必要置于民法典中加以规定？另外，从法律规范的协调角度来看，既然《民法总则》将《公司法》的某些制度直接"照单全收"，那么，作为特别法的《公司法》未来是否还有必要继续保留这些制度就是一个值得研究的问题。如果涉及内容相同的条文，在《民法总则》已经有规定的情况下，为避免立法的重复，《公司法》不应进行重复规定，而应删除相应的条款。对于《物权法》等民法典的分则内容亦是如此：鉴于《民法总则》已经将《物权法》中的部分条款全然照搬，则未来的民法典物权编不应保留这些条文，以避免立法的重复。

从效果来看，作为私法基本法的民法典如大量援引其他法律规范，会产生多方面的负面效应。

其一，损害民法典的基本法的地位和形象。民法典作为私法的基本法，应该是私法关系最为重要的法律渊源；其他单行法只是作为民法典的补充。法典与单行法的关系，常常被类比为太阳及其行星系的模式。然而，民法典中如果大量充斥着援引性规范，意味着民法典一般性规范的适用范围有限，存在大量的例外情形，法典的"射程"明显在减弱。这显然有损于民法典基本法的地位与形象。从这个角度看，民法典大量援引特别法，会导致民法典基本地位的消解，促进单行法"微体系"的壮大，加速"去法典化"（decodification）的趋势①。

其二，减损了法典化的价值和功用。法典如果大量地援引或者纳入单行法的规定，会使法典化在相当程度上蜕变为某种形式的"汇编"，减损了法典化本身的创新性价值。诚然，"法典化就其精神而言，在很大程度上要遵循一种保守的逻辑"②。波塔利斯也说过："在立法领域应该尽量减

---

① 石佳友：《民法法典化的方法论问题研究》，12页，北京，法律出版社，2006。

② Alexandre Flückiger& Jean-Daniel Delley，"L'élaboration rationnelle du droit privé：de la codification *à* la légistique"，p. 130.

少创新，因为，如果说理论可以告诉我们一种新制度所可能带来的好处，它却无法告知唯有实践才能发现的未来诸多弊端”①。胡贝尔教授也有过类似的说法：“对于法典化，保守胜过革新”②。但是，法典化作为法律渊源理性化的手段，必然带有一定程度的革新。在近代以来，法典化更是作为法律现代化的最有效手段，实现法律的“更新换代”。究其原因，是因为民法典的特殊之处在于，“它不可能仅限于法律的汇编，而是对某一体系的规则进行法典化，以形成完整齐备的法律秩序”③。从这样的使命出发，对特别法的大量援引显然使民法典背离了法典化所应负有的使命。

其三，增加了主体寻找法律的困难，损害了法典的易懂性和可达性。法典化的本质是法律渊源的理性化（rationalization），而引发这种理性化的根源，是法律渊源的“危机”，表现为立法膨胀，极大地增加了主体找法的困难。一切法典化究其根源而言，都是对法律安全需要的技术性回应。④ 如果作为法典化结果的民法典中大量设置了援引其他法律规范的内容，则无疑会增加法律主体找法的难度，影响了民法典本身的易懂性和可达性。

（二）肯定性规范与否定性规范的“错配”

《民法总则》还存在肯定性规范与否定性规范的“错配”现象。有些条款尤其是确权性规范，本来该采用肯定性规范，立法最后采取了否定性规范。譬如，第111条是所谓“个人信息权”的规定：“自然人的个人信息受法律保护。任何组织和个人需要获取他人个人信息的，应当依法取得并确保信息安全，不得非法收集、使用、加工、传输他人个人信息，不得非法买卖、提供或者公开他人个人信息。”该条对于获取他人个人信息要求“依法取得并确保信息安全”，并未明确个人对其信息的控制权中最为核心的权利：同意权。该条后半段两个“不得”，也是对于信息收集和处

---

① Portalis，“Discours préliminaire sur le projet de Code civil”，p. 45.

② Eugène Huber，*Code civil suisse*：*Exposé des motifs*，Berne，1901，p. 5.

③ Bruno Schmidlin，“Le mouvement des codifications en Europe：la formation du système du Code civil français”，in Bénédict Winiger et Jean-Philippe Dunand（dir.），*Le code civil français dans le droit européen*，p. 46.

④ 参见石佳友：《民法典的法律渊源体系——以〈民法总则〉第10条为例》，载《中国人民大学学报》，2017（4），13页。

理机构部分行为的禁止（非法收集、使用、加工、传输他人个人信息，非法买卖、提供或者公开他人个人信息，而“非法买卖”的措辞则令人质疑是否存在对他人个人信息的“合法买卖”）。除同意权之外，对于个人信息权的基本内容，也统统未加规定，诸如，收集目的合法且明确、信息必要且相关、信息准确、信息更正权、许可使用权、信息存储期限限制权、信息泄露救济权、信息删除请求权等。① 这不能不说令人遗憾。

反过来，《民法总则》中有些规范本该使用否定性模式加以规定，立法却采取了肯定性模式。这方面最典型的莫过于法律行为生效要件的规定。该法第143条规定：“具备下列条件的民事法律行为有效：（一）行为人具有相应的民事行为能力；（二）意思表示真实；（三）不违反法律、行政法规的强制性规定，不违背公序良俗。”该条全盘照搬了《民法通则》第55条的规定，对其错误也采取了照单全收的态度。事实上，“在《民法通则》制定之时，计划体制的阴霾未散，国家管制思想异常强大。《民法通则》规定民事行为的有效要件，目的还是通过限制民事行为的有效，从而限制当事人按照自己的意志创设私权利，进而将私权利限制在一定的领域，防止私权利的扩张，进而危及国家公权力”②。

今天来看，前引第143条的肯定式立法的错误尤其明显：其一，民法作为私法，鼓励当事人意思自治；因此，不应当采取正面清单的模式，以肯定方式规定行为生效的必备条件，而应采取负面清单的模式，以否定方式规定不得实施的行为或禁止出现的情况。其二，如果双方就法律行为的效力发生争议，显然应当由否认效力的一方去证明，而非由主张效力的一方去举证。因为要求后者证明所有的生效要件都被满足，会对其造成过重的举证负担，违反公平原则；反之，主张法律行为无效或者可撤销的一方，只需要证明某一项要件存在瑕疵，即可实现其主张。譬如，如双方对于违约责任出现争议，如果让主张自己守约的一方证实其守约，则该方必须证明其行为符合合同履行的全部维度：时间、地点、对象、标的物、质

---

① Agence des droits fondamentaux de l'Union européenne, *Manuel de droit européen en matière de protection des données*, Luxembourg: Office des publications de l'Union européenne, 2014, p. 67 et s.

② 易军：《法律行为生效要件体系的重构》，载《中国法学》，2012（3），93页。

量、规格型号、数量、价格、运输方式……显然，这对该方既不公平也无必要。合理的做法是：让主张对方违约的一方证明对方的履行行为存在一项或几项不符合合同约定的要素，即可认定对方违约。其三，前引第 143 条规定的三项要素（行为能力、意思表示、无违法性），其欠缺或者违反的效果，并非都是法律行为无效。在很多情况下，可能是法律行为处于可撤销的状态。由此，前引第 143 条的肯定式表述可能会引发认识上的混乱。正因为如此，"从立法例来看，世界各国民法几无例外地都是消极地以负面列举的方式，规定法律行为所不应有的内容，而不是积极地规定法律行为所应有的内容"①。建议在最后对民法典进行"总装"时，删除第 143 条。

五、结语

在现代社会，民法典被公认为"一个好公民的枕边必读书或者社会基本原理的教科书"，是"现实化的社会纲领，其措辞行文即是社会纲领的表达"②。不过，若想编纂一部好的民法典，首先应当"重新学习语法学和语义学，因为适用和遵守一部良法比适用和遵守一部糟糕的法律，显然更令人愉悦，更何况起草法律文本从来都不是一个中性的操作，起草者可能背叛设计者的意图，而设计者对此却丝毫没有觉察"③。必须意识到：书写法律的艺术"保有神秘性，因为它源自历史、文化和语言"④。

立法的这种艺术要求我们尤其应避免仓促的"急就章"和"激情式立法"。只有远离激情，我们才能遵循立法技术的科学要求，避免民法典成为"应时之作"（loi de circonstance）。法国民法大师让·卡尔波尼埃（Jean Carbonnier）曾经这样描述法国民法典："民法典恰好诞生于法国终结立法的激情时代之际。有人可能会认为这是一种机械式的自动结果：因为整个国家陶醉于其立法之中，以至于感觉不再需要立法；所有的法律似乎都齐备而且质量很好，因而在很长时间里可以告别立法。然而，这只是

---

① 易军：《法律行为生效要件体系的重构》，载《中国法学》，2012（3），80 页。

② Nader Hakim，"La langue du Code civil"，in Bernard Saintourens（dir.），*Le Code civil：Une leçon de légistique?*，Paris：Economica，p. 64.

③ Jean Hausser，"Les difficultés de la recodification：les personnes"，in *Le Code civil 1804—2004：Un passé，un présent，un avenir*，p. 216.

④ Gérard Cornu，"L'art d'écrire la loi"，p. 7.

停留于对1804年制定民法典这一事件的表面理解：法典化并非作为一种规范的饱和式产生方式，而是一种立法方式的选择，这一选择意味着排除激情式的立法者。"① 因此，就其根本而言，法典化方式的选择与政治激情之间，难以兼容。

当然，法律史的经验和教训已经充分说明：一切成功的法典化，都取决于政治家群体和法学家群体的默契合作；政治意愿是法典化启动、推进和完成等全过程所不可或缺的外在关键因素。然而，政治意愿作为某些社会群体诉求的表征，很可能会带有特定时代的"激情"印记——《民法总则》中某些条文的写入就是这方面最好的例证。由此，"对于立法行为的理性化不要期待会有奇迹出现。立法行为归根结底终究是基于对所使用的方法和所要达到的目的之间关系的一种假设。这种不确定性源于我们在认知社会现实、社会行动者之间关系复杂性方面的有限能力。此外，立法学的条理化要求不应该使我们忘记：立法终究是一种政治安排，也就是说，其中充斥着利益、激情、意识形态和冲动。不过，尽管存在着这些局限，立法的条理化方法仍然是不可或缺的，虽然我们知道这些要求很难得以完全遵守，但是，它要求我们坚持不懈地诉诸理性"②。

---

① Jean Carbonnier, *Essais sur les lois*, Paris: Defrénois, 1979, p. 219.

② Alexandre Flückiger & Jean-Daniel Delley, "L'élaboration rationnelle du droit privé: de la codification *à* la légistique", p. 143.

图书在版编目（CIP）数据

民法典与社会转型/石佳友著. —北京：中国人民大学出版社，2018.6
（百家廊文丛）
ISBN 978-7-300-25330-5

Ⅰ.①民…　Ⅱ.①石…　Ⅲ.①民法-法典-研究-中国　②社会转型-研究-中国
Ⅳ.①D923.04　②D616

中国版本图书馆 CIP 数据核字（2017）第 311959 号

百家廊文丛
民法典与社会转型
石佳友　著
Minfadian yu Shehui Zhuanxing

出版发行	中国人民大学出版社		
社　　址	北京中关村大街 31 号	**邮政编码**	100080
电　　话	010－62511242（总编室）		010－62511770（质管部）
	010－82501766（邮购部）		010－62514148（门市部）
	010－62515195（发行公司）		010－62515275（盗版举报）
网　　址	http://www.crup.com.cn		
	http://www.ttrnet.com（人大教研网）		
经　　销	新华书店		
印　　刷	北京宏伟双华印刷有限公司		
规　　格	160 mm×230 mm　16 开本	**版　　次**	2018 年 6 月第 1 版
印　　张	25.5　插页 1	**印　　次**	2018 年 6 月第 1 次印刷
字　　数	388 000	**定　　价**	80.00 元